중국의 부패관성과
반부패 정책대응

Corruption Inertia and the Government's Anti-Corruption Drive in China

Dynamics, Performance and Limitations

아연동북아 총서 _ 34

중국의 부패관성과 반부패 정책대응

동학(動學), 성과와 한계

| 김익수 지음 |

아연출판부
고려대학교 아세아문제연구소

| 차 례 |

아연동북아총서 발간에 부쳐

탈냉전 이후 동아시아의 역동적 발전은 역내의 정치-외교, 경제 질서 뿐만 아니라 문화, 사상, 종교 등의 제 영역에서 새로운 변화를 추동하고 있다. 이런 변화는 일국적 차원의 고찰로는 해명될 수 없는 복잡하고도 민감한 초국가적(transnational) 현상을 낳고 있다. 특히 동북아시아는 지리적 인접성, 공통의 역사-문화적 경험, 협력과 공존의 필요성 등으로부터 연유하는 초국가적 사고와 움직임이 활성화되고 있다. 이런 동북아에 대한 이해를 심화, 확대하고 새로운 해석과 전망을 제공하기 위해서는 국가별 연구나 학문 분과의 분절적 연구『를 넘어 동북아시아를 분석의 단위로 삼는 다학문적·학제적 연구가 요청된다.

동북아시아 연구가 갖는 실천적 의미는 매우 중요하다. 주지하듯이 동북아시아는 세계의 어느 지역보다도 급속한 변화와 발전상을 보여주고 있음에도 불구하고, 여전히 근대성의 문제와 냉전의 구도에 얽매여 있는 곳이다. 20세기 전반기의 제국주의 침략과 식민 경험은 오늘에도 국가적·민중적 기억을 지배하고 있다. 냉전의 산물인 남북 분단과 북한의 핵 위협은 동북아시아의 커다란 불안 요소가 되고 있다. 국가 간 역사 및 영토 분쟁 또한 동북아의 평화로운 발전에 장애로 남아 있다. 그러나 우리는 불편한 역사적 경험과 현재의 불안정이 다른 한편으로 동북아시아의 여러 구성 요소들을 상호 긴밀히 연결시키고, 그로부터 문제 해결을 위한 공통의 기반이 마련될 수 있음에 주목한다. 동북아시아는 대립과 갈등의 무대이기도 하지만 평화와 공존의 모색을 위한 토대이기도 하다. 이제 동북아 연구는 동북아가 처한 현실을 객관적으로 진단하고, 평화로운 미래를 건설하는 시대의 요청에 부응하지 않으면 안 된다.

고려대학교 아세아문제연구소(이하 아연)는 대표적인 동북아시아 지역 종합 연구소로서 학제 간 연구를 통한 동북아 지역 연구를 이끌어왔다. 1957년 설립된 이래 아연은 구한국 외교문서와 공산권 연구 총서 및 동아시아 연구 총서, 중국 연구 총서, 한일 공동 연구 총서, 민주주의 총서 등 연구 성과의 체계적 집성을 통해 학문적 차원에서 현실을 진단하고 바람직한 미래의 방향을 전망하는 대학 연구소의 역할을 충실히 수행해왔다. 2008년부터는 한국연구재단의 '인문 한국'(HK) 사업 해외지역학 분야의 지원 기관으로 선정되어, '동북아시아의 초국가적 공간: 사상·사회·문화·제도의 교류와 재구성'이라는 연구 어젠다를 중심으로 10년 기간의 대규모 프로젝트를 진행하고 있다. 이제 아연은 지난 50여 년 동안 축적된 연구 경험과 현재 진행 중인 '인문 한국' 사업의 성과, 각종 동북아 지역 연구 지원, 국내외 소장 학자 교류 지원 프로그램 등을 기반으로 해 〈아연동북아총서〉를 발간한다. 이 총서의 성과가 동북아 공동의 문제를 해결하고 조율하며 바람직한 미래를 모색하는 장이 될 수 있기를 기대하면서, 관심 있는 분들의 격려와 질책을 바란다.

아세아문제연구소장 이종화

책머리에

2012년 11월 제18기 당 대표 대회에서 당 서기로 선임된 시진핑(習近平) 당시 국가 부주석은 이듬해 3월 전국인민대표대회(全人大)에서 당 서기직은 물론 국가주석, 중앙군사위원회 주석의 세 가지 직책을 한꺼번에 차지한다. 이로써 시 주석은 오랫동안 품어왔던 자신의 정책적 이상을 실천에 옮길 기회를 갖게 된다. 덩샤오핑(鄧小平) 중앙군사위원회 위원장-장쩌민(江澤民) 주석으로 이어진 제2~3세대 지도부의 경우, 과거 마오쩌둥(毛澤東) 주석이 이루었던 국가 통합의 기초 위에서 개혁·개방을 심화·확대해 조건을 갖춘 지역·기업이 부자되는 것을 장려하는 소위 '시엔푸치라이'(先富起來)의 패러다임을 실행에 옮겼다. 그 결과 1979~2017년의 기간 동안 중국은 연평균 9% 이상의 고도성장을 달성하고 1인당 GDP의 획기적 증대를 가져올 수 있었다.

후진타오(胡錦濤) 주석이 이끄는 제4세대 지도부는 개혁·개방이 초래한 부작용 중의 하나인 지역 간 사회계층 간 '불평등한 분배'에 주목하고 '조화로운 발전'(和諧的發展)을 추구하는 한편, 과학·기술의 발전을 통한 성장을 추구하는 소위 '과학적 발전관'을 강조했다. 그러나 이 같은 공헌에도 불구하고 후 주석 집권 후반기 중국의 정치·경제 사회에는 부패라는 사회적 병리 현상이 깊게 자리잡고 있었다. 경제 규모 면에서 G2 국가 대열로 오르고, 의식주가 해결된 '샤오캉'(小康)의 중간 단계에 거의 도달했음에도 불구하고, 국민들의 불만은 날로 늘어나고 권력 기반도 완전히 안정되지 못했다. 특히 후 주석 집권 1기라 할 수 있는 전반 5년(2003~ 2007) 동안에는 군 장성 인사 하나도 마음대로 할 수 없을 정도로 힘이 미약했다. 장(江) 주석이 중앙군사위원회 주석 자리를 내주지 않았기 때문이다. 그리고 후 주석 집권 2기 5년(2008~2012)의 기간은 자신의 역량을 발휘하기에는 너무 짧았고 세력 기반도 강하지 못했다.

직전 지도자의 이 같은 무력한 모습을 목도한 시 주석은 2013년 3월 공식 집권하자마자 초반부터 당(黨)-정(政)-군(軍)의 3권을 조속히 장악하려고 노력했다. 이를 위해서는 부패에 찌든 전 지도부의 잔존 세력을 제거할 명분과 구체적 행동계획이 필요했다. '중국의 꿈'(國夢)은 바로 이 같은 상황하에서 국민의 관심을 한 곳으로 모아 지지를 받으면서 자신의 미래 비전 구체화를 위한 비전이자 로드 맵(road-map)이었다. 구체적으로, 시 주석은 '일대일로'(一帶一路), '중국 제조 2025', '만인에 의한 창업과 자주 혁신(大衆創業 萬衆創新)' 정책을 통해 중화(中華) 영예의 회복을 앞당기고, 2050년까지 중국식 사회주의를 완성하겠다는 목표를 세웠다. 이 목표는 모두가 잘사는 소위 '다퉁'(大同) 사회를 이루고 경제력, 기술력, 군사력 등 모든 면에서 미국을 능가하는 '사회주의 선진 강대국'을 만들겠다는 것이다. 그러나 이 같은 정책 목표를 달성하기 위해서는 개혁·개방 과정에서 켜켜이 쌓인 부패라는 적폐를 퇴치하는 동시에 비전 실천의 장애가 되는 정적(政敵)들과 국가 체제 위협 요인을 제거할 필요가 있었다.

시 주석의 반부패 정책은 바로 이 같은 배경하에서 뽑아 든 '양날의 검'(double-edged sword)과 같다. 그 첫 번째 목표는 체제를 위협하는 부패 리스크를 최소화하는 것이었다. 실제로, 2012년 말 이후 시(習) 지도부는 과거와는 비교가 안될 정도의 강도로 반부패 정책을 추진해 나갔다. 정적을 제거하는 것에서 시작한 당 중앙기율검사위원회(CCDI)는 점차 적발·조사 범위를 경제·사회·문화 등 전 공익 부문으로 확대해갔다. 지도자의 강력한 집행 의지와 유관 기구의 일관성 있는 법 집행에 힘입어 부패 척결 정책은 그 전 어느 지도부보다도 큰 성과를 거두었다.

실제로 시 지도부는 반부패 캠페인을 통해 장쩌민(江澤民; 1989.6.2002.11. 전 주석 잔존세력이자 정적(政敵)이었던 보시라이(薄熙來) 전 충칭시 당서기, 저우융캉(周永康) 전 중앙정치국 상무위원 겸 정법(政法) 위원회 서기, 쉬차이허우(徐才厚) 및 궈보숑(郭伯雄), 전 중앙군사위원회 부주석(上將)은 물론, 후진타오(胡錦濤; 2003~2013. 3.) 전 주석의 비서실장 링지화(令計劃) 전 통일전선공작부장까지 사법처리한데 이어 수많은 장·차관급 간부와 군대의 장성, 국유기업체 사장들을 낙마시켰다. 2014년 하반기부터는 반(反)부패 캠페인의 전선을 외자기업, 금융기관, 대학, 언론으로까지 넓혀 중간 간부들까지 숙정하기 시작했다. 고강도 숙정 작업의 총괄 책임은 2012년 11월 이후 CCDI 수장직을 맡은 왕치산(王岐山) 서기가 맡았다. 그는 시 주석의 뜻을 받들어 "부패한 당·정 관료는 거물급 간부(虎)이든, 중하급 관료(蠅)이든 다 잡아 처벌한다"는 시 주석의 '따후파이잉'(打虎拍蠅) 방침을 5년 동안 일관되게 집행했다. 또한 해외로 도주한 부패 혐의자를 국제공조를 통해 송환하고 불법 자산을 몰수하는 등 여러 면에서 괄목할 만한 성과를 냄으로써 국민들의 적극적인 지지를 받게 되었다.

더욱이 2018년 3월 제13기 전인대(全人大)에서는 '국가주석직 2연임 초과 불가' 조항(제 79조항)까지 삭제하는 헌법 개정에 성공함으로써 명실상부한 '1인 지배 체제'의 구축에도 성공하였다. 시 주석으로서는 헌법 개정 목적이 사익추구가 아니라 중국의 건전한 정치·경제·사회 및 법치 제제의 발전 기반을 닦고, 공익(公益)을 추구하는 데 있음을 보여주고 싶었다.

그리고 '국가감찰위원회'를 신설해 집권 2기의 안정적 국정운영에 방해가 되는 세력을 선제적으로 제거함으로써 집권 2기(혹은 3기)에 있을지도 모를 권력투쟁 가능성을 미연에 방지하고, CCDI가 커버하지 못했던 비(非)당원 공직자는 물론, 기업가, 교수, 언론인 까지 감찰 할 수 있도록 조치하였다.

그럼에도 불구하고 지금까지의 반부패 캠페인은 목적, 추진주체, 정책설계, 정책수단 등의 면에서 아직 개선할 점이 많다. 반부패 담당기구, 유관 당국 간의 공조와 정책조율, 법 집행과정 등의 측면에서 여러 문제점이 상존하고, 내부 제보 시스템, 부패사범 체포·송환 및 불법 자산 환수에 관한 국제 공조 면에서도 미흡한 점이 많기 때문이다.

우선, 공직 부패(public corruption)의 경우, 뇌물 제공자(기업, 개인)와 수뢰자(공직자)가 서로 뇌물을 주고받을 만한 동기와 유인이 있기 때문에 발생한 것이어서 중앙 통제가 약화되거나 집행 과정에서 누수 현상이 생기면 언제든지 재발하게 돼 있다. 기업 부패(corporate corruption) 역시 정치 체제, 사회문화, 법규와 제도 등 외부 환경뿐만 아니라, CEO의 윤리경영 의식, 본·지사 관계는 물론, 지배구조, 준법경영 리스크 관리 조직과 시스템, 인센티브 체계 등 경영관리 시스템 전반까지 관련돼 있어 기업 등 보다 미시적 차원의 개선이 필요한데, 중국의 반부패 정책은 외부 환경 즉 법·제도의 개선과 처벌에 그친 감이 없지 않다.

저자가 중국의 '전략적 부패'(strategic corruption)에 관한 미시적 분석이 필요하다고 느낀 것도 이 때문이다. 『중국의 부패 관성과 반부패 정책 대응: 동학(動學), 성과와 한계』라는 본 연구서의 제목도 이러한 배경하에서 탄생하게 되었다. 주 목적은 2012년 말 이후 진행되고 있는 시진핑 정부의 반부패 드라이브(anti-corruption drive) 정책의 성과를 제반 지표를 통해 객관적으로 평가해보고, 법규, 절차, 제도, 집행 과정상의 미비점은 물론, 국내외 기업 사례 분석과 기업 내 부패 통제 메커니즘 상의 취약점을 파악해 중국 정책당국 뿐만 아니라 한국 등 동아시아 국가의 반부패 정책 담당자, 그리고 중국에 이미 진출한 기업이나 진출하려는 기업에게 정책적·전략적 시사점을 제공하는데 목표를 두고 있다. 특히 반부패 정책의 실시 배경, 전개 과정을 분석한 다음, 그 성과와 한계를 종합 평가함으로써 중국 정부는 물론 한국 정부의 반부패 정책 실효성을 증진시키는데 기여하고, 기업의 윤리경영, 투명성 제고에도 도움을 주고자 한다.

본서가 출간되기까지에는 많은 분들의 도움이 있었다. 무엇보다도, 여러 모로 부족한 졸고를 〈동북아 연구총서〉 시리즈로 발간하게 해주신 고려대학교 아세아문제연구소의 이종화 소장님과 중국연구센터의 이정남 센터장님, 그리고 행정 처리를 도와주신 행정실의 문임순 선생께 감사의 뜻을 표하고 싶다. 또한 수업과 논문 작성으로 바쁜 와중에서도 도표의 작성과 자료 정리를 도와준 서지현 박사 과정 수료생, 휴학 중이면서도 원고 교정을 도와준 정정우 박사 과정생, 조교로 있을 때는 물론 졸업 이후 직장생활을 하면서도 원고 제출 마감 시간과 사투를 벌이고 있는 스승을 보고 안타까운 나머지 원고 파일 수정을 흔쾌히 도와준 안세원 석사 졸업생, 그리고 연구실에 갓 들어와 유난히 더웠던 2018년 8월 여름 방학 동안 원고 수정을 거들어준 박혜수 석사 과정생에게도 학업 성과의 향상, 직장과 사회에서의 건승을 기원해본다.

마지막으로, 저서 마무리를 위해 토·일요일에도 거의 매일 밤늦게 귀가하는 남편에게 불평 한마디 하지 않고 출근할 때는 매번 현관까지 나와 해맑은 웃음으로 배웅을 해 준 내 인생의 동반자 김인숙 테레사에게도 정년 퇴임을 2년여 앞둔 현시점에서 이 자리를 빌어 변치 않는 사랑을 약속하며, 그동안의 너그러운 이해와 뒷바라지에 고마움을 표하며 항상 건강하길 빌어본다.

2018년 12월

김익수

1장

연구 목적과 배경

1. 선행 연구

부패에 관한 선행 연구는 수없이 많다. 그러나 이 같은 방대한 연구 성과와 다양한 학문적 배경은 중국에서 일어나고 있는 복잡다단한 부패 메커니즘과 정부의 반부패 정책을 통합적으로 이해하는 데는 오히려 방해가 되는 측면이 있다. 특히 지금까지의 선행 연구는 중국에서 부패가 발생하게 된 원인과 배경을 정치, 사회·문화, 법 제도, 경제, 기업의 전략 등의 측면에서 종합적·입체적으로 분석하지 않고 법, 정치, 경제, 사회의 어느 한 측면만을 강조한 경우가 많았고 제반 관점을 융·복합하려는 노력도 미흡했다. 또한 2012년 말 이후 시작된 시진핑 정부의 반부패 정책이 부패의 예방·퇴치에 어느 정도의 성과를 거두었으며, 그 한계는 무엇인지, 그리고 향후 중국과 한국 정부가 반부패 정책 재설계시 얻을 수 있는 정책적 시사점은 무엇인지에 관한 현실적 차원의 고민도 부족했다.

본서는 바로 이러한 배경에서 집필하게 되었다. 사실, 중국의 부패, 반부패에 관한 연구는 2000년 중반 이후 다소 늦게 시작되었으며, 초기에는 주로 법학, 인문학, 사회학, 정치학 등의 분야에서 연구가 활발히 이루어졌다. 사회학이나 인문학 분야 논문들의 대부분은 중국 내 부패 현상을 '사회적 무질서'(anomie) 혹은 '체제 붕괴'를 초래할 수 있는 위험(risk) 혹은 위협(threat)으로 인식하고, 이 같은 사회적 병리현상을 완화시키는 정책 수단으로써의 반부패 정책을 분석하였다. 법학 관련 논문은 범죄적 측면에 초점을 맞추었는데, 주로 권력 남용에 따른 탐오·독직죄, 뇌물수수죄 등 범법 행위 방지 차원에서 법 제도적 허점의 보완과 법망의 완비를 주요 연구 대상으로 삼았다.

정치학 관련 논문들은 중국의 국내외 환경 변화에 따른 공직 부패의 발생 원인과 지도부의 부패 척결 노력을 시대적으로 조명하는 것이 대부분이었다. 한 예로, 김영문(2004)은 중국 내 부패는 '꽌시 문화'와 일당 독재 체제가 결합해서 생긴 정치·사회적 부산물이라고 분석하였다. 반면, 전병곤(2004)은 부패를 체제 불안 요인의 하나로 지적하면서 반부패 법제의 미비를 부패의 재발 원인으로 제시하였고, 박동균(2006)은 경찰(公安) 조직에 초점을 맞춰 권한이 막강해진 당·정 관료들에 대한 부당하게 낮은 처우와 개인적 뇌물수수 행위를 중점적으로 분석하였다.

경제학 및 국제경영학 관점에서의 중국 부패 원인과 반부패 정책에 관한 국내 연구는 그리 많지 않다. 그나마도 분석 대상과 범위가 주로 중국의 경제발전, 통상 환경과 연결 짓는 등 극히 초보적 수준에 머무르고 있다. 반면 해외 연구는 비교적 많은 편이다. Ramirez, C.D.(2014)는 1인당 실질 GDP가 2,800달러(2005년 불변가격 기준)였던 1996년의 중국이 실질소득 수준이 비슷한 1870년대 초 미국의 경우와 비교해 부패가 7~9배나 많은 점에 주목했다. 또 2009년도 중국에서의 부패가 1인당 실질소득 면에서 7,500달러에 도달한 1928년도의 미국과 유사한 수준으로 발생하였다고 하면서, "만일 부패를 경제발전 과정에서 당연히 나타날 수밖에 없는 과도기적 병리현상으로 해석할 경우, 도식적 운명론에 빠져 적극적 대응을 등한시할 수 있음"을 지적하고 있다.

천진환(2006)은 부패가 직접투자 유치에 미치는 부정적 영향에 주목했다. 중국과 같은 사회주의 시장경제 체제하에서 공직자가 뇌물을 수수하거나 그 과정에서 국유 자산을 잠식·횡령·유출할 경우 개혁·개방의 효과를 반감시킬 뿐만 아니라, 사업 지속에 권력층의 비호가 필요한 부패 환경 때문에 고부가가치 선진국 해외투자의 지속 유입을 저해하는 사례가 많음을 지적하였다. 송일호·이계영(2013)은 소득 불균형에 따른 양극화 및 도·농간의 격차와 함께 부패를 중국 경제성장을 제약하는 양대 요인 중 하나로 지목하면서, "부패는 중국의 경제 관리 권한의 지방 분권화 과정에서 필연적으로 발생하게 되는 권력과 부(富)의 교환 관계"로 인식하였다. 정부 규제와 부패 간의 상관성, 부패에 따른 손익과 동기를 계량적으로 분석한 논문도 나왔다. Yang, D.D.H.(2005)는 중국의 뇌물수수 행위를 '반복적 협상 게임'(repeated bargaining game) 이론으로 분석하였고, Zhou, X., Han, Y., & Wang, R.(2013)은 윤리 경영 관점에서 중국의 뇌물수수 관행과 부패 문화를 분석한 다음 중국에 진입한 외자기업의 윤리 경영 필요성을 강조하였다.

종합해 보건대, 2000년대 중반 이후 이뤄진 부패에 관한 국내외 선행연구의 경우, ▲정치학자들은 뇌물을 받는 당사자인 중국 '당·정 관료들의 공직부패(public corruption)'를 주요 연구대상으로 삼았고, ▲인문학자들은 부패를 중국 특유의 '꽌시 문화'(關係文化)에서 파생된 정치사회적 병리현상으로 파악하였으며, ▲법경제학자들은 뇌물 수령 당사자인 당정 관료들의 권한축소, 경제적 보수의 개선, 그리고 적발·처벌의 강화에서 반부패의 해결책을 찾았다.

그러나 중국 내 기업 등 경제적 주체의 상업적 부패 유인, 그리고 정부의 반부패 정책 대응 간의 역동적 메커니즘과 동학(dynamics)을 분석하고, 중국 반부패 정책의 성과와 문제점을 여러 가지 지표와 법 제도적 환경 사례를 통해 종합적·입체적으로 검토한 연구는 없었다. 본서는 이 같은 미비점을 보완하고자 한다. 이를 위해 본서는 공직자들의 부패 관행, 부패가 발생·재발하는 배경을 경제학적 관점에서 종합적으로 검토한 다음, 잠정적이긴 하지만, 부패-반부패 정책 대응의 이론 모델을 구축해 보고, 중국 정부의 반부패 정책 대응에서 나타난 성과와 한계 및 문제점을 검토함으로써 향후 반부패 정책·제도의 실효성 향상을 위한 개혁에 도움을 주고자 한다.

2. 연구 목적과 배경

1) 기존 연구와의 차별성

본 연구는, 다음 여러 가지 점에서 기존 연구와 차별화된다.

첫째, 선행연구가 '단선적인 관점'(monolithic view)과 각 학문 분야의 개별적 틀에서 벗어나지 못했다면, 본서는 기존 연구 성과에 기초하여 보다 종합적이고 입체적으로 중국의 부패 관성과 유인, 정부의 정책 대응을 분석하려고 노력하였다. Navot and Beeri(2016, 2017)는 부패 개념의 '다면적 속성'(multifaceted nature)에 주목하고, 특정국 정부가 반부패 정책을 입안할 때 "공직자, 기업가, 일반 대중들의 인식론적인 부패 개념의 토대 위에 지도부의 정책목표, 다양한 부패 수단, 현지국의 특수성을 반영해야 소기의 성과를 낼 수 있다"고 하였다. 본 저자도 중국 반부패 정책의 성과와 실효성을 판단하는데 있어 정책 목표가 어느 정도 충족되었는가를 분석하면서 중국만이 갖고 있는 대내외 환경상의 특수성(Chinese idiosyncrasies)을 반영하려고 노력하였다.

둘째, 기존 연구는 주로 중국 내 당·정 관료 등 공직자 부패(public corruption)에 초점이 맞춰져 있었고, 그 원인을 권한 독점, '꽌시'(關係) 문화, 법 제도의 미비, 독특한 정치적 환경 등 '구조적 요인'(structural factors)에서 찾았다. 반면 본 연구는 중국의 부패에는 '구조적' 특성 못지않게 '전략적' 측면도 중요하다는 점에 착안, 부패 공급자인 공직자와 부패 수요자인 기업 간의 상호작용에 주목하였다. 특히 기업부패(corporate corruption)의 경우 '구조적 부패'(structural corruption)보다는 '전략적 부패'(strategic corruption) 성격이 강하게 나타나는 점에 주목하고 국유기업이나 다국적 기업 등 외자기업이 비즈니스 및 영업 거래 과정에서 뇌물을 주고 비리를 저지르는 등 '상업적 부패'(商業賄賂)의 유형과 전략, 수단, 과정, 결과를 밝히려고 노력하였다. 이를 위해 영국 다국적 제약업체인 GSK차이나 법인(GlaxoSmithKline PLC: 葛蘭素史克(中國)投資有限公司))의 조달 및 영업 과정상의 상업적 부패 사례를 분석하였다. 이 사례는 중국 의약품 시장 내 전략적 부패의 발생 배경, 부패로 인한 중단기적 피해, 본사와 현지법인의 대응조치, 중국 정부의 반(反)부패 정책과 의료 및 헬스케어 산업을 개혁하는데 좋은 전략적 시사점을 제공하고 있다.

마지막으로, 연구 방법론 측면에서도, 본 저술은 기존의 단순한 정치경제학적 분석에 글로벌 윤리경영(global business ethic), 국제경영전략 등과 관련 이론적 틀을 접합시킴으로써 '부패(腐敗)의 반복적 재발 원인,' '반부패(反腐敗) 정책의 성과와 한계'를 중국 현실의 프레임 내에서 분석하려고 노력하였다. 특히 후진타오 집권 이후 반부패 정책의 재개(2003), 시진핑 정부의 반부패 정책의 획기적 강화(2013) 등, 정치·법 제도적 환경을 분석한 이후 경제학적 관점에서 기업 부패의 원인과 배경에 대한 경제학적 분석을 시도하였다. 그리고 부패 관성-반부패 정책 대응 간의 동학적(動學的) 메커니즘, 반(反)부패 법규 집행과정에서의 중앙정부-지방정부-부패 기업 등 주체들 간의 전략 대응 분석에는 정보 경제학, 게임 이론적 틀을 이용하였다.

2) 학문적 공헌 및 파급효과

본 연구의 학문적 공헌도와 파급효과는 다음과 같다.

첫째, 중국의 부패, 반부패에 관한 기존 연구의 대부분은 당·정 관료의 부패를 권력투쟁(power struggle)의 시각에서 다루었다. 그러나 본서는, 기업들이 시장진입, 인허가, 가격 책정과 관련하여 공직자의 지위와 권한을 이용하려 하고, 이 같은 동기는 공직자의 지대 추구(rent-seeking) 동기와 맞물려 전략적 부패를 초래한 사실에 주목하고 있다. 이외에도 기업의 시장선점 욕구, 본사와 중국 내 지역본부의 이해대립과 갈등, 실적 인센티브와 연계된 모럴 해저드(moral hazard) 등의 관련 요인들이 '전략적 부패'를 조장하고 있음을 강조하고 있다. 또한 반부패 정책·법규 실행을 둘러싼 중앙-지방정부 간의 이해 대립, 담당기관 관료들의 권한, 이해관계자들의 영향력, 기업의 취약한 지배구조와 내부통제제도 등 제도적(institutional), 구조적(structural) 요인도 입체적으로 분석하였다.

둘째, 기업의 내부 부패 통제, 반부패 드라이브를 둘러싼 중앙-지방 간의 이해대립 등과 관련되는 부분에서는 정보 경제학(information economics)과 대리인 이론(agency theory), 법 경제학(law & economics), 게임이론(game theory) 등을 적용하여 중국 부패 관성과 정부의 반(反)부패 정책 간 동학을 그림·차트로 묘사함으로써 경제학적 관점에 관한 이해를 높이기 위해 힘썼다.

마지막으로, 정책 제안 면에서도 차별화의 포인트를 찾으려고 노력했다. 우선 부패 생태계가 사회 내에 천착·확산되지 않기 위해서는 국내 법제도 개선만으로는 부족하다는 점을 강조했다. 부패의 국제화 추이에 비추어 중국 부패 사범들이 도주하는 주요 대상국인 미국, 캐나다 등 북미 지역 국가와의 공조 노력이 확대되어야 한다고 제안하였다. 또한 미시적 차원에서는 토종 국유기업, 민간기업, 금융기관을 막론하고 윤리경영 의식의 향상, 내부 제보자 제도 및 감사제도 등의 개선이 필요하고, 중국에 진출한 외국 다국적 기업의 경우, 본-지사 간 지배 및 부패통제구조의 조정, 중국 법규 숙지, 지나친 단기 실적 목표 지양, 반부패 컴플라이언스 리스크(anti-corruption compliance risks) 관리의 강화 등이 중요함을 강조했다.

3) 본서의 구성

본서는 8개의 장으로 구성되었다.

우선, 제1장은 연구 목적과 배경을 보여주고 있다. 제2장은 "부패가 왜 나쁜 가"란 질문에 답하기 위해 부패의 사회·경제 및 정치적 비용을 다각적으로 살펴보았다. 이 과정에서 춘추전국 시대 이래 중국 부패의 역사를 회고하면서 부패가 "주요 왕조의 흥망성쇠와 근·현대 정부의 체제 유지에 지대한 영향을 미쳤던 정치적 비용 요인"임을 강조하였다.

제3장에서는 중국의 대내외 부패 환경을 살펴본 다음, 공직자의 구조

적 부패, 그리고 국유기업과 다국적 기업 등 외자기업의 전략적 부패를 전략의 유형, 발현 양태, 사례와 함께 차례로 검토하였다.

제4장에서는 부패 관성-반부패 정책 대응 간의 동학적 메커니즘을 부패의 기대이득과 기대비용, 부패 수요자와 공급자, 부패 유인(corruption incentive), 사회적 함정(social trap)으로서의 부패 관성(corruption inertia), 정부가 보는 부패 용인의 임계치(tolerance limit), 임계치 근처에서의 반부패 정책 대응 등의 개념을 이용해 입체적으로 분석하였다. 특히, 개혁·개방 이후 중국에 있어서의 기업 등 주요 경제 주체들이 당국의 감시와 규제를 피해 단기 이득을 취하려는 경쟁 심리를 '끝나는 시기(termination period)를 모르는 유한 반복 게임'의 논리로 풀었다. 또한 부패 유인의 제거·완화, 부패 모니터링과 적발 시스템의 구축·강화 등 경제 이론적 관점에서 중국의 반부패 정책이 합리적으로 설계됐는지의 여부를 분석하였다.

제5장에서는 중국 반부패 당국의 실제 정책 목표와 규제의 틀을 검토하였다. 이 과정에서 부패 퇴치 본연의 목표와 더불어 정적 제거라는 부수적 목적도 동시에 추구하였음을 강조했다. 또한 반부패 조직과 유관기관, 규제의 대상과 틀을 검토한 다음, 반부패 정책의 내용인 부패 유발 요인의 제거·완화, 부패 모니터링 및 적발 시스템 등을 차례로 살펴보았다.

제6장에서는 반부패 정책의 성과를 부패 관행의 약화, 관련 법 제도의 개선, 부패사범 처리실적, 지방 공직부패 클러스터의 소탕, 해외 도피 사범의 송환과 자산 몰수 등으로 나누어 자세히 평가하였다. 이 과정에서 '부패 호랑이 일소'를 위한 '여우사냥'(fox hunting), '텐왕'(skynet) 작전의 내용과 전개과정, 성과를 설명하였다.

제7장에서는 제2~제6장까지의 분석을 토대로 중국 반부패 정책의 한계와 문제점을 검토하였다. 보다 구체적으로는 반부패 정책 담당 기구나

캠페인 자체가 갖는 한계를 소개한 다음, 정책수단이 갖는 한계와 반부패 정책이 갖는 문제점을 지적함으로써 중국의 법 제도·정책 관행의 개선에 도움을 주는 것은 물론 한국 등 동아시아 정부의 반(反)부패 정책 설계에 줄 시사점을 도출하고자 노력하였다.

마지막 장인 제8장은 본 연구서의 결론과 시사점이다.

2장

부패의 사회·경제 및 정치적 비용

1. 부패의 개념과 유형

1) 부패의 개념

부패에 관해 단 하나의 권위 있는 개념 정의는 없다. J.Rose(2017)가 얘기했듯이,[1] 부패의 개념은 정치학, 경제학, 사회학, 인류학 등 학문 분야별로 다르고, 같은 분야 내에서도 학자별, 연구 목적별로 다르며, 외부 환경 및 당국의 정책 목적에 따라 시대별로 진화한다.

우선, 정치학자들의 정의부터 살펴보자. Noonan, J. T.(1987)은 "부패 개념은 현대 국가가 국가 통치와 행정 관리를 위해 만들어낸 공식 규범(formal norms)의 부산물이다. 하지만, 대중이 가진 비공식적 공익 가치

1_Rose, Jonathan(2017), "The Meaning of Corruption: Testing the Coherence and Adequacy of Corruption Definitions," *Public Integrity*, pp.1-14, 2017. Navot,D. & I.Beeri(2017) eh Navot, Doron, and Beeri, Itai. (2017). "Conceptualization of Political Corruption, Perceptions of Corruption, and Political Participation in Democracies," *Journal of Local Self-Government*, 15(2), 199-219.

(informal public values)와의 갈등이 반영된 결과이기도 하다"라고 하였다.[2] Rose & Heywood(2013)는 부패를 "공직자의 정치적 청렴성(political integrity) 부재"로 인식하였고,[3] 스티픈 D. 모리스(Stephen D. Morris)는 "사익을 얻기 위한 공권력의 불법적이고 부정당한 사용"이라고 정의하였다.[4]

반면, 경제학자인 I. 시너(Ian Senior)는 "권력을 가진 부패한 자, 제3자 혹은 당사자 쌍방이 혜택을 받을 목적으로 영향력을 행사하기 위해 제3자에게 재화나 서비스를 비밀스럽게 제공하는 행위"로 정의하였다.[5] 이 개념에 따르면 "주체(공직자, 기업가, 임직원 등), 목적(사익추구), 행위와 수단(뇌물, 촉진비, 리베이트 등) 등의 세 요소는 서로 밀접히 연계되어 있어서 한 가지 목적을 위해 움직인다."고 하였다. 그리고 부패의 원인으로 직업 정신(professionalism), 투명성(transparency), 통제(control)의 결여 등 사회문화적 요인과 함께 법 제도 관련 요인도 주목하였다.

반면 경제학적 관점의 연구의 대부분은, "부패는 수단의 다양성과 관계없이 제품, 서비스 원가, 거래비용의 증가를 유발하여 가격의 자원 배분 기능을 왜곡시킬 뿐만 아니라 부패의 예방 및 퇴치를 위한 '사회적 비용'(social costs) 증가를 유발한다."는 점을 강조한다. 세계은행의 다니엘

2_Noonan, Jr. John T. (1987), *Bribes: The Intellectual History of a Moral Idea,* Paperback, December 1, 1987.

3_Rose, J.(2014). *The Ppublic Understanding of Political Integrity: The Case for Probity Perceptions,* Basingstoke, UK: Palgrave Macmillan, p.150

4_Morris, Stephen.D. _1991), *Corruption and Politics in Contemporary Mexico,* University of Alabama Press, Tuscaloosa.

5_"corruption as an action to (a) secretly provide (b) a good or a service to a third party (c) so that he or she can influence certain actions which (d) benefit the corrupt, a third party, or both (e) in which the corrupt agent has authority." Senior, I.(2006), *Corruption: The World's Big C.,* Institute of Economic Affairs, London.

카우프만(Daniel Kaufmann)은 경제적 측면과 법적 측면을 결합해 규제적 관점에서 법률적 부패를 본다. 그는 "법률적인 부패는 권력자를 보호하기 위한 법 제정은 물론, 법의 영역을 침범하는 모든 권력 남용 행위"라고 정의한다.[6] 이외에도, 건설 및 인프라 개발 분야에서는 부패를 사적인 경제적 이익을 위해서 "원가상승, 공기 연장, 품질 저하를 초래하는 모든 행위"로 인식한다.

이처럼, 부패는 학문 분야별로 그리고 학자의 시각에 따라 달리 정의된다. 다만 여기서는 본 연구의 목적상 정치학 관점의 S.D.모리스의 개념 그리고 경제학 관점의 I.시너, 그리고 D.카우프만의 개념을 해당 분야에서 적절히 융통성 있게 사용하기로 한다.

2) 부패의 유형

공직부패 vs. 기업(혹은 상업적) 부패

부패의 유형은 기준에 따라 다양하다.

우선, 어느 영역 혹은 어떤 동기에서 발생하는가에 따라 부패는 공직 부패와 기업 부패로 나뉜다. '공직 부패'(public corruption)는 관료주의적 부패 관성에 따라 혹은 정치적 리더나 간부들이 공적 기관(당, 입법-행정-사법, 국가기관, 단체, 대학, 국영 언론 등)에서 자신의 특권적 권한과 지위, 정보 접근성을 남용하여 사익을 추구하는 불법 행위를 말한다. 미국과 영국에서는 지위·직권을 이용한 불법적 이득 획득 행위를 오직(汚職)이라 하고 뇌물을 받는 것을 '수뢰'(收賄)라고 하는데, 모두 넓은 의미의 공직 부패라

6_Kaufmann, Daniel; Vicente, Pedro (2005). "Legal Corruption" (PDF). World Bank.

고 할 수 있다.

반면, 기업 부패는 기업 등 이익을 추구하는 단위가 사업 기회의 적기 포착, 시장점유율 확대, 탈세 등을 위해 행하는 뇌물 수수, 리베이트 등의 불법 행위를 말한다. 중국에서는 부패 사범의 상업적 목적 추구 동기를 강조하여 기업 부패를 '상업 부패'(商業腐敗)라고 부르기도 한다.

본서에는 '기업 부패'를 다음 두 가지 관점을 아우르는 혼합적 개념(hybrid concept)으로 사용하기로 한다. 그 하나는 '공직자의 반대 편에서 뇌물을 제공하는 기업의 부패'이고, 다른 하나는 '조달, 영업, 서비스 과정에서 다른 경제주체 혹은 제3자와의 B2B 거래 과정에서 생기는 사적 경제 주체들 간의 부패'이다.

이처럼 연구목적, 연구자에 따라 부패의 개념과 중점은 다르겠지만, 본서의 연구목적과 부패의 원인과 배경은 반부패 관련 분석을 하는데 있어 큰 걸림돌이 되지는 않는다.

구조적 부패 vs. 전략적 부패 vs. 혼합형 부패

부패는 또한 대내외 환경에 의해 강요된 것인 지의 여부에 따라 '강요된 관행적 부패'(forced, habitual corruption)와 '자발적·전략적 부패'(voluntary, strategic corruption)로 나뉜다. 전자는 청렴하게 생활하고 싶지만 당의 권력 독점, 상사의 지시와 강요, 자신을 둘러싼 '정경유착형' 꽌시(關係) 문화나 상관행, 시장의 실패, 미약한 처벌 등 다양한 이유로 촌지나 급행료를 받거나 줄 수밖에 없는 상황에서 일어나는 관행적 부패를 말한다. 한국으로 말하자면, 〈부정청탁 및 금품 수수 등의 금지에 관한 법률〉(소위 '김영란법') 제정 전에 학부모나 학생이 초등학교 선생에게 주는 통상적 수준의 촌지와 급행료가 전형적인 그 좋은 예이다.

중국의 강요된 관행적 부패는 병원에서 가장 자주 발생한다. 전근대적인 병원의 시스템과 의료자원의 부족 때문에 제 시간에 진료를 볼 수 없는 환자나 그 가족은 더 빨리 진료를 받기 위해 100위안 내외의 급행료를 '촌지' 형태로 의료진에게 전달하는 경우가 보편화돼 있다. 급여가 낮은 의사 등 의료진들은 이 돈을 급여에 보태 생활을 한다. 정부 의료 당국에서는 의사들로 하여금 '촌지 거부 서약서' 캠페인을 병원별로 전개하도록 종용하고 있으나 의료진들이 거세게 저항하고 있는데다가 서약서를 제출한 의사들조차 이를 제대로 이행하는 경우가 드물다.

반면, '자발적·전략적 부패'는 공직자나 민간 경제주체(기업, 개인)가 불가항력적인 외부 환경이나 문화적 요인의 압박이 미미함에도 불구하고, 자신의 필요에 따라 부패를 기회주의적·전략적으로 선택하는 경우를 말한다. 많은 경우, 이들은 청렴이란 대안이 있다는 것을 알고 있지만, 자신과 가족 혹은 자신이 속한 조직의 이익 혹은 제3자를 위해 고의적으로 부패 전략을 선택한다. 가장 흔히 보는 경우가 사익을 도모하기 위해 공직자가 대정부 B2G거래, 전문직과의 B2S거래, 기업 간의 B2B 거래 과정에서 뇌물을 수수하는 경우이다. 이와 같은 뇌물 제공은 사회주의 체제하에서의 생존을 위해 권력 독점자에게 뇌물을 줘야 하는 강요된 비자발적·생존형 부패와는 그 성격이 다르다.

이처럼 자발적 부패는 강요된 부패와 명확한 개념 구분이 가능하다. 그러나 중국과 같은 신흥시장의 경우 외부 규제 환경과 경쟁 환경이 끊임없이 변하는데다가, 전략적 동기도 혼재되어 있어 개념적 구분만큼 실제 구분은 쉽지 않다. 실제로 중국에는 이 같은 '혼합형 부패'(hybrid corruption)가 많은데, 국내외 기업을 막론하고 영업허가, 통관, 세금납부, 대출, 현지금융 획득 등의 규제 장벽을 넘기 위해 통상적이고 관행적인 수준의 뇌물, 리베이트, 급행료 등을 주는 경우가 많다. 그러나 때에 따라서는 기업 등 경제주체들이 경쟁에서 이기기 위해 통상적인 수준을 뛰어 넘는 뇌물을 제공하는 경우도 많다. 이런 경우, '강요된 부패 행태'와 '자발적 부패 동기'가 복합적으로 작용했다고 할 수 있다. 예컨대, 국가기관, 국유기업 종사자, 기업가가 사익을 극대화하거나 실적, 계획된 목표를 달성하기 위해 인허가, 위생·안전 인증, 자원 배분 등에 대한 권한을 가진 당·정·권력자들에게 전략적으로 접근해 자진해서 급행료, 'kick-back' 등을 상납하는 행위는 일종의 '혼합형 부패'라고 할 수 있는 것이다.

본서에서는 현대 중국에서 발생하는 이 같은 '혼합형 부패'를 광의의 '전략적 부패' 범주에 넣어 분석하기로 한다.

소규모 부패 vs. 초대형 부패

부패는 그 규모를 기준으로 하여, 소규모 부패(petty corruption)와 초대형 부패(grand corruption)로 나뉜다. 전자는 소수의 주체들 간에 '작은 편익'(small favors)을 교환하는 부패를 말하며,[7] 후자는 정부 체제의 존립기반을 흔들거나 생태계, 인간 존엄성에까지 악영향을 줄 정도로 규모가 크고 심각한 부패를 말하다. 개발도상국이나 빈곤국이 밀집된 아프리카, 중남미, 서남아, 아태지역 섬 나라의 경우, 초대형 부패가 자주 발생하는데 마약밀매, 인신매매, 금지된 희귀동식물의 거래, 죄수나 아동의 강제노역 등과 연계돼 발생하는 경우가 많아 국가경제와 국민의 생활에 참담한 결과를 초래하는 경우가 많다. UN 관련 국제기구의 발표에 따르면, 아태지

7_Elliott, K. Ann(1997). "Corruption as an international policy problem: overview and recommendations" (PDF). Washington, DC: Institute for International Economics.

역의 16개 국가 및 속령(territories)의 경우, 조사대상국 내 뇌물공여자의 숫자는 9억 명에 달하고, 2만 2천 명을 설문 조사한 결과, 2016년 한 해 동안 공공서비스를 이용한 4명중 한 명이 뇌물을 준 것으로 나타났다. 특히 최극빈자 그룹은 조사대상자의 38%가 뇌물공여 경험이 있을 정도로 뇌물 의존도가 높은 것으로 나타났다.

2. 부패의 심각성과 업종별 민감도

1) 중국내 부패의 심각성

부패는 뉴질랜드, 덴마크, 일본 등의 선진국에서부터 터키, 말레이시아 등 중진국, 중국, 베트남 등 사회주의 시장경제 국가, 그리고 남수단, 소말리아 등 빈곤국에 이르기까지 모든 국가에 존재한다. 다른 것이 있다면, 부패의 심각성(강도, 만연도)과 그에 대한 국민들의 인식 수준이라 할 수 있다. 그러면 2012년 10월 시진핑 지도부가 반부패 정책을 시작할 당시 중국 내 부패는 얼마나 심각했을까?

이는 국제 NGO인 국제투명성기구(TI: Transparency International)가 90년대 초반부터 매년 2월 전세계 주요국을 대상으로 조사해서 발표하는 부패 인식 지수(CPI: Corruption Perceptions Index)를 보면 알 수 있다. CPI 점수는 0에 가까울수록 부패가 심하다는 뜻이고(글로벌 순위도 낮아짐), 10에 가까울수록 청렴도가 높음(글로벌 순위도 높아짐)을 의미한다. 2012년도 중국의 CPI는 3.9로 〈그림 2-1〉에서 보는 바와 같이, 싱가포르(8.7), 미국(7.5), OECD 평균(6.9) 보다 낮다. 중국인을 대상으로 한 다른 설문조사

결과를 보아도, 2012년을 기준으로 중국 조사대상자의 75%가량은 "과거 3년간에 비해 부패가 증가했는가?"라는 질문에 긍정으로 답했다.

반(反)부패 정책 도입 4년 전인 2008년 상황은 TI의 BPI(Bribery Payers Index)를 보면 알 수 있다. BPI 지수는 부패를 공급 측면에서 측정한 지표로 19개 비즈니스 업종 중, 공공건설계약, 부동산 분야에 초점을 맞춰 수출 기업 임원들을 대상으로 조사한 것으로 "현지에서 비즈니스를 할 때 뇌물에 의존하는 정도'를 설문조사한 후 5 포인트 scale로 계량화한 부패강도 지표이다.

〈그림 2-1〉 중국의 부패인식지수 추이

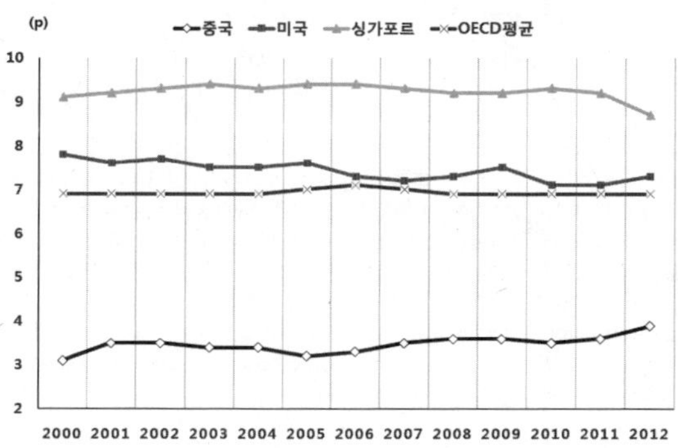

* 자료 : Transparency international
** 주 : 부패인식지수(Corruption Perceptions Index, CPI)는 10점 만점으로 0점이 가장 부패한 수준을 나타냄

중국은 〈표 2-1〉에서 알 수 있듯이, 22개국 중 21위로 꼴찌인 러시아 다음으로 비즈니스 촉진수단으로 뇌물수수를 사용하고 있는 것으로 나타났다. 부패 청정국 1, 2위의 지위는 벨기에와 캐나다가 차지했고, 한국은 대만, 남아공과 함께 공동 14위로 홍콩(13위)의 뒤를 잇고 있으며, 동남아,

중남미, 아프리카 국가의 경우 BPI 지수가 매우 낮은 수준에 있다. 이는 공정하고 제품력, 기술력, 브랜드 파워 등에만 의존하는 서방 다국적 기업이 뇌물제공, 리베이트 등 각종 불법적 수단을 죄의식 없이 쓰는 중국 기업과 대등하게 경쟁하기 어려움을 시사해준다.

〈표 2-1〉 BPI(Bribery Payers Index)로 본 2008년도 중국의 부패 순위

순위	국가	순위	국가
1	벨기에	12	스페인
2	캐나다	13	홍콩
3	네덜란드	14	남아공
4	스위스	14	한국
5	독일	14	대만
6	영국	17	이태리
7	일본	18	브라질
8	호주	19	인도
9	프랑스	20	멕시코
10	싱가포르	21	중국
11	미국	22	러시아

* 주: BPI는 26개국 2,742명의 임원들에게 갤럽(Gallup International)을 통해 2008년 8월 5일부터 10월 29일까지 한 국가당 100번의 인터뷰를 진행해 만들었는데, 임원들에게 중국, 한국, 일본, 미국, 독일, 프랑스, 러시아, 싱가포르 등 22개국가의 목록을 제시하면서 각 국가에 대해 "당신의 나라에서 목록에 있는 국가 출신의 기업들이 얼마나 자주 뇌물 수수를 하느냐?"를 1부터 5까지의 포인트 스케일(1은 절대 아님, 5는 거의 항상)로 조사하였다.

** 자료: 원 자료는 Transparent International. https://www.transparency.org/research/bpi/overview. Cassin, R. L.(2009), "Supply-Side Corruption," September 28 2009,2009;http://www.fcpablog.com/blog/2009/9/29/supply-side-corruption.html

'부패 수출 대국'으로서의 중국의 이미지는 공직자들에 관한 단신 언론 보도에서도 확인된다. 2014년도 9월 10일자 징화시보(京華時報)에 의하면, 2014년 8월 말까지 7년간 뇌물수수 등의 부패 혐의로 낙마한 고위 관료는 75명에 달했다. 형이 확정된 26명의 경우, 불법 소득 총액은 한화로 667억 원, 1인당 수뢰 액은 평균 26억 7천만 원에 달한 것으로 밝혀졌다.[8] 특히 2013년 7월에 뇌물 혐의로 사형 선고를 받았으나 유예 판결을 받은 전

철도부 장관 류즈쥔(柳志軍)의 경우, 혼자서 무려 100억 원이 넘는 천문학적인 규모의 뇌물을 수령하기도 하였다.

2015년의 경우, 당 중앙기율검사위원회(이후 'CCDI') 발표에 의하면, 한 해 동안 전체 공무원(약 700만 명)의 4.3%에 해당하는 30만 명 가량이 부패 등 중대한 당 기율 위반 관련 혐의로 징계 처분을 받은 것으로 나타났다. 이 중 20만 명은 경징계, 8만 2천 명은 강등 이상의 중징계를 받았는데 대부분은 중하위 관료들이었다.[9] 다만, 조사가 끝나지 않았거나 죄상이 밝혀지지 않은 부패혐의 관료들도 있기 때문에 공직 부패의 만연도는 공식 발표치(전체 공직자의 4.3%)보다 훨씬 더 높을 것으로 생각된다.

2) 부패의 업종별 민감도

중국 내 부패는 업종별로 그 심각성에 있어 격차가 크다. 일반적으로 보면, 인허가, 조달, 가격결정, 인증 등에 관해 당·정 관료의 개입도가 높은 업종일수록 그리고 '관계 특정성'(relationship-specificity)이 강한 업종일수록 부패 강도가 비교적 높은 편이다. '관계 특정성'이 강한 업종의 부패 취약성은 꼭 중국만의 문제는 아니다. 미국의 '해외부패관행방지법'이라 할 수 있는 FCPA(Foreign Corrupt Practices Act) 위반 혐의로 조사를 받은 기업들의 업종별 분포를 보면,[10] 〈표 2-2〉에서 알 수 있는 바와 같이,

---

8_京華時報, 2014. 9. 10.

9_"China: China Says 300,000 Punished for Corruption," March 7th, 2016, Asia, *Ethical Alliance Daily News* (Asia); http://ethixbase.com/china-china-says-300000-punshed-corruption/

10_FCPA는 해외 공무원이나 국유기업에게 뇌물을 준 미국 내 등록기업, 개인 등 거주자(residents)는 물론, 미국에 상당한 경제적 이해를 가진 상장 외국기업, 미국 은행과 일정액 이상

원유 및 천연가스 채굴 같은 업종의 비중이 전체 조사대상 46개 업체의 52.2%를 점할 정도로 압도적으로 높고, 통신(21.7%), 헬스케어(17.4%), 에너지 채굴·생산업(15.2%), 제약(13%)이 그 뒤를 따르고 있다. 중국의 경우, 미국과 규제 환경이 다르긴 하지만, 업종별 부패 만연도는 미국과 크게 다르지 않다. 대체로 국민의 부패 불만도가 가장 심각한 곳은 ▲석유·가스·석탄 채굴업, 전력 에너지, 석유화학 → ▲금융·건설·부동산 개발 → ▲제약·의료 서비스 → ▲통신·무역·유통 서비스 순이며, 정보기술(IT)이나 농업, 어업 쪽은 비교적 낮은 편이다(〈그림 2-2〉). 이는 BPI 지수 조사 결과에서도 확인되고 있다.

〈표 2-2〉 미국 FCPA 관련 조사대상 업체의 업종별 분포

순위	FCPA 관련 조사대상기업의 숫자	전체에서% 비중	해당 업종
전체	46	100.0	-
1	24	52.2	원유 및 천연가스 서비스
2	10	21.7	통신
3	8	17.4	헬스케어
4	7	15.2	원유 및 천연가스 채굴 및 생산
5	6	13.0	제약

※ 주: FCPA는 'Foreign Corrupt Practices Act'란 미국 반부패 법규를 의미한다.
※ 자료: "The Top 5 Industries with Open Investigations," The FCPA Blog, August 4, 2017 at 7:28AM; http://www.fcpablog.com/blog/2017/8/4/the-top-five-industries-with-open-investigations.html

실제로 부패로 처벌받은 중국 고위 관료 중에는 에너지, 탄광 개발, 석유화학 부문 출신 공직자가 상대적으로 많다. 장중성(張中生)은 산시(山西)성의 탄광 도시인 뤼량(呂梁)시의 부시장으로 일한 바 있다. 그는 탄광 인

의 거래를 하는 외국 기업이나 은행 등 비거주자(non-residents)가 유사 행위를 할 때도 규제·처벌하므로 '역외적용권'(extra-territorial jurisdiction)을 가진다고 할 수 있다.

가, 사업확장 승인 등의 업무를 수행하면서 25억 위안(약 4,200억 원)대의 뇌물을 챙긴 혐의로 2018년 3월 산시성 린펀(臨汾)시 중급 인민법원으로부터 사형, 당적 및 정치권 종신 박탈, 개인자산 몰수 선고를 받았다. 국가에너지총국(國家能源局) 석탄국 부국장이었던 웨이펑위안(魏鵬遠) 역시 프로젝트 심사 과정에서 2억 1,200만 위안(한화 약 360억 4천만 원)의 뇌물을 받은 혐의로 구속되었는데, 허베이성 바오딩(保定)시 법원으로부터 2년 집행유예부 사형선고를 받은 후 가석방·사면 없이 무기 직영형을 살고 있다.[11] 2014년 12월 '국가발전개혁위원회'(國家發展和改革委員會; 이하 NDRC) 부주임이면서 에너지국장이었던 류티에난(劉鐵男) 역시 총 3,558만 위안(한화 약 60억 4,860만 원)을 수뢰한 혐의로 정치권 종신 박탈, 무기징역을 선고받고 복역중이다.

〈그림 2-2〉 업종별 부패 만연도와 중국 국민의 불안

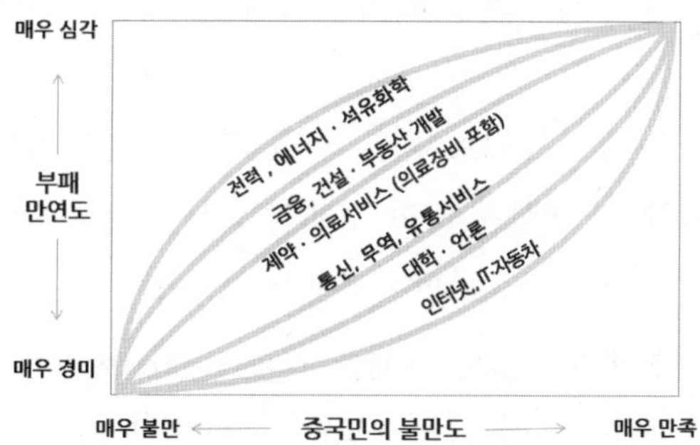

** 자료:각종 자료 분석에 기초하여 분석

11_"Chinese Official Who Had £24m Cash at Home Given Suspended Death Sentence," *The Guardian*, October 17 2016; https://www.theguardian.com/ world/2016/oct/17/chinese-official-who-had-24m-cash-in-his-house-given-suspended-death-sentence

3. 부패의 사회·경제적 비용

1) 사회·경제적 비용: 개관

부패는 사회·경제적 비용을 증대시킨다. 각국 정부, UN, OCED 등 국제 기구가 반(反)부패 정책을 실시하고 부패 퇴치 예방에 관한 협약을 개정하려는 것도 이 때문이다. 직접적으로는 국민의 위생·안전을 위협하고 시장 경제 체제와 국가 정치 체제의 유지를 어렵게 할 뿐만 아니라, 간접적으로는 국가 간 부패의 전염을 통해 사회·경제적 해악을 국제적으로 확산시킨다는 것은 주지의 사실이다.

물론 '부패가 사회 경제적으로 정말 나쁘냐'에 관해서는 중국 내에서도 한 때 논쟁이 일어난 적이 있다. 부패의 해악을 과소평가하거나 평가절하하는 대부분의 논자들은 지방 당·정 관료들인데, Sun Yan(2004)은 다음과 같은 이유로 반부패 정책 도입에 부정적 내지는 회의적 견해를 표명했다.

첫째, "뇌물은 경직된 관료제를 부드럽게 돌아가게 하는 일종의 '윤활유'(lubricant)와 같은 역할을 하고 경제적 교환 관계를 촉진한다"는 것이다. "따라서 관행적으로 주고받는 뇌물은 그리스(grease)처럼 비즈니스를 촉진시키므로 '희생자가 없는 무해한 범죄'(victimless crime)라는 것"이다. 소위 '효율적 부패'(efficient corruption) 가설이다. 둘째, "부패 퇴치에 대한 과도한 집착은 새로운 정책 도입·실천에 관한 관료들의 과단성을 없애고 보신주의 태도를 강화시켜 오히려 경제 발전을 저해한다"는 관점도 존재한다. 셋째, "부패는 계획경제 국가의 개혁·개방 혹은 발전도상국의 경제 발전 과정상에 과도기적으로 발생하는 필요악적인 존재이자 불가피하게 지불해야 할 수업료"라는 시각도 있다.[12] 마지막으로, 부패는 "그 파괴력(destructiveness) 때문에 역사적으로 오히려 파워 엘리트의 교체·재배치, 새로운 정권이나 권력 제도의 출현을 촉진하는 등 정권 교체의 추동력으로 작용했다"는 역설적 시각도 있다.[13]

그러나 보다 많은 정치학, 경제학, 사회학 등 주요 학문 분야의 문헌은 부패를 '막대한 사회 경제적·정치적 비용을 유발하는 부정적인 기제'로 해석하고 있다. Spahn, E. K.(2010)는 '효율적인 부패'(efficient corruption) 가설은 오류라고 정면 반박한다. 그는 "뇌물이 '개인 간 거래'를 촉진시킬 수는 있지만, 장기간의 데이터를 분석해보면 마치 '바퀴에 낀 모래'처럼 자원 배분을 왜곡시킬 뿐만 아니라, 공정 경쟁을 저해함으로써 시장 메커니즘을 와해시킨다"는 것이다. R. Klitgaard(1988) 역시 Controlling Corruption 이란 책에서 "부패는 경제 성장률을 둔화시킬 뿐만 아니라 약탈적 파워 엘리트(predator elites)를 양산하고 국민의 항의 시위를 촉발시켜 정치적 불안정을 촉발한다"고 지적하고 있다.[14] Yan Sun(2004)은 미시적 차원에 중점을 두고 "기업 부패는 지대 추구(rent-seeking) 행동을 통해 혁신을 방해할 뿐만 아니라 불법적인 활동을 통해 쉽게 돈을 벌 수 있다는 인식을 갖게 함으로써 기업가 정신을 손상시키고 결국은 경제 성장을 저해한다"고 주장한다.[15]

12_Yan, Sun(2004), p.18

13_Yan, Sun(2004), p.19.

14_Robert Klitgaard (1988), *Controlling Corruption*, University of California Press, 1988.

15_Yan, Sun(2004), p.11.

〈표 2-3〉 주요국의 연도별 부패인식지수(CPI) 점수의 변화 비교

국/지역	2017 현재 CPI 점수	2017년 1인당 GDP	연도별 CPI 점수의 변화*					
	글로벌 순위 (N =180개국)	PPP 기준 (미 달러)	2017	2016	2015	2014	2013	2012
한국	51위	39,400	54	53	54	55	55	56
중국	77위	16,600	41	40	37	36	40	39
뉴질랜드	1위	38,500	89	90	91	91	91	90
덴마크	2위	49,600	88	90	91	92	91	90
싱가포르	6위	90,500	84	84	85	84	86	87
홍콩	13위	61,000	77	77	75	74	75	77
미국	16위	59,500	75	74	76	74	73	73
일본	20위	42,700	73	72	75	76	74	74
대만	29위	49,800	63	61	62	61	61	61
인도	81위	7,200	40	40	38	38	36	36
터키	81위	26,500	40	41	42	45	50	49
브라질	96위	15,500	37	40	38	43	42	43
인도네시아	96위	12,400	37	37	36	34	32	32
베트남	107위	6,900	35	33	31	31	31	31
필리핀	111위	8,200	34	35	36	36	36	34
러시아	135위	27,900	29	29	29	27	28	28
남수단	179위	1,600	12	11	15	15	14	N/A
소말리아	180위	600	9	10	8	8	8	8

** 주: *CPI: 점수가 높을수록 부패가 심하지 않은 '부패 청정국(지역)'임을 뜻한다. CPI에 관해 더 자세한 것은 www.transparency.org/cpi 참조할 것.

** 자료: CPI(Corruption Perception Index)에 관해서는 국제투명성기구(International Transparency) 웹사이트(2018년 2월 21일 발표치) 참조. https://www.transparency.org/news/feature/corruption_perceptions_index_2017. 2017년도 PPP기준 1인당 GDP(미 달러)에 관한 것은 CIA, The World Data-Book 데이터베이스 국별 검색 결과; https://www.cia.gov/library/publications/the-world-factbook/geos/rs.html

'투명성 기구'(TI) 역시 '부패 수준과 소득 수준 간의 강한 부(負)의 상관관계'를 매년 발표하는 전세계 주요국의 '부패인식지수'(CPI)를 통해 확인시켜 주고 있다. 〈표 2-3〉은 CIA의 *The World Fact-Book* 데이터 베이스에서 추출한 주요국의 구매력 평가(PPP: purchasing power parity) 기준 1인당 국민소득 수준과 CPI를 2012년부터 2017년까지 비교해 놓은 것이다. 비록 순위상관계수(rank correlation coefficient)를 보여주지는 않았지만, 직관

적으로 봐도 1인당 GDP 수준이 높을수록 청렴도 순위(즉 글로벌 CPI순위)가 높아지고 부패 강도는 약해지는 것을 알 수 있다. 중국의 경우 CPI 지수가 180개국 중 77위로 일본(20위), 대만(29위), 한국(51위)보다 순위가 낮은데 향후 1인당 소득 수준이 높아지면 청렴 강도(즉 글로벌 CPI 순위)도 높아질 것임을 예상할 수 있다.[16]

Pei, Minxin(2017)은 중국 내 부패의 해악을 보다 구체적으로 묘사하고 있다. Pei는 "1980년대 이후 부패 사범들의 강탈 액수가 점차 늘어나 2016년에는 연간 860억 달러에 달하는 것"으로 추계하고 있다.[17] 부패 노출도는, 앞에서도 언급했듯이, 국가(즉 당·정·군 유관기관)의 개입이 높은 인프라 및 부동산 개발, 에너지, 석유화학, 금융·보험, 정부 조달 등의 부문에 종사하는 국유기업과 국가기관에서 높으며,[18] 뇌물수수는 통상적으로 공금횡령, 회계 사기, 국유자산유실 등을 동반하므로 간접적 영향까지 고려하면 부패의 사회적 비용은 훨씬 더 클 것이라고 주장한다.

한편 IMF(국제통화기금, 2016년 5월)는 가장 보편화된 부패 행위인 뇌물수수(bribery)의 연간 비용을 약 1.5조 달러(약 1,749조 원)에서 약 2조 달러(약 2,332조 원)로 추산하고 있는데, 이는 전 세계 GDP의 2%에 해당하는 규모이다. 또한 IMF 총재 크리스틴 라가르드(Christine Lagarde)는 "이 정도의 뇌물 규모조차 과소평가된 것이며, 부패 자금의 대부분은 해외 조세피난처(tax haven)로 빠져 나가므로 해당 국가는 중장기적으로 더 큰 누

16_중국의 2017년도 1인당 GDP는 공식 환율로 보면 8,582달러 정도가 되지만, CIA의 구매력평가(PPP) 기준으로 환산해보면 1만 6,600달러로 미국(5만9,500달러)의 28% 수준이다.

17_Pei, Minxin (2017), "Corruption Threatens China's Future," *Carnegie Endowment for International Peace*, Policy Brief No. 55, October 2007.

18_Pei, Minxin (2017) 상게서 참조.

적적인 피해를 입게 된다"고 밝혔다.[19]

경제성장에 대한 악영향 이외에도, 부패는 장기적으로 소득불평등을 악화시키고, 해당 국가에 일어나거나 유치될 뻔한 국내외 투자를 구축하게 된다. 바로 이러한 폐해 때문에 많은 나라에서는 부패 퇴치 혹은 예방을 위한 각종 정책을 시행하고 있는데, 이는 중국도 예외가 아니다. 만일 당·정 관료 매수를 통해 얻는 이익이 관련 비용 대비 월등히 크거나, 연구개발 및 기술 혁신을 통해 시장을 개척하는 것보다 뇌물제공을 통해 손쉽게 기업의 생존 발전을 보장받을 수 있다면, 기업들은 경쟁적으로 부패 게임에 참여할 것이다. 결국 부패 관성이 강해지면서 기업가 정신은 훼손될 것이고, 궁극적으로는 '법의 지배'까지 방해 받거나 왜곡될 것이다.[20]

2) 사회적 후생의 감소 및 국가 경쟁력의 약화

경제학적으로 보면, 부패는 사회적 후생을 감소시키고 가격경쟁력을 약화시킨다. 뇌물 공여를 예로 들면, 부패는 가격 상승, 공급량 감소를 초

19_IMF Fiscal Affaris and Legal Departments(2016), "Corruption: Costs and Mitigating Strategies," *IMF Staff Discussion Note*(SDN/16/05), May 2016, pp.1-43. "Annual cost of bribery equals 2 percent of global GDP, says IMF chief", *Express News Service*, Published 19th September 2017 07:52 AM;http://www.newindianexpress.com/business/2017/sep/19/annual-cost-of-bribery-equals-2-percent-of-global-gdp-says-imf-chief-1659273.html.

20_Cassin, Richard L. (2017), "Survey: Corruption Still Plagues Asia, Especially the Poor," March 9, 2017, Transparency International; http://www.fcpablog.com/blog/2017/3/9/survey-corruption-still-plagues-asia-especially-the-poor.html. Transparency International (2017), People and Corruption: Asia Pacific-Global Corruption Barometer, Transparency International Publication. http://www.transparency.org/whatwedo/publication/people_and_corruption_asia_pacific_global_corruption_barometer

래하는 일종의 '준조세'(quasi-tax)로서 자원배분을 왜곡시키고, 사회적 후생 감소를 초래한다. 우선, 뇌물, 급행료 등의 지급은 뇌물 공여자인 기업의 거래비용(transaction costs)을 증가시키고 제조 및 매출 원가가 늘어난 기업은 이를 제품·서비스 가격상승의 형태로 소비자나 환자에게 전가하려고 할 것이다. 물론 뇌물 비용의 규모, 전가의 정도는 업종, 사안별로 다르지만, 공통적인 것은 뇌물 비용으로 인해 '시장 신호'가 왜곡된다는 점이다.

뇌물 비용으로 인한 사회적 후생(social surplus)의 감소는 〈그림 2-3〉에 잘 나타나 있다. 제품 가격이 P에서 P′로 상승함에 따라 소비자 잉여(consumers' surplus)가 감소하고, 공급 곡선이 S1에서 S2로 올라감에 따라 공급자 잉여(suppliers' surplus)가 줄어든다. 즉 경제가 깨끗했더라면 지불하지 않아도 될 거래비용(즉 공급자가 이미 지출한 뇌물 비용)을 소비자가 지불하게 되므로 구입하는 양도 줄어들게 된다. 즉 가격인상으로 인해 사회 전체의 사전적 수요가 줄어든다는 점이다.

〈그림 2-3〉뇌물 공여로 인한 사회적 후생의 감소

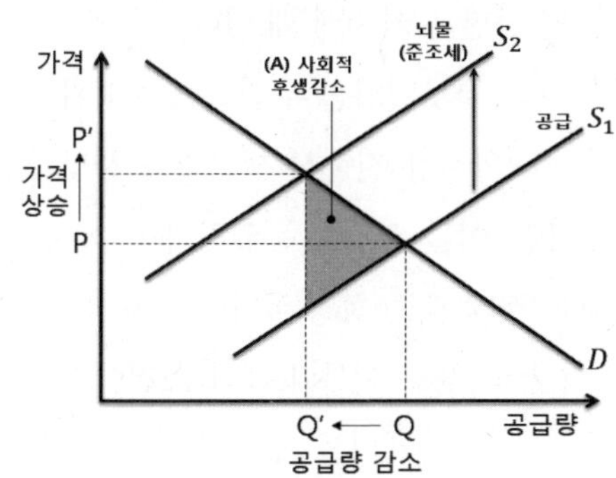

만일 해당 제품이 수출상품이라면 가격이 올라 환율 등 다른 조건이 동일하다면 부패국에서 생산·수출되는 제품의 가격 경쟁력은 약해진다. 중장기적으로도 원산지가 부패국이라는 '낙인 효과'(labelling effect) 때문에 부패 청정국 제품에 비해 비가격 경쟁력도 약해져 해외시장 개척이 어려워지게 된다. 뿐만 아니라, 부패국의 생산·영업 방식이 '글로벌 밸류체인'(global value chain)을 타고 국경을 넘게 될 경우, 수입국이나 원부자재 수출국에게도 전염되어 나쁜 영향을 끼치게 된다. 이 같은 상황은 실제로 중국에서 발생하고 있는데, 2015년 이후 일대일로(一帶一路) 정책이 시행되면서 중국 건설, 건설장비 기업의 부패 관행이 중앙아시아, 서남아, 동남아 국가로 수출되고 있는 것이 좋은 예이다.

3) 외자유치 잠재력과 준법정신의 약화

외자유치 잠재력과 준법정신의 약화도 문제다. 중요한 것은 이런 뇌물 공여 메커니즘이 너무 쉽고 따라 하기 편하다는 점이다. 자연히 제품 기술 혁신은 등한시할 수밖에 없고, 그로 인해 제품·서비스 품질과 다양성이 희생당하고 고객의 불만은 커지게 돼 있다.

투자유치국의 부패는 글로벌화를 추진하려는 외자 기업에게도 피해를 준다. 다국적 기업은 해외시장 진출시 생산비와 시장규모, 발전잠재력을 우선적으로 고려하지만, 이들 요건이 동일하다면, 뇌물비 등의 외국 비용(cost of foreignness)이 적게 드는 청정 국가를 선호할 것이다. 그러나 만일 국제 무역 혹은 투자 계약 성사 여부와 계약 조건이 자사의 경쟁력보다도 '몇몇 당·정 간부 등의 이해관계자들'(stakeholders)과의 친소 관계나 경쟁력에 의해 좌우된다면, 해당 국가 시장 진입을 회피하거나 일단 진입한 다음 뇌물 제공 등 각종 불공정 경쟁을 통해 그 비용을 보상받으려 할 것이다. 결국 이 같은 투자유치국의 시장환경은 불공정하게 되고 국제적 평판도 나빠질 것이다. 따라서 비용절감 요인이나 시장규모 및 확대 잠재력 측면의 매력이 불공정 환경의 불리함을 압도하지 않는 이상 외자유치 실적은 중장기적으로는 약화될 가능성이 크다.

그러나 중국처럼 시장 규모와 확대 잠재력이 불공정경쟁 환경의 불리함을 압도할 경우가 문제다. 부패국 시장에 진입한 기업으로서는 뇌물 공여 등 부패 행위를 통해 시장을 선점하고 소속 기업 임원들은 그들대로 자신의 인센티브 수입을 늘리려 할 것이기 때문이다. 만일 현지국 정부의 법적 통제가 취약하다면, 진입 외자 기업의 뇌물 공여를 '가치 있는 효율적인 투자 대안'으로 생각하게 될 것이다. 실제로 적지 않은 수의 다국적 기업은 중국과 같은 신흥시장에 진입한 이후 본국에서의 윤리경영(ethical management) 방침을 전략적으로 포기하는 경우가 많다.

김익수·김병구(2017)가 분석했듯이,[21] 중국처럼 부패한 꽌시 문화가 천착돼 있고 시장경쟁이 치열한 시장에서 살아 남기 위해 현지법인장과 임직원들은 영업 및 조달 과정에서 부패 전략을 선호하는 경우가 많다(제3장 제4절 참조). Pei, Minxin(2017)도 중국 시장에 진입한 외자기업들이 시장 지배력을 강화하기 위해 불법적 영업 관행을 자주 사용하고 있음을 지적하고 있다.[22] 기술혁신이나 원가절감 노력은 부패 전략에 비해 비용이 많이 들고 그 성과도 불확실하기 때문이다. 국내 기업은 당·정 관료와 친밀한 관계를 유지하고 있고 현지 시장의 사정을 더 잘 알고 있기 때문에

21_김익수·김병구, "중국 시장에 진입한 다국적 제약업체의 상업적 부패 원인과 과정: GSK 사례를 중심으로", 『인적자원개발연구』, 제20권 제3호, 2017년 9월, 179-224쪽.

22_Pei, Minxin (2017) 참조.

더 은밀하고 정교한 부패 수단과 경로를 이용하는 경우가 많다.

심각한 것은 이렇게 해서 조성된 불법적 부패 자금이 다양한 경로와 방식을 통해 해외로 빼돌려진다는 점이다. 파나마 페이퍼(the Panama Papers)에 따르면, "부패사범들은 대외직접투자, 수출, 송금 등의 명목을 내세운 다음 '중간의 촉진자들'(facilitators)을 통해 불법자금을 국경 밖의 조세피난처(tax havens)로 빼돌린다"고 묘사하고 있다. 자주 쓰는 방식은 수입 결제액 과대계상(over-invoicing), 홍콩 금융기관, 마카오 도박업체, 동남아 화교기업 등을 통한 자금세탁, 조세피난처 내 페이퍼 컴퍼니 설립, P2P 대출, 암호 화폐 등을 통한 환치기 수법이다. 그리고 이 같은 거대 불법자금의 유출은 단기적으로는 외환보유고의 감소, 중장기적으로는 경제의 성장 잠재력을 약화시키는 요인이 된다.

4) '포용적 성장 잠재력'의 약화, 보건·안전 환경의 악화

부패의 또 다른 사회·경제적 비용은 세수 감소에 따른 '포용적 성장 잠재력'의 약화, 보건·안전 환경의 악화라고 할 수 있다. 특히 부패가 제도화되면(systemic corruption), 특정 국민 경제 내의 납세 동기가 약해져 세수가 감소하게 된다. 이는 결국 빈곤 구제 및 환경보호 보조금 지급, 교육·의료·사회보장 서비스 지출을 감소시키거나 중앙 지방정부의 부채의 존도를 높여 단기적으로는 물론 중장기적으로도 소외된 사회계층, 빈곤 지역에 대한 재정지출을 늘리려는 정부의 '포용적 성장'(inclusive growth) 정책 추진 능력을 약화시킨다.

Baum, A. *et al.*(2017)은 147개국 IMF 데이터(1995~2014년)를 분석해, "인식된 부패(perceived corruption)는 세수와 부(負)의 상관관계에 있으며,

부패로 인해 GDP의 평균 0.6% 정도에 해당하는 세수가 타격을 받는다"는 것을 밝혀냈다.[23] 물론 이 같은 연구 결과는 부가가치세 세수 데이터만을 대상으로 한 것이지만, 만일 개인소득세, 법인세 등에 대한 납세 및 준법 심리의 약화까지 고려한다면, 그 부정적 영향은 더 클 것이다. 더욱이 탈·누세를 방지하기 위한 세무조사 및 징수 관련 인력이 증가함에 따라 재정지출도 증가할 것이므로 국가재정에 이중적 부담을 준다고 할 수 있다.

대규모 부패(grand corruption) 사례는 중남미 국가나 아프리카에서 흔히 볼 수 있다. '사회적 대재앙을 초래한 부패 정치인으로는 베네주엘라의 유고 차베스'(Hugo Chávez) 대통령이 자주 거론된다. 차베스 대통령은 사회주의, 좌파적 인기영합주의, 국제주의 등을 적당히 버무려 '애국주의적 지도자'인 것처럼 행세했다. 그는 무려 3,000억 달러가 넘는 천문학적 규모의 정치적·상업적 부패를 저질러 베네주엘라 재정의 파산을 초래했는데, 산유국임에도 불구하고 의료 예산이 고갈될 정도였다. 항생제, 항암제 등이 부족해 아동과 노인들이 치료를 받지 못하고 암거래 시장의 약품 값이 급등함에 따라 밀수업자들만 돈을 버는 상황이 벌어지기도 했다. 이 같은 '도둑 정치'(kleptoacracy)와 국민착취형 대부패는 중국의 역대 왕조는 물론, 국민당 시절의 중화민국에서도 발생한 바 있다.[24]

M.Kenney(2017)는 "부패는 지속가능한 개발과 기본적인 교육·의료 서비스의 공급을 어렵게 하는 등 공공이익을 저해하는 반인륜적 범죄"로 개념 정의했다.[25] 중국에서도 부패로 인한 식·의약품 안전관리의 소홀,

---

23_Baum, A., Sanjeev Gupta, Elijah Kimani, and Sampawende Jules Tapsoba (2017), "Corruption, Taxes and Compliance," Working Paper(WP/17/244), IMF, Oct. 2017.

24_*The Cambridge Dictionary*에 의하면, 'kleptoacracy'는 "a society whose leaders make themselves rich and powerful by stealing from the rest of the people"로 정의된다.

건축물의 부실 관리로 인해 해마다 막대한 인적·물적 피해가 발생하고 있다. 품질과 안전관리를 책임져야 할 정부 관료나 전문가들이 부패 기업과 담합해 '쌍무적 독점' 관계를 형성하고, 뇌물을 주고받으면서 규제 환경을 우회 돌파하는 일이 잦은 것이다. 그 결과, 각종 기준을 잘 지키는 선량한 기업들만 손해를 보거나 경쟁 입찰에서 제외된다. 반면, '부패 기업-중개인-부패 당·정 관료' 간의 '부패 담합 생태계' 내지는 불공정경쟁 카르텔에 가입한 기업들은 이득을 보게 된다.

중국에서의 인허가 및 감독·관리를 책임지는 유관 기관 관료가 탐욕에 찌든 업자와 뇌물로 얽혀 있어 인재(人災)를 초래하는 예는 수 없이 많다. ▲가짜 백신과 독이 들어있는 식·의약품, ▲독성이 강한 화학 성분이 들어있는 치약·생리대, ▲중금속이 들어있는 화장품과 장난감, ▲아파트 건물과 교량, 터널의 붕괴, ▲산시성(山西省)과 내몽고에서 자주 발생하는 광산 인부 매몰 사고, ▲철도차량의 철로 탈선, ▲승강기와 자동차 등의 안전사고 등은 예시에 불과하다.

10년 전인 2008년에는 중국 내 5만여 명의 유아들이 건강에 유해한 멜라민 분유를 먹고 이중 6명의 유아가 숨지고 살아남은 유아들의 상당수가 머리가 커지는 소위 '대두병'에 걸렸다.[26] 그리고 같은 해 산시성에서는 뇌염 백신 등을 접종했다가 4명의 어린이가 사망한 바 있다. 2018년 7월에는 지린성 창성바이오(長生生物)라는 회사가 뇌물을 주고 제대로 임상실

25_Kenney, Martin (2017), "Grand Corruption is a Crime against Humanity," FCPA Blog, May 19, 2017 at 7:28AM; http://www.fcpablog.com/blog/2017/5/19/martin-kenney-grand-corruption-is-a-crime-against-humanity.html.

26_2008년의 멜라민 분유 파동에 관해 자세한 것은 Jalili, M.(2017), 논문 pp.1-3; "2008 Chinese milk scandal," from Wikipedia, https://en.wikipedia.org/wiki/2008_Chinese_milk_scandal 참조.

험을 거치지 않은 불량 백신(디프테리아, 백일해, 파상품 백신)의 생산·판매허가를 받아 이를 90만 명 이상의 어린이에게 접종한 사건이 발생했다. 이로 인해 후베이성의 한 살배기 아기가 사망하고 영유아 부모들이 집단시위를 벌이는 사건이 발생했다. 이 불량 백신 스캔들은 미-중 통상 전쟁 때문에 중국 내수 및 수출경기가 가라앉고 있는 과정에 발생한 것이어서 시진핑 지도부에 대한 국민들의 불만을 고조시켰다. 더욱이 실제 피해 규모가 언론에 공개되지 않았음에도 소문을 들은 중국 부모들이 백신을 구매하려고 홍콩으로 몰려드는 바람에 홍콩 내에서도 백신 부족 사태가 벌어지기도 했다.

중요한 것은, 이 같은 '불량 백신' 스캔들을 초래한 부패 관료나 전문가, 감독당국의 책임자에 대한 처벌이 제대로 이뤄지고 있지 않을 뿐만 아니라, 사건 발생 후에도 관리시스템이 크게 개선되지 않아 유사한 식·의약품 안전사고가 재발하고 있다는 점이다.[27] 홍콩 *South China Morning Post*지는 익명의 제보자를 인용해 "중앙정부의 예산 할당에도 불구하고 지방 질병통제센터에는 예산이 거의 오지 않는다. 때로는 주사기에 맹물을 넣어 광견병 백신이라고 속여 접종하거나 비싼 유료 백신 접종을 강요하는 사례도 적지 않다"고 고발한 바 있다.[28] 조사 결과, 백신 파동의 주범인 "창성바이

27_산루(三鹿), 이리(伊利), 멍뉴(蒙牛) 등 유제품 업체 대표이사와 임원은 민형사상의 처벌을 받았다. 뇌물을 받고 식품을 부실한 검사, 관리를 한 연구원과 공무원 등 20여명도 처벌을 받았으나 주 책임자인 쑨시엔저(孫咸澤)는 멜라민 파동 이후 6년 만에 다시 국가식의약품감독관리국으로 복직해, 2018년 3월 정년 때까지 부국장으로 일하였다. 문제는 쑨 부국장이 식약청의 약품 관리 간부로 복귀해 일을 할 때 이미 이번 불량 백신 사태가 진행되고 있었다는 점이다. "10년전 중국 멜라민 분유 파동 당국자가 지금도 당국자", 2018. 07. 26. 14:36, https://www.msn.com/ko-kr/news/world/.

28_"Expect Life-or-Death Rush to Hong Kong after China Vaccine Scare," 29 JUL 2018 / UPDATED ON 31 JUL 2018; https://www.scmp.com/week-asia/opinion/article

오란 지린성 소재 백신 업체는 광견병 백신 데이터를 조작해 제대로 임상 실험을 거치지 않은 상태에서 아기용 백신으로 허가 받아 판매해 큰 돈을 번 것"으로 밝혀졌다.

물론 사후적으로 감독 당국은 불량 백신의 안전 검사, 제조 및 판매 허가, 백신 안전 검사 및 유통과 관련된 관료와 검사관 6명을 해임하였다.[29] 그리고 문제가 일파 만파로 커지자 당 지도부도 상하이 증시에 상장된 이 기업의 상장을 폐지하도록 지시했다.[30] 그러나 관련 감독 당국은 불량 백신 피해자의 정확한 규모, 구체적인 발생 원인과 경위, 대책을 공개하지 않고 있다. 그러면서 이 불량 백신 사고를 일회성 사건으로 평가절하하면서 SNS나 인터넷에 올라온 성토의 글을 곧바로 삭제하고 있어서 다른 식·의약품 안전에 대한 중국 국민의 불만과 두려움은 가시지 않고 있는 상황이다. 중요한 것은 이 같은 허술한 위생허가나 제조허가가 뇌물로 촉발되었다는 사실이다.

5) 소득 및 재산 분배의 불평등도 악화

부패는 소득 및 재산 분배의 불평등도 악화시킨다. 뇌물비 등 직접 비

/2156933/expect-life-or-death-rush-hong-kong-after-china-vaccine-scare

29_关于刷屏的"假疫苗"真相, 你知道多少？https://baijiahao.baidu.com/s?id=1606664160402430025&wfr=spider&for=pc; "China Fires 10 Officials Over Bad Vaccines as Anger Mounts," Aug. 17, 2018; https://www.nytimes.com/2018/08/17/ world/asia/china-vaccines-scandal.html

30_"China sacks top official over vaccine scandal, firm may de-list," Reuters Staff; https://www.reuters.com/article/us-china-vaccines/china-sacks-top-official-over-vaccine-scandal-firm-may-de-list-idUSKBN1L11BQ

용의 증가는 소매 물가를 상승시켜 실질소득을 감소하게 할 뿐만 아니라 세수부족을 초래해 빈곤지역 주민, 혹은 도시 저소득층에 대한 생계보조금과 사회보장복지비 예산도 줄어들게 하기 때문이다.

실제로 중국국가통계국이 2000년부터 공표하고 있는 '지니 계수'(The Gini Coefficient)를 보면 중국의 소득불평등도가 악화되고 있음을 알 수 있다. 〈표 2-4〉는 2008~2017년 기간 동안 중국의 지니 계수의 변동을 보여주고 있는데, 중국의 경우, UN이 제시한 '사회 불안을 초래할 수 있는 수준'인 0.4를 넘은 수준에서 항상 변동해 왔다.[31] 개혁·개방 초기인 1984년에 0.227에 불과했던 지니 계수는 2015년에는 0.462로 높아졌고, 2016, 2017년에는 0.465, 0.467로 2년 연속 높아졌다. 2014년 이후의 중국 지니 계수는 미국의 0.394(2014년), 한국의 0.304(2016), 독일의 0.292(2013), 그리고 가장 소득이 고루 분포된 핀란드의 0.215(2015)에 비해서도 매우 높은 편이다.[32]

〈표 2-4〉 **중국 '지니계수'**(The Gini coefficient)**의 연도별 변화** (2008~2017)

	2008	2009	2010	2011	2012	2013	2014	2015	2016	2017
지니계수	0.491	0.490	0.481	0.477	0.474	0.473	0.469	0.462	0.465	0.467
계수의 변화	N/A	-0.001	-0.009	-0.004	-0.001	-0.001	-0.004	-0.007	+0.003	+0.002

** 주: 지니계수는 인구통계학자 코라도 지니(Corrado Gini)가 개발한 것으로 0~1의 구간 중 지수가 1에 가까울수록 불균형적 분배에 빈부격차가 크다는 뜻이며, 일반적으로 0.4 이상이면 불균등 정도가 심하다고 판단한다. 중국 국가통계국은 2000년도부터 지니 계수를 공표하기 시작했다.

** 자료: 원 자료는 중국 국가통계국(國家統計局)이 발표한 지니계수 발표자료;2009~2012까지 2015.01.20./南华早报, 2015. 1. 20.; 그 이후는 *The South China Morning Post*, Sept. 5, 2017; "구호에 그친 시진핑의 샤오캉 사회," 조선일보, 2017. 9. 7., A21; 日本經濟新聞, 2018. 2.

31_지니계수는 0~1로 표시되는데, 1에 가까울수록 불평등이 큼을 의미.

32_조선일보, 2017. 9. 07., A21.

이는 1979~2017년의 38년간에 걸쳐 이룬 9.5%대 고성장의 혜택이 일부 연해 대도시 지역 주민과 고소득 계층에 유리하게 분배되었음을 뜻한다. 지역별로는 동부 연안의 특급 혹은 1~2급 대도시가 고성장 과실의 대부분을 가져간데 반해, 농촌과 중부 내륙의 소도시는 농민공(農民工) 등 저임 비숙련 노동자들과 원재료의 공급자들은 아주 적은 부분만을 가져갔다. 중서부 내륙 지역에 4,500만~7천만 명의 극빈곤층의 대다수가 주로 분포되어 있다는 사실이 이를 입증한다.

1인당 소득(GDP 기준) 격차는 연해-중서부 내륙 간은 물론, 같은 성내 도시 간·지역 간에도 그 차이가 크다. 광둥성을 예로 들면, 선전(深圳)시의 2016년도 1인당 국내총생산(GDP)은 2만 5000달러인 반면, 선전을 제외한 광둥성 8개 시의 1인당 GDP는 선전의 4분의 1 수준에 불과하다. 도-농 간 격차도 심각하다. 2016년 농촌 주민의 연평균 소득은 1만 2,363위안(약 220만 원)인 반면, 도시민의 연평균 소득은 3만 3,616위안(약 574만 원)으로 농촌 주민 연평균 소득의 2.7배에 달한다.

베이징대 중국사회과학조사센터(中國社會科學調査中心)가 2014년 7월에 발표한 보고서에 따르면, 중국 내 부(富)의 분포는 소득 분포보다 더 불평등하다. 2012년 기준으로 중국 가정의 순재산 지니 계수는 0.73이나 되는데, 상위 1%의 가구가 전체 순재산의 1/3을 차지하고 있고, 하위 25% 가구는 전체 재산의 1%도 안되는 순재산을 보유하고 있다. '유량'(flow) 개념인 소득보다 '스톡'(stock) 개념의 재산 즉 부(富)가 더 불평등하게 분포되어 있다는 것은 연해 대도시 주민들이 정보 및 대출 접근성이 좋아 주택 구입, 주식 투자 등을 통해 부를 축적할 기회가 많기 때문이다. 특히 2016~2017년 기간에 부의 불평등도가 급상승했는데, 이는 2015년부터 미분양 아파트 물량을 줄이기 위해 정부가 모기지 대출 관련 규제를 풀고 부동산 투기를 눈감아줬고, 그 과정에서 대도시 부동산 가격이 주요 주거 지역과 핵심 상권을 중심으로 급등했기 때문이다. 여러 채의 집을 가진 부유층이 더 돈을 벌 수밖에 없는 상황이 된 것이다. 반면 농촌 주민들은 부동산 투자 기회는 고사하고, 고향을 떠나 도시에 농민공으로 가는 것을 제외하고는 돈을 벌 기회가 없었다.

물론, 이 같은 소득과 재산 보유 상의 불평등도 상승이 모두 부패 때문에 초래된 것은 아니다. 다만, 중국의 경우, 개인 소득에 대한 누진세가 시행되고는 있지만, 재산세나 상속세가 없어 부의 세습이 부유층에게 유리하게 돼 있다. 더욱이 대도시 고소득층들은 대부분 고위 관료, 기업인, 전문가들이어서 금융 및 부동산 소득이나 자산의 상당부분을 해외에 투자해 재산을 증식할 기회가 많은데다가, 환치기 등을 통해 조세피난처로 빼돌려 탈세를 하는 경우가 많다. 이외에도, 부업, 뇌물수수, 리베이트 등 음성 소득 획득 기회가 많은 점, 소득 원천과 자산 소득 증식 과정상의 불투명성이 심각한 점도 소득·재산 불평등도 심화에 기여했을 것으로 사료된다.

6) 지방 관료에 의한 농촌 주민 수탈

부패한 지방 당·정 관료들에 의한 농촌 주민 수탈은 더 심각한 상황이다. 이들은 대도시 지역에 비해 법 집행과 감시가 느슨한 점과 자신들의 독점적 지위나 권한을 이용해 반복적으로 사익(즉 지대)을 추구하고 있기 때문이다.

놀라운 것은, 이들 지방 관료들이 지대 추구의 폐해는 시진핑 정부가 도시를 중심으로 강력한 반부패 캠페인을 벌이는 상황에서도 지대를 추구하고 있다는 점이다. 2015년 시진핑 정부는 제 13차 5개년 계획 수립시

2020년까지 빈곤층을 없애겠다는 야심찬 계획을 세웠다. 그러나 이 같은 계획의 달성 전망은 현(縣)급 정부와 촌민위원회 소속 지방 관리들의 수뢰와 농민 수탈 관행을 고려 할 때, 그 달성 전망이 그리 밝지 않다. 지방 관리에 의한 대표적인 약탈적 부패의 사례로는 '우칸촌(烏坎村) 촌민들의 시위 사태'를 들 수 있다.

2011년 9월 21일 광둥성 루펑(陸豊)시 우칸촌 주민 2만여 명은 부패한 촌 관리들을 규탄하는 대대적 집단 시위에 들어갔다. 촌 관리들이 마을 공동소유의 땅을 강제수용한 다음, 주민 몰래 저가에 팔고 토지 보상금마저 착복한 것이다. 집단 시위가 수개월 동안 지속되자 공안국은 타 농촌으로의 확산을 우려해 무장경찰 특공대를 투입하고, 우칸촌을 다른 마을로부터 격리시켰다. 항의 시위는 그후에도 6개월 동안이나 계속되었는데, 체포된 시위 지도자 셰진보(薛錦波)가 조사 과정에서 불분명한 이유로 사망하면서 최고조에 이르렀다. 한 때 상급 정부의 개입으로 2012년 3월 시위 주동자였던 린쭈롼 등 7명이 촌민위원회 대표로 선출되면서 일시 진정 기미를 보이기도 했으나, 빼앗긴 토지 사용권의 환수·회복 작업이 지연되자 주민 시위가 재발하는 등 후유증에 시달렸다.[33]

2010년 장쑤성 허완촌에서도 유사한 약탈적 부패 행위가 일어났다. 수뢰한 관료들이 석유화학 공장 건립용 부지를 확보하기 위해 200여 명의 폭력 깡패들을 동원해 무보상으로 토지 사용권을 강제로 빼앗은 것이다. 농민 시위 해산 과정에서 쑨 샤오쥔이라는 허완촌 지부장이 체포되었고 1명의 농부가 사망하는 일이 벌어지면서 농민 시위는 절정에 다다랐

33_아이러니칼하게도, 광둥성 루펑(陸豊)시는 1927년 중국 공산당이 처음으로 소비에트를 창설한 도시이다. 연합뉴스, 2011. 12. 19. http://www.yonhapnews.co.kr/international/2011/12/19/0603000000AKR20111219086200089.HTML

다.[34] CCDI의 조사 자료에 따르면, 2016년 상반기 동안만 전국적으로 5천여 명의 당·정 관료들이 빈곤구제 자금 횡령 혐의로 처벌을 받은 것으로 알려졌다. 중국사회과학원 보고서도, 지방 차원에서 올라오는 반부패 관련 고발장의 절반 이상이 촌 관리에 의한 빈곤구제 자금 횡령·착복 사건이라고 적시하고 있다.[35]

상급 부서로부터 할당받은 빈곤 구제자금의 일부를 횡령·착복하는 촌관(村官)과 지방 당 간부들의 몇 가지 전형적인 수법을 예시하면 아래와 같다.

- 빈곤인구가 많은 구이저우(貴州) 성의 한 촌관(村官)은 2014~2016년 동안 빈곤구제 자금 중 총 15만 위안(약 2,550만 원)을 착복해서 자신의 개인 사업 자금으로 썼다.
- 산시(陝西)성 농촌의 또다른 촌관은 빈곤한 가정으로부터 '준조세'에 해당하는 강제 기부를 거둔 혐의로 체포되었다. 그는 상급 정부로부터 지원받은 촌 관광사업과 관련된 창업 기금 5천 위안의 기부를 강요하는 한편, 극빈곤층에 해당되는 30가구들에게는 아예 해당 기부금액을 선공제하고 창업 자금을 지급하기도 하였다.
- 안후이(安徽)성 촌민 위원회 한 관리는 24명의 촌민들이 연금 신청용으로 제출한 통장에서 2014년 한해 동안 통장에 저축해 놓은 빈곤구제 자금 중 10만 위안을 예금주 모르게 무단 인출해서 20% 가량을 도박 자금 등으로 탕진해 버렸다(2016년 8월).

34_"Corruption in China: Communist Official and Supreme Court Justice Imprisoned," AsiaNews/Agencies(www.AsiaNews.it), January 19, 2010.

35_"Corrupt officials holding back China's drive to eliminate poverty," The South China Morning Post, August 29, 2017; http://www.scmp.com/news/china/policies-politics/article/2108613/corrupt-officials-holding-back-chinas-drive-eliminate

촌관에 의한 빈곤구제자금의 횡령·착복 관행은 적발 후에도 재발되는 경우가 많다. 그 이유는 상급 지방정부 관료들이 촌민위원회 등 하급 단위에서 이루어지는 비리를 알면서도 자금 분배과정, 사용처 등에 사후관리 및 감사 제도, 자금 분배 과정상의 부패 조사를 소홀히 하기 때문이다. 감사를 해태하는 이유는, 빈곤구제기금 횡령 등 부패 사례를 제대로 보고할 경우 자신들이 관리·감독상의 책임을 져야 할 뿐만 아니라, 차기에 배분될 빈민구제 자금이 줄어들 것을 우려하기 때문인 것으로 알려졌다.[36]

4. 정치적 비용: 체제 전복의 리스크

1) 중국 역사를 통해 본 부패

부패가 초래하는 최대의 정치적 비용은 체제 전복의 리스크다. 사실 춘추전국 시대 이래 중국 왕조 쇠락과 분열의 상당 부분은 중앙 조정 환관이나 지방 관리들에 의한 약탈적 부패, 농민착취형 비리에 의해 촉발된 경우가 많았다.

진(秦)-한(漢)-수(隨) 시대의 경우, 왕실의 내관과 궁녀들이 뇌물을 이용해 세력을 키우거나 이권을 추구하는 경우가 많았으며, 당(唐)나라 때에도, 일개 후궁이었던 측천무후(武測天)가 환관을 매수해 세력을 키움으로써 중국 역사상 최초의 여황제가 되기도 하였다. 문제는, 황실 조정 환관

36_베이징대 청렴정부건설연구센터(北京大学廉政建设研究中心) 부주임인 좡더쉐이(庄德水) 교수의 말. 연합뉴스, 2011. 12. 19.

의 부패, 지방 관료와 토착 세력들의 가렴주구 행위가 과도한 노역과 세금 부담에 찌든 농민들에게 반란의 명분을 제공한다는 점이다. 진(秦) 나라 말기의 진승과 오광의 난, 전한(前漢) 말기의 오초칠국의 난과 황건적의 난, 당나라 말기의 황소(黃巢, 820~884)의 난이 그 좋은 예이다.

송(宋)-원(元)-명(明)-청(淸) 시대에도 뇌물을 이용한 인맥 형성과 정경유착 관행은 이어졌다. 장군들은 뇌물을 이용해 국제 교역의 이권을 챙겼으며, 무기 공급 및 판매를 통해 부자가 되었다. 원(元)나라 말기의 홍건적의 난, 명(明)나라 백련교도의 난, 리즈청(李自成)의 난도 지방 토착관료들의 부패로부터 시작되었다. 특히 리즈청 난의 경우, 뇌물을 받고 군역을 빼주다 보니 실제 병부 명부에 오른 병력은 총 병력 자원의 10분의 1에 불과했다.

청(淸)나라도 관리들의 부패에서 자유롭지 않았다. 청나라 총 296년의 기간 중 강희제(康熙帝)-옹정제(雍正帝)-건륭제(乾隆帝)로 이어지는 초기 150년간의 태평성대를 제외하고는 그 후 146년간은 부패와 비리의 역사였다고 해도 과언이 아니다. 특히 자희태후(西太后)가 섭정했던 광서제(光緒帝) 시대에 이르러서는 제1차 아편전쟁(1840~1842)으로 굴욕을 겪을 때까지 청나라 조정은 서구 열강의 침탈에 시달렸고, 농민들은 지방 관리들의 약탈적 부패와 학정에 시달렸다. 홍쇼우촨(洪秀全)이 태평천국(太平天國; 1850~1864)의 난을 일으킨 것도 궁극적으로 그 뿌리를 찾아보면 지방 토호와 관리들의 약탈적 부패 때문이었다.

중화민국 시대에도, 부패는 정부 고위 각료와 군 장성, 간부들에게 만연해 있었다. 군사력(화력, 물자, 병력 등), 경제력 면에서 압도적 우위에 있었던 장제스(蔣介石) 국민당 정부군이 마오쩌둥의 홍군(紅軍)에 패해 대만으로 패주할 수밖에 없었던 것은 부패로 인한 민심의 이반 때문이었다.

이처럼 고대에서 근대에 이르기까지 조정 환관과 지방 관료의 부패로 인한 농민의 반란은 황실의 무능, 외세 침략과 함께 왕조의 쇠락을 초래한 큰 변수 중의 하나였다고 할 수 있다.

2) 현대 중국에서의 부패의 정치적 비용

1949년에 시작된 마오쩌둥(毛澤東) 지도하의 사회주의 신중국도 부패에서 자유롭지는 못했다. 다만, 마오 시대의 부패가 그 전과 다른 점이 있다면, 부패가 일부 극소수 군 장성과 당·정 간부에 국한되어 있었고, 체제를 위협할 정도로 사회에 확산되지 않았다는 점이다.

그러나 1979년 이후 시장지향형 개혁·개방 정책이 실행되고 지방분권화가 진행되면서 지방의 당·정 관료들의 부패 기회도 늘어났다. 덩샤오핑(鄧小平) 위원장도 얘기했듯이 "더워서 창문을 열면, 신선한 공기와 함께 파리 떼들이 들어오는 것을 막을 수는 없다"고 하면서 1979~1992년간에는 과도기적으로 부패를 용인하는 분위기였다.

1990~2012년의 장쩌민(江澤民)-후진타오(胡錦濤) 주석 시기에는 부패 관행이 급속도로 확산되고 당·정 군내 고위 간부의 부패가 심각해지는 시기였다. 문제는 이들 지도자들이 부패의 심각성은 알고 있었지만 체제 유지에 위협할 수준이 아니라고 생각했고, 간부들의 부패를 묵인하기도 했던 것이다. 반부패 정책이 실행되긴 했지만 형식적이었고, 일관성·효과성도 떨어졌다. 그 결과 당·정·군 관료의 수뢰 행태와 기업인들의 뇌물제공을 통한 정경유착 관행은 특정 지역, 산업을 중심으로 사회 깊숙이 자리잡게 되었다. 특히 1980년대 중반 이후 90년대 중반까지 철강 등 생산재 부문에 시장가격-정부지도가격의 '이중가격제'가 실시되면서 관료들은 권

한을 이용한 부패를 즐기기 시작했고, 기업들도 부패 담합 생태계 조성에 앞장서게 되었다. 그리고 1990년대 후반에 '저우추취'(走出去) 정책이 실행되면서 중국 기업의 부패 관행은 동남아, 아프리카, 중남미 등지로까지 전파되기 시작했다.

〈그림 2-4〉 주체별 부패강도와 체제적 리스크

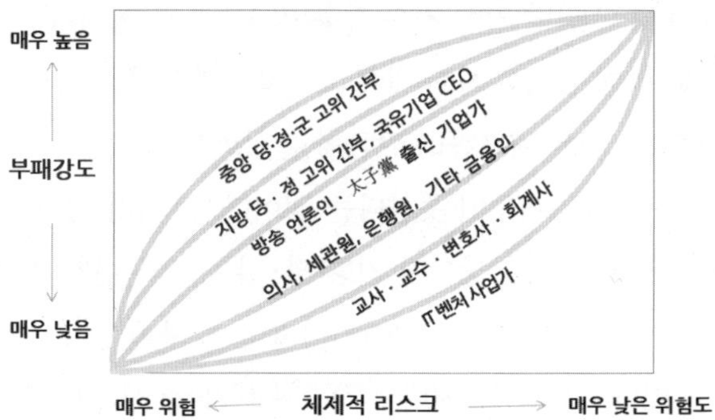

※ 자료:저자가 각종 자료분석에 기초하여 작성

장쩌민-후진타오 지도부 때의 부패가 과거와 다른 점이 있다면, 주체가 단순히 중앙의 당·정·군 고위 간부에 그치지 않고, 부패 주체가 지방의 당·정 관료, 공무원은 물론 국유기업, 금융기관, 외자기업, 대학, 언론계, 의료기관, 민간 개인에 이르기까지 다원화되기 시작했다는 점이다.

공산당에 대한 신뢰 약화 및 불만 확산

특정 국가에서의 부패의 발생빈도와 정도는 정치 및 권력 분점 체제와 무관하지 않다. 일반적으로 권력이 일부 정치세력이나 부처, 혹은 소수의 개인에 독점되어 있을수록, 그리고 당·정·관료에 의한 정치·행정적 규제의 강도가 강하면 강할수록 관료들은 권한을 이용한 경제적 지대(economic rent) 추구 기회를 엿보게 돼 있고, 사회 내 부패 관성과 규모도 커지게 되어 있다.

그리고 부패의 과실을 맛본 권력층일수록 지대 추구 기회를 더 늘리기 위해 권력의 공고화를 추구하고 강화된 권력은 또다른 지대 추구 기회를 재생산한다. 그 결과, ①권력 집중 → ②부패 증가 → ③지대 규모 및 추구 기회의 증가 → ④권력 기반 지속 강화 필요성으로 이어지는 악순환 고리가 형성되고 부패 관성은 사회 내에 고착화하게 된다.

주목해야 할 것은 경제관리 권한의 분권화가 당·정·군 지도부의 권력 독점 현상 자체를 없애주지 못한다는 점이다. 오히려 지대 추구의 면(面)이 중앙에서 지방으로 확장되어 지방 당·정 관료와 현지 기업가 간의 정경유착 관계가 더 밀착되고 은밀해지기 때문에 부패 통제가 더 힘들어 진다고 할 수 있다. 그 결과, '지대추구형 부패'가 전 사회로 확산되고, 공직자이든 기업이든, 민간기업이든 국유기업이든, 내국 기업이든 외자기업이든 간에 기업설립 허가, 제품 인증, 인수합병(M&A) 등과 관련하여 권한을 가진 중앙·지방의 당·정 관료에 접근하기 위해 노력하게 된다. 이 때 부패 사범이 판단하기에 기대이익이 기대 비용보다 클 경우 뇌물 제공을 과감히 시도하게 된다. 물론 지금은 뇌물수수의 방법, 경로, 수단 등이 날로 지능화·디지털화되고 있어 모니터링이 더 어려워지고 있다. Gardiner, John(2005)가 올바로 지적했듯이, "부패는 스스로 변이(mutation)를 하면서 규모를 키우는 속성이 강해, 조직과 인적 및 예산 자원을 무작정 늘린다고 해서 부패 관성이 근본적으로 제거되지는 않는다.

〈표 2-5〉는 현대 중국에 있어서의 부패 유형을 개인 부패(individual corruption), 공직 부패(public corruption), 기업 부패(corporate corruption)

로 구분한 다음, 경영, 법률, 생산, 유통 등 각 분야에 부패가 어떤 방식과 양태로 침투하고 나타나는 지를 요약해 놓았다. 여기서 알 수 있듯이 후진타오 주석 제2기 집권 기간(2008~2012년)은 반부패 정책 의지는 물론 당국의 공권력마저 약해, 부패 만연·확산에 대한 비판이 최고조에 달했던 시기라고 할 수 있다. 공산당 간부의 청렴성에 대한 중국인들의 의심과 불만이 커졌고, '사회주의 시장경제' 체제 전복의 리스크도 점차 높아지고 있었다.

시진핑 주석의 반부패 정책은 종전 지도부의 반부패 의지가 이처럼 약하고 부패가 사회 내에 확산·고착화되고 있는 상황하에서 사회주의 체제의 전복이라는 정치적 리스크를 줄이기 위해 도입·실행하게 된 것이라 할 수 있다.

〈표 2-5〉 중국의 부패 유형

	개인적 부패		행정부와 당 조직 최하부의 부패		기업의 부패	
	자기방어목적	非방어 목적	친인척 관계를 통할 경우	친인척 관계를 통하지 않을 경우	개인적 인맥의 이용	개인적 인맥을 통하지 않을 경우
경영	가부장적 리더의 부패, 뇌물제공(친적이나 연고자를 방어)	뇌물공여, 근로자 집단을 위한 불공정한 경제행위나 부정행위	친족주의와 기타 비밀스런 거리(친인척 관계를 통해)	특정인에 대한 선물과 과다한 호의	친인척·지인 등 연고자의 고용	퇴직 전 부하에 대한 자리양보
법률	경제범죄를 저지른 친족이나 연고자의 보호	투기나 기타 경제 범죄	친인척을 위한 인가권롸 유리한 분배권의 획득	법 집행을 꾀하기 위한 뇌물제공과 기타 개입	종업원이 기업의 특권을 이용, 상업 거래상 행하는 범죄	탈세 및 이익의 불법적 유보
생산	친족이나 연고자에게 이익을 주는 공급계약의 체결	특정 판매기업과 특계조건의 수의 계약 체결	친척에 대한 현대적 설비의 제공	특별 대우를 받기 위한 간섭과 뇌물의 제공	인사담당자가 부하에 의해 통제되는 공장이나 작업장에 제공하는 특별 보조금	계획밖의 생산에 대한 허가와 기타 특권의 획득
유통	친인척과 연고자에 대한 특별한 호의	특별한 대우를 받기 위한 뇌물과 선물의 제공	친척에 대한 주택 공급상의 특혜 제공	금전적 이득을 얻기 위한 상호지원	실물보너스 지급, 직장에서의 집단소비, 과도한 선물,부가적 혜택과 분배상의 특혜 제공	단위 위주의 복지 · 후생 제도에 기초한 필요 이상의 보조금,수당, 주택 제공

3장

대내외 부패 환경과 공직자, 기업의 부패 전략

1. 외부 환경 요인

1) 정치 체제적 환경

기업이든, 개인(공직자, 기업가, 임직원, 민간인 등)이든 간에 어떤 경제주체가 부패를 저지른다는 것은 해당 국가의 법 제도, 정치·경제·사회·문화적 환경 요인과 기업 내부 시스템(즉 대내 환경)적 요인이 강한 부패 유인(incentive)을 제공하는 반면, 부패 유혹을 억제하게 하는 압력(pressure)이 약하기 때문이다. 중국의 경우, 개혁 개방 이후 상당 기간 동안 부패 유인이 부패 억제 압력보다도 컸다고 할 수 있다.

특히 이 같은 불균형은 규제 권력을 가진 공직자에게 심했다. 실제로 당원 공직자의 부패 등 당규 위반행위를 조사·적발하는 감찰 기구인 당 중앙기율검사위원회(CCDI)가 2014년 한 해 동안 공직자 윤리 규정인 '8항 규정'(八項規定)을 위반한 혐의로 적발한 사례가 5만 3,085건이나 되었다.

징계를 받은 7만 1,748명 중 부패나 권한 남용을 통해 사적 이익을 취하는 등의 중대한 기율 위반 행위를 해 처벌된 공직자는 2만 3,646명이나 되었다.[37]

우선은 중국의 '일당 독재'의 정치 체제적 환경이 공직 부패를 부추기고 있다. 실제로 중국에는 8개의 소수 정당이 있긴 하지만,[38] 이들의 역할은 형식적이고, 공산당이 입법(全人大), 행정(國務院), 사법(人民法院)은 물론, 군, 언론까지 모두 통제한다. 이는 중국 내 토지와 건물, 축적된 외환, 부(富)의 70% 가량이 국가(즉 당)의 직접적인 통제 하에 있으며, 상장 국유기업이나 집체 기업 지분의 평균 30%가량이 국가(즉 당, 국유자산관리감독위원회)가 소유하고 있거나 직간접적인 영향력 하에 놓여 있는 것을 봐도 알 수 있다.

제19차 당 대표 대회(2017. 10.)에서 시진핑 주석이 강조한 '법에 의한 통치'(依法治國)는 부패사범에 대한 단호한 법적 처벌이 중요한 구성요인 중의 하나이므로 부패를 억제하는 외부 압박요인으로 작용할 것임에는 틀림없다. 그러나 '법 위에 당이 군림하고 당에 대한 견제가 없는 중국의 상황'하에서 이는 자칫 '법의 지배'를 강화하는 것이 아니라 법 집행 권력인 '당의 지배'를 강화할 가능성도 있다. 물론 일당독재에 기초한 중국의 당치주의(黨治主義)도 선거와 정쟁으로 시간을 낭비하지 않고 정책집행에 일관성을 유지할 수 있다는 점에서 장점이 있는 것도 사실이다. 그러나

37_"중국 공무원 47% 복지부동 심각" 아주경제신문(온라인), 2015.7.15; http://www.ajunews.com/view/20150715131527717

38_8개의 소수 정당은 ① 中國國民黨革命委員會("民革"), ② 中國民主同盟("民盟"), ③ 中國民主建國會("民建"), ④ 中國民主促進會("民進"), ⑤ 中國農工民主黨("農工"), ⑥ 中國致公黨("致公"), ⑦ 九三學社("九三"), ⑧ 臺灣民主自治同盟("臺盟")이다. 중국에서는 이들을 '민주당파'로 부르는데, 우리나라의 '이북 5도청'처럼 형식적으로만 존재하는 정당들이다.

"절대권력(absolute power)은 절대로 부패한다"는 점에서 법 규제 환경을 제대로 관리하지 않을 경우, CCDI, 공안, 검찰 등 권력기관의 힘만 키우고, 최악의 경우 구소련, 루마니아의 경우처럼 권력자 자신이 부패해 체제의 붕괴를 초래할 수도 있을 것이다.

2) 정부의 규제 환경

지방 분권화 이후 불완전한 중앙통제

특히 기업의 입장에서 보면, 법·제도와 규제 환경이 정치, 사회문화, 경제 및 산업구조 요인 못지 않게 중요하다. 중앙, 지방을 불문하고 기업은 인허가, 기업 구조조정, 통관 등과 관련해 유관기관의 관리·감독을 받아야 한다. 국무원 산하 행정기구를 예로 들면, 경제 개혁 및 구조조정, 외자기업 투자 진입에 관해서는 '발개위'(國家發展和改革委員會; 이하 'NDRC')가 핵심 규제 주체이고, 국내외 기업의 영업허가, 상표등록, 벌금 부과 등에 관해서는 상무부와 시장감독관리국(구 공상행정관리총국)이 규제의 주체이다. 이외에도, 공안부는 중국 내 모든 내외국인의 범죄예방, 안전, 공공질서 유지를, 세관(海關)은 수출입통관을, 그리고 국가식의약품감독관리국, 국가위생건강위원회(구 國家保健和計劃生育委員會) 등은 의약품 안전검사, 인허가, 가격결정에 관여한다. 이들의 대부분은 지방에도 유관 부서나 지청을 갖고 있다.

문제는 80년대 중반 이후 지방정부의 적극성, 자율성, 책임감을 고취하는 차원에서 권한을 하급 정부로 위임하고 행정을 간소화하는 소위 '젠정방췐'(簡政放權)형 개혁이 추진되었다는 점이다. 인허가, 자원배분 관련 지방 당·정 관료의 권한이 확대되고, 지방 기업의 경영이 정치 간섭으로부터 분리(政企分開)되면서 중앙의 권한은 지방 당·정 관료에게 이양되었다. 실제로 2013년 3월~2014년 10월의 기간 동안 총 632건에 달하는 중앙정부 위원회와 각 부처의 심사 권한이 폐지되거나 지방정부 등 하급기관으로 이양되었다.[39] 2014년 10월 열린 시 정부의 첫 상무회의에서는 기업들의 도시 도로의 개설·보수, 수돗물 공급, 화학비료 등 15개 투자 항목에 대한 심사 절차가 일괄 폐지되었다. 이로써 원래 축소 목표로 잡았던 1천700여 건에 정부 행정 심사권 간소화의 37%가 달성된 것이다.

〈그림 3-1〉 중국 내 기업 부패를 촉발하는 다양한 원인

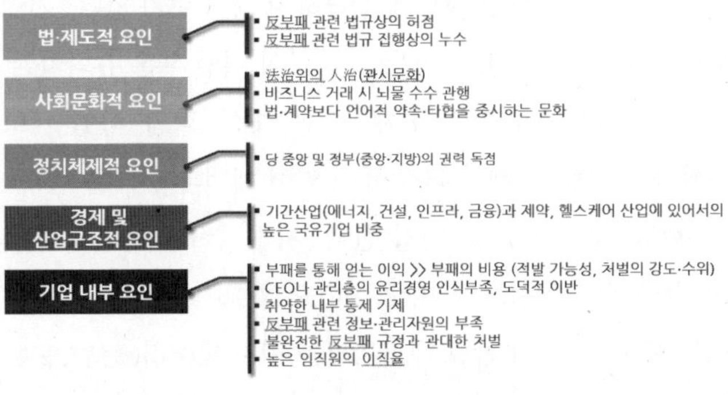

그러나 중앙의 권한을 지방에 위양하는 분권화와 행정 간소화 조치는 지방정부의 적극성을 고취시키는 데는 기여했지만, 중앙의 부패를 지방

39_중국 신경보(新京報), 2014. 11. 3.; "중국 '규제 완화' 가속, 심사권 632건 취소·이양," 한국경제신문, 2014. 11. 3.; http://www.hankyung.com/news/app/newsview.php?aid=2014110374078&nid=005&sid=0105

으로 확산시키고 당·정 관료가 확대된 자율권을 남용해 사익을 추구할 수 있는 기회도 늘렸다. 결과적으로, 부패 발생 장소가 중앙에서 지방으로 바뀌고 부패 경로만 변화되었을 뿐 부패의 재생산 자체를 막지는 못했다. 실제로 지방 당·정 관료들은 마치 지방의 황제나 영주처럼 행세하였다. 관할 지역의 에너지, 수송, 의료서비스의 공급, 토지사용권의 배분에 개입함은 물론, 시장관리, 인허가, 가격결정, 세무 정책에 관한 의사결정에 영향력을 행사했다.

특히 에너지, 교통, 통신, 의료 등 공익성이 강한 서비스 산업이나 당·정 관료가 필수적으로 개입하게 돼 있는 산업의 경우, 기업은 설립 및 영업허가, 토지임대, 가격과 운임 결정 등에 관해 막강한 의사결정권과 영향력을 갖고 있는 지방 당·정 관료에 접근하지 않을 수가 없다. 기업은 필요시 급행료, 수고료, 리베이트, 성상납, 자녀의 취업 혹은 유학자금 대납 등 다양한 명목과 방법으로 뇌물을 제공하는 대신, 절세, 사업 기회의 적기 포착, 인허가와 통관, 판매가 책정 등에 있어 혜택과 편익을 얻는다.

이 같은 당·정 관료들과 기업 간의 '지대 추구(rent-seeking)형 관·경(官·經) 유착'을 중국에서는 '관따오-쓰따오'(官倒私倒)라고 한다. "중국에서 시장을 개척하려면 먼저 관료 네트워크를 먼저 뚫어라(要進入市場, 先進入官場)"라는 말도 사실은 기업가와 지방 당·정 관료 간의 유착 관계를 뚫는 것이 중국 비즈니스에 얼마나 중요한 가를 시사해주는 말이다. 뇌물은 관료 네트워크(bureaucratic network)'를 구축하고 유지하는 과정에서 자연스럽게 수반되게 되어 있는데, 이 같은 성향은 '꽌시(關係) 의존적' 사업가에게 더 중요하다. 이들은 뇌물 제공의 유인이 그 코스트(적발과 처벌)보다 더 크다고 느끼면 경제적 이익 증진을 위해 부패 행위를 감행할 유인을 느낀다. 그리고 이들은 CCDI와 공안부의 감시를 피하기 위해 납품업체,

대리상, 여행사 등 제3자를 이용하거나 해외 '조세피난처'(tax haven)로 자금을 유출하기도 한다.

규제 민감 업종의 높은 부패 리스크

중국 내 부패의 확대 재생산 리스크는 해당 기업이 종사하는 업종에 따라 다르다.

우선, 규제 민감 업종이어서 부패 리스크 노출도가 큰 업종은 교통, 통신, 언론, 인터넷, 에너지, 제약, 의료 및 헬스케어 서비스 업종, 토지사용, 광산 채굴, 탐사 허가 등이다. 이들 업종은 국가경제, 안보, 에너지, 국민건강에 중대한 영향을 미치는데다, 석탄, 석유, 천연가스, 채굴업, 부동산 개발, 건축 및 인프라 건설 업종의 경우 당·정 관료의 개입이 필수적이기 때문이다. 이외에도 통화정책, 금리 및 보험료 결정, 인허가 결정에 관료가 개입할 수밖에 없는 금융·보험업종과, 그리고 요금 및 가격 결정, 콘텐츠, 영화수입쿼터, 외환관리 등에 관해 중앙 혹은 지방정부 관료가 개입할 수밖에 없는 출판·방송·영화 업종도 부패 리스크가 높은 편이다.

〈표 3-1〉은산업 속성별, 업종별, 기업 유형별로 다를 수 있는 기업의 부패 수요(즉 부패 리스크)를 정리해 놓은 것이다. 여기서 알 수 있는 바와 같이, 투자-생산-판매-유통 등 가치사슬(value chain)에 걸쳐 경쟁이 심하고 산업집중도가 낮은 산업이라고 할 수 있는 소비자 가전, 섬유·의류, 일용 잡화, 일반 소비재, 소매유통, 전자상거래 서비스 등 업종의 경우 부패 리스크가 비교적 작은 편이다. 반면, ▲정부의 지원과 보호가 필요한 독과점 국가기간 산업, ▲지원·육성이 필요한 전기차 태양광 등 친환경 산업, ▲금융 보험, 에너지, 광산 채굴, 교통 통신, 제약, 의료, 헬스케어, 문화 콘텐츠, ISP(인터넷 서비스 제공) 등 고규제 산업은 부패 리스크에 상대적으로

더 많이 노출돼 있다고 할 수 있다.

〈표 3-1〉 산업 속성별, 업종별, 기업유형별로 본 기업 부패 수요의 스펙트럼

	기업 입장에서 본 '부패 수요' 강도의 스펙트럼		
	부패 수요 대(大)	중(中)	소(小)
산업 집중도	독과점 산업	불완전 경쟁 혹은 경합가능시장	완전경쟁에 가까운 산업
규제의 강도	高규제 산업	중간 정도의 규제 산업	低규제 산업
산업의 특성	금융 보험, 에너지, 광산 채굴, 교통, 통신, 제약, 헬스케어, 문화 콘텐츠, ISP	철강, 조선, 중화학 공업, 정밀 전자, 도매, 물류, ICP	소비자 가전, 섬유 의류, 일반 잡화, 소매유통, 전자상거래
산업정책지원	우선 육성 대상 산업 (전기차, 태양광 등 친환경 산 업 등)	지방차원의 간헐적 지원	지원대상 밖의 산업
기업의 소유제 형태	국유기업, 도시 집체기업	향진기업(鄕鎭企業), 중외합자기업(EJV)	개인소유기업, 독자(獨資)기업
기업 규모	기업집단 소속 대기업	중규모 기업	소기업

** 자료: 저자가 작성

보다 구체적으로 보면, 인터넷 서비스 업체의 경우 인허가를 받기 위해 산업정보부(工業信息化部) 관료들과 협상해야 하고, 전기차나 배터리를 생산하는 업체는 보조금을 받기 위해 로비해야 한다. 온라인 및 모바일 게임 업체는 판매 및 유통을 위한 판호(版號) 획득을 위해, 그리고 상영관 업체는 해외 인기 영화를 받고 좋은 배급선(原線)을 확보하기 위해 당 선전부나 광전총국(廣電總局)과 접촉해야 한다.[40] 또한 화장품, 제약, 헬스케어 서비스 업체는 위생·안전 인증, 판매 허가 획득, 가격결정 등과 관련하여 중국식의약품감독관리국(청), 국가보건가족계획위원회(國家保健和計劃生育委員會)의 심의와 허가를 받아야 한다.

40_'광전총국'은 '국가광파전영전시총국'(国家广播电影电视总局)의 약칭으로 중국 라디오, TV 영화산업 등을 관리·감독 하는 국무원 직속기관으로, 한국의 방송심의위원회 같은 기관이다.

잦은 정책변화와 법 집행 상의 불공평성

중앙 및 지방정부의 잦은 정책 변경, 규제상의 이중 잣대 등 법 집행상의 불공평성도 부패를 조장하는 요인이라고 할 수 있다. 향후 정책 내용을 예측할 수 없고, 인맥의 친소관계에 따라 법 집행의 강도와 범위가 달라지는 상황하에서 경제주체들은 규제를 회피하거나 우회돌파하기 위해 당·정 관료들과의 관계를 유지·증진시키기 위해 뇌물을 제공할 수밖에 없다.

우선, 중앙 부처부터 보면, 금융·통화·외환정책 등 거시 경제정책의 기조, 틀, 방향은 시진핑 주석이 조장(組長)으로 있는 '중앙재경영도소조'(中央財經領導小組)가 결정하고,[41] 실무 정책의 세부 내용은 주무 부서가 관계 부처와 협의해 시행한다. 기업들의 입장에서는 정부 정책 및 비즈니스 관련 주요 정보를 적기에 얻지 못하면 대응 시기를 놓쳐 피해를 보거나 불이익을 보게 된다. 결국 규제 혹은 지원 정책의 변화가 예측 불가능하고 변화 빈도가 잦을수록 당·정 관료에 대한 부패 수요(즉 뇌물이나 리베이트 제공)는 늘어나게 된다.

잦은 정책 변화의 대표적인 사례로는 전기차, 플러그인 하이브리드, 수소차 등을 포함하는 친환경차(新能源車) 분야를 들 수 있다. 정부가 환경보호 및 R&D 보조금을 주는데, 관련 정책과 관련 제도가 자주 변화하기 때문이다. 2018년 NDRC, 재정부, 산업정보화부, 과학기술부 등 4개 부처는 〈친환경차 재정보조금 보완 및 조정과 관련한 정책 통지〉를 통해 2018년 6월 12일부터 1회 충전 항속거리 300km 이상의 신에너지 차량에

41_발개위(發改委)와 주요 경제부처 및 주요 부서의 장관, 인민은행, 금융관리감독위원회 등 금융기구 수장이 조원으로 참가한다.

대해서는 최고 4만 4,000위안(약 748만 원)의 보조금을 계속 지급하지만, 그 이하의 항속거리 차량에 대해서는 보조금을 3만 800위안(약 523만 원)으로 1만 3,200위안(약 224만 원) 가량 감축 한다고 2017년 2월 12일 밝혔다.[42] 2016년만 해도, 중국 정부는 2017년 1월부터 적용하는 '전기차 보조금 단계적 감축안'을 발표하면서 2017년과 2018년의 경우 2016년 대비 보조금을 20%만 감축하고, 2019년과 2020년도에는 40% 삭감하기로 했었기에 기업과 소비자들은 2018년 전기차 보조금이 2017년 수준으로 유지될 것으로 기대했었다.

그러나 보조금 지급으로 재정부담이 급증하고, 보조금 수령만을 목적으로 하는 엉터리 전기차 업체들이 난립하면서, 관련 정책이 바뀐 것이다. 관련 정보를 미리 얻은 일부 자동차 및 배터리 업체들은 2018년의 보조금 추가 감축을 예상하고 판촉 활동을 앞당겨 실시함으로써 피해를 최소화할 수 있었다. 그러나 현대·기아차 같은 외자기업이나 정보가 뒤떨어지는 일부 민간 자동차 업체들은 매출감소의 피해를 볼 수밖에 없었다. 전기차 보조금은 중국 기업의 경쟁력이 본 궤도에 오르는 2020년이면 지급이 중단되고 폐기될 예정이다.

분권화 이후 정책 이해관계자 숫자의 증가

분권화에 따른 정책 집행 이해관계자 숫자의 증가도 부패 증가에 유리한 환경을 조성하고 있다.

42_이외에도, 신에너지차 보조금 감축률은 차종, 배터리 밀도 별로도 다른데, 2월12일~6월11일의 기존 정책 유지기간에 판매하는 전기차의 경우, 2017년 기준 대비 전기 승용차와 버스는 30%, 트럭은 60% 각각 보조금을 감축하기로 했다. 조선일보(온라인), 2018. 2. 14.; http://biz.chosun.com/site/data/html_dir/2018/02/14/2018021401496.html

80년대 중반 이후 진행된 경제 및 재정관리 권한의 분권화는 현지 경제성장과 외자유치에 대한 각급 지방정부의 적극성을 고취시키는데는 기여했다. 그러나 지방 관리의 권한이 증가한 만큼 이들의 부패 기회도 늘어났다. 특히 경제 관리 권한이 중앙정부 'NDRC' 및 현업부서에서 ▲성·시 자치구 정부 → ▲현(縣) 및 2급 시급(市級) 지방정부 → ▲지구(地區) 및 3급 시급 지방정부로 경제관리 권한이 분권화되면서 상급 정부는 정보 열위(information inferiority)에 시달리게 되었다. 하나의 팀으로 일해야 할 중앙-지방정부 간의 관계가 '다층적으로(multi-layered) 분권화된 시스템'하에서 '본인-대리인 관계 사슬'로 변질되면서 정보 비대칭으로 인해 대리인 문제(agency problem)가 연쇄적으로 촉발되는 것이다. 더욱이 상급 정부의 모니터링 능력은 약화되었고, 대리인인 하급 정부는 정보 우위를 활용해 부패라는 모럴 해저드(moral hazard)를 저질렀다. CCDI 같은 반부패 총괄 기관이 순찰조를 파견해 지방의 부패를 감시하려고 노력했지만 계속 상주하지는 않기 때문에 지방 차원의 경제 범죄를 단속하는 데에는 한계가 있었다.

'황제는 멀리 있고, 실제 권력은 가까이 있는' 소위 '산까오황띠위안'(山高皇帝原)의 상황하에서 기업들은 관할 지방정부의 후원(patronage)을 얻거나 '관료제적 진입장벽'(bureaucratic entry barriers)을 극복하기 위해 지방의 당·정 관료에게 급행료, 리베이트 등의 뇌물을 받치게 되는 것이다. 그 제공 대상은 환경보호 및 토지관리(토지무상임대) 규제의 완화, 세금감면 등을 담당하는 관료이며, 뇌물 규모(기업측에서 보면 뇌물 비용)는 사업 규모나 투자 프로젝트의 규모가 커질수록, 이해관계 당사자 숫자가 많을수록 커지게 된다. .

'증치세'(增置稅) 환급도 부패가 자주 발생하는 분야다. 중국판 부가가치세(VAT)라 할 수 있는 이 세금은 수출품에 대해서는 원래 0%이다. 따라서 전혀 내지 않아도 될 것처럼 보이나, 관련 규정에 의하면 일단 6%, 11%, 17% 등 업종별로 차별화된 부가세(VAT)를 낸 다음, 수출증빙서류를 제출하고 지방 세무당국으로부터 환급 받는 방식을 취하고 있다. 문제는 이 같은 정책의 실제 집행 과정이 투명하지 않을 뿐만 아니라, 지방별로 환급 의지, 재정능력 등이 달라 환급률에도 차이가 많이 난다는 점이다. 결국 기업들은 자사의 현금흐름과 영업이익률에 지대한 영향을 미치는 부가세를 환급 받고, 환급률을 높이기 위해 담당 관료에게 뇌물을 제공할 수밖에 없다. 불완전한 세무 제도에 불만을 표시하면서도 자사에게 유리한 지원을 받기 위해 전략적으로 부패에 빠지는 것이다.

뇌물은 각종 법적 규제를 우회돌파하기 위한 수단이자 리스크 헤지(risk-hedge) 통로이다. 또한 중앙정부나 상급 지방정부의 정책이 현지 정부의 정책과 충돌했을 때 자신들에게 유리한 의사결정을 내리도록 유도하는 '미끼'(bait)이자 상대방과의 관계를 공고히 하는 일종의 '닻'(anchor)이면서, 협조를 강요하는 일종의 '쐐기'(wedge)와 같은 역할을 한다. 뇌물을 받게 되면, 중앙정부나 상급 지방정부 간 혹은 상-하급 지방정부 간에 이해충돌의 폭이 커지고 규제 주체 간의 갈등도 커지게 된다. 그리고 뇌물의 규모와 빈도는 정부 주체나 규제 당국 간 이해 대립이 크면 클수록, 그리고 기업경영이나 의사결정에 개입·간여하는 기관의 숫자가 많을수록 커지게 돼 있다.

기업경영에 개입·간섭하는 당·정 리더가 많은 소위 '여러 명의 시어머니'(很多婆婆) 문제를 처리하기 위해 기업은 평상시에 지방 당·정 간부, 정책 집행자들과 친분 관계를 잘 유지하다가, 필요시 뇌물의 액수, 빈도에 변화를 줌으로써 자사의 손해(이익)를 최소화(극대화)하는 것이다.

한 마디로, 개혁·개방 전의 계획경제 체제하에서 중앙 당·정 관료가 부패의 핵심 주체였다면, 경제관리 권한의 '행정적 분권화'(administrative decentralization)가 진행된 개혁·개방 이후에는 지방 당·정 관료들이 '부패 생태계'의 주역이 되었다는 점이다. 이들은 중앙 혹은 상급 지방정부의 부패 감시 통제능력이 약화되는 틈을 노려 뇌물을 받고 관할 지방 기업들을 보호하거나, 법규를 느슨하게 집행하는 등의 편의를 봐주는 것이다.

3) 사회문화적 환경

권력 거리와 위험감수 태도

커다란 권력 거리와 위험 감수 태도, 배금주의 풍조, 역사적 뇌물 수수 관행 등으로 대표되는 중국의 세속화된 꽌시(關係)문화도 부패의 재발과 부패 생태계의 고착화에 기여하고 있다.

이론적으로 보면, 사회문화적 환경은 학문분야, 연구자의 관점과 기준에 따라 다양하게 정의된다. 비교문화 학자이자 사회인류학자인 홀은 *Beyond Culture*(1976)에서, 의사소통시 계약·문서와 구두합의 중 어느 것을 더 중시하느냐에 주목하여, 구두 합의를 중시하는 '고배경 문화'(high-context culture)와 계약·문서를 통한 명시적인 의사전달을 선호하는 '저배경 문화'(low-context culture)로 구분하였다. 홀의 기준에 의하면 중국은 구두 합의를 중시하는 고배경 문화에 속한다. 실제로 중국에서는 서방과는 달리, 법, 서면 계약보다 언어적 약속이나 타협을 중시하는 경우가 많다. 또 협상 과정에서부터 중간에서 정보를 제공하거나 영향력을 행사할 수 있는 제3자(매개인), 중개인을 고용하거나 리베이트, 촌지, 급행료 등의 뇌물을 제공하는 경우가 많다. 설령 협상이 타결돼 계약이 체결되더라도 거래가 완성된 것은 아니다. 그후에도 계약이 제대로 이행되는지를 면밀히 관찰하면서 사후관리를 잘 해야 한다.[43]

〈표 3-2〉 비교문화론적 관점에서 본 중국인, 한국인, 일본인

	중국인	한국인	일본인
개인주의/ 집단주의	집단주의→개인주의	개인·집단주의 혼재	집단주의적
권력거리 (Power distance)	大	大	大
Orientation (Time Horizon) 의 장기성	· 자신, 자사 일에는 장기적 · 對외국인, 외부인 비즈니스는 단기적	단기적 성향이나 장기성향 강조	장기적 '가이젠'(改善) 문화
위험에 대한 태도	위험감수형 (당·정 관료 제외)	위험감수형	위험회피형
자유분방함 vs. 절제	체제로부터 강요된 절제(90후 세대 예외)	자유분방함이 절제의 미덕을 추월	사회적으로 절제의 미덕 칭송됨
신뢰 · 충성에 대한 태도	· 내부인: 신뢰 중시 · 외부인: 단기적 관점에서 이용; 배신에 관한 경계심 강함	· 인간관계상의 신뢰와 일관성 중시 · 불투명성 높음	조직의 이념 · 철학에 대한 충성 중시
외부인에 대한 개방성	외부인은 경계, 불신	비교적 개방적이며 마음을 쉽게 줌	외부인에게 친절하나 본심은 숨김
준법정신	매우 취약	비교적 미약함	강함

한편, 사회인류학자인 홉스테드(Hofstede; 2001, 2009)는 이(異)문화 간 의사소통(cross-cultural communication)을 연구하였는데, 요인분석(factor analysis)을 통해 문화가 구성원의 가치관, 행동에 미치는 영향에 있어 국가 간에 존재하는 차이를 분석하였다. 그가 설정한 표본은 1967~1973년 사이에 전 세계 IBM 지사에서 근무하는 현지 임직원이었는데 ① 권력 거리(power distance)의 대-소, ② 개인주의 對 집단주의(individualism vs. col-

43_이를 위해서는 계약 상대방의 기업의 규모, 소유제 형태와 업종, 관할 정부 등을 종합적으로 파악해야 하고, 직접 만나 상대방의 가려진 의도나 취지를 알아내려고 노력해야 한다.

lectivism), ③ 불확실성 회피(uncertainty avoidance) 심리, ④ 남성성 對 여성성(masculinity vs. femininity) 등의 '4가지 문화 차원'을 기준으로 분석대상 국가 문화 간에 체계적 차이(systematic differences)가 있는지를 실증 분석하였다.

홉스테드는 후속 연구의 요인 믹스에서는 ▲장기 對 단기 지향성(long-term vs. short-term orientation), ▲탐닉 성향(indulgence) 對 절제 성향(restraint)의 두 가지 기준을 추가하였다. 장기 지향성은 '먼 앞을 내다보고 상황변화에 유연하게 적응하면서 혁신을 통해 문제를 실용적으로 해결하는 성향'을 말하며, 단기 지향성(short-term orientation)은 '전통을 중시하고 변함없는 일관된 태도·자세(steadfastness)를 견지하는 성향'을 말한다. '탐닉형 사회'(indulgent societies)란 '사회구성원이 원하는 대로 자신의 감정과 생활을 독자적으로 표출하고 통제할 수 있는 자유분방한 사회'를 말하며, '절제형 사회'(restrained societies)는 '사회적 속박과 절제의 강요 때문에 생활·감정의 독자적 표출 및 통제가 어려운 사회'를 말한다.

〈표 3-2〉는 비교문화론적 관점에서 중국인, 한국인, 일본인의 문화 차원을 비교·정리해 놓은 것이다. 중국인의 경우 세대별·지역별로 차이가 있긴 하지만, 집단주의에서 개인주의로 이행하는 과도기에 있으며, 조직문화의 특성상 구성원 간 권력 거리가 먼 편이고, 잘 아는 내부자(insiders)와의 비즈니스 관계에서는 장기지향성을 표출한다. 또한 중국인은 일반적으로 황제 시대의 순응의 관행, 문화혁명과 4인방 사건 등으로 인해 절제심이 강한데다가, ▲일당독재 체제하의 언론·출판·집회·결사 자유의 제한, ▲남의 문제에 간섭하지 않고 주위에서 구경하기를 좋아하는 소위 '웨이관주의'(圍觀主義)적 성향이 강하다. 전반적으로는 '절제형 사회'의 속성이 강하지만, 돈, 사업 비즈니스, 가족 생계 등 정치 이외의 것에서 심리

적 탈출구를 찾는 성향이 강한데 이는 후술하는 배금주의 성향과 무관하지 않다. 실제로 중국인의 부의 축적, 창업 혹은 사업 기회의 포착에 관한 욕구 측면에서 볼 때 한·중·일 등 동북아 3국 중 위험감수(risk-taking) 태도가 가장 강하다고 할 수 있다.

그러나 '부자되기 경쟁'으로 대표되는 이 같은 비(非)정치적 부문에 대한 욕구 분출은 법치주의, 준법정신 등이 전제되지 않을 경우, 사업 기회의 확대, 위험 감수 태도와 맞물려 자칫 부패 친화적인(corruption-friendly) 문화의 확산으로 발전될 수 있는데, 중국이 그 한 예라고 할 수 있다.

세속화된 '관계 기반형 사회'의 부작용

한편 사회인류학자나 비교문화론 전문가들은 중국을 '관계기반형 사회'(relationship-based society)로 분류한다. 서방의 경우, '준거기반형 사회'(rule-based society)여서 법·제도·규칙 등을 지키고 경쟁력으로 승부하지만, 중국에서는 혈연, 지연, 학연, 직장 등 인맥 관계의 긴밀성(closeness)과 질(quality)이 비즈니스, 사업의 시작과 성공에 영향을 미치는 경우가 많다.

그렇다고 '꽌시 문화'가 처음부터 나빴던 것은 아니다. 춘추전국 시대부터 이어져 내려온 꽌시 문화는 인본주의적인 인정·친분·우정의 교환과 상부상조의 필요성에 기초를 두고 있다. 전쟁, 기근, 천재지변의 와중에서 마을사람, 친척, 친구들끼리 생존하고 공동번영을 누리기 위해 관계를 중시했던 것이다. 심지어 마오쩌둥(毛澤東) 시대에 들어 사회주의 대개조(1949~53), 대약진(1956~58), 문화혁명(1956~1966), 4인방 사건(1976~1978) 등의 정치적 격변이 일어나는 와중에도 인본주의적 꽌시 문화의 본질은

변하지 않았다. 다만, 꽌시 구축의 목적과 중점만이 달라져 자신과 가족의 안전을 도모하기 위한 '정치적 안전망' 구축이 최우선에 있었다.

그러나 덩샤오핑(鄧小平) 시대 들어 인본주의적 꽌시 문화는 경제적 실리와 향후 이용 가능성을 염두에 둔 '세속적이고 전략적인 관계 문화'로 서서히 왜곡·변질되기 시작한다. 사회 내에 천착돼 있는 불신 문화, 가족을 중시하는 친족 주의(nepotism) 성향도 '폐쇄적이지만 실리적인 꽌시 구축'의 필요성을 강화시켰다. 꽌시망 내에 있는 가족, 친구(朋友)와 지인(熟人) 등 내부인과 '관계 자본'(relational capital)을 축적하고 고급 시장 정보를 공유하면서 직장 단위에서의 출세, 사업에서의 성공 기반을 공고히 한다. 이 때 인맥 관계가 넓은 '꽌시후'(關係戶)는 정부 정책 변화와 시장 트렌드에 관한 고급 정보를 보다 빨리 많이 얻을 수 있어 경쟁에서 유리하다.

문제는 꽌시 기반이 약한 외지인이나 정보 열위에 있는 외부자(예: 외자기업)들이다. 이들은 시장경쟁에서 배제되지 않기 위해 혹은 불공정 경쟁을 우회돌파하기 위해 뇌물을 줄 필요를 느끼게 된다. 서방 연구자들 사이에서 중국 경제가 종종 '흥정 경제'(bargaining economy) 혹은 '선물 경제'(gift economy)라고 불리는 것도 이와 무관하지 않다. 실제로 중국 내 비즈니스 수행에 있어 투자 허가, 위생·안전·환경보호·내수판매 인증(CCC) 획득, 통관, 세금감면 등과 관련하여 급행료, 식사·술, 골프 접대, 선물 교환 등의 관계 구축 비용의 지출은 일상화돼 있고, 이는 중국의 연고주의 문화와 관계가 깊다.

Noonan(1987)도 중국 내 부패는 상호성(reciprocity)과 선물 주고받기를 중시하는 꽌시 문화와 깊은 관련이 있다고 주장한다. Wang Ruixin (2017)도 "중국인은 생활비의 평균 10% 가량을 선물비로 쓸 정도인데, 이는 선물에 조그마한 지출을 함으로써 상대방에게 자신의 리스크 일부를 공유하도록 유인하는 기제"라고 하였다. 즉 중국에서 거래 당사자끼리 선물을 주고받는 것은 '리스크를 공유하는 동업자로서 거래를 진지하게 시작한다는 신호(signal)'인 것이다. 그러나 선물도 지나치면 뇌물이 된다. 우리나라의 추석에 해당하는 중추절(仲秋節)의 경우 중국인들은 친지나 직장 상관에게 월병(月餠)을 선물하는 풍습이 있는데, 금가루가 뿌려진 비싼 월병을 선물하거나 월병 밑에 뇌물을 숨겨 넣는 등의 방식을 사용한다. 이외에도 호화연회에의 초대, 의사와 가족의 해외여행 후원, 관료에 대한 상품권·기프트 카드의 제공 등도 뇌물성 향응 내지는 선물이라 할 수 있다. 실제로 부패 기업가들은 '샤오진쿠'(小金庫)라고 불리우는 비자금을 조성해 놓고, 이를 사업 기회의 적기 포착, 탈세, 기업의 생존과 발전 등과 관련해 중앙 및 지방의 힘 있는 당·정 관료들에게 접근할 때 로비자금으로 사용한다. 만일 부패 관료가 그 대가로 방어막을 쳐주거나 규제를 묵인해 주면, 자신은 작은 비용으로 독과점적 혜택을 누릴 수 있기 때문이다.

배금주의와의 복합 작용

중국사회에 확산된 배금주의(拜金主義)도 중국 내 부패를 촉진시키는 사회문화적 요인이다. "모두가 돈을 보고 뛴다(一切向錢看)", "돈을 위해서는 인자하지 않아도 된다(爲了錢可以不仁慈)"는 말도 중국 사회에 만연한 물질만능주의 풍조를 대변해준다.

원래 돈을 좋아하는 자본주의적 DNA는 중국인의 생활 속에 내재되어 있었다. 그러나 이 DNA는 마오쩌둥(毛澤東)의 영구혁명론이란 호리병 속에 갇혀 힘을 발휘하지 못하다가, 덩샤오핑(鄧小平)이 등장해 "조건을 갖춘 사람부터 먼저 부자가 되도록 하자(一部分人可以先富起来)"는 소위 '선부론'

(先富論)을 주창하면서 깨어나기 시작했다. 농업부문과 국유기업 경영에 생산책임제와 경영에 인센티브 제도가 허용되고 시장화, 국제화가 진행되면서부터 마오(毛) 시대의 평균주의(egalitarianism)는 점차 사라지고 '사장되기' 혹은 '부자되기' 열풍이 불기 시작했다.

개혁·개방 이후 39년여가 지난 지금 중국은 미국 다음의 세계 제2위의 경제대국이 되었으나, 불균형 성장의 사회적 비용 또한 적지 않았다. 개혁 후 세대는 부(富)에 대해 그전 세대보다 훨씬 더 강한 집착을 갖게 되었고, 부를 축적하지 못한 사람들은 상대적 박탈감을 느끼게 되었다. 특히 도시의 빈민층과 일을 찾아 도시에 온 농민공(農民工)들은 자신들을 '이등시민'으로 느끼게 되었다. 실제로 지니 계수(Gini Coefficient)로 본 소득불평등도는 개혁·개방 이전에는 0.18~0.2에 불과했으나 2000년 초반에는 임계치(0.4)를 넘어 0.47~0.49에서 움직이고 있다. 일부 논자들은 실체 체감하는 소득불평등도가 0.5를 이미 넘었다고 주장한다.

더 심각한 것은, 부모 덕에 돈을 벌거나 출세한 2세인 '푸얼다이'(富二代), '관얼다이'(官二代)들이 늘어나면서 뇌물 수수 등 수단과 방법을 가리지 않고서라도 일단 돈만 벌면 된다고 생각을 하는 사람들이 늘어나게 되었다. 그 결과, 도덕률은 실종되고, 사회 전반에 '무원칙적인(unscrupulous)친분 교류'와 불법적 비즈니스 관행이 범람하게 되었다.

한 마디로, 중국에서 부패를 촉발시키고 재발하게 하는 사회문화적 원인은 ▲절제를 중시하는 고맥락 문화(restrained yet high-context culture), ▲상대적으로 큰 권력 거리(power distance), ▲세속화된 꽌시 문화, ▲사회에 만연한 배금주의 풍조, ▲리스크 감수 태도(risk-taking attitude) 등과 관련이 있다고 할 수 있다. 특히 세속적 꽌시 문화는 개혁·개방 직후 이행기 시장경제 체제 내에서 법규 해석·집행 상의 융통성을 확보해주는 윤활유 역할을 수행하기도 했지만, 법의 지배를 약화시키고 '관상유착형'(官商勾結型) 부패 문화를 양산하는 등의 폐해를 초래했다. 결국 경제주체들 간의 '경제적 거래관계'가 '사회적 거래관계'로 바뀌면서 소위 '연고 사회주의'(crony socialism)적 성격이 강화된 것이다.

4) 공직자 근무 환경: 낮은 급여 등 열악한 처우

한편 파워엘리트들은 그들대로 법규 집행 과정에서의 권한 및 정보상의 우위를 이용해 사적 이익을 추구하였다. 이 같은 '지대 추구 행태'(rent-seeking behavior)를 다른 공직자들이 모방하면서 공직 사회의 기강은 문란해졌고, 법 위에 '인맥 관계'가 군림하는 소위 '인치'(人治)주의 사회가 고착화되게 되었다.

바로 이 같은 상황에서, 2012년 말 권력을 잡은 시진핑 주석은 '의법치국'(依法治國) 원칙에 따라 법, 제도, 당 기율 강화를 강조하기 시작했다. 시 주석의 목적은 세속화된 꽌시 문화와 연고사회주의의 폐해를 제거·완화함과 동시에 법규와 준칙 준수에 대한 국민들의 관심을 증가시킴으로써 중국을 '관계지향형 사회'에서 '준칙기반형 사회'로 바꾸고자 하는데 있다. 기율 강화의 첫번째 대상은 법과 정책을 집행하는 공직자 그룹을 삼았다. 중국에서 '공직자'는 당원·비당원을 불문하고 당, 군대, 행정부(국무원), 사법부, 검찰, 대학, 언론계, 국유기업, 국유은행 등 공익을 위해 일하는 자를 말한다.

중국 공직자 부패가 우리와 다른 점은, 기강 문란의 뒤에 터무니없이 낮은 급여와 열악한 처우라는 현실이 자리잡고 있다는 점이다. 공직자에 대한 저임금은 중국사회과학원 자료를 통해서 확인할 수 있는데, 2012년 당시 700만 명에 달하는 공무원의 평균급여(연봉)는 4만 6천207위안(한화로 약 786만 원) 밖에 되지 않았다. 그후 여러 차례에 걸쳐 급여가 인상되긴 했지만, 〈2017년 공무원 기본급 표준〉(2017年公务员工资标准)을 보면 아직도 매우 낮은 수준이다. 27개 공무원 직급 중 최고 직급인 1급 6호봉(檔次)의 고위 관료의 월 기본급은 3,820위안에 불과한다. 1위안=170원의 공식환율로 환산하면 월 65만 원 밖에 되지 않으며 보너스를 감안해 16개월을 곱하더라도 연봉이 1천40만 원 밖에 되지 않는다. 중간 관료인 13급 6호봉의 월 기본급은 1,394위안(월 236,980원)으로 연봉은 379만 원에 불과하다.[44]

중국측 자료에 나타난 공무원의 월 기본급여는 부과장급(副科级) 관료가 3,100위안(元), 과장급(正科级)이 3,300元, 부처장급(副處級)이 3,600元, 처장급(正處級)이 4,000元, 부청장(副廳級)급이 4,400元, 정청장급(正廳級) 5,000元, 차관급(副部级)이 5,500元, 장관급(正部级)이 6,000元에 불과하다.[45] 물론 각종 장려금과 보조금, 수당 등을 포함한 '집에 가져가는 실제급여'(實得工資)는 1.3배~1.5배가 될 것이나, 그래도 한국에 비해서는 매우 낮은 수준이다.

한국의 국가 지도자급 공무원인 정국급(正國級·국가지도자급) 공직자의 경우 역시 기본급이 7천 20위안에서 1만 1천385위안으로 인상되긴 했지만, 한화로 연봉이 3천97만 원 정도이고 장관급은 연봉이 1천632만 원에 불과하다.

44_"2017年公务员工资改革方案最新消息", http://www.sohu.com/a/124011120_133127

45_자세한 내용은 공무원의 급여, 보험, 복지를 총괄하는 부서인 인력자원사회보장부가 제시한 〈공무원 직급별 급여기준표〉(〈부록 표1 〉) 참조 요망. "公务员工资标准调整2017," https://zhidao.baidu.com/question/2121473589926965547.html

반면, 우리나라 인사혁신처 자료를 보면,[46] 2018년 1월 15일 현재 대통령은 2억 2천479만 8천 원의 연봉을 받고, 국무총리는 1억 7천427만 4천 원, 부총리와 감사원장(부총리급)은 1억 3천184만 8천 원, 장관과 장관급에 준하는 공무원은 1억 2천815만 4천 원을 받는다. 양국 간 1인당 국민소득 격차(2016년 말 기준 중국 8,383달러, 한국 2만 9,730달러)인 1:3.55를 감안하더라도 한국의 동급 공무원 직급에 비해 연봉 수준이 낮은 것은 확실하다.

물론 중국 공무원들은 실제 급여 외에 명절 보너스 등을 받고, '3公 경비'(3公費)라고 해서 차량유지비, 접대비, 출장비 등을 쓸 수 있다. 하지만, 시진핑 정부가 근검·절약·청렴·관료주의 배격을 핵심으로 하는 '4풍 배격 운동'을 전개하면서 이 마저 큰 보탬이 되지 못하고 있다. 이는 중국 공직자들의 경우, 부패 유혹에 쉽게 빠질 수 있고, 한 번 부패의 덫에 걸리면 헤어나오기 힘들게 되어 있음을 뜻한다.

급행료를 내야 제 시간에 진료를 받을 수 있고, 그 나마도 낙후된 장비로 오진과 잘못된 수술사고가 자주 발생한다. 문제는 중국의 종합병원 대부분이 중앙, 지방정부 산하의 공익 병원인데다가 의료수가 고정으로 재정상황이 나빠 의료 인적자원의 확충과 급여 인상, 장비·기술의 현대화, 보건 및 의료서비스 개선을 위한 투자재원 등이 미흡하다는 점이다. 결국, 병원은 수익원 창출을 위해 불필요한 검사를 늘리는 한편, 의사들이 전문 의약품 처방전 발행 대가로 제약 업체들로부터 받는 리베이트나 뇌물을 묵인할 수밖에 없는 상황이다.

46_2018년 1월 16일 국무회의에서 의결된 인사혁신처의 '공무원 보수규정'과 '공무원 수당 등에 관한 규정 개정안'에 의하면 한국 공무원의 보수는 2017년 대비 평균 2~2.6% 인상되었다.

2. 공직자, 국유기업의 부패 전략

1) 지방 당·정 관료와 결탁한 부패 기업가들

앞 절에서 중국의 정치체제, 사회문화, 공직자 처우 등 부패의 외부환경 요인을 살펴보았다.

그런데 승진·전보와 관련해 공직자끼리 뇌물을 주고받는 것보다 더 많은 건수의 부패가 대(對)기업 관계에서 발생한다. 기업가들이 뇌물을 주는 목적은 중앙·지방 관료와의 꽌시를 구축하거나 결탁·담합을 하기 위해서이다. 이들 '꽌시 의존적인 관상(官商) 기업가들'의 불법적인 비즈니스 관행은 "뒷문으로 들어가 꽌시를 동원해 이익을 추구한다"(走後門, 拉關係, 占便宜)는 유행어에 잘 집약돼 있다. 이들이 사업 번창을 위해 주로 사용하는 수단은 뇌물상납·리베이트의 제공, 비정상적 수준의 접대 등이다.

시대별로는, 장쩌민(江澤民) 주석 집권 시기(1989. 6.~2002. 11.)에 부패한 관상유착 관료가 특히 많았다. 이들은 국유, 민간 기업을 막론하고, 중·대형 부동산·건설·무역 프로젝트를 심사하고 허가할 때 관행적으로 전체 매출의 3~5%를 수수료(리베이트)로 받곤 하였다.[47] 그리고 기업가들은 지역 내 유력 당·정 관료와 좋은 관계를 맺은 다음, 부동산 투기, 밀수, 탈세 등을 통해 '샤오진쿠'(小金庫)라는 로비용 비자금을 조성하였다. 그 좋은 예는 라이창싱(賴昌星) 위안화(遠華) 그룹 회장이다.

라이 회장은 광둥성 내 당·정관계 유력인사와 현업 부서 간부 60여 명

47_"샤오진쿠, 일반화: 요즘엔 로비 대상자 자녀 유학비 대준다," 한국경제신문, 2009. 8. 14.

에게 총 72억 원어치의 뇌물을 바친 뒤, 자동차, 석유제품 등의 밀수(64억 달러; 5조 원어치)와 관세 포탈(36억 달러; 약 2조 6천억 원)을 통해 막대한 부를 축적했다.[48] 라이 회장은 자사가 소유한 푸젠성 샤먼(厦門)시 소재의 '홍러우'(紅樓)라는 대형 빌딩에 고급식당, 룸살롱, 스파, 호텔을 입주시킨 다음, 유력인사들을 대상으로 술과 뇌물, 성상납 등을 제공함으로써 막강한 부패 생태계를 구축했다. 그는 한 때 성공한 지방 민간 기업가로 언론에서 칭송되기도 했으나, CCDI가 그와 광둥성 당·정 관료들의 위법 일탈 행위를 적발하면서 그 명성도 종지부를 찍게 되었다. 라이 회장은 미리 낌새를 알아차리고 1999년에 지방 간부들의 도움을 받아 가족과 함께 캐나다로 도피했으나 2011년 7월 중국 정부의 '여우사냥' 작전과 캐나다 정부의 외교적 결단으로 본국으로 강제 송환되었다. 라이 회장은 결국 샤먼시 중급 인민 법원으로부터 무기징역, 평생 정치 권리 박탈, 개인재산 몰수형을 선고받았다.

북한 신의주 초대 행정특구 장관을 역임한바 있는 어우야(歐亞)그룹의 양빈(楊斌) 회장 역시 지방 당·정 관료에게 뇌물을 줘 75억 위안(1조 1,250억 원)을 횡령·탈세하고 토지를 불법 전용하였는데, 2002년 유죄판결을 받아 랴오닝(遼寧)성 선양(瀋陽) 교도소에서 징역형을 산 바 있다. 이외에도 양룽(仰融) 화천(華晨)그룹 전 회장을 비롯해 저우정이(周正毅) 눙카이(農凱)그룹 회장, 아이커라무 아이사유푸(艾克拉木 艾沙由夫) 신장(新疆)맥주 회장, 머우치중(牟其中) 난더(南德)그룹 회장, 궈훙치(郭紅旗) 베이징 금융부호,

48_중국 정치국 상무위원(2012. 11월까지), 정협 주석(2003. 3.~2013. 3.)을 지낸 자칭린(賈慶林) 당시 푸젠성 성장과 당서기(1993~1996)가 라이창싱 사건에 연루된 것으로 보도되기도 했으나, 실제 재판 기록상으로는 확인되지 않았다. 연합뉴스(온라인), 2012. 5. 18. 12:37 보다; YTN 뉴스, 2012. 5. 19., 00:05 자정 뉴스 참조.

첸융웨이(錢永偉) 상하이신완타이(上海新萬泰) 회장, 천순리(陳順利) 터중(特種)섬유 이사 등도 부패한 기업가 목록에 올라 있다.

시간이 지남에 따라, 중국 시장에 진입한 다국적 기업 등 외자기업까지 이 같은 위험감수형 '관상유착형'(官商勾結型) 부패 문화에 젖어 들기 시작했다. 이들은 진입 이후 시장 점유율 확대를 도모하거나 인수·합병(M&A)을 진행하는 과정에서 뇌물, 접대비 등 거래비용(transaction costs)을 지출하거나 제3자를 이용해 다른 기업 혹은 공직자들과 결탁해 자사의 이익을 극대화하려는 범죄행위를 하였다. 예컨대, 후난성 창사(長沙)시에서 수처리 관련 장비와 기술 제공 사업을 하는 왓츠 워터(Watts Water)사는 창사 밸브(長沙閥門; Changsha Valve)라는 중국 기업을 인수하는 과정에서 뇌물을 제공하였다. 시장 진입한 지 얼마 안된 때여서 꽌시 문화에 대한 지식이 전무한 동사는 본국에서 하던 대로 '필수적 사전 실사와 점검'(due diligence)에만 집중하면 일이 성사될 것으로 생각했으나, M&A 계약은 성사되지 않았다. 그 후 피인수 기업과 관련 당국의 공직자들에게 뇌물을 줘 계약을 성사시키긴 했으나, 미 SEC(Securities Exchange Commission)와 본사의 회계 감사 과정에서 적발되었다. 결국 왓츠 워터는 FCPA(Foreign Corrupt Practices Act)에 따라 SEC로부터 350만 달러의 과징금과 20만 달러 상당의 조사 및 법률비용 처분을 받았다.[49]

49_FCPA 규정에 따르면, 미국에 등록된 기업이 아닌 非거주자 외국기업이라 일지라도 해외 공직자(광의적 개념)에게 자국 경제에 영향을 미치는 역외 부패 행위를 할 경우 미 법무성(Dept. of Justice), SEC은 역외 관할권(extra-territorial jurisdiction)을 갖고 있어 외국기업에 대해서 조사 및 행정처분을 내릴 수 있다. 더욱이 FCPA 상의 부패 수혜자인 외국 공무원은 '광의의 공직자' 개념으로 공무원 외에도 국제기구의 직원, 외국 정당과 직원, 외국 정계 후보자, 심지어 국유기업 간부까지 포함된다.

2) 국유기업, 금융기관의 부패 유인과 실태

공직자들의 부패 수준은 국제투명성기구(Transparent International)가 매년 전 세계 주요국의 공직자 청렴도를 설문 조사해 공표하는 CPI (Corruption Perceptions Index)를 보면 알 수 있다. 2012년도 기준 중국의 공공부문 부패는 39점, 100위권이었다. 그러나 2017년에는 41점으로 180개 국가(속령 포함) 중 77위로 청렴도가 높아지기는 했으나, 대만(63점; 29위)은 물론, 한국(54점; 51위), 일본(73점; 20위)에 비해서 아직은 청렴도가 매우 낮은 편이다(〈표 2-3〉 참조).

물론 2012년 이전에도 부패를 단속·처벌하는 법규나 정책이 전혀 없었던 것은 아니다. 다만, 관련 법이 엄격하게 집행되지 않아 당·정 관료들과 관리 감독들은 물론 국유기업과 국유상업은행 간부들조차 부패를 생존·발전 전략으로 채택하는 성향이 강했다. 이런 상황에서 시진핑 정부는 2014년부터 국유기업과 국유 금융기관의 기업 부패를 더 엄격히 관리하기 시작했는데, 2015년 9월에 〈국유자산 관리 체계 개선에 관한 지침〉을 공표한데 이어, 11월 10일에는 웹사이트를 통해 부패, 방만경영을 통해 국유자산 손실을 초래하는 공직자에 대해서는 책임을 추궁한다는 방침을 공식화하였다.[50] 또한 '국유자산관리감독조사단'을 중대형 국유기업에 파견하는 한편, ▲부패 관련 정보의 대언론 공개, ▲회계 감독 책임자의 파견, ▲국유기업 감사위원회에 대한 당의 지도 강화, ▲일반대중에 의한 감시 강화 등의 조치를 취하였다.

50_*The South China Morning Post*, Nov. 11, 2015; "중국, 국유기업 부패·방만경영 철퇴 내린다", 상하이저널, 2015.11.11.

그럼에도 불구하고, 중국내 국유기업의 부패가 획기적으로 완화되었다는 증거는 아직 없다. 〈그림 3-2〉는 기업 부패에 영향을 미치는 대내외 환경 요인들을 보여주고 있는데, 대외적으로는 ▲당정 관료의 권한 독점과 지위 남용, ▲분권화에 따른 감독비용(monitoring costs) 상승 및 이해관계자 수의 증가, ▲투자 인허가, 환경보호·위생·안전 인증 제도의 강화 등으로 대변되는 규제 환경요인, 그리고 ▲토종기업의 창업과 외국 다국적 기업의 지속적인 진입, ▲성숙기 단계에 진입한 산업에서의 기술의 평균과 가격 경쟁 격화, ▲모방의 용이성과 혁신성과의 불확실성으로 대변되는 시장경쟁 환경 요인이 있다.

〈그림 3-2〉 중국 기업의 부패에 주는 대내외 환경 요인

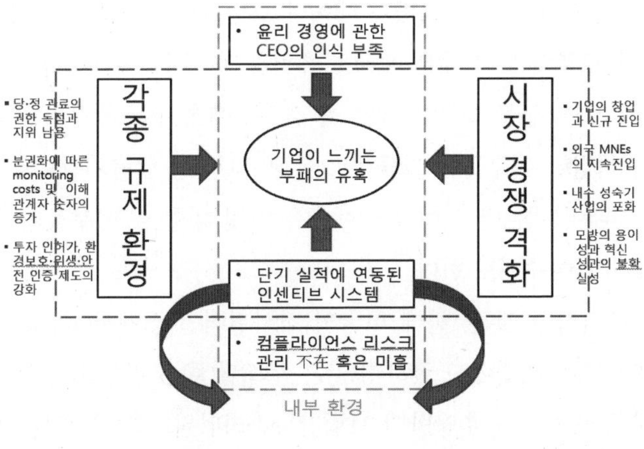

이처럼 급변하는 정책 규제 환경과 시장경쟁 환경에 노출되는 기업은 국유 기업이든 민간 기업이든 간에 뇌물 수수나 리베이트 등 부패 전략을

통해 손쉽고 편리하게 성과를 향상시키려는 유혹을 느끼게 되어 있다. 중국 경제가 시장화됨에 따라 거의 모든 중대형 기업들이 스톡옵션, 보너스 등 단기 성과에 연동된 인센티브 시스템을 운영하고 있지만, 기업 내 컴플라이언스 리스크 관리 시스템은 아예 없거나 미흡하기 때문이다.

이 같은 상황에서 B2B(기업 간), B2G(기업 대 정부), B2S(기업 대 전문가), B2C(기업 대 소비자) 거래의 경우 B2C, B2S 거래에 비해 기업 외부 및 내부 요인 간 상호작용의 강도와 빈도가 강하고 잦아 상업적 부패가 발생하게끔 돼 있다. 업종별로는 석탄·석유·천연가스 등 자원채굴업, 의약품, 통신업 등 규제 산업에 종사하는 기업들의 경우, 채굴·탐사, 영업허가, 보건·위생허가, 식의약품 안전허가, 환경보호 및 기술 인증 등과 관련된 정부 규제를 우회돌파하기 위해 부패 전략에 의존하는 성향이 타 업종에 비해 비교적 강하다. 지방 상업은행이나 보험회사들 역시 국가기관이나 국유기업으로부터 보다 많은 예금을 유치하거나 대출이나 보험가입을 따내기 위해 뇌물, 선물, 기프트 카드를 간부들에게 주는 경우가 많다. 금융·보험 감독당국 간부들은 그들대로 은행, 보험 등 금융기관으로부터 주는 뇌물, 리베이트를 받고 이들의 예금유치 및 대출 실적 부풀리기 용 불법 관행을 눈감아주기도 한다.

더 충격적인 것은, 한때 한국의 감사원격인 심계서(審計署)에서 10여 년 동안 '조폭 위협에도 굴하지 않은 무쇠팔(鐵腕) 반부패 영웅'이자 청렴강직한 공직자로서 추앙받던 보험감독관리위원회의 샹쥔보(項俊波) 주석(장관급)이 업계로부터 리베이트를 받는 등의 중대한 당 기율 위반 혐의로 해임된 이후(2017년 4월) 사법처리되었다는 사실이다. 이외에도, 〈표 3-3〉에서 보는 바와 같이 적지 않은 수의 금융·증권·보험업계의 고위 임원들이 수뢰혐의로 낙마하였다.

〈표 3-3〉 반부패 혐의로 낙마한 중국 은행·증권·보험업계의 주요 인사

	은행	증권	보험
2013	양쿤 농업은행 부행장(5월)		
2015	마오샤오펑 民生銀行 행장, 왕진핑 다롄은행 행장(이상 9월), 왕옌슈 은행업협회 서기 등 4명(11월)	청보밍 中信證券 총경리(9월) 장위쥔 증감위 주석조리(차관보), 야오강 증감위 부주석(차관)	마룬 중국수출신용보험공사 수석감사관(11월)
2016		양저주 長江證券 회장; 야오중민 국가개발은행 수석감사관	
2017	왕젠화 장쑤은행 서기, 양둥핑 교통은행 수석리크관리 상무(이상 2월)	리창쥔 중국수출입은행 베이징분행장	왕인청 人民保險 그룹 총재 낙마; 보험감독관리위원회 샹쥔보(項俊波) 주석(장관급) 낙마(4월)

※ 자료: 新京報, 2017.4.10.; 조선일보(온라인), 2017.4.11.; http://biz.chosun.com/site/data/html_dir/2017/04/11/2017041101552.html

이와 같은 상황에서, 2018년 3월 통합된 '중국은행·보험감독관리위원회'(이하, '은보감위') 위원장 겸 인민은행 당서기로 부임한 궈수칭(郭樹清) 위원장(장관급)은 금융 및 보험계로 확산된 불법적인 불공정 경쟁 행위를 근절하기 위한 조치를 시행했다(2017. 6. 21.).[51] 내용인즉, 내부통제와 감사를 강화하고 엄격한 절차에 의해 실적을 평가·관리하는 한편, '은보감위'의 지방 담당부서로 하여금 금융질서 문란 행위나 부패, 비리 등 법규 및 당 기율 위반 행위를 발견할 경우 중앙의 '은·보감위'에 즉각 보고하도록 한 것이다.

51_"China's Bank Regulator Cracks Down on Graft in Deposit-Raising," Jun 26, 2017, 5:52am EDT; http://www.reuters.com/article/china-cbrc-notice-idUSL3N1JN2Y1

3) 부패에 영향을 주는 전형적인 부패 행태

퇴임 이후를 고려한 '옵션 거래형' 부패

중국 기업의 부패 행태는 참으로 다양하다. 가장 흔히 볼 수 있는 행태는 '옵션거래형' 부패인데, 이는 공직자가 현직에 있을 때 특정 기업에게 정책적 특혜나 이권을 주고 퇴임 이후에 고연봉의 일자리나 창업시 저리 융자로 보상 받는 것을 말한다. 공상은행을 예로 들면, 은행 간부가 특정 기업에게 비공식적으로 모기지론 저리 융자나 만기연장을 해준 다음, 퇴임 이후 자신이나 자녀의 취업, 유학자금 대납 등의 경제적 혜택을 받는 것이 좋은 예다. 부패한 공직자인지의 여부는 확인되지 않았지만, 상무부에서 고위 공직자가 퇴임 이후에 업무 연관성이 높은 기업에 고액의 낙하산 일자리를 제공받는 사례가 많은 것으로 드러났다. CCDI의 상무부 감찰 결과에 따르면, 전자상거래 업무를 담당했던 간부는 징동상청(京東商城), 왕이(網易), 알리바바, 텐센트로 옮겼고, 반독점 규제 업무 담당자는 최대 공유자전거 업체인 모바이크(摩拜單車), 레노버 임원으로 옮긴 것으로 나타났다. 이들 중에는 특히 고위직 비중이 높았는데, 간부급 이상 퇴직자는 2013년 16명에서 2014년 27명, 2015년 30명, 2016년 23명으로 증가하다가, CCDI가 엄중 경고하면서 2017년에는 8명에 그쳤다.[52]

퇴직 공직자의 민간 부문 재취업은 개인으로 봐서는 법망의 허점을 피하거나 처벌시 형량을 줄이는 편법적 수단이기도 하다. 중국 형법 혹은 공무원법에 따르면 현직 관료나 국가기관 전문가가 재임시 거액의 수뢰를

52_민간 기업으로 옮긴 퇴직자 가운데는 한국의 3~4급 공무원이 40%에 달했으며 1급인 청·국장급 고위 관료도 일부 포함되어 있었다. 中国经济周刊, 2018. 8. 7.;. 아주경제 신문, 2018. 8. 8.(http://www.ajunews.com/view/20180807155855797) 참조.

하면, 최고 사형, 종신징역의 중형을 받을 수 있다. 그러나 재직 시에 아무런 대가 없이 특혜를 제공하고 퇴임 이후 기업으로 자리를 옮긴 다음 적발되면 업무상 배임죄, 직권 남용죄만 적용되어 10년 이하의 징역 등 비교적 가벼운 처벌만 받게 된다. 일종의 '적발 및 처벌의 리스크' 최소화 전략이라 할 수 있다. 더욱이 이같은 '옵션거래형'의 전략을 이용할 경우, 혹시 도입될 지도 모르는 '공직자 재산신고 제도' 감시망에서도 벗어날 수 있고, 형을 살더라도 출소 후 금전 및 비금전적 피해를 빨리 회복할 수 있다.

당·정 관료들이 자주 쓰는 또 다른 대응법은 자신의 후임 자리에 자신이 기른 후배를 앉힘으로써 퇴임 후에도 부패 커넥션을 유지하고 영향력을 행사하는 경우이다. '골탕 먹이기' 전략도 자주 쓰는데, 기업이 자신의 요구를 들어주지 않거나 기대한 만큼의 뇌물을 주지 않으면 규제를 강화하거나 인허가 과정에서 탈락·배제·차별 등의 불이익을 주거나 복지부동의 자세로 차일피일 일 처리를 미루기도 한다.

'우리 안에 유인해 가둔 다음 그물망 치기'와 '낚시질'(釣魚)

한편 뇌물수수 상대방을 우리 안에 가두거나, '그물망을 쳐 꼼짝 못하게 하거나', '미끼를 던져 낚시질'(釣魚)하는 등의 전략도 쓰이고 있다. 이들 전략을 위한 준비는 협의나 협상 과정에서 상대방이 원하는 것과 취약점을 미리 파악하는 것에서부터 시작한다.

'우리 안에 유인해 가둔 다음 그물망 치기' 전략은 B2B 거래 관계에서 납품업체나 바이어 기업과 협상할 때 많이 사용되는데, 우리(屋裏) 안으로 유인한 다음 상대방이 밖으로 못 빠져 나가도록 대문을 닫아 걸거나 그물망을 쳐 포획하는 전략이다. 선진 자본과 고급 기술을 가지고 있으나 중국 사정이나 자사를 잘 모르는 외자 기업에게 ▲14억 내수시장에서의 시장성이나 사업 전망을 부풀린다든지, ▲외국 합자·합작 파트너에게 자사의 기술력이나 프로젝트의 수익성을 과대 포장한다든지, ▲과거의 성공 이력이나 이윤공유, 과실 송금 사례를 침소봉대한다든지, ▲고위 당·정관료와의 친분관계를 실제 이상으로 과시한다든지 해서 일단 진입하게 한 다음, 합자·합작 투자계약, 기술 라이센싱, 프랜차이징 계약 서명을 재촉하는 것이 가장 전형적인 방식이다.

그다음에는 그물망(網)을 침으로써 함정에 빠뜨린다. 일단 자사가 2~3년간 기술과 노하우를 터득하는 동안에는 외국 측이 약간의 수익을 보는 것을 묵인하거나 도와준다. 그러다가 기술 학습이 끝나면 더 나은 선진기술의 이전이나 대가성 리베이트를 요구한다. 보다 심각한 경우에는 외국 측의 법규 위반, 계약 불이행을 트집 잡아 소송을 걸거나 노사분규 혹은 안전·위생 기준 위반을 지방 언론에 제보하여 손실을 보게 만들어 결국은 중국 시장에서 나가도록 만든다. 이 같은 '그물망(網) 치기 전술'은 『36계』에 나오는 '상우처우티'(上屋推梯) 전술과 매우 유사하다.[53] 특히 외자기업에 대해서는 본사가 현지법인 성과를 평가한다는 점을 역이용, 계약 성사를 돕는 대신 발생한 이익의 공유(profit sharing)나 리베이트 등을 제안하는 경우도 많다. 이 과정에서 중국 기업들은 관할 정부 관리에게 뇌물 제공을 위한 접근 경로를 다양화하면서 결정적 시기가 될 때까지는 방식, 속도를 조절하는 등 신중하게 움직인다. 제3자를 쓰기도 하는데, ▲밸류체인상의 하청업체나 납품업체, ▲여행사, 컨설턴트, 변호사 혹은 중개인, ▲정부 관료와 꽌시가 있는 중국인, ▲이미 진출한 한국계 기업의 임직원,

53_'상우처우티'(上屋推梯) 전술은 '상대방을 전망이 좋은 집의 지붕 위로 올라가게 한 다음, 전망을 즐기는 사이 내려올 때 사용할 사다리를 치워 버리는' 전술이다.

▲한국 기업을 잘 아는 중국 주재 한국인, ▲한국 유학 경험이 있는 중국 직원 등을 그때그때 상황에 따라 동원하기도 한다.

GSK 중국 법인을 예로 들면, 700여 개의 여행사를 통해 해외 학회를 개최하고 여기에 참여하는 의사와 배우자의 해외 왕복 여비와 체재비를 대신 내주었다. 여행사는 실제 경비 이상의 액수를 GSK에 청구하고, 후원을 받은 의사는 GSK 전문의약품을 환자 가족들에게 홍보하고 더 많은 처방전을 발행해 주었다. 관할 소재지의 의약품 관리감독국과 국가보건가족계획협회 간부들도 개입되었는데, 이들은 뇌물을 받고 전문 약품의 값을 높게 책정해주거나 판매마진을 뇌물 비용으로 사용하는 것을 눈감아 주었다. 결국 여행사는 허위 영수증을 발급하고 성상납을 알선하는 등의 범죄행위를 저질렀고, 뇌물이나 리베이트를 받는 의사, 관료, 전문가는 뇌물수수죄의 공범자가 되었다.

한편 '낚시 밥을 던진 후에 대어를 낚는' 수법도 자주 쓰인다. 기업들은 중개인을 통하거나 권력자의 가족 및 친지에게 접근해 고액의 뇌물을 제공한 다음, 영향력을 행사하도록 압박하거나 도와주지 않으면 제보하겠다고 협박하는 것이다. 시진핑의 차기 주자로 손꼽히던 전 충칭시 당서기 쑨정차이(孫政才)가 낙마한 것도 둥원뱌오(董文標) 민생은행 전 회장과의 각별한 관계 때문에 뇌물 함정에 빠졌기 때문이다. 쑨은 대출 비리 의혹으로 출국 금지를 당한 둥 회장의 2015년 출국 수속용 신원보증을 해줌으로써 미끼를 물었고, 그의 아내 후잉(胡穎)은 민생은행의 고관부인 클럽 '사모님 클럽'(太太俱樂部) 회원으로 활동하면서 고액의 뇌물을 받은 것으로 확인돼 퇴출로가 없어졌다.[54] 반(反)시진핑 진영에 속했던 링지화(令計

54_미국에 서버를 둔 중화권 매체 '둬웨이'(多維)의 보도를 조선일보, 2017. 7. 24., A20면에서 재

劃) 전 공산당 통일전선부장의 부인 구리핑(谷麗萍) 역시 후잉과 같은 시기에 민생은행 '사모님 클럽 멤버'로 있으면서 링(令)을 위한 뇌물 수령 통로의 역할을 하였다. '낚시 미끼' 전략에 걸려든 것이다. 이 같은 행동은 결국 시 주석 진영에게 쏜 서기를 숙청할 수 있는 확실한 명분과 빌미를 제공해주었다.

공식적 관리 감독을 통해 약점 많은 독과점적 기업 압박 사익 추구

관료적 개입이 클 수밖에 없는 석유화학, 에너지, 통신, 자동차, 금융보험 등 독과점적 업종의 경우, 기업 고위임원들이 시장지배력을 이용해 사익을 챙기는 경우가 많다. 실제로 중국석유(CNPC; 中国石油天然气), 중국석화(SINOPEC; 中国石油化工集團公司) 등과 같은 거대 국유 대기업 집단의 경우 대표이사(CEO)가 차관급인데다가 독점적 지배력이 강해 고위임원이 자사의 이권사업 추진 과정에서 뇌물을 수수하는 경우가 많다. 그 좋은 예는 CNPC그룹의 왕양추안 부사장(副總經理)인데, 그는 2013년 8월부터 CCDI와 공안부로부터 뇌물 수수 및 권한 남용 혐의로 관련 조사를 받은 후 사임한 바 있다.[55] 같은 그룹의 대표이사 랴오융위안(廖永远) 역시 2015년 3월 뇌물을 받는 등 중대한 당규 위반으로 당적을 박탈당한 뒤 2017년 1월 법원으로부터 15년 징역형과 함께 150만 위안의 벌금을 선고받았다.

SINOPEC 그룹의 왕텐푸(王天普) 대표이사도 2015년 4월 수뢰, 독직 등 총 3,347만 위안의 부패를 저지른 혐의로 CCDI 감찰부로부터 당적을 박

인용.

55_왕은 공직부패의 우두머리로 의심받고 있는 전 정치국 상무위원 겸 전 정법위원회 주임이었던 저우융캉의 '석유방'에 속한 인물이다.

탈당했고, 검찰로 이첩된 이후 2017년 1월에 1심 재판에서 15년 6개월의 징역형과 320만 위안(한화 5억 4,400만 원)의 벌금형을 선고받았다. 제1자동차 그룹(第一 汽車集團)의 이사장이자 당위원회 서기였었던 쉬젠이(徐建一) 역시 1,220만 위안 (미화 180만 달러 상당)의 수뢰혐의로 공직과 당직 모두를 박탈당하는 '쐉카이'(雙開) 처분을 받았고, 2017년 2월에는 1심 법원에서 11년 6개월 징역형과 불법자산 몰수형을 선고 받았다.[56]

'59세 현상': 퇴임을 앞둔 간부들의 전략적 부패

'59세 현상'이라 불리는 정년 퇴임을 앞둔 공무원이나 국유기업 간부들의 전략적 부패행태도 주목할 필요가 있다. 관련 법에 의하면, 중국의 정년퇴직 연령(退休年齡)은 만 60세이고, 여자 일반근로자는 만 50세(단, 여자 간부는 만 55세)이다. 다만, 남성 근로자일지라도 고온(高溫), 고공(高空), 광산 등 열악한 환경에서 일하는 경우는 정년퇴임 연령이 55세이다. '59세 현상'이라고 불리게 된 것은 전략적 부패가 은퇴 1년 전쯤에 정점에 이르고 59세에 흔히 적발되기 때문이다.

적지 않은 수의 공직자들은 5대 연금을 받지만 연금 관리 성과가 부진하고 연금 지급액도 '저출산 고령화'로 갈수록 적어지고 있어 안정적인 노후생활을 영위하는 데 부족하다고 느낀다. 따라서 퇴임 1~2년 전부터 권한을 남용해 부를 축적하거나, 공금 유용·횡령, 납품업체와의 리베이트 등에 가담하고 싶은 유혹을 느끼게 된다. 특히 석탄, 석유화학, 철강, 조선, 방위 산업 등에 걸쳐 국유 중화학 공업 기업이 밀집해 있는 허베이(河北), 둥베이(東北) 3성, 산시(山西)등 자원이 풍부한 내륙 지역에서는 '59세

56_중국 바이두 바이커(百度百科)를 통한 왕톈푸, 랴오융위안, 쉬젠이 검색 결과.

현상'이 더 자주 발생한다. 가장 흔한 사례는 국유기업이나 은행의 간부가 거래 업체와 짜고, 권한, 정보를 이용해 사적 이익을 추구하는 경우이다. 국유상업은행 직원의 경우 친분이 있는 고객들에게 예대금리상의 특별 우대를 해주는 대신 리베이트를 받아 개인적 부(富)를 축적하기도 한다. 이 같은 '샤오진쿠'(小金庫) 현상은 에너지, 석유화학, 철강, 조선 등 국유기업이 집중적으로 분포돼 있는 지린, 랴오닝, 내몽고, 헤이룽장성 등 동북 지역에서 특히 많이 발생해 '동베이'(東北) 현상이라 불리기도 한다.

'뤄관'(裸官) 전략

'뤄관' 전략도 중국 공직자들이 자주 쓰는 방법 중의 하나이다. '뤄관'(裸官)이란 단어는 말 그대로 '발가벗은 관료'를 뜻하는데 90년대부터 '부패로 모은 재산을 해외로 빼돌리기 위해 유학, 투자 등의 명목으로 배우자와 아이들을 미리 해외에 보내놓고 홀로 남아 생활하는 관료'들이 늘자 이를 비꼬는 뜻에서 많이 쓰이기 시작했다. 이들 중 상당수는 '이중 국적자'로 감시망이 좁혀 오면 언제든지 해외로 도망칠 수 있는 준비가 돼 있다. 실제로 2013년 초 '부패와의 전쟁'이 선포된 이후 당국의 감시에 떨던 상당수 부패 공직자들이 탈출하기 시작했는데, 2013년 10월 국경절 휴가 때부터 다음 해 국경절 휴가 기간까지 1,100명의 관리가 출국하였으나 이 중 714명은 아예 돌아오지 않았다. 시진핑 정부 들어 이들의 행태가 매스컴에 보도되면서 여론의 질타를 받기 시작했다.

2011년 6월 공개된 인민은행 보고서에 따르면, 1990년대 중반부터 해외로 도주했거나 해외 출장 중에 사라진 당·정·공안·사법기관 및 기업 고위관리, 해외주재 자금관리원이 1만 8,000명을 넘고 이들에 의해 불법적으로 반출된 자산도 8,000억 위안(약 144조 원)에 달한다.[57] 2012년 3월 전인대에서 행한 CCDI의 업무 보고에 '뤄관' 관련된 자료를 공개했는데, 1995~2005년 해외에 살고 있는 재직 공무원의 가족이 118만 명에 달하는 것으로 드러났다. 그리고 당국의 처벌을 피해 해외로 도주한 공무원이 갖고 나간 돈은 2003년의 50억 위안(약 8,786억 원)에서 2011년에는 2,000억 위안으로 8년 사이 그 액수가 40배로 늘어났다.

2014년의 당의 내부 실태 조사 결과는 더 놀랍다. 뤄관의 34%는 고위 관료이고 대형 국유은행 등에 근무하는 당 간부가 24%, 석유·통신·증권·교통 등 업종의 국유기업에 소속한 당 간부가 42%였다.[58] 그리고 1985년 이후 2015년까지 30년간 외국으로 도피한 당 간부는 약 4천 명에 달하고 이들이 외부로 불법으로 빼돌린 자금 액수가 500억 달러(약 51조 9천150억 원)나 되는 것으로 밝혀졌다. CCDI의 추산에 의하면, 국장급(司長級) 이상의 고위급 당·정 관료를 포함해 중하위직까지 포함한 중국내 '뤄관'들의 숫자는 2013년 말 현재 약 118만 명이나 되는 것으로 추정되고 있다.[59] 그러나 지방차원에서 책임을 두려워해 보고를 일부러 안 하거나 과소 보고한 경우도 있어 실제 숫자는 조사 결과보다 훨씬 많을 것으로 추정된다.

문제는 직급과 지위가 높은 공직자라 할지라도 중국에서는 공식 월급만으로 자녀의 학비, 매달 생활비, 자녀를 보살필 배우자의 체재비를 부담하기 힘들다는 점이다. 〈부록 표 1〉에서 보는 바와 같이, 장관급 공무원이 배우자와 함께 벌지라도 월 급여만으로는 국내와 해외 두 집 살림을 하

57_"중국 관료의 해외 재산도피 비꼰 네티즌," [문유근의 중국읽기], 매일경제신문(온라인), 기사입력 2012. 11. 08. 13:44:25; http://news.mk.co.kr/newsRead.php?year=2012&no=735028

58_東京新聞(2014. 4. 20.) 및 도쿄 연합뉴스(2014. 4. 20.) 보도.

59_정혁훈 (2014), 72쪽 참조.

는 것은 사실상 불가능하다. 결국 비공식적 혹은 불법적으로 음성 소득증대 기회를 노릴 수밖에 없고, 한 번 부패의 유혹에 빠지면 부패의 늪에서 헤어날 가능성이 더 낮다는 것은 명약관화하다. 그리고 이들 뤄관 공직자는 단속·처벌의 조짐이 보이면 언제든지 해외로 도주할 준비가 돼 있으므로 국가·조직에 대한 충성도, 직무 몰입도, 도덕성도 낮을 수밖에 없다.

3. 다국적 기업 등 외자기업의 부패

1) 중국 진출 외자기업이 처한 환경

중국 시장에 진입한 다국적 기업(multinational enterprises) 등 외자기업도 부패에서 자유로울 수 없다. 다만, 내부 환경이 중국 토종 기업과 다르므로 부패의 유인은 많이 다르다.

첫째, 중국 시장에 진입한 외자기업의 대부분은 해외법인망이 본-지사 간은 물론 해외 지사 간에도 완전히 통합되어 있는 초국적 기업(trans national firms)이 아니다. 중국 현지법인은 본사 해외 영업부 혹은 중국 내 지주회사나 현지 지역본부의 지휘·감독 하에 있으면서 일정한 재량권 범위 내에서 투자·생산·판매를 한다. 이 같은 다국적 경영(multi-domestic management) 체제하에서는 본-지사 간에 관리·감독, 정보교류, 실적 관리 면에서 이해가 상충되기 때문에 의사 소통상의 왜곡과 정보 차단 등 불완전한 통제의 제약이 따른다.

현지 법인장은 본사로부터 경영실적에 관한 압박을 받고 개인적으로도 본사 복귀 내지는 승진 욕구 때문에 시달린다. 더욱이 중국의 경우, 후발 진입자가 지속적으로 진입하고 로컬 기업의 경쟁력이 강해지면서 시장 경쟁이 격화되고 있는데다가, 세속적 꽌시 문화로 인해 지방 당·정 관료와의 관계 구축·유지 비용이 많이 드는 편이다. 이 같은 현실 앞에서 법인장들은 본사의 윤리경영(business ethic) 방침을 그대로 준수하기가 쉽지 않다. 많은 경우, 이들은 '반부패 컴플라이언스 리스크 관리'(anti-corruption compliance risk management)를 후순위에 둘 뿐만 아니라 단기 영업실적 악화를 우려해 컴플라이언스 부서 인력의 축소와 연구개발-생산-판매-유통 부서 인력 확대의 유인을 느낀다.

본사의 해외법인에 대한 감독 라인과 본사 컴플라이언스 관리 라인 간에 혼선이나 마찰이 생기면 더 큰 문제가 발생한다. 뒤에 사례로 소개하는 영국 다국적 제약업체인 GSK(GlaxoSmithKline) 중국법인의 경우, 본사의 해외 분야별(백신 등 전문의약품, OTC일반의약 등) 제품 실적 관리 라인과 글로벌 컴플라이언스 라인 간의 경제적 이해가 달라, 중국 내 생산·판매 법인에 관한 효과적인 통제가 이루어지지 못했다. 중국 현지 법인장 마크 레일리(Mark Raily)가 주도하는 전문의약품 영업전략상의 부패 행태는 GSK 중국법인 이외에도, 정도의 차이는 있지만 화이자(Pfizer; 미국 뉴욕 본사), 일라이릴리(Eli Lilly; 미 인디애나폴리스), 사노피(Sanofi; 프랑스 파리 본사) 등 다른 다국적 기업의 중국 법인에서도 발견되었다.

더 중요한 것은 중국 시장에서의 다국적 기업의 부패에는 본사 전략 요인도 상당부분 작용한다는 점이다. 특히, 의약·헬스케어 분야의 경우, 본국이나 선진국 시장 실적이 좋지 않을 경우, 중국과 같은 신흥시장에서 만회하려는 심리가 강하다. 이 경우, 판매촉진 및 영업과정에서 현지 법인장이나 임원이 뇌물 수수, 리베이트 등의 부패 활동을 묵인·조장하는 경우가 많다. 설령 관리·감독을 하려 할지라도 관련된 구체적 정보와 관리 인력이 부족해 '대리인 문제'(agency problem)가 발생하는 경우가 많다.

중국 다국적 기업에서 상업적 부패를 유발하는 내부 요인은 다양하다. 그러나 부패 스캔들은 ▲조달 및 영업 담당 간부들의 윤리경영 의식 부족, ▲법인장과 임원들의 본사 윤리강령(code of conduct) 무시, ▲현지 당·정 관료와의 정경유착과 '꽌시' 방어막 의존 관행, ▲뇌물수수 상거래 문화를 이용한 사적 이익 추구, ▲기업 내 회계 및 보고 상의 불투명성, ▲불완전한 외부 감사와 내부통제, ▲반부패 컴플라이언스 부서의 부재 혹은 부실 운영 등 요인 간의 상호작용으로 인해 발생하거나 악화된다.

The U.S.-China Business Council이 공개한 '2013년 미국계 중국 진출기업의 컴플라이언스 관리 자료'에 따르면,[60] 조사대상 미국계 기업의 60%가량은 경쟁 격화와 실적 압박 상황 하에서 죄의식 없이 뇌물 공여 전략을 펼치는 중국계 현지 간부들의 행동과 이들을 벤치마킹해 유사한 행태를 보이는 다른 다국적 기업의 부패 행태 때문에 큰 어려움을 겪고 있는 것으로 면담 조사결과 밝혀졌다. 비록 이들 기업의 대부분은 미국 FCPA (Foreign Corrupt Practices Act)를 위반하지 않기 위해 중국 측 파트너, 제3의 서비스 제공자(예: 여행사 등)와의 거래에 신중하고 컴플라이언스 팀도 운용하고 있다. 하지만, 중국 내 법의 지배가 미흡하고 회계 투명성이 부족한데다가 중국 정부 관료들이 뇌물을 은밀히 요구하는 경우도 많아, 부패의 유혹을 쉽게 물리치지 못한다.

이 같은 상황에서 미국계 다국적 기업들의 본사는 교육비, 출장비 등 경비의 한도를 재설정하고, 현지 직원의 협조를 얻어 반부패 컴플라이언

60_The U.S.-China Business Council (2013), "Best Practices for Managing Compliance in China," *The China Business Review*, October, 2013. 본부는 Washington, D.C 소재.

스 부서 조직과 제도를 개선해 나가는 노력을 확대하고 있으나, 성과는 그리 성공적이지 못하다.

성장 둔화 속 시장선점 경쟁 격화

중국 내 다국적기업의 부패 발생은 현지 임직원의 윤리의식 부족, 전근대적인 지배구조, 꽌시 문화, 현지법인에 대한 본사의 비효율적인 통제 때문만은 아니다.

현지 법 제도적 규제와 시장경쟁 상황을 고려할 때 뇌물을 제공하는 것이 실적 개선에 도움이 된다고 생각하는 다국적기업이 많기 때문이기도 하다. 중국의 GDP 성장률이 2010년의 10.4%에서 2012년에는 7.7%, 2018년에는 6.5%대로 둔화되고, 시장경쟁 마저 치열해지고 있는 상황하에서 윤리 의식이 부족한 기업의 중국 현지 임직원들이 손쉽게 실적을 늘릴 수 있는 방법은 뇌물 제공 전략뿐이다. 특히 실적 압박에 시달리는 임직원일수록 본사의 윤리경영 철학과 방침을 잊고 점점 뇌물제공 관행에 의존하게 된다. 이는 2013년 6월말에 언스트&영(Ernst & Young)이 행한 설문조사 결과에서도 입증되었다. 중국을 포함한 베트남, 인도네시아, 한국 등 8개국의 임원진 681명을 대상으로 진행된 설문조사 결과, 응답자의 약 40%만이 "기업 내에 반부패 정책을 갖고 있다"고 답했는데, 이는 같은 해 전 세계를 대상으로 한 조사의 긍정적 답변 비율(81%)에 비해서는 매우 낮은 수준이다.

특히 중국 임원진 응답자의 19%는 중국 내 불경기가 심화되면서 뇌물제공과 회계 사기가 늘어나고 있다고 답변하였고, 응답자의 34%가량은 "실적 압박 스트레스가 커지면 대부분의 관리자들은 부패라는 '편한 지름길'(easy short cuts)을 택한다"고 응답하였다(〈표 3-4〉). 또한 응답자의 21%

는 "중국은 부패가 만연해 있다"고 답했는데, 이는 글로벌 평균 응답률인 14%에 비해서 매우 높은 수준이다.

〈표 3-4〉 경쟁격화, 불경기 때 임원진의 부패 선택 성향에 관한 국별 응답자 비중

(2013년 6월 말 현재)

	8개국 평균	말레이시아	중국	인도네시아	베트남	뉴질랜드	싱가포르	호주	대한민국
긍정적 답변 비율(%)	27	54	32	29	27	12	10.5	9.8	7.0

※ 주: Earst & Young은 중국, 싱가포르, 호주, 뉴질랜드, 인도네시아, 베트남, 말레이시아, 한국 등 8개국의 681명의 임원진들을 대상으로 "경제 및 시장경쟁 상황이 어려울 때 부패라는 지름길을 택하겠느냐?"는 질문을 던진 후, "매우 그렇다" 혹은 "그렇다"라고 답한 응답자의 비중을 비교해 국별 부패 및 기업 사기에 관한 국별 성향을 조사하였다.

※ 자료: 원 설문조사보고서는 Earst & Young "Asia-Pacific Fraud Survey Resport Series 2013". "Asian firms lag in fighting corruption, survey finds" The South China Morning Post, Friday, 27 September, 2013. http://www.scmp.com/business/companies/article/1318521/asian-firms-lag-fighting-corruption-survey-finds

2) 조달 사기

중국 내 외자기업에서 가장 흔히 볼 수 있는 기업 부패 유형 중 하나가 '조달 사기'(procurement fraud)이다. 조달 사기는 자사의 제품, 장비, 서비스 판매기업이 구입(즉 조달)사의 의사결정권을 가진 간부나, 구매 조달 과정에 영향력을 행사하는 전문가 등에게 뇌물, 리베이트 등의 경제적 편익을 주는 것을 말한다. PwC가 2015년 7월부터 2달간 설문 조사한 설문조사 결과(〈표 3-5〉 참조)를 보면, 중국 대륙 응답자의 46%(2014년 조사에서는 39%)는 "뇌물수수 및 부패가 중국에서 가장 흔히 볼 수 있는 경제 범죄"라고 답하였다. 다만, "과거 2년 동안 뇌물 제공을 강요받은 적이 있느냐"는 질문에 대해서는 2014년 조사결과(응답자의 24%) 보다 낮은 22%만이 긍정으로 답했다.[61] "이 같은 PwC의 설문조사 결과를 종합해보면, 2015년까지만해도 중국의 부패 관성은 사회에 만연해 반부패 캠페인 전개 이후 거래

상대방에 대한 노골적인 뇌물 요구는 점차 신중해지고 있음을 시사해준다.

"향후 2년간(2016~2017) 뇌물수수와 부패가 재발할 가능성이 있는가?"란 질문에 대해서는, 긍정적인 답이 평균 38%로 미국(14%)이나 BRICs(35%)보다 높았다. 또한 응답자의 36%는 "뇌물을 제공한 경쟁 기업 때문에 비즈니스에 실패했다"고 답했으며(BRICs는 35%; 미국은 14%), 중국 조사 대상자의 63%는 "가장 심각한 손실을 초래하는 기업 내 경제 범죄는 내부자들에 의해 저질러진다"에 63%가 '예'라고 응답했다. 이 같은 응답비율은 2014년 조사 때(78%)보다는 낮아졌지만, 미국(29%)은 물론이고, 세계 전체(46%), BRICs 평균(50%)보다는 높은 수준이다. 응답자의 53%는 기업 내 사기 등 경제 범죄자의 경우 31세~40세 연령층이 가장 많고, 응답자의 31%는 "6~10년 근무 경력자가 가장 많은 경제범죄를 저지른다"고 답했다.

한편 중국의 조달 사기, 뇌물수수 및 부패 등 광의의 기업 내 사기(corporate fraud) 수준은 홍콩·마카오와 비교해 봐도 이들 중화경제권 지역을 압도하고 있다. 반면, 공금 횡령, 회계 부정은 홍콩·마카오와 응답 비율이 비슷하고, 사이버 범죄는 홍콩·마카오의 비율보다 더 낮았다.[62] 2016년 PwC 조사의 경우 "중국 내 조달 사기 경험이 있는가"란 질문에 대해 긍정적 응답률이 21%로 2014년(48%) 보다 많이 낮아졌는데, 이는 일부 조달 사기가 '뇌물수수 및 부패' 항목으로 재분류되었기 때문이지 조달 사기 자체가 줄어들었기 때문은 아니다.

61_PwC(2016a), p.3, p.8.
62_PwC (2016a), p.3.

이처럼 조달 사기 등 기업 부패가 중국에서 더 심각한 것은 '꽌시' 문화가 보편화되어 있고, 기업 내 반(反)부패 준법경영 관리가 제대로 시행되고 있지 않은데 기인하는 부분이 크다. 하지만, CCDI 등 유관 당국이 기업부문의 상업적 부패에 대한 조사를 2014~2015년에 이르러서야 시작한 데도 그 원인이 있다. 뇌물 관행이 비교적 보편화된 업종은 제약, 의료서비스, 채굴, 금융 등 규제 산업이었는데, 기업들은 사업 인허가, 기술 인증, 계약 입찰 등에 관한 권한을 가진 공무원, 의사, 기술 인증을 평가하는 외부 전문가 등에게 뇌물을 주는 경우가 많았다.

기업 내 '조달 사기' 형태의 기업 부패를 경험한 조사 대상자들은 ▲공급업자나 납품업체 선택과정에서는 응답자의 100%가, 그리고 ▲공급업자(vendor)와의 계약 과정에서는 응답자의 80%가 뇌물 제공 전략을 쓴다고 응답하였다. 조달 시의 부패 경로에 관한 2014년도 설문 조사에서도 위 질문에 대한 응답 비중은 각각 91%, 55%로 높은 편이었다.[63] 한편 "2014~2015년의 2년간에 걸쳐 조달 사기 등 기업 내 상업적 부패 리스크에 관해 얼마나 자주 조사·평가하는가"란 질문에 대해 중국 대륙 조사대상자의 35%는 "모른다"고 대답했는데, 이는 2014년 설문 조사 결과(11%)보다 높아진 것이다. 2016 설문조사 결과의 경우 중국 응답자 비중(35%)은 세계 전체(18%)는 물론, 아태지역(19%), BRICs(17%)에 비해서도 매우 높은 수준이다.[64]

63_PwC (2016a), *PwC Global Economic Crime Survey: 2016 Mainland China*, Hong Kong and Macau Supplement, p.3, p.11.

64_PwC (2016a), 상게 자료.

〈표 3-5〉 글로벌 다국적기업 고위임원을 대상으로 한 PwC의 경제범죄 설문조사 결과

(조사기간: 2015. 7.~2015. 9.)

항목별 질문	질문에 대해 '예'라고 응답한 비율(%)		
	중국	BRICs	미국
뇌물수수 및 부패가 가장 자주 마주치는 경제범죄이다.	46 (2014년 조사: 39%)		
지난 2년간(2014~2015) 뇌물 제공을 요구받은 적이 있다.	22 (2014년 조사: 24%)		
뇌물 전략을 쓰는 경쟁자 기업 때문에 자사 비즈니스가 실패한 적이 있다.	36 (2014년 조사: 78%)	35	14
향후 2년간(2016~2017) 뇌물수수 및 부패를 경험할 것이다.	38	35	14
지난 2년간 기업 내에 사기 범죄에 관한 리스크 평가나 조사를 얼마나 자주 하는지 모른다.	35 (2014년 조사: 11%)	17	-
가장 심각한 경제적 피해가 '내부자'에 의해 초래되었다.	63 (2014년 조사: 78%)	50	29
근무하는 기관이나 회사가 2014~2015년간 '컴플라이언스 관련 비용 지출'을 늘리지 않았다.	62	-	-
근무하는 기관이나 회사가 2016~2017년간 '컴플라이언스 관련 비용 지출'을 늘리지 않았다.	55		

** 자료: Pw의 조사대상 표본은 1천명을 넘는 표본 중 고위 간부 응답자 표본의 비중은 59%로 중국 대륙 기업, 홍콩·마카오 기업 모두 같았다. 고위 간부의 비중은 중국 대륙의 경우, 48%, 홍콩·마카오 기업의 경우, 49%였다. 최고위 임원진(CEO, CFO 등) 對 비즈니스 사업 단위의 부장급 이상 간부 對 과장~부장급으로 본 직급별 응답자 비율은 중국 대륙의 경우, 35: 48: 17, 홍콩·마카오 기업의 경우, 56: 31: 13이었다. 응답자 중 금융서비스, 경영관리, 회계감사, 컴플라이언스 리스크 관리에 종사하는 간부가 응답자 비율은 중국 대륙의 경우 65%, 홍콩 마카오의 경우 87%였다.

** 자료: PwC (2016a), PwC Global Economic Crime Survey: 2016 Mainland China, Hong Kong and Macau Supplement, pp. 3, 8, 11, 13 등 관련 페이지를 참조하여 저자가 작성.

조달 사기의 행태는 매우 다양하다. 가장 많이 볼 수 있는 행태는 ▲조달 과정에 중개자로 개입하는 제3자와 불법 이득을 리베이트 형식으로 공유하는 행위, ▲불공정한 방법으로 사업 기회를 얻거나 허위 계약을 체결한 다음 기업 자금을 횡령·착복하는 행위, ▲자사 실적을 늘리기 위해 공무원, 의사, 병원 원무과 직원, 전문가 등에게 뇌물을 제공하는 행위 등이다. 이중 첫번째의 경우, 후술하는 GSK 중국 법인처럼 공급 사슬망상의 도소매 대리상, 납품업체, 여행사 등이 제3자로 자주 개입한다. 이들은 ▲'파퍄오'(發票)라고 불리우는 느슨한 영수증의 발급 및 유통, ▲가짜 영수

증 발행, ▲암시장에서의 가짜 신용카드 전표의 매입, ▲여행사를 통한 행사(특히 참가자 숫자) 규모와 경비의 조작과 과대계상 등의 방법을 써 비용을 과다청구하고, 불법 이득을 공유하는 경우가 많다.

4. 영업직의 부패: GSK차이나의 사례[65]

1) GSK차이나의 '부패 공동체' 구축

2013년 7월 영국계 다국적 제약업체 GSK 중국법인(이하 'GSK차이나')의 부패 스캔들은 고위임원(高級經理) 4명이 뇌물공여와 탈세 등의 중대한 경제범죄 혐의로 긴급 체포된 것이 보도되면서 세상에 알려지게 되었다. 공안 당국의 조사 결과, 이들 4명의 고위 임원과 부하 영업 직원들은 2007년부터 6년 동안 병·의원 의사들에게 뇌물을 주고 GSK 전문의약품을 더 많이 처방해주도록 요구한 것으로 밝혀졌다. 〈그림 3-4〉는 GSK차이나의 상업적 부패 작동 메커니즘을 보여주고 있는데, 동사는 뇌물비 조성을 위해 '상하이 린쟝'(上海臨江) 국제여행사 등 700여 개의 여행사를 이용하였다. 또한 학회에 참가한 의사의 숫자를 부풀리거나 가짜 영수증을 제출하는 등의 방법으로 회계 부정을 저질렀다. 병원의 원무과 간부와 담당자들에게는 뇌물을 줘 약품 조달량과 진단키트 발주량을 늘리도록 유도하였고, 식의약품관리국(혹은 국가의약청), 국가건강위생위원회 관료,[66] 전문가

65_이 부분의 내용은 김익수·김병구(2017), "중국 시장에 진입한 다국적 제약업체의 상업적 부패 원인과 과정: GSK 사례를 중심으로," 『인적자원개발연구』, 제 20권 제3호, 211-256쪽에 게재된 내용의 일부를 발췌·정리한 것임.

들과 제약산업협회 및 의약품 단체 간부들에게는 현금성 뇌물은 물론, 성접대, 해외출장 후원 등의 혜택을 제공하여 현지 약품 제조판매 허가, 약가 책정 등에 관해 자사에 유리한 결정을 내리도록 했다(〈그림 3-3〉 참조).

결국 GSK차이나와 병·의원, 현지 식의약품관리감독국, 의약청, 제약산업 협회를 포함한 기관, 단체 등의 이해관계자 간에 '부패 공동체' 구축에 관한 묵시적 담합(tacit collusion)이 이뤄진 셈이다. 이 같은 부패 공동체 조성의 결과, GSK차이나는 보다 쉽게 효과적으로 전문 의약품 판로를 개척하고 영업 네트워크를 확장할 수 있었다. GSK차이나는 이를 위해 이해관계자들에게 주도면밀하게 접근했는데, ① 정부 관료, 의약산업 협회, 연기금, 병원, 의사들에 대한 접근 ➜ ② 여행사를 통한 금품, 선물의 제공, 해외여행, 성접대 ➜ ③ '꽌시'의 구축·강화(관계 자본의 축적) ➜ ④ 약값 인상 및 매출확대 ➜ ⑤ 미래 뇌물 공여를 위한 비자금 축적 및 사용의 접근 과정을 거친 것으로 판명되었다(〈그림 3-4〉 참조). 중국 공안국의 조사결과, 약값의 30%는 약가 인상을 허가해주는 관료에게 뇌물로 썼다. GSK차이나 임직원들은 또한 뇌물용 비자금을 축적하고 뇌물 규모를 축소·은폐하기 위해 손익계산서, 대차대조표, 현금 흐름표 등 재무제표까지 조작하였다. 중국에서 소위 '창의적 회계'(creative accounting)라고 부르는 이 같은 회계 조작으로 인해 본사는 중국법인의 부패 상황을 적시에 파악할 수 없었다.

내부통제(internal control)도 제대로 이뤄지지 않았다. 2007년부터 6년간에 걸쳐 총 30억 위안(약 5,250억 원)의 뇌물(향응, 성접대 포함)이 유관 부

66_2018년 3월 제19기 전인대에서 통과된 국무원 조직개편안에 따라 종전의 '국가보건가족계획위원회'(國家衛生計劃生育委員會)는 '국가건강위생위원회'(國家健康衛生委員會)로 명칭이 바뀌었다.

서 관료, 제약산업 협회 간부들에게 조직적으로 제공되었으며, 뇌물 일부는 700여개 여행사를 통해 학회 참가비 명목으로 병·의원의 의사들에게 간접적으로 지급·전달되었다.[67] GSK차이나 법인장 마크 레일리(Mark Reilly)는 뇌물 공여를 묵인·방조하고, 임원들의 불법적 판촉 및 영업 행위를 조직적으로 관리하였다. 이에 힘입어 GSK차이나의 전문 의약품의 매출은 단기간에 급증하였는데, 검찰 추정으로는 불법 이득이 최소 10억 위안(약 1,649억 원)에 달한 것으로 조사 과정에서 밝혀졌다.[68]

〈그림 3-3〉 GSK 중국 법인의 상업적 부패 작동 매커니즘

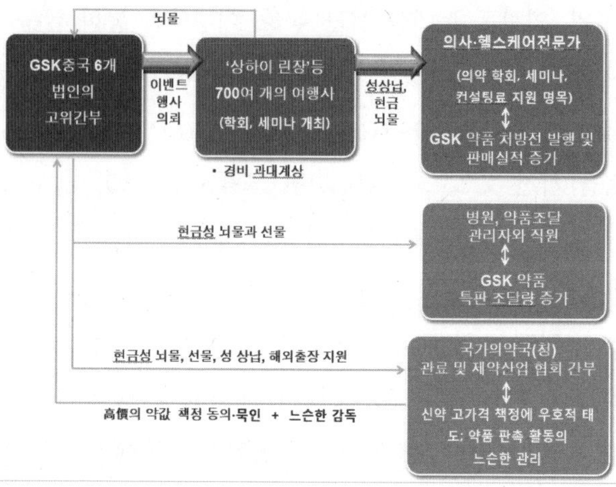

** 자료 : 저자가 각종 GSK 부과 자료를 참조하여 작성

67_Cassin, R. L. (2013), "With flashy pharma sweep, China steps into global enforcement role," The FCPA Blog, July 30, 2013. Retrieved from http://www.fcpablog.com

68_*The Guardian,* 2014. 3. 14.

〈그림 3-4〉 중국 제약업체를 둘러싼 '부패 이익공동체': 묵시적 담합

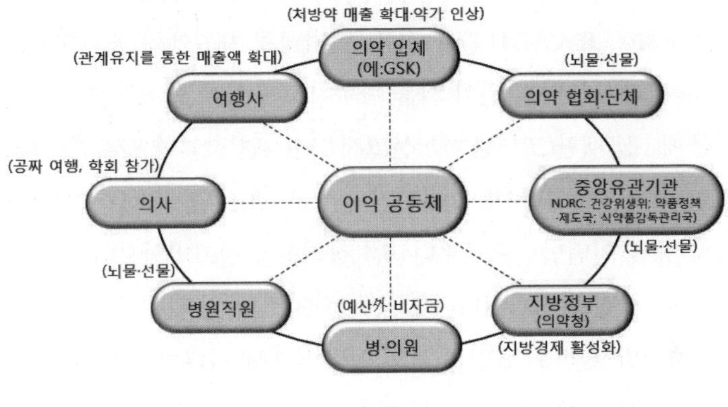

** 괄호 안은 각 주체가 추구하거나 얻게 되는 이익

2) 법인, 법인장, 임원에 대한 민·형사상의 처벌

GSK차이나의 부패를 조사한 공안당국은 법인들의 소재지를 관할하는 상하이, 베이징, 후난성 창사(長沙), 허난성 정저우(鄭州) 등 4개이다. 이들 공안당국은 법인장과 관련자들의 출국을 금지시키고 유치·구금한 상태에서 법인들의 세법 및 기업회계 관련 법규 위반과 임직원들의 뇌물공여 및 부패 생태계 조성 과정 등을 포함해 '뇌물공여죄'(行贿罪)를 구성하는 불법 행위 혐의를 조사했다. 조사결과, 2014년 7월 초 중국 검찰은 법인장 마크 레일리와 4명의 고위임원을 뇌물공여죄로 구속·기소하였다. 형법과 관련 법규에 의하면, 대규모 액수의 뇌물을 주거나 '부패 생태계' 조성을 주도하는 행위는 최고 무기징역형까지 내릴 수 있는 중대 범죄이다.

2014년 5월 14일 GSK차이나 사건을 관할하는 인민검찰원은 10개월여

동안의 조사 끝에 전문 의약품 처방 혹은 사용 대가로 의사들과 병원 관계자 등에게 뇌물을 제공한 4명의 GSK 현지 임원들에 대해 '비공무원 뇌물공여죄'(非國家工作人員行賄罪)를 적용, 일벌백계 차원에서 종신형을 구형하였다. 다만 대부분의 임원이 죄를 뉘우치고 수사에 협조하는 자세를 보였기 때문에 1심 재판(2013년 7월) 선고시 2년~4년 징역형으로 감형되었다.

GSK차이나 법인장 마크 레일리의 경우, 2014년 9월 1심인 후난성 창사(長沙) 중급 인민법원으로부터 3년 징역형을 선고받았으나 형 집행정지와 함께 출국 명령을 받았다(〈표 3-6〉 참조). 이처럼 관대한 처벌이 내려진 데는 ▲사건발생 직후 해명을 위해 영국 본사에 갔다가 죄 값을 치르기 위해 중국에 되돌아와 수사에 적극 협조했다는 점, ▲데이비드 캐머런(David Cameron) 영국 총리와 신임회장 앤드루 위티(Andrew Witty) 회장이 선처를 호소한 점, ▲영국 본사가 홈페이지에 잘못을 인정하고 향후 중국 의약업 발전과 중국 소비자(환자와 그 가족들)의 건강증진, 의약품 안전성 강화에 노력하겠다는 사과문을 올린 점 등이 참작되었기 때문이다. 그럼에도 불구하고 3년 징역형은 부패로 기소된 외국 기업 CEO들에게 내려진 형사처벌 중에서는 가장 무거운 형량이다.

GSK차이나 법인에 대해서도 민사상의 처벌이 내려졌다. 2007년부터 상업적 목적으로 의사, 병원 직원, 제약산업 협회, 보건당국 관료들에게 30억 위안(약 5,250억 원)에 달하는 뇌물을 주도록 영업 사원들에게 지시하고 700여 개 여행사를 통해 간접적으로 경제적 편익을 제공한 혐의이다. 관할 법원인 후난성 창사(長沙)시 인민법원 배심원단도 GSK차이나에 대해 유죄(뇌물공여죄) 평결을 2014년 9월 19일에 내렸고, 뇌물액에 상당하는 30억 위안을 벌금으로 부과하였다. 이 같은 벌금액은 중국 사법 당국이 지금까지 기업에 부과한 벌금액 중 사상 최대 규모다.

〈표 3-6〉 GSK차이나, M. 레일리 법인장과 4명 현지 임원의 죄목과 처벌 결과

이름	성격/직책	죄목과 법원의 선고(양형, 벌금)
GSK China 葛蘭素史克(中國) 投資有限公司	GSK 중국법인 지역본부 (상하이 소재)	• 처방약 판촉 관련 4억8,200만 달러 뇌물 제공 • 2007년 이후 700여개 여행사 통해 뇌물지급 • 후난성 창사(長沙)시 법원, 2014년9월19일 4억 9,000만 달러의 벌금형
마크 레일리 (Mark Reilly)	GSK China 지역본부 총괄법인장	• 뇌물공여 사실 묵인·방조 및 조직적 관리 • 인민검찰원, 종신형 구형 • 3년 징역 선고, 형 집행정지와 함께 출국명령
량홍(梁宏; Liang Hong)	GSK China 부사장 겸 COO (Chief Operation Officer)	• 인민검찰원, 종신형 구형 • 1심 재판(2013년7월) 선고시 2~4년으로 감형
장궈웨이(張國維; Zhang Guowei)	GSK China 부사장 겸 HRM 담당 이사	상 동
자오훙옌(趙虹燕; Zhao Hongyan)	GSK China 법무담당 이사	상 동
황훙(黃紅; Huang Hong)	GSK China 영업개발, 기업운영 담당 부장	상 동

** 주: 중국 언론에서는 이들 4명의 GSK 중국법인 고위 간부를 '4두 마차'(四頭馬車)라고 부름.

** 자료: 중국 공안부 홈페이지(http://www.mps.gov.cn/), GSK 관련 기타 중국 인터넷, 언론 자료를 종합해 저자가 작성; The South China Morning Post, Sept. 19 2014; BBC TV방송, 2014년 9 19일자 뉴스 보도; China Fines GSK $490 Million for Bribery, September 19, 2014, FCPA Blog; http://www.fcpablog.com/blog/2014/9/19/china-fines-gsk-490-million-for-bribery.html; Four GSK China execs held for investigation, Xinhua, July 15, 2013; http://english.people.com.cn/90778/8326458.html

3) 중국 법인과 본사에 미친 부정적 영향

GSK부패 스캔들은 중국 현지법인의 실적은 물론, 본사의 기업가치와 미 증시에 상장된 GDR의 주가에도 단기적으로 부정적인 영향을 미쳤다.

우선, 부패 사건이 언론에 보도된 이후 GSK 중국 법인의 매출액과 채산성이 동반 급락했다. 불법적·비윤리적 영업 관행에 대한 피해 보상 차원에서 의약품의 출고가를 내렸지만, 수요의 가격탄력도가 낮아 가격 인하 폭 이상으로 판매량이 크게 늘지 않았다. 그 결과, 매출액은 감소한 반면, 판매관리비는 증가해 채산성이 악화되었다(Liu, 2013a). GSK 중국법

인은 부패 사건 발생 이후 유통경로와 구매 채널을 대폭 바꾸었다. 하지만, 생소한 새로운 유통채널을 접한 소비자들은 심리적 거리감 때문에 GSK 약품을 구매하지 않았고, 고객 이탈을 줄이기 위해 판매관리비(홍보, 마케팅 비용)가 추가적으로 투입되어야 했다.

그 결과 2011년 이후 2년간 증가해 2013년 상반기까지 호전되던 GSK 중국법인의 매출은 3/4분기에 61%나 곤두박질쳤고, 30억 3,180만 위안(4억 8,900만 달러)에 달하는 벌금의 회계처리로 인해 수익성이 급락하였다. 2014년도 1/4분기의 중국 내 의약품 및 백신 매출액은 전년 동기의 약 3,096억 원(1억 8천만 파운드)에서 약 2,356억 원(1억 3,700만 파운드)로 무려 23.9%나 감소했다.[69] 2014년 1/4분기 글로벌 매출액도 10% 감소하였고, GSK주가는 1,643.40p로 1.3% 가량 떨어졌다.[70]

다만, GSK 본사의 실적은 2014년 하반기부터 중국 법인 부패사건이 마무리되고 신약 개발 성과가 나타나면서 점차 호전되기 시작했다. 중국 공안부와 영국 SFO(Serious Fraud Office)에 의한 조사에도 불구하고, 그동안의 R&D 투자 성과가 나타나 미 FDA로부터 5개 신약에 대한 허가를 받아 판매를 개시했고, 이들 신약 판매액 증가분이 '특허 만료가 지난 약품'의 판매 감소분을 상회했기 때문이다. 본사 주가 역시 중국 부패 스캔들이 언론에 보도되면서 급락하기도 하였으나, 본사와 중국 법인이 노력한 결과, 2년 정도 후에는 재무 성과와 기업가치, 윤리 경영에 관한 평판이 스캔들 이전 수준으로 회복되었다.

69_*The Financial Times,* 2014; 매일경제, 2014. 5. 16.

70_Adam J., & Kazunori, T. (2014), "GSK executive caught off-guard by China graft charges," *The Reuters,* May 5. Retrieved from http://www.reuters.com.

4) 타 제약업체, 타 업종으로의 반부패 조사 확산

GSK차이나의 부패 사례는 다른 다국적 제약업체나 타 업종의 외자기업에게도 중국 내 부패 리스크의 심각성을 일깨워주는 계기가 되었다. 사실, 90년대 중반 이후 중국 시장에 경쟁적으로 진입한 외국 다국적 제약사들은 글로벌 비즈니스 윤리를 망각한 채 중국 토종기업처럼 수단·방법을 가리지 않는 시장선점 경쟁을 벌였다. 이 과정에서 과도한 판매 목표가 설정되었고, 목표 초과달성 인센티브의 유인 효과는 중국 특유의 꽌시 문화, 법 제도적 허점과 맞물려 의약 산업 전반에 부패·비리를 확산시키는 결과를 초래했다.

2013년 7월초 NDRC(國家發展和改革委員會)는 GSK 이외에도, 베링거 잉겔하임(Boehringer-Ingelheim Pharmaceuticals Inc.), 박스터(Baxter Inc.), MSD 등 27개 외국 업체를 포함한 총 60개 국내외 제약업체(이중 10개는 미국, 유럽 증시 상장된 제약사)에 대해 의약품 제조원가와 판매관리 비용 관련 근거 자료를 제출하라고 요구했다.[71] 물론 과거에도 원가나 비용 관련 자료 및 통계 제출을 요구한 적 있었지만, 대부분이 연례적인 것이었고, 대상 기업도 무작위로 선정되었었다. 상하이 증시에 상장된 장쑤성의 한 바이오제약업체 부사장은 "2013년 조사는 NDRC가 여러 가지 자체 수집 정보에 의거, 조사대상 업체를 직접 선정했고, 약가에 관한 시정조치를 내렸다는 점에서 과거와는 좀 다르다"고 말하였다.[72]

중국 지도부도 GSK 부패 스캔들이 발생한 이후 당·정 관료, 국가기관,

71_Liu, J.(2013a), "The real cost of healthcare: Part 1," *The China Daily*, Aug. 2.

72_Liu, J. 2013b), "The real cost of healthcare: Part 3," *The China Daily*, Aug. 2. Retrieved from http://english.people.com.cn.

국유기업 등 공직자들의 부패 퇴치에 집중되었던 반(反)부패 전선을 외국 다국적 기업을 포함한 비(非)국유기업 전반으로 다변화시키기 시작했다. 실제로, 2013년 하반기부터 NDRC, 공상국(工商行政管理總局) 등 유관 당국은 "외자 기업을 포함한 그 어떤 비국유 부문 기업도 반부패 조사대상에서 예외가 될 수는 없다"는 신호(signal)를 의약업계는 물론, 에너지, 통신, 석유화학, 교육, 금융·보험 서비스 등 부패 민감 업종에 종사하는 기업에게 보내기 시작했다.[73] 실제로 공상국은 전국의 지사망을 통해 2013년 8월 15일부터 11월 말까지의 3개월 동안 업계에 만연한 부패·비리는 물론, 사기, 반독점법 위반 행위를 조사하였다.[74]

한 마디로, GSK 부패 스캔들 이후 중국 감독당국은 외자기업으로 하여금 중국의 불공정행위법, 형법 등 부패 관련 법규를 준수하고 회계감사, 내부 통제를 강화하는 등 준법 경영(compliance management)을 하도록 강제할 명분을 갖게 되었다. 동시에 제약 산업 이외의 다른 업종에 대해서도 부패 리스크에 대한 경각심을 일깨워주는 일종의 긍정적 외부효과(positive externalities)를 가져왔다고 할 수 있다.

5) 준법 경영은 시장점유율, 채산성 향상에도 필요

부패 스캔들 이후 GSK차이나는 내부 인센티브 및 통제 시스템 전반을 재점검해 발견된 문제점을 개선하기 위해 노력하였다. 점검 결과, 자사의

73_Scott, G.(2013), "Spread of GSK contagion to other countries now highly likely," The FCPA Blog, Aug. 1. Retrieved from http://www.fcpablog.com.

74_연합뉴스, 2013년 8월 15일자

부패는 "본사에서와 같은 강력하고 독립적인 이사회가 없고, 준법 경영 프로그램이 작동되지 않는 상황에서 현지법인 임직원들이 부패 전략에 의존해 손쉽게 영업실적을 향상시키려고 시도한 과정에서 발생한 문제"라고 보았다.

이 같은 결과는 Healy & Serafeim(2016)의 연구결과와 대체로 일치한다. Healy & Serafeim(2016)는 "부패 리스크가 큰 나라에서 부패 전략을 쓰면 매출액 증가율이 일시적으로 높아질 수 있으나, 견실한 준법 프로그램이 없으면 평판 하락과 품질·서비스 악화로 인해 중장기적으로는 매출액이 급감하거나 투자수익률(ROE)이 갑자기 마이너스로 전환될 수 있다"고 경고하였다. 또한 "부패 리스크가 큰 나라에 대한 투자가 10% 정도 증가하면 ROE(return on equity)는 -24~-30% 구간에서 움직인다"는 것을 실증분석을 통해 밝혀낸 바 있다. 반대로, 같은 상황에서도 준법 경영 프로그램이 견실하면 일시적으로 둔화되었던 매출액 증가율이나 투자 이익률이 장기적으로는 다시 높아지게 된다"는 것을 입증했다.

이는 중국처럼 부패 리스크가 큰 나라에 투자한 외자기업의 경우, '견실한 준법경영 프로그램'의 구축·운용이 현지 법인의 중장기적 실적 증진에 매우 중요하고, 현지 인사관리와 반부패 준법 프로그램의 도입 및 관련 교육 훈련의 강화가 필수적임을 시사해준다. 문제는 중국의 경우 '사회주의 시장경제 체제'를 취하고 있어서 이념적·제도적 한계가 상존한다는 사실이다. 따라서 서방 다국적 기업이 본사의 훌륭한 지배구조(governance structure)를 중국에 그대로 이식하려 해도 현지에서는 제대로 돌아가지 않게 되어 있다. 중국의 경우, 사외이사, 이사회(董事會), 주주총회(股東大會) 등이 있긴 하지만, 형식적인데다가 중앙정부 혹은 소재지 지방 당·정 지도자들의 영향력 아래에 있어 정관상 정해진 본래의 견제기능이나 의결 기능이 발휘되기 어렵다. 설령 '견실한 준법경영 프로그램'이 있다 할지라도 합자 파트너 모기업의 CEO는 관할 지역의 당 간부, 당의 눈치를 봐야하기 때문에 준법경영 프로그램이 본사가 바라는 대로 실행되지 않는다.

따라서 '감독 강도가 높은 독립적인 이사회'가 허용될 정도로 중국의 기업 지배구조 관련 법규가 획기적으로 바뀌지 않는 한, 외국 다국적기업 현지 법인장의 자체적인 내부 통제에 의한 사전 부패 예방 전략은 실효성을 거두기 힘들다. 따라서 사후적으로라도 사안별로 대응할 수 있는 체제를 갖추는 것이 최소한의 기업 대책이라고 할 수 있다.

6) 중국 의료서비스 산업의 현대화 촉진

GSK 부패 사건은 1985년 이후 중국 정부가 진행해오던 제약산업과 헬스케어 산업의 현대화 과정에서 발생하였다는 점에서 정책적 시사점 또한 많다.

실제로 중국 정부는 지난 20여 년 동안 병원 건립, 기초 의료서비스 인프라의 확충, 국가의료보험의 확장 등에 관해 많은 투자를 진행하였다. 그러나 국공립 병원, 진료소의 경우, 의사와 관리직들은 여전히 만성적 과로에 시달리는 데다가 보수마저 낮아 부패 유혹에 상시 노출되어 있다고 해도 과언이 아니다. 의사들이 환자나 보호자들로부터 받는 100위안 내외의 '붉은색 봉투 속 촌지'인 '홍빠오'(紅包)만으로는 생계유지가 어렵다. 뿐만 아니라, 병원과 진료소들은 예산 부족 때문에 공공의(公共医)들에 대한 처우를 획기적으로 개선시킬 수 없고, 관리직들은 그들대로 병원 매출을 늘리기 위해 의사들에게 불필요한 검진과 처방을 늘리거나 외과적 수

술이나 치료 기간·과정을 늘리도록 종용한다.

환자와 가족들은 값비싼 의약품 처방을 받으면서도 양질의 의료 서비스를 받지 못하며, 불친절한 병원 진료 서비스와 낙후된 원무 시스템에 불만을 품은 일부 환자나 가족들이 의사를 구타하기도 한다. 그리고 의약품 유통업체(딜러, 대리점)나 외부 의약품 총판은 그들대로 경로와 양상만 바꿔가면서 뇌물공여, 리베이트 등 불법 행위를 자행할 수밖에 없다.

이런 배경 하에서, 중국 정부 당국은 GSK 부패 사건 이후 의료산업 현대화에 관한 개혁을 가속화하고 있다. 우선, 다국적 제약업체의 경쟁적이고 불법적인 B2B 영업 관행과 대리인, 여행사 등 제3자를 통해 비윤리적 판촉 활동을 할 경우 처벌을 강화하였다. 그리고 부패와 비리를 저지르는 제약회사들에 대해서는 국내외 기업을 막론하고 단속과 처벌을 강화함으로써 종전처럼 시장점유율이나 이익 확대를 위해 뇌물 제공 등의 불법적 영업활동을 지속할 수 없도록 조치했다. 병원에 대해서는 의사나 직원의 구조적 부패 관행을 퇴치하기 위한 내부 통제 시스템을 도입하고 의사 및 지원 인력에 대한 교육 훈련, 급여, 보상 및 인센티브 제도 등을 개선하도록 지시했다. 의료보험 제도도 혁신하여 만성적 매출 감소와 적자를 초래하는 사후 실비보상 시스템을 개혁해 나가고 있다.

4장

부패 관성과 반부패 정책 대응의 동학(動學)

1. 부패의 기대 편익과 기대 비용

1) 부패는 '공공재'인가 '경제재'인가?

사회학에서는 부패를 각종 정치적·사회적 억압(political & social oppression)으로 인해 나타나는 '사회적 병리' 현상으로 본다. 그러나 노벨 경제학상을 수상한 사회경제학자(social economist)인 Becker, G.S.(1968; 1974)는 "부패는 마치 시간이 촉박한 사람이 목적지에 가까운 길옆에 불법 주차를 하려는 시도와 유사하다. 운전자는 적발되어 벌금 고지서를 받을 확률과 적발되지 않고 목적지까지 편리하게 갈 확률을 비교해 후자가 높을 경우, 당연히 불법주차를 택할 것"이라고 하면서 "부패 범죄도 경제적 합리성 논리로 설명이 가능하다"고 하였다.

Becker의 '불법 주차 논리'를 부패에 적용해 보면, 뇌물 제공 등 부패를 저질렀음에도 불구하고 적발·처벌되지 않는다면, 그런 사회에서 부패는 '합리적 선택'(rational choice)이 된다. 잠재적 부패 범죄자의 입장에서 볼 때 이 같은 시스템하에서 부패는 언제든지 공짜로 이용하거나 편승 가능한 편리하고 저렴한 '공공재'(public goods)로 인식되기 때문이다. 반면, 미국 등 선진국처럼 불법 주정차를 할 경우 쉽게 적발되고 적발될 경우 많은 액수의 벌금을 내야한다면, '부패 행위'는 상당한 대가를 치러야 하는 '경제재'(economic goods)로 인식될 것이다.

즉, 부패의 예방·억제에도 경제학적 논리를 쓸 수 있다는 얘기다. 일반적으로, 부패 범죄자는 법적·정치적·사회적·윤리적 제약을 고려하긴 하지만, 경험에 비추어 볼 때 부패의 기대 편익(expected benefit)이 부패의 기대 비용(expected costs) 보다 훨씬 크다면, 이 같은 제약을 뛰어넘어 부패를 결행에 옮길 확률이 높아진다. 그리고 반대의 상황에서는 부패를 자제하게 될 것이다. 부패의 기대 이익을 구성하는 요소로는 금전적 이익은 물론, 꽌시 네트워크(즉 미래 부패 가담·비호 세력)의 강화, 원하는 곳으로의 승진·재배치 등의 사회심리적 보상도 포함된다. 부패의 기대 비용에는 부패 범죄 결행 후 적발·체포될 확률, 형벌의 강도와 지속기간, 부패 계획과 실행에 소요되는 거래비용(꽌시 구축비, 부패 공모비, 뇌물 등)등이 포함된다.

〈그림 4-1〉 부패 범죄 발생 및 재발의 경제학적 필요 조건

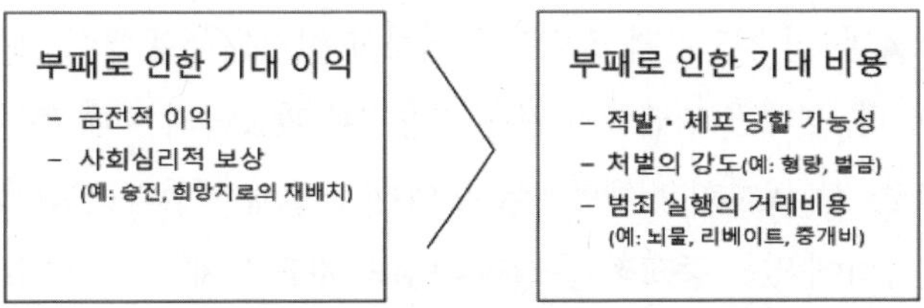

〈그림 4-1〉은 제도경제학적 관점에서 본 부패 범죄의 발생 및 재발의 필요조건이다. 선진국의 경우, 도덕적·윤리적 제약이 강한데다가 법 집행까지 엄격해 부패의 기대 비용이 기대 편익보다 훨씬 크다. 따라서 경제학적으로 부패는 아주 비싼 거래(costly transaction)로 인식되며 적발될 경우 신분상의 피해, 경제적 손실 등 값비싼 대가를 치러야하기 때문에 '매우 비싼 경제재'로 인식될 것이다. 반면, 구소련이나 북한처럼 사회 전반에 부패 심리가 만연한 국가의 경우, 부패는 불법 주차처럼 적은 비용으로 편리하게 이용할 수 있는 '공공재'이거나 '아주 값싼 경제재'이므로, 이용하지 않는 경제주체는 바보로 인식될 것이다. 따라서 반부패 규제만 약해지면 언제든지 시스템 내에서 반복적으로 재생산하게 되어 있다.

2) 개혁·개방 이후 중국 내 공직 부패의 편익과 비용

그러면 과연 개혁·개방 이후부터 시진핑 정부가 들어서기 전까지의 기간인 1979~2012년 9월까지의 중국에서 부패는 어떻게 인식되었을까? 이 기간 동안의 중국의 정치 법 제도 사회문화적 환경을 종합해 보면, 부패의 기대 편익이 기대 비용보다 컸음은 분명하다. 우선, ▲미흡한 법의 지배(rule of law) 환경 하에서 준칙(rule)보다 꽌시(guanxi)가 우선시되었다는 점, ▲당·정 지도부가 권력을 독점하고 정경유착 관행이 고착화되어 있었다는 점, 경제관리 권한이 커진 지방정부 관료들의 지대 추구 성향이 심해졌다는 점, ▲사회 전체에 배금주의가 만연해 있었다는 점, ▲미, EU 등 서구 사회에 있는 종교적·윤리적 차원의 자율 통제 기제가 미흡했다는 점 때문이다. 이외에도 ▲상급 정부의 정보 부족과 일관되지 못한 단속 의지, ▲지방정부의 미약한 반부패 법규 집행 의지와 지속성 부족, ▲국내외 반부패 관련 당국 간의 공조 부족 등까지 감안하면 부패의 기대 편익이 기대 비용보다 훨씬 커 부패 범죄가 확대 재생산되었을 것으로 사료된다.

기업 대 정부(B2G) 간 공직 부패를 분석해 보면,[75] 공직자의 입장에서 뇌물이나 리베이트, 급행료 등의 경제적 혜택은 미약한 처우를 감안할 때 부패의 편익(benefit)으로 인식된다고 할 수 있다. 물론 발각되어 지정된 장소와 일시에서 조사를 받는 소위 '쐉궤이'(雙規) 처분을 받거나, 공직과 당직 모두를 박탈당하는 '쐉카이'(雙開) 처분을 당하고 불법 소득을 모두 몰수당하는 경우도 있었지만, 2012년 10월 이전에는 반부패 관련 법규와 정책의 집행이 엄격하지 않아 부패의 기대 비용이 비교적 낮았다고 할 수 있다. 즉 개혁·개방 이후 2012년 이전의 중국은, 시기별로 다소 차이는 있겠지만, 전반적으로 보았을 때 부패의 기대 편익(즉 유인)이 기대 비용(즉 적발 및 처벌로 인한 제반 피해)보다 컸었던 시기라고 할 수 있다. 따라서 연해 대도시 지역의 공직자들과 기업인들은 부패 생태계를 적극 조성하거나 참가하는 것에 관한 합리적 유인이 컸을 것이다.

3) 부패의 수요자와 공급자

개혁·개방 이후 2012년 10월 이전까지의 중국에서, '편리하지만 나쁜 공공재'인 부패를 공급하는 주체는 중앙·지방의 당·정 엘리트 집단이었다. 이들은 인허가 기준과 절차 등을 통해 진입 혹은 규제 장벽을 쌓아놓고, 만족스러운 경제적 보상을 하는 자에게만 규제나 진입장벽을 선별적

75_투자자, 소비자 등 대중(P: people, public) 상호 간의 P2P 부패는 '사기'(fraud)의 영역으로 취급될 수 있기 때문에서 본서에서는 분석대상에서 제외하기로 한다.

으로 완화해주었다.

반면 부패의 수요자는 주로 기업가, 소비자 등 개인이었다. 이들은 권력이 없기 때문에 관료에게 일정한 규모의 뇌물을 제공하는 대신, 시장진입, 절세, 신규 사업기회의 적기 포착 등에 있어 경제적 이득을 얻으려고 하였다. 경제적 이득이 뇌물 비용을 훨씬 초과하는 규모가 크면 클수록 이들은 더 강한 부패 유인을 느꼈다. 그 결과, 부패 공직자들의 권한과 협상력이 크면 클수록 이들이 받는 뇌물 액수, 혹은 향유할 수 있는 지대의 규모도 커질 수밖에 없었다.

이 같은 상황에서, 부패를 퇴치해야 하는 당국자들은 거센 현실적 부패 수요와 부패 공급 차단의 당위성 사이에서 갈등할 수밖에 없었다. '합리적 선택 이론'(rational choice theory)을 주창한 Jeremy Bentham(1789 ; 1907)은 "부패의 공급자, 수요자 모두를 완전히 없애는 전방위 감시체계(panopticon system)를 도입하면 부패의 완전 박멸이 이론적으로 가능하다"고 주장했다. 공안부와 CCDI는 이 같은 이론의 유효성을 입증하기라도 하듯이 중국 주요 도시에 6천만 대 이상의 CCTV를 설치하고 세계 최고수준의 안면 인식 기술과 빅데이터 시스템을 도입해 범죄자의 적발률과 추적률을 높여 나가고 있다. 한마디로,[76] 시진핑 지도부는 중국내 부패를 '0'으로 만들 수 있다는 J.Bentham의 가설을 검증하고 있다고 할 수 있다.

76_Posner, Richard A.(2004), "The law and economics movement: from Bentham to Becker" in *Posner, Richard A., Frontiers of Legal Theory*, p.52. Schofield, Philip (2013). "The Legal and Political Legacy of Jeremy Bentham"; Scott, G.(2013), "Spread of GSK contagion to other countries, industries now highly likely," The FCPA Blog, August 1; Semple, Janet(1993). *Bentham's Prison: A Study of the Panopticon Penitentiary*. 참조.

그러나 부패를 끊임없이 재생산해내는 중국의 현실 정치 체제, 법 제도의 허점, 부패에 둔감한 사회문화적 관행 등을 종합적으로 고려할 때, 범죄의 발생빈도와 규모를 어느 정도 축소할 수 있을지는 모르나 완전 박멸은 기대하기 힘들다고 본다. Becker, G.S.(1968; 1974)도 "부패 범죄/전체 범죄 비율을 15%에서 5%까지는 쉽게 낮출 수 있지만, 5%에서 3%로 낮추는 것은 어렵고, 거기서 다시 0%대로 낮추는 것은 거의 불가능에 가깝다"고 인정한 바 있다. 중국의 경우, Becker의 이 같은 주장은 더 강한 설득력을 지닌다. 공산당이 '일당 독재' 체제를 유지하면서 권한과 정보를 독점하고 있고, 당·정 정치집단이 지방분권화, 시장화, 국제화의 과정에서 기업 등 비정부 부문으로부터 지대를 추구할 수 있는 기회가 증가하고 있어 권력 독점에 기초한 부패 공급의 유혹 자체를 원천적으로 없애기는 불가능하기 때문이다.

2. 경제 주체의 전략적 부패 유인

1) 기업 전략적 부패의 유인

기업 부패(corporate corruption)는 공직 부패의 그림자라고 할 수 있다. 공직자들이 부패 행위의 '비용-편익 분석'을 하듯이, 기업들도 ▲과거의 관행대로 최소한의 급행료만 줄 것인지, ▲보다 과감하게 거액의 뇌물을 제공할 것인지, ▲아니면 아예 부패를 자제하고 조심할 것인지의 세 가지 대안 중 대내외 환경을 고려해 맞는 방안 하나를 선택한다. B2B 부패, 전문가 집단에 대한 B2S 부패에 있어서도 기업들이 중앙정부와 현지 지방

정부의 반(反)부패 정책 동향 등을 보고 부패의 수위, 강도, 범위, 빈도를 결정하는 것은 동일하다.

만일 부패의 유인이 비용보다 강하면 관행대로 부패의 관성에 의존할 것이다. 그리고 사회 내에 부패로 이득을 본 경험자의 숫자가 부패로 인해 피해를 보거나 경제적 손실을 본 경험자보다 많으면 많을수록, 모방 심리(bandwagon effect) 혹은 군집 심리(herding behavior)도 강해져 부패가 사회 전체로 확산될 것이다. 또한 각종 인허가, 사업 기회의 포착, 절세 등과 관련해 뇌물을 제공해 성공한 자의 비중이 높으면 높을수록, 그리고 부패의 경험이 축적될수록 부패를 행동에 옮기려는 의도가 강해지게 된다.

그러나 만일 2012년 말 이후의 'strong guy' 시진핑 정부처럼 "지위 고하, 국내외를 막론하고 부패 사범을 철저히 색출해 처벌한다"는 매파적 입장을 견지한다면, 부패의 기대 편익보다 기대 비용이 커져 기업 등의 경제주체들은 기존의 부패 관성에서 벗어나 반부패 관련 법규 집행에 순응하는 성향을 보이게 될 것이다.

문제는 중국의 경우, 혼합경제체제를 취하고 있어 규모(매출액, 종업원 숫자), 소유제 형식(국유, 집체, 私營, 聯營, 외자), 관할 정부(중앙, 省 이하 각급 지방정부), 주식회사화(股扮化)의 여부 등이 다양하므로, 이들이 상대해야 할 관리·감독기관도 다르다는 점이다. 중국 내 기업의 형태나 형식이 다양한 만큼, '부패 플랫폼'(corruption platform)과 부패 전파·확산 경로도 다르다.

다국적 기업 등 외자기업(foreign-invested enterprises)의 경우, 환경을 감안해 행동하는 '하부 조직'이라는 점에서는 토종 기업과 같지만, 규제 환경은 판이하게 다르다. 외자기업의 경우 국유기업이나 대형 도시 집체 기업과는 달리, 당 위원회의 역할이 비교적 작고, 중국 내 지주회사, 지역

본부로부터 관리·감독을 받고, 현지법인의 윤리경영 및 반부패 컴플라이언스 등에 관한 본사 모니터링도 있어서 토종기업보다는 부패의 발생빈도와 강도, 반부패 통제 메커니즘이 다르다고 할 수 있다. 일반적으로 보면, 중국 시장에 갓 진입한 다국적 기업 현지법인의 부패 관성은 약하나 시간이 지남에 따라 중국 내 인허가나 인증, 가격결정, 통관 등과 관련해 현지 영업 과정에서 당·정 관료들에게 뇌물을 줄 전략적 유인을 느끼게 되는 경우가 많다. 따라서 토종기업, 외자 기업을 불문하고 획일적인 정책으로 부패 퇴치를 하려 할 경우 반부패 정책의 성공 가능성은 낮아진다고 할 수 있다.

2) 미흡한 윤리경영 의식과 취약한 내부통제시스템

정경 유착 관행은 소유제 형태별로 차이가 있다. 일반적으로 보면, 중대형 국유기업의 부패 발생 리스크가 가장 크고, 그 다음이 ▲소형 국유기업 → ▲도시 집체 기업 → ▲사영기업 순이다.

중국 토종기업 CEO 및 영업담당 간부들의 윤리 경영 의식이 희박해 뇌물수수를 통해 정경유착을 시도하거나, '꽌시' 방어막에 의존하려는 성향이 강한 점도 기업의 전략적 부패를 촉진하는 요인이다.

내부통제의 부재 혹은 준법경영 시스템의 취약성도 문제다. 윤리강령은 형식적으로만 존재하고 이를 철저히 지키지 않으며, 회계나 내부 보고 절차는 불투명하고, 외부 감사와 내부 통제도 불완전하다. 반부패 컴플라이언스 부서가 아예 없거나 설치돼 있더라도 부실하게 운영되는 기업이 많으며, 인원, 예산 등 자원 배치 면에서 생산-영업 등의 부문에 우선순위가 밀려 사건 발생시 효과적으로 대응하지 못하는 기업도 적지 않다.

3) '성과 제고 수단'으로서의 부패 전략

혁신 전략과 부패 전략 간의 선택

부패 전략은 성과 제고 수단으로 쓰이기도 한다. 보다 구체적으로 보면, 부패(특히 뇌물제공) 수요자인 기업의 입장에서 보면, ▲혁신을 통한 원가절감 및 경쟁력 제고 전략, ▲적극적인 꽌시 동원을 통해 부패 경쟁에 참여함으로써 생존하려는 전략, 그리고 ▲이들 두 전략을 혼합해 쓰는 전략 중에 하나를 선택해야 한다.

법치가 미흡하고 꽌시 경쟁력이 중요한 중국과 같은 환경에서는, 혁신 필요성이 적거나 혁신 능력이 약한 기업의 경우 부패 전략을 선택할 가능성이 높다. 전략 선택에는 업종별 특수성도 작용하는데, 〈그림 4-2〉는 '기업이 속한 업종에 대한 당·정 관료의 보호 및 관여 강도(외부환경),' '자사의 기술 경쟁력과 꽌시 경쟁력(내부 환경)' 간의 상대적 우위를 기준으로 4가지 전략 선택 시나리오를 개념화한 것이다. 여기서 중요한 것은 대내외 환경 변수 간의 상호작용인데, 만일 종사 업종이 에너지, 광산·채굴, 통신, 방위산업, 석유화학, 금융·보험, 문화 콘텐츠, 제약 및 의료 서비스처럼 당·정 관료의 보호 및 관여도가 심하고, 자사의 기술·브랜드 경쟁력보다 '꽌시'(關係) 경쟁력이 압도적으로 강하다면, 혁신 전략(innovation strategy)보다는 적극적이고 공격적인 부패 전략을 선택할 것이다(〈그림 3-2〉에서 패널 [I]의 상황). 다만, 자사의 기술 경쟁력이 '꽌시' 경쟁력보다 훨씬 강한 기업의 경우, 자사의 생존·발전과 영업력 강화를 위해 기존 당·정관료와의 관계를 유지하기 위해 최소한의 거래비용을 지불하거나 제3의 중개자를 이용함으로써 보다 안전하게 꽌시를 강화할 수 있을 것이다. 이는 '새로운 부패 경로를 탐색·개척하는 시나리오 [II]의 상황'이라 할 수 있다.

반면, 정보기술(IT), 가전제품, 음식료, 신발, 패션의류, 일반 잡화, 전통적 소매유통처럼 당·정 관료의 보호와 관여도가 미미하나 시장경쟁이 치열해 자사의 생존·발전에 세속적 꽌시보다도 원가절감 및 혁신 노력이 훨씬 중요한 상황이라면, '혁신-부패 병행 전략'을 선택하고 신사업 허가, 세금 절감, 통관, 소방안전 점검 등 필요할 때만 선택적·방어적으로 뇌물을 주는 전략을 택할 것이다(시나리오 [III]의 상황).

〈그림 4-2〉 중국 내 기업의 선택: 혁신 전략 vs. 부패 전략
- 영업맨의 '꽌시' 경쟁력 vs. 해당 업종 당·정의 개입도 -

개입강함 ↑ [해당 업종에 대한 당·정 관료의 개입도] ↓ 개입약함	[II] '꽌시' 유지비 지출 확대 혹은 중개자 탐색을 통한 새로운 부패 경로의 개척	[I] 적극적·공격적·전면적 부패 전략
	[IV] 윤리경영에 기초한 기술혁신 전략으로 시장개척에 주력	[III] 소극적·방어적·선택적 부패 전략 (혁신-부패 병행 전략)

매우 취약 ← [핵심역량 면에서의 '꽌시'경쟁력 우위] → 매우 강함

** 자료: 저자가 작성

마지막 시나리오 [IV]는 혁신에만 집중하는 전략이다. 모바일 혹은 인터넷 전자상거래 서비스 업종처럼 당·정 관료 접촉 필요성이 적고 자사의 브랜드 파워, 비즈니스 모델, 물류 및 고객서비스 경쟁력이 더 중요한 경우, 해당 기업은 굳이 뇌물을 줄 필요가 없다. 이 경우, 제품력·기술력 강화, 서비스·공정 혁신만으로 시장에서 승부를 내려 할 것이다. 다만 이러한 혁신지향형 기업이라 할지라도 해당 산업의 사이클이 성장기에서 성숙기로 접어들고 기술이 보편화돼 원가경쟁력이 더 중요해질 정도로 시장경쟁 환경이 악화되면, 집중적 혁신 전략(즉 시나리오 [IV])에서 벗어나

'혁신-부패 병행 전략'(즉 시나리오 [III])으로 전환해야 한다. 특히 본-지사 간의 윤리경영에 관한 의사소통 및 통제 구조가 불완전하고 본사의 해당 부서나 현지 법인장이 단기적 실적 목표의 초과 달성에 집착해야 하는 상황이라면, 영업부서의 임직원들은 부패 전략에 더 많은 비중을 둘 수밖에 없을 것이다.

이상의 네 가지 전략 선택 시나리오는 꼭 중국의 토종 기업에게만 해당되는 것은 아니다. 민간 기업은 물론, 중국 내수시장에 진출한 다국적 기업을 포함한 외자기업의 경우에도 동일하게 적용될 수 있는 '전략 선택의 틀'이라고 할 수 있다.

'무조건부 공격적 부패 전략'과 '방어적 부패 전략'

뇌물 및 리베이트 제공 등에 의존하는 부패 전략에도 ▲조건이 있는가의 여부, ▲공격적인가의 여부에 따라 4가지의 전략 믹스를 구성할 수 있다. 이 중 가장 많이 쓰는 전략이 '무조건부 선제적 부패'(unconditional, preemptive corruption) 전략과 '조건부 방어적 부패'(conditional, defensive corruption) 전략이다. 전자는 정치, 경제 및 시장경쟁 상황이 나빠져 경쟁사가 부패 전략을 택하기 전에 자사가 먼저 가장 쉬운 지름길인 부패 전략을 선택해 선제적으로 행동에 옮기는 경우이다. 이 때 선제적 부패 기업이 노리는 것은 '선(先) 행동자의 우위'(FMA: first mover advantage)이지만, 이 전략은 중앙정부의 부패 통제가 약하거나 지방정부 당·정 관료가 자사의 범법행위를 묵인·방조해 적발 처벌의 확률이 매우 낮은 상황에서만 선택할 수 있는 '공격적(offensive) 부패 전략'이다.

후자인 '조건부 방어적 부패 전략'은 평상시에는 법을 잘 지키다가 중앙 혹은 지방정부의 반부패 감시가 느슨해질 때에만 부패를 실행에 옮기는 경우를 말한다. 즉 필요할 때에만 부패를 행하는 것이지만, 이 같은 방어적 행태가 반복될 경우, 해당 업종의 시장에는 '묵시적 부패 담합'의 생태계가 만들어지게 된다.

그리고 이 두 전략 다음으로 많이 쓰이는 전략은 '조건부 공세적 부패 전략'이다. 뒤에 소개되는 GSK 중국법인의 부패가 대표적인 예이다. GSK 중국법인의 영업직 간부들은 중국 전문 의약품 시장에서 자사 브랜드를 위치화하고 매출을 늘리기 위해 의사들에게 뇌물을 준 다음, 실제로 판매 확대가 확인되면 뇌물을 추가로 주는 전략을 사용하였다. 게임이론적으로 보자면 '협력하는 상대방에게만 보상을 제공하는' 일종의 '강제적 약속(forced promise)전략'에 해당한다. GSK는 유사한 부패 전략을 식의약품관리국(혹은 국가의약관리청), 국가보건건강위원회(구 國家衛生計劃生育委員會) 관료, 전문가들과 제약산업 협회 및 의약품 단체 간부들에게도 사용하였다. 이외에도 현지 전문의약품의 제조판매 허가, 약가 책정 등과 관련해 현금성 뇌물을 제공하거나 성접대, 해외 출장비 지원 등의 조치를 취함으로써 타 다국적 제약업체의 시장진입을 막거나 자사의 시장점유율 증가를 도모하기도 했다.

3. 부패라는 '사회적 함정'과 부패 관성

1) '사회적 함정'으로서의 부패

Rothstein, B.(2015)은 "만연한 부패(pervasive corruption)는 사회적 불신을 초래하는 원인이자 사회적 함정(social trap)의 결과"라고 주장한다.

법규를 지키면서도 효율적으로 일을 처리할 수 있다는 합리적인 기대를 할 수 없을 때 경제 주체들은 뇌물제공이라는 보다 편리한 수단을 이용하게 된다는 것이다. 실제로 중국 정부는 1979년 개혁·개방 이후 일부 기업, 정부 기구는 '개방된 합법적 시스템'을 통한 협력의 길이 있었음에도 불구하고, 보다 높은 지대(rent)를 선점할 목적으로 혹은 '신뢰'(trust)라는 사회적 자본(social capital)이 부족해 '폐쇄적인 인적 네트워크' 구축 경쟁에 몰입하게 되었다.

그 결과, 사회 전체적으로는 '부패 경쟁'(corruption competition)이 벌어지게 되었다. 법에 따라 정정당당하게 경쟁했지만 시장 경쟁에서 탈락한 경제 주체들은 부패 경쟁에서 소외된 것을 후회하게 되었다. 또한 '부패'라는 보다 편리하고 성과가 확실한 불법적인 수단에 의존한 기업들이 늘어나면서 부패 심리가 사회 전체에 만연하고 경제 주체들은 '부패 함정'(corruption trap)에 빠지게 되었다.[77]

2) 부패 경험·관성과 부패 플랫폼

거시적 관점에서 중국 내 기업 부패의 동학(dynamics)을 보다 잘 이해하기 위해서는 부패 유인, 부패 경험·관성, 정부의 반부패 규제 간의 상호작용을 살펴볼 필요가 있다.

77_Rothstein, Bo (2015)은 사회적 자본(social capital)과 사회적 신뢰(social trust)를 창출하기 위해 정부가 어떠한 일을 해야 하는 지에 관해 연구를 진행하면서, '사회적 함정'(social trap)이라는 개념을 창출하였고, 부패의 만연도 그 결과의 하나로 보았다. Rothstein, Bo (2005), *Social Traps and the Problem of Trust*, Paperback, Cambridge: Cambridge Univ. Press.

우선, 부패 유인은 앞에서 기술한 바와 같이, 중국의 정치 체제, 법·제도, 사회문화적 환경, 거시경제 및 기업 본사 전략 등 제반 요인에 따라 경제주체가 뇌물수수 등의 부패 유혹에 빠져들게 하는 요인을 말한다. 만일 부패의 유인보다 적발될 가능성이 높고 처벌 강도가 강하다면 반부패 관련 법규에 순응하고 부패 행위를 자제하게 되며, 반대의 경우에는 부패를 합리적으로 선택하게 된다(rational corruption).

부패의 경험은 뇌물수수, 리베이트 등 부패 행위의 성과 및 처벌과 관련된 기업의 직간접적 경험을 말한다. 만일 시장 내에 부패로 이득을 본 경험자의 숫자가 부패로 인해 피해를 보거나 경제적 손실을 본 경험자보다 많다면, 기업들은 모방 심리(bandwagon effect) 혹은 집단 심리(herding behavior)로 인해 다른 조건이 동일하다면 부패 전략을 모방하게 된다. 기업 조직 내에 준법정신, 윤리경영 의식이 희박한 조직 구성원들이 뇌물수수를 했음에도 사내외 감사에서 적발되지 않거나 처벌을 받지 않을 경우, 구성원들은 별다른 죄의식 없이 뇌물 혹은 리베이트 수수 행위를 관행적으로 반복하게 될 것이다. 그리고 이 같은 사회심리적 행태가 다른 경제주체들에게 모방되고 확산될 경우 사회 전체적으로는 '부패 관성'(corruption inertia)이 생기게 된다. 실제로 80년대 후반부터 2012년 말까지의 기간은 ▲미비된 반(反)부패 관련 법 제도, ▲느슨한 법 집행, ▲배금주의의 만연으로 인해 사회 전체에 부패 관성이 고착화되어 있던 시기라고 할 수 있다.

〈그림 4-3〉 중국 내 부패: 비싼 경제재인가, 공짜에 가까운 公共財인가?
(Is Chinese Free or Costly?)

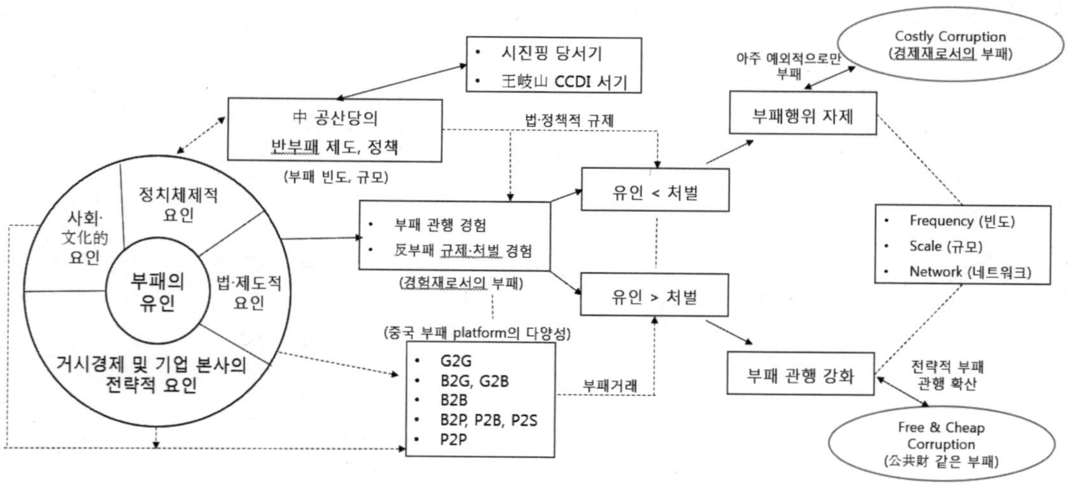

** 주: G – 정부(당정관료), B – 기업(국유, 민간부문), P – 개인(투자자, 소비자, 일반인), S – 전문가집단 (기술인증, 식의약품 허가 관련 전문기술자); CCDI: 중국공산당 당중앙 기율검사위원회(Chinese Commission for Disciplinary Inspection)
** 자료: 저자가 작성

〈그림 4-3〉은 경제주체들이 느끼는 미시적 부패 유인, 사회적으로 부패 관성, 그리고 정부의 반(反)부패 정책대응 간의 상호작용을 보여주고 있다. 우선 기업 CEO와 임직원은 B2G(기업-정부 간), G2B(정부-기업 간), B2B(기업 간), B2P(기업과 투자자, 소비자 간), B2S(기업과 전문가 집단 간) 등 다양한 비즈니스 관계에 있어 부패 유인을 느낀다. 이들은 대정부 유착 혹은 비밀스러운 불법 거래를 통해 자사 혹은 개인의 경제적 이익을 극대화시키려고 노력하고, 이 같은 부패 경쟁은 한번 개발권을 얻거나 수주를 받으면 상당 기간 동안 사업기회를 독점할 수 있는 지하 광물·에너지 자원의 개발, 부동산 개발, 기계장비 수주 등의 고관여 업종에서 더 심하게 나타나게 된다.

그리고 한 기업의 상업적 부패 관행은 가치 사슬(value chain)의 전후방 연관관계에 있는 부품 공급업자, 투자자, 바이어, 대출자에게 전염·확산되며, 세속화된 꽌시 문화와 복합 작용을 하여 비즈니스 네트워크에 천착하게 된다.

사회에는 "부패한 자가 승리한다"는 패러다임이 퍼지게 되고 비즈니스 거래에 부패를 스마트하게 이용하는 사람은 축적한 부의 일부를 다시 미래 비즈니스를 위한 뇌물비용으로 사용한다. 그 결과, 부패는 중국 내 창업, 비즈니스의 성공에 있어서 없어서는 안될 필수적 공공재(public goods)처럼 인식되고, 경제주체들은 부패 비즈니스 관행의 확산과 일상화로 인해 부패하지 못하면 바보가 된 것처럼 느끼게 된다. 또한 설령 감독당국의 통제가 느슨해지면, 곧바로 부패 관성이 회복되므로 부패는 주기적으로 재출현하게 된다.

정부의 개입은 부패의 규모, 빈도, 확산 범위 등에 있어 지도부가 용인할 수 있는 일정한 임계점을 넘어설 때 일어난다. 미국의 사례이긴 하지만,

Peters, John G. and Susan Welch (1978)은 "부패를 어느 수준까지 용인할 것인가(corruption tolerance limit)에 관한 결정은 '수혜자 규모'의 함수"라고 밝힌 바 있다. 즉, 연구자들은 "수혜자의 숫자나 수혜 액수가 피해자의 숫자나 피해액보다 클 경우에만 반부패 정책 대응이 정당화될 수 있다"고 하였다. 또한 "반부패 활동도 반부패 정책 실행의 한계 편익(marginal benefit)이 한계 비용(marginal cost)에 일치하는 지점까지만 지속되어야 한다"고 주장하였다. Peters, et. al (1978)의 이론적 논리는 중국에도 적용이 가능한데 반(反)부패 정책은 엄격해야 할 뿐만 아니라 일관성을 가지고 충분히 긴 시간 동안 실효성이 확보될 때까지 지속되어야 함을 뜻한다.

3) 중국에서의 실제 부패 플랫폼 이용 심리의 확산

앞의 〈그림 4-3〉에서 우리는 중국 사회 내 부패 관성을 퇴치·약화시키려는 CCDI, 공안부 등 관련 당국과 부패 사범들 간의 '싸움'(battle; 戰役)의 동학을 살펴 보았다. 이 '부패-반부패 싸움'의 과정에서 부패 행위를 하는 개별 주체들은 부패 유인(편익)-처벌(비용) 간의 '비용-편익'을 비교한 이후 ①대담한 부패 행위의 실행, ②한정된 수준에서의 부패 관행(예: 뇌물 제공)에의 수동적 편승, ③부패 행위 자제 후 과거 관행으로의 회귀 혹은 적극화, ④ 부패의 포기의 4가지 전략 중 한 가지를 선택하게 된다.

이중 어떤 전략을 선택할 것인가는 내부의 부패 유인과 더불어 외부의 감독 상황을 보고 결정한다. 예컨대 2012년 말~2015년간처럼, "부패 당·정 관료는 지위고하를 막론하고 강력히 처벌한다"는 '따후파이잉'(打虎拍蝿)의 정책이 엄격히 시행될 경우, 잠재적 범죄자들은 부패 행위를 자제하게 된다. 부패 관행으로의 회귀나 적극화는 중앙의 엄격 통제 기조가 약해졌다는 확신이 들 때만 사용할 것이다(세 번째 전략). 반면, 중앙 통제가 강할 경우에도 베이징, 상하이와는 달리 통제가 상대적으로 약한 동남부나 서부 내륙에서는 부패(예: 뇌물제공) 관행에 편승하는 전략(두 번째 전략)을 한정된 수준에서 채택할 수도 있을 것이다.

앞선 두 가지 전략과 달리, 첫 번째의 '대담한 부패 감행' 전략은 너무 위험하고, 네 번째의 '부패 포기' 전략은 ▲춘추전국 시대 이래의 오래된 부패 관행, ▲정부 정책의 지속성에 대한 불신 심리, ▲세속화된 꽌시 문화 등을 감안할 때 비현실적이다. 실제로 1979년 개혁·개방 이후 2012말까지의 기간을 살펴보면 ②와 ③의 전략이 주를 이루었고, 아주 간헐적으로만 ①의 대담한 전략이 사용되었다. 특히 1985년 생산재에 대한 이중가격제(價格雙軌制)가 실시된 이후와 90년대 중반에서 2010년 초까지가 가장 부패가 심했고 부패 관성이 강화되는 시기였다.

이 때 사회 내에는 윤리경영 의식이 희박한 '꽌시 의존형' 기업가들이 많았고, 이들은 대정부 관계를 우선시해 필요시에는 과감한 부패 전략을 사용하였다. 국유기업 CEO들에 대한 임명권한을 중앙-지방의 당·정 지도부가 갖고 있는데다가, 관료들이 가격과 판로를 결정하였으므로 국유기업이 좋은 경영성과를 내기 위해서는 당·정 관료들의 협조나 후원이 필수적이었기 때문이다. 더욱이 국유기업의 대주주는 국가이고 지배구조(governance structure)도 국가가 통제 하에 있으므로 부패에 대한 내부 통제도 약한 편이었다. 따라서 국유기업의 CEO들이나 간부들은 별다른 죄의식 없이 뇌물제공, 리베이트 수수 행위를 반복적 · 관행적으로 할 수 있었다. 실제로 80년대 후반부터 2012년 말까지는, 연도별로 차이는 있지만, 부패 관련 법 제도가 미비했고 법규 집행도 느슨해 부패 모멘텀이 강화되는 시기였다고 볼 수 있다.

특히, 에너지 자원의 개발, 도시 지역개발, 대단지 재건축, 기계 및 석유화학 장비의 수주 등의 산업에 종사하는 CEO와 간부들은 대정부 유착 관계를 이용해 불법적·편법적 거래를 통해 기업성장을 도모하였고, 그 과정에서 사적 이익을 추구하기도 하였다. 다롄(大連)시 고위 관료인 진청(金程)은 다롄시에 본사를 둔 완다(萬達) 그룹의 자회사로부터 뇌물을 받는 대신, 2007년부터 부동산개발 수주 혜택을 주고 각종 편의를 봐 주었다. 당 중앙서기처 서기 겸 국무원 비서장, 리커창 비서실장을 지낸 양징(楊晶)은 샤오젠화(肖建華) 밍톈그룹 회장, 내몽고 자치구 기업인들과 장기간 불법적 거래 관계를 지속하며 뇌물을 수수한 뒤 CCDI로부터 해직 처분을 받음과 동시에 직급도 부총리급에서 장관급으로 강등되었다.

장쩌민 주석 재임기간(1993. 3.~2003. 3.) 동안, 장 주석의 오른팔 보좌역이었던 저우융캉 전 정치국 상임위원 겸 정법위원회 서기의 경우, 석유산업과 에너지 산업에 종사하는 석유방(石油幇) 인사들과 친분관계를 유지하면서 불법적으로 뇌물을 수령하고 그들의 사업 편의를 봐주었다. '석유방'과 유착해 이뤄낸 기업 부패 생태계의 중심에는, 2007년부터 2011년까지 중국석유화학(SINOPEC) 그룹 회장으로 재직할 당시 뇌물을 받아 사법 조치된 쑤수린(蘇樹林) 푸젠성 전 성장 겸 당위 부서기와 중국석유천연가스집단(CNPC) 회장 이외에도, 국자위 주임 재직시 수뢰했다가 16년 징역형을 선고받은 장제민(蔣潔敏) 전 국유자산관리위원회(國資委) 주임과 같은 후원자가 있었다.

이처럼 '부패한 기업이 승리하는' 패러다임이 사회 전반에 퍼지면서, 창업자이든, 기존 기업의 CEO, 임직원들이든 모두가 당정 지도부의 대응을 지켜보면서 새로운 부패의 기회를 엿보게 되었다. 권력자들과의 유착 관계를 통해 부(富)를 축적한 기업가들은 그 부의 일부를 보다 강한 유착 관계의 형성과 미래 비즈니스 기회의 포착에 활용하게 되었다. 실제로 90년대 이후의 중국에서, 부패 노하우는 창업, 비즈니스의 성공에 있어 없어서는 안될 필수적 공공재로 인식되었으며, 사회 전체에는 '경쟁적 부패'(competitive corruption) 현상이 발생하게 되었다. 이는 한 기업집단 혹은 한 업종, 지역에서 발생한 성공적 부패 행태가 가치 사슬(value chain) 상 전후방 연관관계에 있는 납품업체, 소매유통업체, 투자자, 바이어, 대출자 등 다른 업종, 부문, 지역의 기업집단과 관계사로까지 전염·확산되는 결과를 낳게 되었다. 인맥 관계를 방패막으로 사용하는 중국의 세속화된 꽌시(關係) 문화는 이 부패의 전염·확산 과정에서 촉진제 역할을 하게 되었고 '부패 생태계'(corruptive eco-system)가 결성되면서, 법규를 준수하며 공정경쟁을 하는 기업의 상당수는 시장경쟁에서 도태되거나 성과가 부진할 수밖에 없었다.

심지어, PC업계의 개척자 레노보(聯想) 그룹의 류촨즈(柳傳志), 양위안칭(楊元慶) 회장, 종합가전업계의 선두주자로 중국의 잭 웰치로 불리는 하이얼(海爾)의 장뤼민(張瑞敏) 회장, 이동통신 장비 및 스마트폰 산업을 글로벌 브랜드로 키운 화웨이(華爲)의 창업자 런정페이(任正非) 회장, 중국의 스티브잡스로 불리는 샤오미(小米) 그룹의 창업자 레이쥔(雷軍) 회장 등의 민간 기업 CEO들 조차, 국유기업 간부들보다 신중하기는 하지만, 자사의 꽌시망(關係網) 구축·강화, 이해 증진과 손실 최소화를 위해 관행적인 수준의 촌지나 급행료를 줄 수밖에 없었다.

〈표 4-1〉 중국 도시민이 관심을 갖고 있는 상위 10대 사회문제 목록 (2009~2013)

	2009		2010		2011		2012		2013	
1	주택가격	33.9	물가	48.6	물가	61.1	물가	43.4	빈부격차 확대	38.6
2	의료서비스 개선	32.5	주택가격	39.1	주택가격	54.4	주택가격	36.1	주택가격	35.6
3	취업	29.3	의료서비스 개선	37.5	식의약품안전	23.1	빈부격차 확대	31.6	물가	35.1
4	물가	23.3	취업	28.2	취업	22.7	식·의약품 안전	28.8	반부패 정책	23.1
5	사회보장	22.8	사회보장	25.0	의료 서비스 개선	16.3	사회안정	22.2	사회안정	22.1
6	부패 문제	17.6	식·의약품 안전	18.9	사회보장	15.3	취업	20.1	취업	20.5
7	식·의약품 안전	16.7	빈부격차 확대	13.9	부패 문제	14.5	반부패 정책	19.5	식·의약품 안전	17.8
8	빈부격차 확대	15.3	교육개혁	11.2	빈부격차 확대	13.5	사회 보장	14.2	의료 서비스 개선	17.8
9	교육개혁	11.5	부패 문제	10.0	사회안정	13.1	영토분쟁	9.8	공공도덕	15.7
10	사회치안	11.4	경제위기	6.3	교육개혁	9.5	공공도덕	8.8	사회보장	12.0

** 주: 설문서에 제시된 10개 사회문제 항목 중 3개를 고르는 복수응답 방식에 의한 조사.

** 자료: 『中國社會形勢分析與豫測』, 베이징: 사회과학문헌출판사, 2014년.

그러나 부패 관성이 사회적으로 누적되면 사회적 저항과 정치체제에 대한 거부감을 불러일으키는 등의 문제를 일으킨다. 〈표 4-1〉은, 2009~2013년 기간 동안 중국 도시민이 관심을 갖고 있는 사회문제 목록에서 '부패 문제'가 최저 9위(2010년), 최고 4위(2013년)에 있었음을 보여주고 있다. 이는, 전세계 주요국을 대상으로 "9개 주요 국가 기관을 이용할 때 적어도 한 개 단위에 뇌물을 주는 일반인 비중이 얼마나 되는지"를 국가별로 비교한 것이다. 영국 *The Economist* 잡지의 조사결과도 중국의 심각한 부패 상황을 보여주고 있는데, 2010년도 11월 말 현재로 중국은 9.5%로 터키(32%), 멕시코(31%), 러시아(26%)보다는 낮지만, 브라질(4.5), 한국(2%)보다는 높은 수준을 시현하였다[78] 이처럼 부패의 폐해가 임계치를 넘기 시작하자 2012~2013년 간에 걸쳐 1차 반부패 전역(戰役)이 시작되었다, 그 총괄 책임은 2011년 11월 CCDI 서기 취임한 왕치산(王岐山) 서기가 맡았다.

1차 반부패 전역을 통해 저우융캉, 보시라이 등이 부패 혐의로 사법처리되어 무기징역형을 받게 되었다. 그러나 부패 범죄의 완전퇴치에는 성공하지 못했기 때문에 2014년부터는 '2차 반부패 전역'이 보다 강력하게 실행되었다. 특히 2015년 하반기부터는 왕치산 CCDI 주임이 반부패 전역의 전선(front)를 고위 당·정 관료 위주에서 중간 당·정 간부와 국유기업 CEO, 외국 제약업체, 금융기관, 대학, 언론기관 등으로 확장시켰다. 심지어 반(反)부패 조사·수사가 금융기관, 병원, 다국적 제약업체들에게까지 진행되면서 중국 도시민들은 당국의 반부패 정책들을 신뢰하게 되었다. 반부패 정책이 성공하면 금융 및 의료 서비스의 개선, 약가 인하 등의 형태로 경제적 혜택이 자신들에게 돌아올 것으로 믿었기 때문이다. 그 결과, 사회 전체의 부패 관성은 2013~2014년 고원(plateau)에서의 횡보를 마치고 급속도로 약화되기 시작했다.

2023년 이후의 집권 3기에도 '중국의 꿈'(中國夢) 실현 기반 강화를 위한 시 주석의 반부패 정책은 지속될 것이고, 시의 장기집권은 반부패 정책 유지에 도움을 줄 것이다. 그러나 2022년 10월의 제20기 당 대표 대회는 4년 뒤의 일이므로 권력투쟁 격화로 인한 정치적 불안정 가능성을 전혀 배제할 수는 없다. 만일 중앙 통제가 조금이라도 약해지면, 반부패 통제의 완화를 틈타 중국의 경제주체들과 당·정 관료들이 다시 이전의 나쁜 습관으로 돌아갈 가능성도 있다. 물론 2012년 이전의 부패 수준까지 나빠

78_"Bribery: something for your troubles," December 9th 2010, *The Economist*, (online); http://www.economist.com/blogs/dailychart/2010/12/bribery

지지는 않겠지만, 부패 전략에 의존하려는 기회주의적 동기가 완전히 불식될 것으로 기대하기는 어렵다. 그 이유는, 첫째, 중국의 부패 관행은 아직도 중국 사회 저변에 매우 깊이 천착해 있고, 둘째, 부패 관행은 정책적 실수, 내부 권력 투쟁 등으로 인해 통제 누수 현상이 발생할 경우, 언제든지 다시 그전의 부패 관성을 회복할 것이기 때문이다.

4. 부패 관성과 반(反)부패 정책 대응의 동학(動學)

1) '부패 용인' 임계점의 중요성

부패 관성에 맞선 정부의 반(反)부패 정책 대응에 있어 '부패 용인'의 임계점이 중요한 것은 앞서 설명한 바와 같다. 당서기로 취임하기 전의 시진핑 당시 국가 부주석은 후진타오(胡錦濤) 전 주석 집권 말기인 2012년 8월 베이다이허(北戴河)에서 열린 전·현직 지도자 비공개 회의에 참석했다.[79] 여기서 당시 시 부주석은 "3년 내 민심을 되찾지 못하면 10년 내에 공산당이 망하고 국가도 망할 것"이라는 위기감을 표시하였다. 또한 "당이 직면한 내우외환은 1948년 국민당 말기의 상황과 너무나 흡사하다"고 하면서 "만일 사회 전반에 만연한 부패로 인해 민심이 이반할 경우 '중국판 재스민 혁명' 발발 위험을 배제할 수 없다"고도 경고했다.[80]

79_'베이다이허'는 베이징에서 동북쪽으로 280㎞ 떨어진 허베이성(河北省) 발해만 지역 친황다오(秦皇島)시에 위치해 있는 휴양지이다. 한 여름에도 섭씨 20도를 넘지 않아 마오쩌둥 시대부터 전·현직 지도부가 휴가를 겸해 국사를 비공개적으로 논의하기 위해 모이기 때문에 베이다이허를 '중국의 여름 수도'라고 부르기도 한다.

이처럼 시 주석의 반부패 드라이브는 집권 이후 갑자기 시작된 것이 아니며, 집권 이전부터 부패의 심각성을 인지하고 계획된 것이라고 할 수 있다. 실제로 베이다이허 회의에서 시 부주석은 후진타오와 장쩌민 등 두 전(前) 주석에게 반부패 정책의 실행 필요성을 내비친 다음 묵시적 사전 동의를 구하였다. 시 부주석의 지적은 후 주석에 의해 받아들여져 그해 11월 제18차 당 대표대회(黨大會)에서 후 주석은 반부패 정책 실행의 절박함을 표출하였다. 2013년 3월 전인대를 거쳐 당서기 겸 국가주석에 정식 취임한 이후에도 시 주석은 부패 만연의 위험성을 일깨우는 말을 수십 차례 했다. 2013년 12월에 개최된 시 주석은 '마오쩌둥(毛澤東) 탄생 120주년 기념 좌담회에서도 "모든 당원은 '절대 리즈청(李自成)이 돼서는 안 된다'던 마오 주석의 경고를 가슴속 깊이 새겨야 한다"고 강조했다.[81]

한편 정협(政協; 2013~2015) 부주석, 중앙대외연락부 부장직을 지낸 바 있는 왕자루이(王家瑞) 역시 외교관들과 국내외 학자들이 모인 2015년 9월 회의석상에서 "부패 문제를 풀지 않으면 1949년의 건국 이념의 정당성이 훼손되고 당의 존립도 위태로울 수 있다"는 위기감을 표시하였다.[82] 그 이후 CCDI, 사법부, 공안 등 감독당국은 새 반부패 정책 법규를 제정하고,

80_中國時報(대만), 2014. 2. 5.; "시진핑, 3년내 민심 회복 못하면 10년내 나라 망해," 동아일보, 2014. 02. 06., A20.

81_명나라 말기에 리즈청(李自成·1606~1645)은 농민 반란을 일으켜 베이징(北京)을 점령, 명나라를 멸망시킨 다음 스스로를 황제라 칭했다. 하지만 초심을 잃고 사치스런 생활을 하고 부하들마저 부패하면서 결국 내부 결속력이 약해져 40여 일 만에 관군의 공격을 받고 몰락했다. 네이버 '이자성' 검색 결과; 홍콩 명보(明報), 2013. 12. 27.; "시진핑 中 공산당 이자성처럼 되면 안돼", 한국경제신문(온라인), 2013. 12. 27.

82_"China: party fears most a crisis over corruption, official says," www.reuters.com. September 9th, 2015; http://ethixbase.com/china-china-party-fears-most-a-crisis-over-corruption-official-says/

당 조직은 물론, 국무원 현업 부서, 국유 상업은행 등에 반부패 지침을 하달하게 된다. 그 후 부패 관행의 예방 및 근절에 관한 정치 학습이 개시되고, 당이 하달한 '8항(8項) 규정은 당원이 반드시 지키고 학습해야 할 중요한 규범이자, 당이 당원을 통제·관리하는 기준으로 부상하게 된다.[83]

부패 예방·퇴치에 관한 방침은 국유기업, 도시 집체기업 산하의 당 위원회에도 전달되었다. 만일 기업이 상업적 부패 관행을 되풀이할 경우 〈형법〉 및 〈반불공정경쟁법〉에 따라 민형사상의 처벌을 하겠다고 하자 사회 전체에 관련 법·제도에 순응하는 분위기가 조성되었다. 다만 중앙으로부터 멀리 떨어져 법·제도적 감시·감독이 취약한 일부 중서부 내륙 도시나 소수민족이 사는 변경 지대의 경우 연해 대도시 지역에 비해 준법정신과 당원 지침 준수 의식이 희박할 수밖에 없었다.

2) 임계치 상향 돌파시 정책 개입의 필요성

앞에서 본 것처럼, 중국의 '부패-반(反)부패 대응의 동학(dynamics)'은 마치 물리학의 '작용-반작용의 법칙'처럼 반대방향으로 움직인다. 부패 관성이 강해지다가 상층부 천장(ceiling) 즉 고강도 반부패 정책에 부딪히면 모멘텀이 약화되고, 그후 상당 기간 동안 바닥(floor)을 다지다가 다시 부패 관성이 다시 강해지는 순환 주기(cycle)를 갖게 된다(〈그림 4-4〉 참조). 물론 지도부의 반부패 의지, 경제주체들이 인식하는 반(反)부패 규제 환경이 어떤가에 따라 '위-아래 진폭의 크기'는 다를 것이다.

83_'8항'(8項) 규정의 구체적인 내용에 관해서는 후술하는 제6장 반부패정책의 성과 제3절 1항을 참조할 것.

〈그림 4-4〉에서 상층부의 상향 돌파나 하층부의 하향 돌파에 영향을 미치는 주요 변수로는 ▲부패의 규모(scale)와 빈도(frequency), ▲부패의 확산 범위와 지속기간, ▲부패 생태계 네트워크(network)가 체제 유지에 미치는 악영향, 그리고 ▲정부가 인내할 수 있다고 생각하는 임계치(critical boundary of tolerance) 수준이 있다. 만일 부패 관성 누적으로 인한 체계적 리스크가 임계치에 근접하게 되면 중국 당·정 지도부는 즉각 개입하게 된다. 실제로 시진핑 당서기가 집권한 제18차 당 대표 대회(2012. 10.) 직후에는 '8항 규정'을 공표해 당 기율을 심각하게 위반한 당원에 대한 처벌 강도를 높였다. 동시에, 국유기업, 국가기관 등 직장 단위 별로 반부패 지침과 '4대 악습(惡風) 퇴치' 방침을 학습하도록 하고 전략적 부패를 엄격히 단속하기 시작하였다. 2013년 3월에는 국무원 현업부서, 국유기업, 국유 상업은행 등에 구체적인 반부패 행동 지침을 하달하고, 중앙 및 지방의 CCDI, 공안부(한국의 경찰), 인민검찰원(한국의 검찰) 등 유관 당국 간 상호 공조할 수 있는 방안을 강구하라고 지시하였다.

〈그림 4-4〉 중국 내 부패 관성(corruption inertia)과 반(反)부패 정책 간의 상호 작용 메커니즘

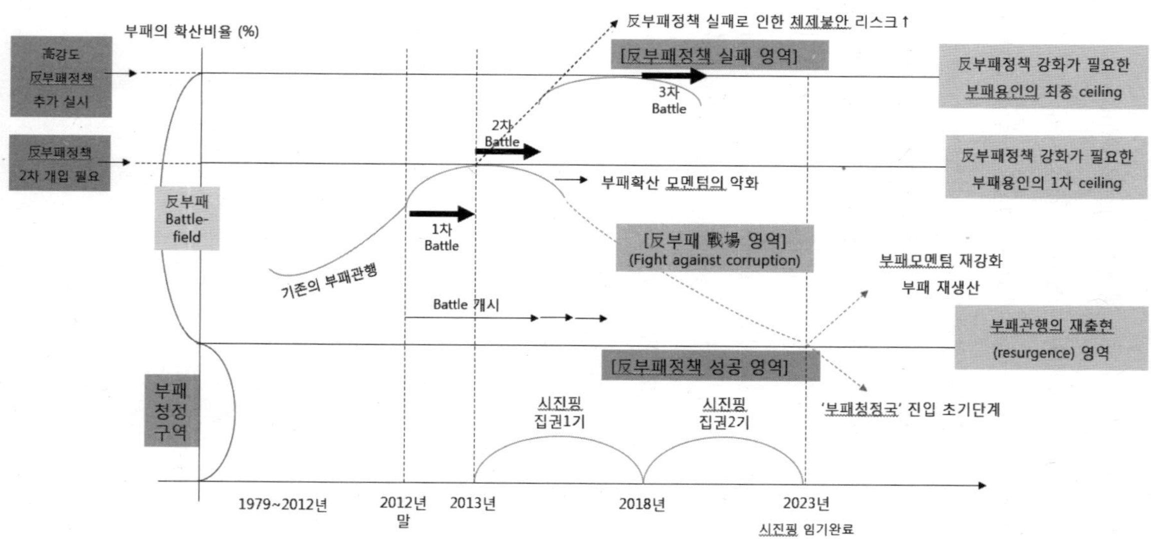

** 자료: 저자가 직접 작성

3) '강성-연성(强性-軟性) 정책 믹스' 구성의 필요성

부패 관성이 상층부 천장을 뚫고 나가게 되면 정책은 실패 영역으로 진입하게 된다. 이 같은 상황을 방지하려면 민·형사상의 처벌, 행정적 처벌과 같은 강성(hard) 정책만으로는 부족하며, 뉴미디어 매체 홍보 같은 연성(soft) 정책을 포함한 '강성-연성(强性-軟性) 정책 믹스'를 구성해 부패 관성이 약화되도록 해야 한다.

물론 뉴 미디어 홍보 대상에 어떤 매체를 포함시킬지, 홍보 내용은 무엇으로 할지는 당 중앙선전부가 결정한다. 지금까지 국영 CCTV 반부패 다큐멘터리 프로그램에 나온 영상들을 보면, 가장 정형화된 방식은 먼저 부패사범들의 악행과 도피 경로를 보여주고, 당사자들이 끼친 피해와 죄목을 소개한 다음, 자신들이 저지른 잘못을 뉘우치는 장면을 일반 대중에게 보여주는 것이다.

실제로, 당·정 고위 인사의 부패 행태와 추락 과정을 TV 드라마로 제작해 보여주는 것은 2017년의 대유행이었다. 후난TV는 3월 28일부터 55부작 드라마 '인민의 이름으로'(人民的名義)를 방영하였는데, 이는 한때 산하 기관 업무 비리 감독과 처벌에 철저했던 보험산업 최고위 관료이자 반부패 영웅이었던 샹쥔보(項俊波) 보험감독관리위원회 전 주석(2011. 10.~2017. 4.)이 출세하여 부패로 해임·체포돼 몰락하기까지의 전 과정을 드라마로 그려낸 것이다. 내용도 시의적절하고 방영 시기도 좋아 돌풍을 일으켰는데, 1편부터 마지막 16편까지 1주일여 기간 동안의 인터넷 시청 횟수가 16억 2,000만 회에 이르고 전국 평균 시청률이 2%를 넘었다.[84] 9월 7

84_조선일보(온라인), 2017. 4. 11.

일부터는 CCDI와 CCTV가 공동으로 제작한 '칼처럼 예리한 조사'(鋒利的劍檢)란 다큐멘터리 5부작이 매일 1편씩 방영되었는데, 이 다큐는 CCDI가 파견한 순찰조가 부패혐의자를 조사하는 과정과 결과를 현장감있고 설득력 있게 보여주었다.[85]

중국 당 지도부가 이처럼 영상 매체를 많이 이용하는 것은, 인민일보, 광명일보, 신화사 등 인쇄 매체에 익숙한 개혁·개방 이전 세대와는 달리, 치링허우(70後), 바링허우(80後) 세대는 TV, 동영상 매체, 인터넷 매체, 웨이신(微信; 위챗), 웨이보(微博) 등 SNS에 더 친숙하기 때문이다. 실제로 반부패 정책의 총책임자인 왕치산 전 CCDI 서기는 기존 인쇄 매체가 홍보 효과를 발휘하지 못하자, 시 주석에게 건의하여 2014년 7월 22일 '펑파이'(澎湃, The Paper)라는 시사정치 인터넷 매체를 창립하였다. 수뢰죄와 국가기밀누설죄를 저지른 CCTV의 유명 앵커 루이청강(芮成綱)의 체포 등에 관한 뉴스도 이 뉴미디어 매체의 '호랑이 때려잡는 이야기(打虎記)'라는 코너를 통해 중국은 물론 전 세계에 알려지게 되었다.

뉴미디어 홍보를 포함한 이 같은 연성(軟性) 정책 믹스는 젊은 시청자들로 하여금 "부패 같은 경제범죄가 왜 나쁜가를 설득력 있게 설명하고, 부패를 저지르면 지휘 고하를 막론하고 처벌된다"는 믿음을 갖게 했다. 그 결과 "부패한 자는 반드시 망한다"는 인식이 자연스럽게 확산되었고 반부패 관련 법 제도에 순응하는 사회적 분위기가 생기게 되었다. 실제로 2015년 이후에는 당원 공직자이든, 기업 CEO이든 "부패는 반드시 값비싼 대가를 지불하고 나서야 얻을 수 있는 희소재(scarce goods)"라는 사실을

85_"China launches new TV series on country's measures to fight corrupt officials," *The Strait Times*, Sep. 8, 2017.

인식하게 되었다.

2018년 2월에는 왕치산 영향력 하에 있는 경제잡지 차이신(財新)은, 저우융캉 세력과의 유착으로 유화업계 매출 순위 4위의 거대기업으로 급성장한 '화신(華信)에너지'의 창업자 예젠밍(葉簡明) 회장이 CCDI 및 공안부의 조사를 받고 있다는 사실을 보도했다. 그후 홍콩 증시에 상장된 화신에너지 그룹의 계열사인 '상하이 다셩(上海大生)농업금융과기'의 주식과 채권은 급락했다. 후룬(胡潤)연구원이 매년 선정하는 중국 최고 갑부 반열에 세 차례나 올랐던 왕젠린(王健林) 완다(萬達) 회장 역시 불법적 수단을 이용한 대출과 외환관리법 위반으로 2018년 1월에 출국 금지를 당했다. 공안당국의 조사를 받은 뒤, 그는 "꽌시를 이용한 과도한 차입이나 불법적 수단을 이용한 무모한 국제 M&A를 추진하지 않을 것이며, 일부 기업과 부동산 등 해외 자산 중 절반가량을 정리하겠다"고 밝힌 바 있다.

5. 반부패 정책 대응의 이론 모형

1) 부패의 기대 효용 함수

경제학적 관점에서 보면, 반부패 정책은 부패 사범이 기대하는 부패의 기대 효용(U)을 최소화하는 것에서 출발해야 한다. 그런데 U는 부패의 기대이익(B), 적발되지 않을 확률(1-p), 적발될 확률(p), 그리고 적발 시의 환수되는 부패 기대 이익과 민·형사상의 처벌 강도(B+L)에 의해 좌우되므로 부패의 기대 효용은 아래의 식과 같이 표현될 수 있다.

여기서 부패의 기대 이익은 'B', 민·형사상의 처벌 강도는 'L', 적발될 확률은 'p', 적발되지 않을 확률을 (1-p)로 표현되었으며, 뇌물제공 등 부패 행위가 적발되지 않았을 때 부패 사범이 기대할 수 있는 이득은 (1-p)B가 된다. 반면 적발되어서 처벌될 때 부패 사범이 느끼는 기대 손실은 p·L이므로,

$$U = (1-p)B - p \cdot L = B - p(B+L)$$

U: 부패의 기대 효용(expected utility of corruption)

p: 부패가 적발될 확률

1-p: 적발되지 않을 확률

B: 부패의 기대이익

L: 민·형사 상의 처벌 강도

(B + L): 벌금, 부패 이익의 환수 등 민·형사 상의 처벌

순 기대 이득은 부패 행위의 기대 이득(1-p)B에서 부패 적발로 인한 기대 손실p·L을 뺀 (1-p)B - p·L이 된다. 이는 U(부패의 기대 효용)을 낮추는 데 반(反)부패정책의 목적이 있다면, '반부패 정책 믹스'(anti-corruption policy mix)는 ① 부패로 인한 기대 이익(B)의 최소화, ② 적발 확률(p)의 향상, 그리고 ③ 적발시 벌금과 부패 이익의 환수 등 민형사상 처벌(B+L)의 강화 세 부분으로 구성되어야 함을 의미한다.

2) 부패 기대이익(B)의 최소화

우선, 부패 이익(B)을 최소화하기 위해서는 사회문화, 법 제도, 행정절차 등에 내재돼 있는 부패 유발 요인을 추적해 제거·완화해야 한다. 사회적 분위기 일신을 위한 정풍 운동의 전개, 관련 법·제도와 행정절차의 개혁 등에 관한 지속적인 노력은 이에 도움이 될 것이다. 정파 간 정치적 이해 득실과 대립, 집행상의 문제점으로 인해 '부패 이익을 최소화하려는 정책'이 중단되거나 약화될 경우 그 실효성을 거두기 힘들 것이다. 다행히 중국의 경우, 공산당 1당독재 국가여서 정파 간의 이해대립이 적고 시진핑 권력 기반이 공고해 2012년 말 이후 반부패 정책은 일관되게 추진되고 있다.

3) 부패 적발 확률(p)의 제고

반부패 정책 믹스의 두번째 구성 요인은 '부패 적발 확률'(probability of detection)을 높이는 것이다. 이를 위해서는 부문별(당, 정, 군, 대학 등), 관할 정부별(중앙정부, 지방정부), 업종 분야별(철강, 기계, 석유화학, 건설, 금융·보험, 통신 등), 소유제별(국유기업, 집체기업, 외자기업), 직업별로 부패 실태를 파악하고, 정부조직 및 기업별로 부패 사범 적발을 위한 내부고발 및 제도, 자진신고 제도를 장려하고, 외부 감시, 상호 모니터링, 해외 도피자 색출·검거 등을 실시하는 동시에, 내부 준법통제(internal compliance control)를 강화해야 한다. 중국도 미국 수준은 아니지만 일반 대중에 의한 모바일, 인터넷 등을 통한 부패 감시 및 제보자 제도가 도입·정착되어 가고 있다.

기관 혹은 기업 내부자의 제보 제도가 도입되었지만, 제보자의 신분 및 정보에 대한 보호가 아직은 불완전해 미국만큼 내부 고발(whistle-blowing)이 활성화되어 있지는 않다. 부패방지를 위한 기업 내 준법경영 혹은 컴플라이언스 제도도 도입되었으나 아직은 초보적 수준이어서 부패 행위 적발 확률(p)을 획기적으로 높이는 못하고 있다.

4) 적발시 불법 이득의 환수 및 처벌 강화(L의 최대화)

뇌물수수행위로 인한 불법 이득의 환수나 행정 처벌 및 민·형사상의 처벌을 강화하는 것도 부패 사범의 기대 효용을 낮추는데 기여하고 있다. 우선, 중국 정부는 〈형법〉 〈반불공정경쟁법〉 등 관련 법규에 따라 국내 부패 사범을 사법 처리하고 있으며, 2013년부터 정부는 해외 도피 부패 사범을 추적 체포하고 있다. 구체적으로는, '여우사냥'(獵狐; fox hunting) 작전을 통해 해외로 도주한 부패 호랑이들을 추적해 체포한 후 강제 귀국시키고 있으며, '텐왕'(天網; Sky Net) 작전을 펼쳐 그물망을 던지듯 인터폴을 통한 공조, 중국 자체의 오프라인 조직과 온라인 빅데이터를 총동원해 부패 사범을 체포하고 불법 이득을 환수하고 있다. 또한 이에 관한 외국 당국의 협조를 유도하기 위해 범죄인도 협정을 맺지 않은 국가와는 외교적 노력을 확대하는 한편, 협조한 만큼 해당 국가와 환수 이익을 공유하는 인센티브 정책도 시행하고 있다.

5) 종료 시기를 모르는 유한 반복 게임으로서의 반부패 정책

반부패 정책의 주무부처인 CCDI는 물론 다른 감독당국은 기업, 공직자 등 부패 주체와 종료시기를 모르는 '유한 반복 게임'(finitely repeated game with an uncertain final period)을 한다. 부패 사범의 입장에서 보면 언젠가는 자신의 불법행위가 끝날 것이라는 것을 알지만, 자신이 언제 적발될지 그 시기를 모르기 때문에 마치 적발되지 않을 것처럼 행동한다. 즉 부패사범은 적발될 확률(즉 게임이 끝날 확률)을 추론하면서 게임을 계속하지만, 관할 감독 당국에 의해 자신이 적발될 것으로 확신하지 않는 한(즉 'trigger'가 당겨지지 않는 한) 기존의 관행대로 뇌물 제공·리베이트 행위를 반복하는 것이다.

만일 이 같은 소위 '합리적 부패'(rational corruption) 현상이 만연할 경우 부패는 정부의 적시 개입이 없는 한 반복적으로 재생산될 수밖에 없을 것이다.

이런 점에서 2012년 말 이후 시진핑 지도부가 전개한 반부패 정책은 이 같은 '합리적 부패'의 사슬을 끊기 위한 진지한 노력의 일환으로 해석될 수 있다. 중국에서 부패사범 처벌(L)은 ① CCDI에 의한 당적 · 공직의 동시 박탈, 해고 등 신분상의 불이익 조치, ② 불법 이득의 환수, 벌금 부과, 손해배상 등 경제적 손실, 그리고 ③ 사형, 무기징역 등 형사 처벌 등으로 다층화되어 있다. 〈반불공정경쟁법〉 등의 관련 법 개정시에도 부패사범이 인식하는 벌금, 징역형 등 미래에 입을 피해(손실)의 현재가치가 당장 얻는 부패 이익보다 크도록 설계해야 부패 방지가 가능할 것이다. 반대의 경우에는 부패는 억제되지 않고 체계적으로 재발·확산될 수밖에 없다.

결국 정부는 '언제 끝날지 모르는 유한 반복 게임'의 성격이 강한 적발 및 처벌 게임에서 '범법자들이 인지하는 부패의 기대 이득(B)'을 최소화하는 한편 '적발돼 게임이 끝날 확률(q)'을 높이고 처벌(L)을 강화하는 방향으로 정책 믹스(policy mix)를 설계한 다음, 상황에 따라 정책 수단별 비중(weight)을 적당히 조절하는 것이 좋을 것이다.

〈일정한 부패이익이 있고 끝나는 기한을 모르는 유한반복게임의 경우〉

$$P = B + B(1-q) + B(1-q)^2 + \cdots\cdots + \cdots = B/q$$

B: 부패의 기대이익

$0 < q < 1$: 한 play가 끝난 후 게임이 끝날 확률

$(1-q)$: 한 게임 후 다시 게임이 계속될 확률

$(1-q)^2$: 두 게임 후에도 계속될 확률

5장

반부패 정책의 실제 목표와 규제의 틀

1. 반부패 캠페인의 실제 목표

1) 신흥시장 국가의 다양한 반부패 정책 목표

중국은 발전도상국이면서 사회주의 시장경제 체제하의 신흥시장이다. 따라서 반부패 정책의 목표, 정책수단 등이 시장경제가 발달한 선진국과 다를 수 있다. Ryman, M. *et.al.*(2017)은 41개 신흥시장 정부가 추진하는 반부패 정책의 추진 동기와 내용을 비교 분석하였는데, 신흥시장의 반(反) 부패 정책의 추진 동기와 목표는 ① 국가 체제적 안보의 강화, ② 반부패 국제표준에의 부응, ③ 투명성(transparency) 및 청렴도(integrity)의 향상, ④ 경제번영을 위한 경쟁력 강화, ⑤ 공공서비스 질의 향상, ⑥ 국가 명성/신인도(national reputation)의 제고, ⑦ EU 가입 자격 부응 등으로 다양하다고 소개하였다.[86]

86_Mark Ryman, Sam Eastwood, Jason Hungerford & Jasmine Elliott, *Countries Curbing Corruption: Insights and Guidance for Leaders (Research Comparing 41 National*

이들 7개 목표 중 대부분의 신흥시장 국가들은 2개 이상을 동시에 추구하고 있는데, 겉보기와는 달리 이들 목표가 완전히 상호배타적이지는 않다. 예컨대 알바니아의 경우, EU 집행위원회와 의회가 요구하는 일정 수준 이상의 정치적 투명성과 정부의 청렴성을 유지하도록 반(反)부패 정책을 설계해 EU 자체 반부패 표준을 충족시킴으로써 EU 가입에 그 초점을 맞추고 있다. 자연스럽게 반(反)부패 정책도 일정 수준 이상의 정치적 투명성과 정부의 청렴성을 유지하도록 설계돼 있다. 폴란드, 체코, 루마니아, 불가리아 등 다른 동유럽 국가들도 국가 평판·신인도 제고를 중시한다는 점을 제외하고는 알바니아와 크게 다르지 않다.

그러나 중국은 EU 회원국이 아니다. 따라서 반부패 통제를 국제 표준에 맞추되 '중국식 사회주의 시장경제의 특징'을 강하게 반영하고 있다. 특히 2001년 말 WTO에 가입한 이후에는 투명성, 청렴도를 높이는 동시에 국제경쟁력 향상, 국가 평판, 이미지, 신인도 제고를 도모하고 있는데, 이는 Ryman, M. *et. al.*(2017)에 의해서도 확인되고 있다. 이 자료에 의하면, 시진핑 지도부가 2013년 이후 야심차게 추진하는 반(反)부패 캠페인의 '이론적 동기 믹스(mix)'에는 7개 반(反)부패 정책 추진 동기 모두가 포함돼 있다. 부패의 퇴치 목적 이외에도 ▲공공서비스 질의 향상, ▲국제경쟁력 강화, ▲국가 평판, 이미지, 신인도 제고 등의 목표가 모두 포함되어 있는 것으로 드러났다. 다만 시기별, 대상 주체별로 반(反)부패 정책을 통해 성취하고자 하는 목표의 우선순위, 중점, 기대효과가 다르므로 각 동기의 비중은 달라지고 있다.

Anti-Corruption Strategies), Norton Rose Fulbright, April 2017, p.24; https://sites-nortonrosefulbright.vuturevx.com/49/4087/uploads/countries-curbing-corruption.pdf.

〈표 5-1〉 중국 등 주요 신흥국의 반부패 정책 추진 목적 및 기대효과

권역별	국가별	추진 기간	추진 목적 및 기대 효과
중국권	중 국	2013~2017	공공서비스 질의 향상; 경제번영을 위한 경쟁력 강화
	(대만)	2012	반부패 국제표준에의 부응; 투명성, 청렴도 제고
구소련권	우크라이나	2014~2017	반부패 국제표준에의 부응
	조지아	2014~2016	공공서비스 질의 향상
	카자흐스탄	2015~2025	국가안보강화; 경제번영을 위한 경쟁력 강화
	러시아	2016~2017	국가안보강화; 국가 평판/신인도 제고
동남아권	베트남	2008~2020	경제번영을 위한 경쟁력 강화
	인도네시아	2012~2025	반부패 국제표준에의 부응; 국가 평판/신인도 제고
	말레이시아	2013~2015	국가 평판/신인도 제고
	필리핀	2013~2016	경제번영을 위한 경쟁력 강화
동유럽권	폴란드	2014~2019	국가 평판/신인도 제고;
	체코	2015~2017	국가 평판/신인도 제고; 투명성, 청렴도 제고
	헝가리	2015~2018	공공서비스 질의 향상
	불가리아	2015~2020	국가 평판/신인도 제고; 경제번영을 위한 경쟁력 강화
	알바니아	2015~2020	EU 가입
	루마니아	2016~2020	국가 평판/신인도 제고
중남미	브라질	2015~2016	공공서비스 질의 향상

** 자료: 반부패 추진 기간에 관해서는 Ryman, M. et.al.(2017), p.14, 추진 목적 혹은 기대 효과에 관해서는 동 자료, p.25 참조.

〈표 5-1〉은 각 권역별 주요국의 반부패 정책 추진 목적과 기대효과를 비교해 보여주고 있다. 중국의 경우 반부패 추진 기간이 구소련권, 동남아권, 동유럽권 국가들과 다르긴 하지만, 공공서비스 질의 향상, 경쟁력 강화를 강조하고 있다는 점에서 구소련권의 조지아, 카자흐스탄, 동남아권의 베트남, 필리핀, 동유럽권의 헝가리, 불가리아, 중남미의 브라질 등 신흥시장 국가들과 추진 동기가 유사하다고 할 수 있다.

2) 위기감 느낀 시 주석의 반부패 정책 가동

시진핑(習近平) 당시 국가 부주석이 당서기로 내정된 2012년 10월 전후의 국내외 사항은 매우 복잡했다.

우선, 2012년도 말 중국은 1990년대나 2000~2007년의 고도성장기가 아니었다. 2008년 미국발 글로벌 금융위기, 2010년 유럽 재정위기를 막 지난 상황에서 경기부양 목적으로 약 470조 위안(한화 800조 원)의 유동성을 공급해 6.5~7%대의 '중속성장'(中速成長) 전략을 추구하고 있었으나, 2007년의 11%에 비해서는 불경기로 체감되는 시기였다. 성장률 수준보다도 구조조정을 통해 성장의 내용과 질을 향상시켜야 하는 입장이었다. 자연스럽게 반(反)부패 개혁의 중점도 안정 성장의 기조 속에서 시장 주체들의 공정경쟁 질서를 확립하고 이를 지도하는 당·정 간부들의 기율을 강화시키는데 둘 수밖에 없었다.

2010~2013년간의 국제 정치적 상황은 아프리카와 중동 지역 등 제3세계 지역에 번지기 시작한 '재스민 혁명'으로 시끄러웠다. 2010년 12월 아프리카 튀니지에서 발생한 민중봉기로 인해 23년 동안 부패, 억압 통치, 무능함으로 튀니지를 통치한 독재자 벤 알리(Zine El-Abidine Ben Ali) 대통령이 물러났다. 그리고 재스민 혁명은 근처의 이집트·알제리·예멘·요르단·시리아 등 부패가 만연한 국가로 전염되어 민중봉기가 연이어 발생하였고 정정도 불안해졌다.[87]

이를 목도한 시 주석은 부패가 더 심각해지면 사회주의 시장경제체제는 물론 일당 독재의 사회주의 체제가 와해될 수도 있다고 느끼게 되었다. 그리하여 2013년 3월의 전인대(全人大)에서 중앙군사위 주석과 당 서

87_'재스민 혁명'은 튀니지 국화(國花) 이름을 딴 것으로 아랍 및 아프리카 지역에서 민중봉기로 독재정권을 무너뜨린 첫 사례이다. 대학 졸업 후 일자리가 없어 채소 행상을 하던 청년 모하메드 부아지지(Mohamed Bouazizi)가 경찰의 노점 단속으로 청과물과 수레를 모두 빼앗기자 분신 자살을 한 것이 계기가 되었으며, 지네 엘아비디네 벤 알리 당시 튀니지 대통령은 2011년 1월 14일 사우디아라비아로 망명했다. "네이버 지식백과", 재스민 혁명 (시사상식사전, 박문각)

기 자리를 함께 거머쥔 시 국가주석은 부패와의 전쟁을 선포하게 되었다. 그의 위기의식은 "가벼운 깃털도 쌓이면 배를 가라앉힌다(積輕羽沈舟)," "탁한 물은 흘려보내고 맑은 물을 끌어들이자(激濁揚淸)" 등의 고사성어를 자주 인용한 것에서도 알 수 있다.[88]

2014년 2월 시 주석은 "3년 내에 민심을 회복하지 못하면 10년 내에 나라 망할 것"이라고 경고하였다. '부패 퇴치의 절박성'에 관한 그의 판단은 2015년 3월 초 관영 영자지 *The China Daily*가 독자를 대상으로 행한 조사(〈그림 5-1〉)에 의해 옳았음이 증명되었다. 설문조사를 한 결과, 조사 대상자의 10%가 부패를 "대기오염(조사대상자의 13%) 다음 가는 가장 큰 걱정거리"로 지목했기 때문이다.

〈그림 5-1〉 중국인들의 주요 걱정거리

(*The China Daily*, 2015. 3. 3)

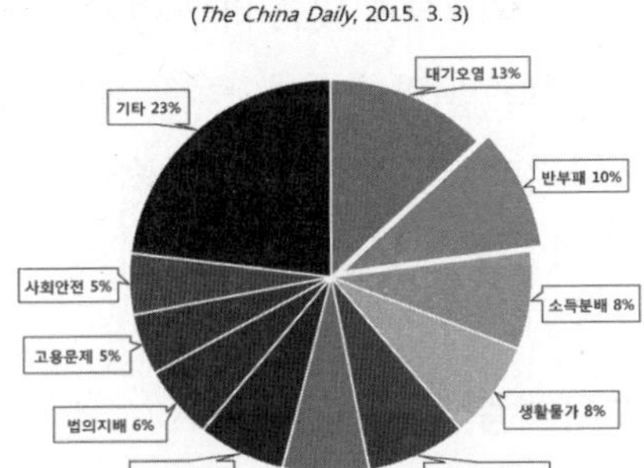

※ 자료: "Air Pollution, Corruption, Wealth-Gap Top Public Concerns in China," Mar. 3 2015, The China Daily; Beijing, www.chinadaily.com; https://www.travel-impact-newswire.com/2015/03/air-pollution-corruption-wealth-gap-top-public-concerns-in-china/

88_청지룽(2016), 『시진핑, 부패와의 전쟁』, 제 2장 68~118쪽. 이 고사성어의 원 출처는 서한(西漢)시대 유향(劉向)이 쓴 『전국책(戰國策) · 위책 일(魏策一)』 "積羽沈舟 群輕折軸"에서 떠온 말이다.

이 같은 배경하에서, 시 주석은 '12자 방침'을 발표하면서 부채 척결에 관한 강한 의지를 표명하였다. 내용인즉 "엄격한 법 집행과 제도개선을 통해 부패의 난맥상을 통제하고(重典治亂), 뼈를 깎는 각오로 부패라는 독을 치료하며(刮骨療毒), 팔뚝을 잘라내는 장사의 용기로 부패 사범들을 퇴치해 체제를 보전하겠다(壯士斷腕)"는 뜻이다.

반부패 정책 주관 기관은 당 중앙기율검사위원회(CCDI)가 맡았고, 협의기관은 국무원 공안부, 인민검찰원 등이다. 이들은 당규와 반부패 관련 〈형법〉, 〈반불공정경쟁법〉 등 관련 법규에 의거, 중앙 당·정·군 고위 공직자와 지방 및 국유기업 등에 종사하는 당원들의 부패를 예방·퇴치하기 위한 노력을 본격화하기 시작하였다. 또한 사회과학원 산하의 연구소에 연구 프로젝트를 발주하여 '부패 청정 지역'인 홍콩 정청의 '염정공서'(廉政公署), 대만과 싱가포르 '반부패국', 싱가포르의 반부패 기구와 관련 정책은 물론, 한국 정부의 소위 〈부패 및 청탁금지법(소위 '김영란 법')〉을 연구하도록 지시했다. 이 같은 노력의 결과, 중국 지도부는 반(反)부패 법, 정책 및 제도 개혁시 발전도상국 경제의 특성, 중국적 특색과 함께 미래 공직자상을 반영할 수 있었다.

3) 시진핑 지도부의 다중적(多重的) 목표

실제로 시진핑 주석은 2013년 당 서기에 공식 취임하면서 '중국의 꿈'(中國夢)을 언급하면서 "건국 100주년이 되는 2049년 말까지 국민 모두가 잘 사는 '공동 부유(共同富裕)의 대동(大同) 사회'를 건설하겠다"는 장기 목표를 제시한 바 있다. 그러나 이 같은 원대한 목표를 달성하기 위해서는 청렴성(integrity)과 경쟁력을 갖춘 당·정 간부들이 필요했고, 당원과 공직자의 기율을 엄정히 하고 공정 관련 정책과 관련 법규를 엄격히 집행하여 사회주의 시장경제체제를 건전하게 발전시키는 것이 중요했다.

이와 관련, 1차적으로 시 지도부는 장쩌민(江澤民) 전 주석의 추종세력들을 일소하여 부패를 척결함과 아울러 전임자들의 영향력을 줄이는 것이 필요했다. 이 같은 숙정 작업이 가능했던 것은 시 주석의 경우, 지도자인 후진타오(胡錦濤) 주석과는 달리 취임 당시부터 당·정·군은 물론 언론까지도 완전히 장악하고 있었기 때문이다. 과거의 후 주석은 집권 1기 동안 장 주석이 중앙군사위원회 위원장 자리를 내주지 않아 자신의 사람을 당·정·군 내의 핵심 보직에 충분히 임명하지 못했다.

반면 시 주석의 행보는 매우 빨랐다. 우선, 1인 체제를 강화하기 위해 제일 먼저 정적인 보시라이(薄熙來) 전 충칭시 서기를 제거하였다. 그리고 장쩌민 주석의 대리인이자 군부 내 부패사슬의 맨 꼭대기에 있었던 쉬차이허우(徐才厚) 전 중앙군사위원회 부주석과 궈보슝(郭伯雄) 전 중앙군사위원회 부주석 두 사람을 제거했다. 궈 부주석은 장 전 주석 취임 초기에 가장 먼저 공개적으로 충성 맹세를 한 장성인데, 시 정부 들어 사적 인맥을 이용해 부패를 저질렀다.[89] 2015년 7월 30일 정치국 회의는 궈 부주석의 공직과 당적을 동시에 박탈하는 '쐉카이'(雙開) 처분을 내렸고, 관할 중급 인민법원은 궈에게 무기징역을 선고하였다. 그리고 조사 과정에서 궈의 아들 궈정강(郭正鋼) 전 저장(浙江)성 군구 부정치위원을 숙청하였다. 궈

89_류위안(劉源) 총후근부(總後勤部) 정치위원(상장·한국군 대장)의 책사 장무성(張木生)은 2014년 9월 봉황위성TV에 나와 궈보슝을 지칭하면서 "쉬차이허우(徐才厚) 전 중앙군사위 부주석이 혼자 최소 10억 위안(약 1천884억 원)을 (뇌물로) 받았지만, 궈보슝은 그보다 더 나쁜 사람이다. 그는 계급을 사고 팔았을 뿐만 아니라 군비도 횡령했다"고 주장하였다. 人民日報, 2015. 7. 30.; 解放軍報, 2015. 7. 30.; 연합뉴스, 2015. 8. 1.

(郭), 쉬(徐) 두 중앙군사위 부주석과 연루되어 조사를 받던 중앙군사위 정치공작부 주임(대장급 상장) 장양(張陽)은 자살하였다.[90]

〈표 5-2〉 중국에서의 반부패 운동의 2가지 목적과 사례

	반부패의 1차적 목표	반부패의 2차적 목표
목 표	체제 전복 리스크의 최소화	리더십 리스크의 최소화
성 격	진정한 의미의 부패예방과 퇴치	정치적 숙정(political purge)
구체적 내용	공정경쟁, 법치주의 확립에 방해가 되는 부패의 예방. 부패사범의 적발과 처벌	반부패를 명분으로 전 지도부 잔존세력, 추종세력의 숙정
장 점	• 고위급 부패인사도 처벌하고 홍보함으로써 국민의 적극적인 지지 획득 • 건전한 공정경쟁 체제 확립으로 지속 성장 가능	• 리더에게 권한이 집중되어 당·정·군내 권력 기반이 공고해짐
폐 단	• 고급호텔 요식업, 사치재 소비 취축에 따른 경제성장률 둔화 가속화 • 공직에 입문하려는 우수 인재 감소	• 정적 제거 후, 진정한 의미의 반부패 의지 퇴색 • 피래미 부패사범만 단속·처벌
사 례	〈시진핑 시대〉 • 류즈쥔(劉志軍) 전 철도부장, 고속철 건설, 철도의 개보수, 철도차량 수주 등과 관련, 6,461만 위안 (119억 원 상당) 뇌물수령. 사형집행 선고 후 사형집행 유예(2013.4)	〈장쩌민 시대〉 • 55만 위안(1.5억 원) 뇌물을 수령한 천시퉁(陳希同) 베이징시 당서기 축출(1995). 16년 징역형 선고(1998). 〈후진타오 시대〉 • 239만 위안(4억 원)의 뇌물을 수령한 천량위(陳良宇) 상하이시당서기 제거(2006). 18년 징역형 선고(2008년) 〈시진핑 시대〉 • 저융캉 전 정치국 상무위원, 정법위서기 • 보시라이 전 충칭시 서기 • 쉬차이허우(徐才厚), 궈보슝(郭伯雄) 전 중앙군사위 부주석들 각각 당적 박탈 (2014. 6.; 2015. 7.)

주목을 끄는 것은 시 정부의 반부패 정책이 〈표 5-2〉에서 보는 바와 같이, 이중적 목표를 추구했다는 점이다. 즉 한편으로는 체제 전복 리스크를 최소화하면서도, 다른 한편으로는 부패 혐의자란 명분으로 정적을 숙청함으로써 리더십 리스크를 최소화하였다. 또한 조사 과정에서 부패

90_신화통신 및 상하이 연합뉴스, 2017. 11. 28. 보도.

의 정도가 관용의 임계치를 넘은 것으로 밝혀진 당·정 간부는 고위급 인사라 할지라도 예외없이 처벌하는 엄격성을 보였고, 이를 CCTV, 인민일보, 신화닷컴 등에 홍보함으로써 국민들의 적극적 지지를 획득할 수 있었다.

물론 반부패 캠페인을 권력 강화 수단으로 이용한 것은 시진핑 지도부가 처음은 아니다. 장쩌민 주석 시대에는 천시퉁(陳希同) 당시 베이징시 당서기를, 그리고 후진타오 시대에는 천량위(陳良宇) 당시 상하이시 당서기를 각각 수뢰 혐의로 당에서 축출하고, 16년 징역형 이상을 선고하였다(〈표 5-3〉 참조). 그러나 정적을 숙청하는 과정에서 당 지도부와 CCDI는 법·제도적 절차를 지키려고 노력하였다. 즉 마오쩌둥 주석이 홍위병이란 폭력적 방법을 이용한 것과는 달리, 시 주석은 '부패 호랑이'를 숙청할 때 공식적 명분을 내걸고 법·제도적 틀 안에서 합법적으로 처리하였다. 또한 과거 지도부와는 달리, 처벌 불가 대상으로 여겨졌던 저우융캉 전 정법위 서기와 같은 정치국 상무위원급을 처단함으로써 '예외 없는 무관용' 원칙을 견지하고 반부패 의지를 대내외에 과시하였다.

곧이어 궈보슝, 쉬차이허우 전 중앙군사위 부주석 등 군부 내 장쩌민 추종 부패세력을 한꺼번에 숙청하였다. 쉬 부주석은 산시(陝西)성 석탄 산업 발전을 명분 삼아 부패를 저지른 '서북 군벌'의 대표 주자였고, 궈 부주석은 장쩌민 주석 시대부터 동북 지역의 석유화학 산업 기지를 기반으로 부를 축적한 '동북 부패 군벌'의 대부였다.

〈표 5-3〉 반부패 운동을 통한 장쩌민-후진타오-시진핑 지도부의 정치적 숙정

구분	직급	뇌물	시기 및 결과	형량
보시라이(薄熙來) (2012)	前충칭시 당서기	2,600만 위안 (48억 원)	2013. 8. 시진핑 체제 확립	미정 (재판진행중)
천량위(陳良宇) (2006)	상하이 당서기	239만 위안 (4억 원)	2008년 재판 후진타오 체제 확립	18년 징역
천시퉁(陳希同) (1995)	베이징 당서기	55만 위안 (1.5억 원)	1998년 재판 장쩌민 정권 공고화	16년 징역

※ 자료: 중국 인터넷과 신문자료를 참조해 저자가 작성.

비록 쉬는 2014년 6월 공직과 당적을 박탈당한 뒤 당국 조사를 받던 중 2015년 3월 방광암으로 병원에서 사망했지만, 군부 내 부패의 '양대 몸통'으로 불리우던 두 명의 고위 장성들을 이처럼 한꺼번에 처단한 것은 대단한 결단이라고 할 수 있다.

그 후에는 후진타오(胡錦濤) 시대에 임명돼 보시라이의 추종세력으로 활동한 전·현직 관료도 부패 비리 혐의로 제거하였다. 그 대표적인 인사가 리리궈(李立國) 민정부 장관(部長) 겸 당위 서기이다.[91] 그는 2016년 10월 30일 당 중앙으로부터 '쌍궤이'(雙規) 처분을 받고 부패 혐의로 옷을 벗은 최초의 장관급 인사였다.[92] 리 장관은 후 전 주석과 리커창(李克强) 총리와 같은 공청단(共青團) 출신이지만, 제18기 6중전회 직전에 랴오닝(遼寧)성 인민대표대회(지방의회 격) 대표 선출 과정에서 뇌물을 수수한 것으로 알려졌다.[93]

91_리리궈 장관은 공청단 랴오닝성 부서기(20년), 티벳자치구 부서기와 정협(政協) 부주석 등으로 일했으나, 리커창 총리와 갈등을 겪은 것으로 알려져 있다. 조선일보, 2016. 11. 1., A18면

92_부패 비리 등 중대한 당규 위반 혐의를 가진 당원을 정식 입건 전에 지정된 장소에서 구금 상태로 조사하는 것을 말한다.

93_랴오닝성 인민대표 602명 중 452명(75%)이 수뢰 혐의로 선출이 무효가 되었다. 중국 인민 대표는 향진(鄕鎭)급→현(縣)급→지(地)급→성(省)급→전국인민대표로 구분되는데 향진급 대표만

중요한 것은 중국 국민들의 대다수가 "깨끗하고 청렴한 신중국을 건설하자"는 시 주석의 부패와의 전쟁에 성원을 보내고 있으며, 그 과정에서 부패 프레임(frame)을 씌워 정적을 제거하는 것에 대해서는 크게 개의치 않는다는 점이다. 그만큼 처벌 근거의 투명성이나 공정성보다도 부패 세력의 처단을 오랫동안 기다려왔다는 얘기다. 어쨌든 시 주석은 과거 제3~4세대 지도부의 부패 세력을 숙청해 권력 기반을 공고히 할 수 있었다. 실제로 시 주석은 2016년 10월에 열린 제18차 6중 전회부터 과거 덩샤오핑 당 중앙군사위 위원장, 장쩌민 주석에게만 쓰이던 지도부의 '핵심'(核心)으로 칭송되기 시작했고, 2017년 10월 18~24일에 열린 제19차 당 대표대회에서는 '1인 지배체제'를 굳힐 수 있었다. 권력 기반을 이처럼 확고히 다졌기 때문에 집권 2기(2018~2023년)에도 미-중 무역전쟁에서의 패배 등과 같은 커다란 돌발 변수가 없는 한, 시 주석은 반부패 정책을 정치 및 법제도 및 경제개혁과 함께 차질 없이 추진할 수 있을 것으로 전망된다.

2. 반부패 조직과 유관 기관

1) 국가감찰위원회(NSC)와 유관 기관

중국에서 반부패 정책을 총괄 기획하고 집행하는 주무기관은 2018년 3월 10일까지만 해도 '당 중앙기율검사위원회'(中央紀律檢事委員會; CCDI)였

직선이고, 현급 이상은 간선이다. 현급 대표가 지급 대표를, 지급 대표가 성급 대표, 성급 대표가 전국 대표를 뽑는 형식이다. 조선일보, 2016. 10. 28., A34면.

다. CCDI는 시진핑(習近平) 주석 겸 당서기의 이념·사상에 기초하여 당원에 대한 규정(黨規), 반부패 관련 법규 및 정책을 설계하고 부패, 권한 남용 등 당규를 중대하게 위반하는 공직자에 대해 당적 및 공직 박탈 등의 처분을 결정하고 집행해왔다. CCDI는 반부패 업무와 관련하여 공안부, 최고인민검찰원, 최고인민법원 산하의 조직 등 유관 부서와 긴밀히 협력하며, 지방 성(省), 시(市) 지역에는 분국을 두고 있다.[94] 시진핑 정부의 첫번째 CCDI 서기는 왕치산(王岐山)으로 2013년 3월말~2018년 3월 11일(즉 제19기 당 대표 대회의 종료 전까지) 기간 동안 당원 기율 관리에 관해 시 주석의 오른팔 역할을 충실히 수행했다.

〈그림 5-2〉는 2018년 3월 11일 NSC 신설 이전 국가기관 조직도상의 CCDI 위치를 보여주고 있다. CCDI는 당 총서기의 지휘를 받고 정책과 결정을 내리며, 산하에 상임위원회를 두어 당, 국무원(주요 위원회와 현업부서), 국유기업, 국가산업은행에 일하는 당원 공직자의 당 기율 위반을 조사한다. 당규 중대 위반자에 대해서는 당적·공직 박탈(雙開) 처분을 내리고, 위법 사항이 중대할 때는 검찰에 이첩하여 사법적 판단을 받게 한다. 2014년까지만 해도 CCDI는 주로 1급 이상 당·정 국가기관의 고위급 당간부의 부패·비리를 주로 조사했으나, 2015년 이후 감찰부에 국가부패예방국, 최고인민검찰원에 반부패뇌물총국이 각각 설치된 이후에는 1급 미만 당·정 중견 당원 간부직의 부패·비리의 예방, 범죄혐의 조사 관련 업무 협조도 가능해졌다(〈표 5-4〉참조).

그러나 CCDI의 통일적이고 효율적인 반부패 업무 수행은 여전히 어

94_2017년 말 현재 당원 혹은 非당원의 반(反)부패 조사 업무에 종사하는 공무원의 숫자는 전국적으로 총 80여만 명에 달한다.

려웠다. 국무원 소속의 감찰부 국가부패예방국, 공안부 등은 직할 기관이 아닌 협조 기관인데다가, 업무상 중복과 혼선이 많았기 때문이다. 특히 국무원, 국유기업, 상업은행, 대학, 언론 등에 종사하는 비(非)당원 부패 공직자에 대해서는 조사 권한이 없었기 때문에 제보를 받더라도 CCDI는 감찰부와 공안부 등에 이첩시킬 수밖에 없었으며, 협조 과정에서도 많은 의사소통상의 왜곡과 차단이 발생했다. 또한 그동안 부패의 조사 적발에 상당한 기여를 했음에도 불구하고 ▲지나치게 협소한 규제 대상 범위 확대, ▲반부패 기관 간의 업무 중복과 비효율적인 협조, ▲의사결정상의 혼선 등의 문제로 인해 조사·감독상의 효율성도 낮았다.

〈그림 5-2〉 **중국 내 반(反)부패 관련 기관 조직도**(2018. 3. 11 NSC **설립 이전**)

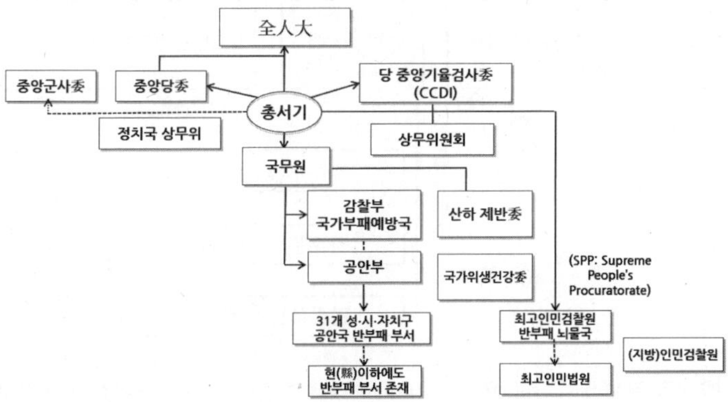

※ 자료: 각종 자료를 참조하여 저자가 작성

이 같은 배경 하에서 왕치산 CCDI 서기는 중앙정치국 상무위원회(2017. 1. 19.)에서 당원은 물론 비(非)당원, 국무원(행정부), 검찰원(검찰) 인민법원

(사법부), 국유기업, 은행, 대학, 언론 등 주요 공공기관과 단위에 종사하는 모든 공직자의 부패 및 기율 위반 행위를 규율 단속할 수 있는 '단일 반부패 최고감찰기구'인 '국가감찰위원회'(國家監察委員會; NSC; National Supervision Commission)의 신설을 제안했다.

그리고 2018년 3월 11일 13기 전인대(全人大)에서의 〈국가감찰법안〉이 통과되면서, NSC는 〈그림 5-3〉에서 보는 바와 같이 헌법 기관으로 출범하게 되었다.

〈그림 5-3〉 헌법기관으로 격상된 반(反)부패 통합기구(국가감찰위원회)

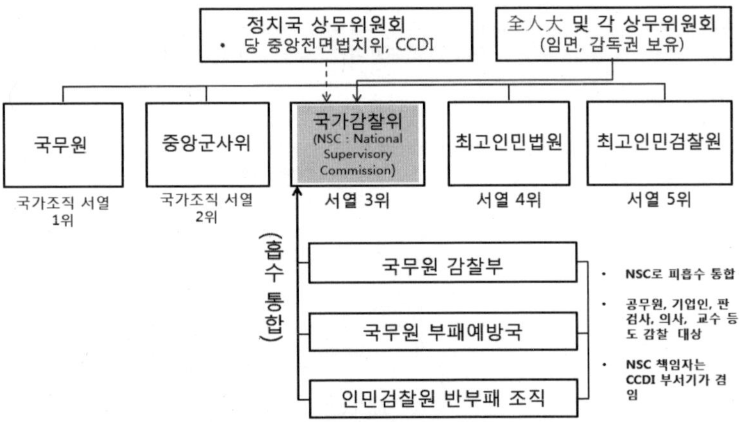

** 자료: 〈국가감찰위원회〉 百度百科 검색결과 ; 〈國家監察法〉 2018. 3. 20. 제 13기 전인대 1차 회의 통과, 新華社 北京 2018. 3. 26. http://www.xinhuanet.com/politics/2018-03/26/c//22591453.htm)

NSC의 감찰 범위, 직능, 주요 직책, 조직, 조사 수단 등은 근거법인 〈국가감찰법〉에 규정되어 있는데, ▲부패 예방 및 감찰 기능을 맡던 국무원 감찰부, ▲당원의 부정·부패와 비리 조사를 담당하던 CCDI 당풍정풍 감독실(黨風政風監督室)과 국무원 부정행태단속실, ▲해외 도주 부패혐의자의 체포·송환, UN 반부패 협약 실행 등을 담당하는 국무원 부패예방국, ▲인민검찰원의 반부패국 기능은 모두 NSC로 흡수 통합되었다(〈그림 5-3〉 참조). NSC의 초대 주임에는 왕치산 계열의 중앙 당 정치국원인 양샤오두(楊曉渡) 전 CCDI 부서기 겸 감찰부장이 선임되었으며,[95] 권한이 줄어든 CCDI 주임에는 자오러지(趙樂際) 신임 정치국원이 임명되었다.

2) 당 중앙기율검사위원회(CCDI)

앞에서 CCDI가 반부패 정책의 중요성에 비추어 제 기능을 다하지 못했고 운영 체제 또한 완전하지 못했음을 설명했다. 그러나 NSC 설립에도 불구하고 CCDI 자체가 없어진 것은 아니다. 반부패 관련 조직 총괄지휘권이 NSC에 넘어가긴 했으나, CCDI는 여전히 당·정·군 내 당원의 기율 확립 등에 관한 업무를 하고 있고, 반부패 업무에 관해서도 공안부, 무장경찰, 검찰원과 긴밀히 협조하고 있다.

앞으로도 당원의 부패 퇴치에 관한 한 NSC는 순찰조 파견 등을 통해 반(反)부패 업무를 수행하게 된다. CCDI 순찰조 파견 조사는 부패 공직자들이 가장 두려워하는 것으로, CCDI는 2012년부터 31개 성(省)급 정부(직할시, 자치구 포함)에 순찰조를 파견하여 지방 당원 및 공직자의 부패를 조사·처리해왔다. 파견된 순찰조는 해당 지역에 임시 본부를 만들고 협의

95_국가감찰위원회 주임으로 선임된 양샤오두 전 CCDI 부서기는 시 주석이 2007년 상하이시 당서기로 재직할 당시 시 통일선전부장을 지냈으며, 2014년부터는 CCDI 부서기로서 3년 넘게 왕치산 서기를 보좌하면서 반부패 사정을 도운 바 있다. "國家監察委員會," "中央紀律檢查委員會" 바이두 검색결과 (https://baike.baidu.com/)

자를 집중적으로 조사하고 관련 증거를 압수·수색한 다음, 관련 증인, 참고인과의 면담을 진행한다. 2012년 이후 적발된 공직 부패 사건의 대부분은 사실 CCDI 순찰조가 이뤄낸 성과라고 할 수 있다.

한편 중앙 정부 현업 부서에 CCDI 직원이 상주하는 일도 늘어나고 있다. 예컨대 기업들의 영업허가, 상표권 출원과 등록 등을 담당하는 상무부(商務部)의 경우, CCDI에서 파견된 감찰조가 상주하고 있다(駐商務部紀檢監察組; http://jcj.mofcom.gov.cn/). 2013년 전만 해도 이 같은 국가기관 내 상주는 당장(黨章)에 관련 규정이 없어 불가능하였다. 그러나 2013년 11월 열린 당 제18기 중앙위원회 제3차 전체회의(18기 3중전회)에서 "CCDI는 모든 중앙 1급 당·정 국가기관 내의 반부패 기구에 관련 파견 인원을 상주시켜 조사를 진행할 수 있다"는 규정이 통과되면서 상주인원에 의한 현지 정밀감찰이 가능해졌다.

시 주석 본인도 자신의 비서실 역할을 수행하는 중앙판공청에 CCDI 조사 직원을 상주케 함으로써 부패 척결에 솔선수범하는 태도를 보여주었다. 그후 2014년 12월 11일에는 중앙 7대 권력 기구라 할 수 있는 당 중앙판공청, 중앙조직부, 중앙선전부, 통일전선부, 국무원 판공청, 전인대, 정협 등 총 59곳 1급 국가기관에도 반(反)부패 부서가 설치되어 CCDI 인원이 상주하게 되었다.[96] 천원칭(陳文清) CCDI 부서기는 "나머지 80여 곳의 1급 기관에 대해서도 여건이 갖춰지는 대로 CCDI 인원 상주가 가능한 반(反)부패 부서를 설치해 나가겠다"고 밝힌 바 있다.[97]

96_한국일보(온라인), 2014. 12. 16.; http://www.hankookilbo.com/v/ 8003b042816445d8-bde2296f737fc4bc

97_新京報, 2014. 12. 15.

3) 감찰부 국가부패예방국

부패 예방의 주무 부서는 당 및 국무원 기구 개편(2018. 3.) 이전만 하더라도 국가부패예방국(国家预防腐败局; NBCP; National Bureau of Corruption Prevention)이었다. NBCP는 2012년 이후 〈중국정부공개조례〉(政府信息公开条例) 등 부패 예방 업무와 관련된 규정과 제도를 공표하고 정보 공개 플랫폼을 개선하였다. 뿐만 아니라, 인터넷포털(www.nbcp.gov.cn)에 업무 보고 자료를 올릴 때 정보공개 범위와 수준(信息公開力度)을 넓히고 정보의 질을 향상시키려는 노력을 해왔다.[98] 실제로 NBCP는 2012년 이후 정부 포털 사이트(政府門户網站; www.gov.cn/)에 1,163건에 달하는 부패 예방 관련 뉴스를 공개하였으며, 관련 규정도 개정한 후 신문, 라디오, TV, 블로그 등의 매체를 통해 홍보하였다.

〈표 5-4〉 기업 부패 관련 법규 집행 관련 유관기관

	중앙 당·정 반부패 기구	국무원내 기타 유관부서	사법·검찰기구
역할	반부패 관련법 집행에 대한 관리·감독	관련 법규의 행정적 해석과 제재	반부패법규의 해석, 처벌, 사법권력의 집행
기관	국가감찰위원회(신설; NSC) 당 중앙기율검사위(CCDI) 공안부(MPS) 감찰부(MOS; NSC에 피흡수)	국가시장감독관리총국(SAMR; 구 공상행정관리총국. SAIC) 국가위생건강위(NHC; 구 국가보건가족계획위. NHFPC) 중국식품의약관리국(CFDA)	최고인민검찰원 최고인민법원

웹 사이트 접근 경로도, 포털에 '부패'나 '부패 예방' 등의 단어를 입력하면 NBCP 사이트에 바로 접속될 수 있도록 개선시켰고, 웹사이트 언어

98_"国家预防腐败局2012年政府信息公开工作年度报告," 2013. 3. 26., 预防腐败局网站(http://www.gov.cn/gzdt/2013-03/26/content_2362458.htm)

도 중국어, 영어 모두 가능하게 했다. 이외에도 NBCP 사무국은 CCDI 교육홍보실(宣教室)과 함께 '청렴의 실천과 확산'(倡廉潔 樹清風) 캠페인을 전개하고 부패 예방 공익광고를 공모한 후 포상도 하였다. 이 같은 노력에 힘입어, 사이트 일평균 방문자 힛트 수가 2012년도 이후 매년 평균 10만 명씩 늘어났다. 네티즌들의 대(對)정부 건의도 늘어났는데, 2012년 한 해 동안에 2만 8,000여 건의 답글과 건의문, 그리고 9만 건을 넘은 이메일이 접수되었다.

그러나 이 같은 정보의 질과 접근성 개선 노력에도 불구하고, 사회주의 체제의 한계 때문에 일반 대중의 반부패 관련 정보 공개 신청 빈도는 매우 낮은 편이며, 공개된 정보의 완전성, 적시성이나 정보 공개 절차상의 효율성도 개선의 여지가 많다. 더 심각한 것은, 실명 신청의 원칙과 개인 정보 공개의 두려움이 커, 정보 공개 신청이 무료이고, 국가 기밀이 아닌 이상 정보 공개 신청이 있으면 처리 결과를 반드시 회답·고지해야 한다는 원칙이 있음에도 불구하고, 처리 실적은 아주 미진한 편이다. 실제로 2012년 이후 사이트상의 정보공개 신청은 일평균 최소 2건, 최다 10여 건 정도에 불과하다.

4) 시장감독관리총국과 국가위생건강위원회

국무원의 반부패 조직으로는 공안부, 사법부, 공상행정관리총국(SAIC; State Administration of Industry & Commerce) 식의약품관리국 등이 있다. 이중 SAIC는 2018년 3월 국무원 기구 개편시 '시장감독관리총국'(SAMR; State Administration of Market Regulation)으로 확대 재편되었다. 기존의

SAIC에 품질감독검사검역총국(GAQSQ; General Admin. of Quality Supervision, Inspection & Quarantine), 식의약품감독관리총국이 추가돼 SAMR로 확대개편된 것이다. 물론 기업 부패 혐의자에 대한 제보 접수 및 처리, 해당 기업에 대한 벌금이나 과징금 부과 등의 기능은 여전히 SAMR 내 구 SAIC 조직이 담당하고 있다.[99]

〈표 5-5〉 뇌물 수수 등 부패 관련 3대 법 집행 기관의 법 집행 관할 분야 및 권한

	인민검찰원	공안부 공안국	SAMR (시장감독관리총국; 구 工商局 SAIC)
주요 법집행 대상 분야	형사 범죄 사건	형사 범죄 사건	상업적 부패에 대한 행정처분권; 단, 범죄 증거 확실하면 형사사건 관련 당국에 이첩, 기소요구 가능
조사, 수사, 수색 권한	보유 (특히 뇌물, 부패와 연루된 공무원)	보유	보유
개인, 기업에 대한 기소권	보유	없음 (검찰에의 이첩 결정권만 보유)	보유
과징금 벌금, 징벌 조치에 관한 부과 결정, 평가 및 강제 부과권	없음 (법원만이 형사처벌 권을 가진다) (유관기관을 통한 블랙리스트 작성)	없음 (법원만이 형사처벌목적의 과징금, 벌금 결정권 보유)	보유 (벌금, 불법 이득의 몰수; 다른 관공서와 상업적 부패 행위를 한 기업 정보공유 및 블랙리스트화)
법 집행 관할권을 가진 기타 분야	모든 범죄 기소 가능	공무원 관련 사건이 아니면 조사 가능; 공공질서, 기타 공무집행 관련 범죄	반독점(시장지배력 남용, 경쟁을 제한하는 담합 등 비가격 조치 등), 광고, 내부제보자 보호, 기업 등록, 상표법 위반

** 자료: 〈中國刑法〉, 〈中國反不正當競爭法〉 및 관련 잠정 조례; Eric Carlson (2013), "Meet the Regulators, China Edition," September 18, 2013; http://www.fcpablog.com/blog/2013/9/18/meet-the-regulators-china-edition.html

국가위생건강위원회(구 국가보건가족계획위)는 의약품 및 의료장비 조

99_이외에도, 기구 개편 과정에서 NDRC의 가격감독검사 반독점조사국, 상무부의 기업결합신고 관련 반독점조사과, 국무원 반독점위 사무처 등이 SAMR 산하로 들어가게 되었다. 中國政府網(http://www.gov.cn/); "《深化党和国家机构改革方案》", 中共中央印发. 新华网; 2018-03-21 16:05:25; http://www.xinhuanet.com/2018-03/21/c_1122570517_8.htm.

달·판매 분야의 상업적 부패 기업을 조사해 목록을 작성하며, 국가발전개혁위원회(NDRC)와 협의하여 국민보건과 관련된 의약품 및 의료장비 가격을 결정하거나 조정한다. 식의약품관리국(CFDA; Chinese Food & Drug Administration)은 식·의약품의 위생 허가, 안전성을 심사·관리하고 식·의약 업체 부패 사안에 대한 전문적 평가와 기술적 소견을 제공한다. 〈표 5-5〉는 인민검찰원, 공안부, SAMR의 보다 구체적인 법집행 대상분야, 수사권, 기소권, 과징금·벌금 부과권 등을 보다 구체적으로 소개해 주고 있다.

5) 최고인민검찰원의 '반부패뇌물수사총국'

최고인민검찰원(SPP)은 한국의 검찰청에 해당한며,[100] 부패 관련 형사범죄에 관한 수사 및 기소권을 갖고 있다. 뇌물수사는 SPP내 '반부패뇌물수사총국'(反貪汚賄賂總局; ACBB; Anti-Corruption & Bribery Bureau of SPP)이 전담하나 ACBB는 2018년 3월 국가 기구 개편시 신설된 NSC로 흡수되었다.

원래 ACBB는 1995년 이후 공무원 직무 관련 범죄를 수사하는 검찰원의 전문 부서로 출발했다. 하지만 수장이 국장급이어서 장·차관급(省部級) 이상의 고위 공무원을 수사하는 데에는 한계가 있었다. 그리하여 1995년에 ACBB의 수장이 '차관급'으로 격상되었고 검찰위원회 전임위원(당시 쉬진후이 徐进辉)가 겸직하게 돼 과거보다 고위 공무원에 대한 직접 수사권이 커졌고 수사 범위도 넓어졌다.[101] 실제로 ACBB는, CCDI가 직접 조사·

100_SPP는 'Supreme People's Procuratorate'로 최고인민검찰원의 영어 약어다.

처리하는 고위 당·정 관료의 중대 부패 범죄를 제외하고는, 모두 직접 수사하고, CCDI로부터 이첩 받은 사건의 처리 과정과 수사 기간도 간소화되고 단축되었다. 차오젠밍(曹建明) 최고인민검찰원장(검찰총장)도 장차관급 이상 공무원에 대한 ACBB의 직접 수사 권한을 점차 확대해 나갈 방침임을 강조했다.

그러나 2018년 3월 21일 이후에 NSC에 흡수되면서 ACBB는 반(反)부패 정책 집행에 관해서는 NSC의 지휘를 받고, 반부패 일선 수사에 관해서는 여전히 최고인민검찰원장의 지도를 받는다. 또한 ACBB는 공금 횡령, 불법 돈세탁, 해외자산 도피 및 은닉 등을 직접 수사하고 관련 규칙을 제개정하는 동시에, 유관 기관과의 국내외 공조 수사와 과학적 수사에 관한 연구 노력도 확대하고 있다.

최고인민검찰원 관련 규정에 나와있는 반부패 수사 관련 ACBB의 주요 권한과 역할·책임을 예시해보면 아래와 같다.[102]

- 부패(贪污), 공금횡령 및 유용(挪用公款), 뇌물수령죄(受贿), 기관 단위의 뇌물수령(单位受贿), 뇌물제공(行贿), 타 기관에 대한 뇌물제공(对单位行贿), 뇌물알선(介绍贿赂), 기관 단위 뇌물제공(单位行贿), 소득원 불분명한 거액의 재산, 해외자금 도피 및 자산은닉(隐瞒境外存款), 국유자산 불법점유·유실·분실·사유화(私分国有资产; 私分罚没财物) 등 대형 사건의 직접 수사 및 공조수사 참여

101_"反贪污贿赂局" 바이두(百度) 검색; http://baike.baidu.com/view/444747.htm?fr=aladdin; 한국일보(온라인), 2015. 1. 24.

102_http://www.iaaca.org/AntiCorruptionAuthorities/ByCountriesandRegions/C/Chinajigou/201202/t20120209; "Anti-Bribery and Embezzlement Administra tion," http://www.npc.gov.cn/englishnpc/stateStructure/2007-12 /06/content_1382077.htm.

- 범죄 사건의 특성, 증거, 첩보, 범죄 수단의 분석 및 미래에 발생할 범죄의 예측
- 부패사건 수사, 수사 기술 및 방법에 관한 연구
- 수사 업무 관련 룰의 제정
- 전국적인 대형 부패사건 수사의 주관, 기획 및 국내외 수사 공조
- 지방 검찰원 반부패국에 의해 시작된 복잡한 대형 공금횡령 및 부패사건의 수사 지도

반부패 사건 수사 및 기소 실적은 ACBB가 통합되기 전의 실적을 볼 수밖에 없다. SPP는 2014년 한 해 동안 2만 1,888명의 뇌물 관련 혐의자를 고소·고발하였는데, 이 중 뇌물 수령자가 14,062명(전년대비 +3.2%), 뇌물제공자가 7,826명(전년대비 +37.9%)이었다.

한편, 최고인민법원은 뇌물수수 관련 사건 판결을 내리고 판례를 관리한다. 2017년에 전년 대비 6.7% 늘어난 총 3만 1,000건의 부패 및 뇌물수수 사건을 처리·종결하였는데, 사법 처리된 부패 사범만 해도 전년대비 5.2% 늘어난 44,000명이나 되었다.

3. 법적 규제의 대상과 틀

1) 근거법과 규제 대상

중국 내 부패의 방지·처벌에 관한 근거법으로는 〈형법〉, 〈반불공정경쟁〉(反不正當競爭法), 〈동 조례〉 등이 있다. 형법은 공안부, 인민검찰원 등 두 개의 국가기관이 집행 주체이고, 반불공정경쟁법은 2018년 3월 11일

이전에는 'SAIC'(공상행정관리총국)가, 그리고 3월 12일 이후에는 'SAMR'(국가시장감독관리총국)이 집행주체이다.

형법은 공직 부패를 주요 규율대상으로 삼고 있다. 이 법에 의하면, 공무원과 국가기관의 직원은 다른 공직자 혹은 민간인으로부터 뇌물 혹은 기타 부적절한 경제적 혜택을 받을 수 없게 되어 있다. 반면, 반불공정경쟁법은 다국적기업을 포함한 기업 부패를 주요 규제 대상으로 삼고 있다. 이 법은 "상품을 구입·판매하기 위해 다른 비즈니스 주체에게 금품이나 다른 수단을 제공하는 행위"를 상업적 뇌물 공여로 규정하고 있다. 이 법과 관련 조례, 시행규칙은 주로 시(市)급, 지구(地區)급 지방정부 소재의 SAMR(구 SAIC) 분국에 의해 주로 집행된다. 다만, 규모가 큰 중대 사안의 경우, 성(省)급 정부 SAMR이 집행하는 경우도 있다. 이들 SAMR은 관할 기업의 급습, 증거 서류와 장비의 압수, 종업원 면담 등을 통해 상업적 부패 행위의 증거를 조사·수집하고 벌금을 부과하는 등의 '급습조사권'을 갖고 있다. 벌금·과징금 규모는 미국 FCPA 보다 작지만, 일단 벌금 부과 사실이 조사결과와 함께 공개될 경우, 기업의 평판과 영업에 미치는 부정적 영향은 비교적 큰 편이다.

이외에도, 부패 사안은 그 성격과 내용에 따라 다양한 국가기관이 개입한다(〈부록 표 4〉 참조). 가격담합, 경쟁 저해, 시장지배력 남용 등 반독점법 위반 행위에 관해서는 NDRC(國家發展和改革委員會), 개인정보관리 관련 법규 위반에 관해서는 공업정보화부(工業和信息化部), 세금 문제에 관해서는 세무국(稅務局), 상품 품질검사·검역에 관해서는 상품품질검사검역국(國家質量監督檢驗檢疫總局), 의약품, 의료기기 화장품 요식 서비스 회사의 식의약품 안전문제에 대해서는 식의약청(CFDSA; 國家食·醫藥品安全管理局)이 관련 법규를 집행한다. 그리고 지적재산권 등 민사 사건에 대해서는 법원이, 밀수 등 수출입 관련 법규 위반에 관해서는 중국세관 반밀수국(海關緝私局)이 각각 증거수집, 검사, 직원 면담 조사 및 급습조사권을 갖는다.[103] 금융·보험 분야의 경우, 규제 당국인 은행보험관리감독위원회(CBIRC; China Banking & Insurance Regulation Commission), 증권관리감독위원회(CSRC; China Securities Regulation Commission)가 유사한 조사감독권을 행사한다.[104] 그리고 조사 결과, 뇌물수수 등 부패 범죄 구성 요인의 증거가 발견돼 정밀 수사 및 기소 필요성이 있다고 판단되면 관련 행정기관은 공안국이나 검찰에 사안을 이첩하게 돼 있다.

형법, 반불공정경쟁법 등 '부패관련 법규'는 관료와 비(非)관료, 자연인과 법인, 뇌물 수수 쌍방, '부패성 뇌물'과 '경쟁제한적 뇌물' 모두를 규제 대상으로 삼고 있다는 점은 동일하다. 다만 제재나 처벌의 구체적 요건 등은 각 실정법에 따라 규제의 틀, 규제 대상, 제재 내용이 다르다. 외국인, 외자기업의 입장에서 꼭 알아둬야 할 규제 대상 관련 내용은 아래와 같다.[105]

- 우선, 중국의 반부패 관련 법규는 공무원·당원 등 정부 공직자에 뇌물을 주는 행위는 물론 기업인, 개인에 대한 뇌물을 주는 행위도 규제대상으로 삼는다.
- 둘째, 중국의 반부패 관련법규는 자연인 간의 뇌물 수수행위뿐만 아니라, 기업, 협회, 단체 등 법인(legal person) 간의 뇌물 수수행위도 규제대상으로 삼는다.

103_Carlson, Eric (2013), "Meet the Regulators, China Edition," September 18, 2013; http://www.fcpablog.com/blog/2013/9/18/meet-the-regulators-china-edition.html

104_ 2018년 3월 11일의 국무원 기구 개편으로 은행관리감독위원회(CBRC)와 보험관리감독위원회(CIRC) 가 합쳐져 '은보감위'(CBIRC: 중국은행보험관리감독위원회)가 되었다.

105_Yin, Kate (2015), "The Changing Landscape of Anti-Corruption in China: How Do We Respond," June 11, 2015, paper presentation, Fangda Partners.

- 셋째, 중국의 반부패 관련 법규는 뇌물 수수 쌍방을 모두 규제 및 제재 대상으로 삼고 있으므로 '뇌물 수령자'(bribe-takers) 뿐만 아니라 '뇌물 제공자'(bribe-givers)도 처벌된다.
- 마지막으로, 규제 대상 부패 행위에는 '부패성 뇌물제공'(corruptive bribery) 행위뿐만 아니라, '경쟁우위를 획득하기 위한 뇌물제공'(competitive bribery)' 행위도 포함된다. 전자는 당·정·기관·단체·협회 등 공직근로자에게 부적절한 편익·혜택을 얻는 대가로 뇌물을 주는 것이고, 후자는 비즈니스 기회 혹은 경쟁우위를 획득·향유하기 위해 뇌물을 주는 상업적 부패 행위를 말한다.

2) 부패 사범에 대한 처벌·제재의 수위·범위

제 2장의 부패의 개념과 유형에서도 봤듯이, 부패에는 공직 부패와 기업 부패(혹은 상업적 부패)가 있는데, 그 처벌·제재의 수위·범위가 다르다. 공직 부패에 관해서는 앞 장에서 자세히 언급했기 때문에 기업 부패에 대한 처벌·제재로 논의를 집중시켜 보면, 근거법인 〈반불공정경쟁법〉(反不正當競爭法)과 〈동 조례〉, 〈형법〉 및 〈형사소송법〉에 의거, 민사, 형사 처벌 및 행정적 제재가 가능하다.

〈표 5-6〉 기업의 상업적 부패 사범에 대한 행정 제재 및 형사 처벌의 내용·범위

민·형사 책임 추궁	주요 행정적 제재	기타 행정적 제재
·개인 부패사범, 기업 임원 등에 대한 형법상의 무한도 벌금 ·형법상의 제재	·벌금의 부과 ·뇌물수수활동으로 인해 생긴 불법 이득의 환수 ·영업 허가의 취소	·수출입업자 지위의 상실 ·블랙리스트 등록 ·공공조달 시장 접근 금지 ·관련 조사 비용 부담

※ 자료: Yin, Kate (2015), "The Changing Landscape of Anti-Corruption in China: How Do We Respond," June 11, 2015, paper presentation, Fangda Partners.

이 같은 제재 내용은 기업 부패의 개념 정의와도 관련이 있다. 〈반불

공정경쟁법〉과 〈동 조례〉에 의하면, 기업 부패는 "불법적인 경제적 이득 혹은 경쟁우위의 획득·향유를 목적으로 기업인이나 그 임직원이 정부, 기관·단체의 임직원 혹은 기업 및 거래 상대방 등에게 경제적 편익을 주는 행위"를 말한다. 불공쟁 경쟁을 저질러 시장 질서를 문란하게 한 기업에 대해서는 국가기관이 행정적 제재를 가할 수 있게 했는데, 주요 행정 제재로는 벌금 부과, 불법 소득의 환수, 영업 허가의 취소 등이 있다. 이외에도 수출입업자 지위의 상실, 블랙리스트에의 등록, 공공조달 시장 접근금지, 관련 조사비 부담 등의 제재도 가능하다. 또한 피해자(기업) 측은 가해자(기업)측에 대해 손해배상 소송을 제기할 수 있으며(민사 책임), 의사결정을 내리고 감독할 지위에 있는 가해자 기업의 책임자에 대해서는 〈형법〉 및 〈형사소송법〉상 범죄 요건 성립시 최고액 제한이 없는 '무한도 벌금'이나 징역형 등 형사 책임을 지게 하고 있다. 부패 행위에 대한 민·형사 책임과 행정 제재 내용은 〈표 5-6〉에 요약돼 있다.

4. 부패 유발 요인의 제거·완화

1) 당·정 간부 기강 확립 및 관련 정치 학습 확대

앞의 제4장 제5절의 반부패 정책의 설계(〈표4-9〉 참조)에서 보았듯이, 반부패 정책은 부패유발 유인을 제거·완화함으로써 부패 기대이득(B)을 최소화하는 것으로부터 출발한다. 중국 지도부의 관련 법·제도개혁, 당·정 간부 공직자에 대한 기율 및 청렴성 강화 조치는 모두 이같은 부패 유발 유인의 약화, 부패 기대 이득의 최소화 목표와 관련이 있다. 반부패 정책의 또 다른 구성 요인은 내부 제보, 상호 감시, 모니터링 시스템 강화인데, 이는 부패사범 적발 확률(p)을 높이는데 목적이 있다. 마지막으로 민·형사상의 처벌 강화는 미래 손실(L)을 극대화시켜 부패시도를 최소화하는데 그 목적이 있다.

시진핑 지도부의 반부패 정책 내용은 대체로 이 같은 설계 원칙과 궤를 같이 한다. 우선, 당원과 공직자의 근무기강 확립에 관한 조치는 부패유발 유인의 제거·완화와 관련이 있다. 실제로 시 주석은 2012년 12월 중국 헌법 공포 30주년 기념식에서 '의법치국'(依法治國) 방침을 공표하였다. 그리고 당·정 간부의 기강 확립에 관한 정책 윤곽과 중점을 담은 행동 계획은 2013년 3월 전인대에서 공개되었다. 그리고 6월에 "관료주의, 형식주의, 향락주의, 사치 풍조"의 '4대 악폐(四風)의 배격'이란 핵심 실천 원칙이 공표되면서 구체화되었다.

2014년 3월에는 "수신(修身), 권한 사용, 자기관리에는 엄격하고, 일의 기획, 창업, 행동은 내실있게 하자"는 소위 '3가지 엄격화, 3가지 내실화'(三嚴三實) 방침이 제시되었고, 7월에는 저우융캉(周永康) 전 정치국 상무위원 겸 정법위 서기에 대한 부패 혐의 조사를 개시하였다. 그리고 10월 20~24일에 열린 제18기 당 중앙위원회 4차 전체회의(18기 4중전회) 핵심 의제 중 하나로는 '부패호랑이의 척결'(打腐敗老虎)이 채택되었다.

2014년 말에는 ① 사회의 안정화(穩定社會) ② 개혁 심화(深化改革), ③ 법에 의한 국가 통치(依法治國), ④ 엄격한 당 기율 관리(從嚴治黨) 등을 전면적으로 실시한다는 소위 '4개 전면'(四個全面) 전략이 공표되었다.[106] 그

106_원래는 전면 실시 대상 지도 방침은 ①, ②, ③ 의 '3개 전면'이었으나, 시 주석이 부패 척결을 강조하고 엄격한 당 기율 관리가 네 번째 지도항목으로 추가되면서 '4개 전면'이 되었다.

결과, '법치'(依法治國) 원칙도 '전 분야에 걸쳐 부패 사범은 지위고하를 막론하고, 법대로 처결한다'는 의미로 확장 해석되기 시작했다. 2015년 초에는 전년도 3월에 제시된 '싼옌싼스'(三嚴三實) 방식에 관한 실천 교육이 강화되기 시작했고,[107] 이듬해부터는 당장(黨章)·당규(黨規), 시진핑 연설 등 두 가지의 학습과 1가지 '당원다운 행동'을 강조하는 '2개 학습, 1개 행동' 캠페인이 전개되었다.

〈표 5-7〉 **중국 반부패 정책의 전략 변수, 구성 요인, 정책 내용**

반부패 정책 전략변수	반부패 정책 구성 요인	중국 반부패 정책의 주요 내용
B의 최소화	부패 기대이득의 축소	• 당·정 간부 기강의 강화 • 관련 법·제도, 행정절차의개혁 • '홍바오' 계좌의 폐지 • 군대 내 상업행위 금지
p의 최대화	부패사범 적발확률의 제고	• 정부 부문별, 업종분야별, 소유제(기업의 경우), 직업별 부패실태, 부패방식 파악 • 내부감사, 내부제보(whistleblowing) 제도, 자진신고, 상호감시(peer monitoring) • 제도 도입·확산 • 해외도피자 색출 검거 등
L의 최대화	민·형사 처벌의 강화	• 처벌로 인한 당적 및 공직 박탈, 해고 등 신분의 추락 • 불법이득의 환수, 벌금 부과, 손해배상 등 부패사범 손실의 극대화 • 손해배상, 사형, 무기징역형 등 형사 처벌

** 자료: 저자가 작성

107_'싼옌싼쓰'는 시진핑 주석의 반부패에 관한 정치 철학으로, 그 주요 내용은 '즈장신위'(之江新語)라는 저장일보 칼럼 2004년 2월 3일자 글에 담겨 있다. 2002년 11월 저장성 당서기로 부임한 시 서기는 2003년 4월부터 4년간 저장일보에 매주 한 편씩 총 232편, '즈장신위'라는 칼럼을 연재했는데 그후 연재 칼럼을 묶어 단행본으로 출간하였다. 이 칼럼의 초고는 시 주석의 복심이자 저장성 선전부장인 천민얼(陳敏爾)이 작성했는데, 천은 구이저우성 당서기를 거친 다음 낙마한 순정차이(孫政才)의 뒤를 이어 충칭시 당서기로 임명되었다. 매일경제신문, 2016. 4. 25., A36면.

〈표 5-8〉 당원의 공직 부패 척결 및 당 기율 강화를 위한 행동 지침

연도별	시진핑 주석이 하달한 행동지침과 강조한 학습내용
2012	• 부패, 허례허식을 척결하자는 '8項 규정' 제정(12월)
2013	• 관료주의 등 '四風 문제'의 척결 강조(6월)
2014	• '싼옌싼스'(三嚴三實) 지침 하달(3월) • 저우융캉(周永康) 전 정치국 상무위원의 부패 혐의 조사 개시 사실 공개(7월). • 당 기율 관리·솔선수범 강조(7월) • 10월 제18기 4중전회의 핵심의제로 '의법치국' 원칙 채택(10월) • 依法治國, 嚴格治黨 등의 전면실시를 뜻하는 '4개 전면'(四個全面) 전략 강조(12월)
2015	• 당원에 대한 '三嚴三實' 지침 실천 교육 강화(1월 이후)
2016	• 2개 학습, 1개 행동' 캠페인 전개(1월 이후)
	• 공직자 '홍바오(紅包)' 계좌의 폐지 캠페인 전개(1월)

** 자료: 홍콩明報, 2016. 10. 25.; 아주경제신문 (온라인), 2016. 10. 26.; http://www.ajunews.com/view/20161026092550635

2016년 1월에는 CCDI가 당규를 개정, "당·정 관료나 공직자가 뇌물성 선물, 현금 혹은 선물 카드(gift card)를 받는 것을 일체 금지하고, 뇌물을 받는 즉시 바로 되돌려주지 않으면 처벌받을 것임"을 분명히 했다. 또한 그 동안은 입금자 이름이 표시되지 않는 비밀 '홍바오'(紅包) 계좌의 사용을 묵인해왔으나, 뇌물 수령 통로로 악용되고 있다고 판단하고 이를 폐지하도록 하였다. 실제로, 2016년 상반기 중에 구이저우, 쓰촨, 간쑤 등의 성급 지방정부는 관련 규칙과 조례를 개정, 촌지 수령용 비밀계좌를 폐지하였고, 광둥성 CCDI도 당·정 관료들의 촌지 수령용 비밀계좌를 없애는 동시에, 뇌물성 선물, 현금이나 선물 카드 수령을 금지시켰다.[108]

108_Guangdong Scraps Bribery Accounts", Xinhua, August 16, 2016; 上海日報, 2016. 8. 16.; http://www.shanghaidaily.com/nation/flies-and-tigers/Guangdong-scraps-bribery-accounts/shdaily.shtml.

2) '쐉카이', '쐉궤이' 등 행정 처분

엄격한 법집행을 통해 부패 사범이 생각하는 미래 손실을 극대화하는 제도로는 행정 처분, 사법제도가 있다. 다만 후자에 관해서는 반부패 정책의 성과(제6장)와 한계(제7장)에서 자세히 다룰 것이므로 여기서는 당국이 신병 확보 차원에서 사용하는 제재조치인 '쐉궤이'(雙規)와 공직자에게 내리는 신분상의 행정적 제재조치인 '쐉카이'(雙開)제도만 소개하기로 한다.

우선, '쐉궤이 제도'는 부패·비리 당원 혐의자를 정식으로 형사 입건하기 전에 CCDI 등 감찰 조직이 시간과 장소를 정해 구금 상태에서 조사하는 '신병 확보 차원의 물리적 규제조치'를 말한다. 보시라이(薄熙來), 저우융캉(周永康), 링지화(令計劃) 그리고 이들의 추종 세력도 모두 이 처분을 받았다. 반면 '쐉카이' 처분은 당·정관료, 국유기업 간부 등 공직자가 부패 등 '엄중한 기율 위반'으로 적발되었을 때 사법부 이송 전에 CCDI 차원에서 당원 공직자에게 '당적 박탈'과 '공직 추방'의 두 가지 조치를 동시에 내리는 것을 말한다.

거물급 '부패 호랑이'로 두 가지 행정 처분을 받은 사람은 수없이 많다. 보시라이는 2014년 3월, 쐉궤이-쐉카이 처분을 받았으며, 다롄(大連)시장, 랴오닝(遼寧)성장 시절부터 17년간 그의 비서로 일했던 우원캉(吳文康) 역시 사법부로 이첩되기 전에 '쐉궤이-쐉카이' 처분을 받은 바 있다. 2016년에는 후진타오 지도부에서 비서실장을 지낸 링지화가 권한남용 및 부패 혐의로 두 가지 처분을 받았고, 동생 링완청(令完成)도 유사한 처분을 받았다. 이외에도, 외교부의 부패 호랑이 장쿤성(張昆生) 전 외교부 부장조리(차관보)도 두 가지 신분상의 제재 조치를 받았다.

즉 시 지도부는 부패 당원에 관한 한, 직위고하를 막론하고 '무관용 원칙'을 견지하고 있어 장쩌민, 후진타오 지도부 때보다도 더 많은 쐉카이, 쐉궤이 처분을 내리고 있는 것으로 풀이된다.

3) 반부패 관련 법 제도, 행정 절차·표준의 개선

시 지도부의 반부패정책은 당·정 간부의 기율 강화에 머무르지 않고 반부패 관련 법 제도, 기준의 개선으로 이어졌다. 2015년 최고인민법원(한국의 대법원)과 최고인민검찰원(한국의 대검찰청)은 너무 좁게 정의되었던 뇌물과 수뢰죄의 개념과 범위를 과거보다 넓혔다. 뇌물의 범위에 '부채의 면제 탕감'을 포함시키는 한편, "뇌물공여자가 특정적인 요구를 하지 않더라도 공무원이 공무집행 성과에 영향을 미치는 선물을 수령할 경우에는 수뢰죄(受賄罪)에 해당한다"는 유권해석을 내렸다.[109]

반부패 관련 제도 개선 노력은 지방정부 차원에서도 이루어졌다. 그 선봉대 역할은 광둥성과 선전시가 수행하였다. 우선, 선전시 SAMR는 2017년 6월 시 관할 기업과 기관의 뇌물수수를 적발, 처리, 예방할 수 있도록 〈반부패 관리 제도에 관한 선전시 표준〉(이하 '선전시 표준')을 지방정부로서는 처음으로 제정·반포하였다. 〈선전시 표준〉은 국제표준기구(ISO: International Organization for Standardization)가 2016년 10월에 공표한 국제 반부패 표준인 ISO37001의 채택을 산하 국가기관과 기업에게 권고하여 상당한 결실을 거두었다.[110]

109_"China Sets Death Penalty Threshold in Corruption Cases," Times Live 홈페이지, April 18, 2016; http://www.timeslive.co.za/world/2016/04/18/China-sets-death-penalty-threshold-in-corruption-cases

특히 뇌물수수에 관한 〈선전시 표준〉의 개념 정의가 인상적인데, 이 표준은 이를 "다른 사람의 행동(actions) 혹은 비(非)행동(inactions)에 대한 대가로 부적절한 혜택(혹은 편익)을 수수하거나 약속하는 행위"로 정의하고 있다. 부적절한 혜택(혹은 편익)에는 재산 소유권 혹은 사용권의 이전, 취업 기회의 제공, 대출 혜택처럼 금전과 직간접적으로 관련된 경제적인 혜택뿐만 아니라, 가치를 가진 다양한 유무형의 혜택 모두가 포함된다. 또한 선전시 정부는 이 표준을 제정 공포한 이후 관할 기업이나 기관들로 하여금 '상업적 뇌물수수 리스크'를 줄일 수 있는 평가제도를 구축하도록 권고함으로써 지방의 부패 퇴치와 예방에 크게 기여하고 있다.

이와 관련, 기관·기업들은 뇌물 리스크를 유형, 정도와 성격에 따라 구분한 다음, 뇌물 관련 범죄의 발생을 사전에 예방할 수 있는 내부 통제 및 내부 감사 시스템을 설계·구축하고 있다. 특히 ISO 37001에 따라, 수상한 뇌물 거래에 대한 내부 감사를 진행하고 반부패 관리 시스템의 효율성에 대한 자기 점검을 시행하고 있다. 이외에도, 시 정부는 산하 관할 기업과 조직 단위로 하여금 전략기획 부서를 설치하고, 보복에 대한 두려움 없이 익명으로 부패를 제보할 수 있는 시스템을 갖추도록 권장하고 있다. 선전시의 이 같은 반부패 이니셔티브가 적지 않은 성공을 거두자 광둥성 내 다른 시 정부들도 관련 규정의 재정비를 서두르기 시작했다. 실제로 포산

110_하지만, 미 법무성, 증권거래위원회(SEC)가 반포한 FCPA(Foreign Corrupt Practices Act) 지침과 영국 법무부 절차의 상당부분이 이를 반영하고 있고, 싱가포르, 페루 정부도 이를 반부패 관리의 표준으로 채택하고 있다. "Local Chinese Regulator Develops Anti-Bribery Management System Based on ISO37001", FCPA Blog, July 31, 2017 at 9:18AM, Jianwei (Jerry) Fang in China; http://www.fcpablog.com/blog/2017/7/31/jerry-fang-local-chinese-regulator-develops-anti-bribery-man.html

(佛山)시 정부는 ISO37001에 따라 〈국유기업 기업공개(IPO) 시의 뇌물수수 리스크 관리에 관한 지침〉을 제정·공표하였는데,[111] 이는 〈선전시 표준〉이 반부패 관리 시스템에 관한 '중국 지방정부'의 좋은 벤치마킹 대상이 되었음을 의미한다.

4) 군대 내 상업 행위의 금지

당·정 기관 못지않게 부패가 심각한 곳은 군대이다. 군대 내 부패는 장쩌민 주석이 장성·영관급 장교의 군대 내 비즈니스를 허용하면서 확산되기 시작해 군대에 대한 통제력이 약한 후진타오 주석 시절에는 그 정점을 찍었다.

시 주석은 군대 내 부패가 당·정·재계 등 다른 부문에도 악영향을 끼친다고 보고 부패 유발 요인을 제거하기 위해 노력하였다. 우선, 왕치산 CCDI 서기로 하여금 2016년 5월부로 군대 내의 모든 상업 행위를 금지시키도록 하였다.[112] 이 같은 결정이 내려진데는 인민해방군 병참부(總後勤部) 전 부부장 구쥔산(谷俊山) 중장이 행한 300억 위안(약 5조 4천억 원) 대의 초대형 부패 사건이 큰 역할을 했다. 구(谷)중장은 병참과 물류, 부대시설 이용, 구매, 복지, 호텔 및 골프장 운용, 수출입 등 군대 내부 및 주변의 상업 행위에 관한 결정권과 정보를 집중시킨 다음, 견제가 없는 상태에서 거리낌없이 부패를 저질렀다.

111_상게 FCPA Blog 자료.

112_"Beijing Orders Termination of Commercial Activities to Fight Corruption," May 10th 2016, *The China Compliance Digest* (Asia); http://ethixbase.com/china-beijing-orders- termination-commercial-activities-fight-corruption/

구(谷) 중장은 쉬차이허우(徐才厚) 전 중앙군사위 부주석과 함께 군 부패의 몸통이라 불리우던 인물로 국방예산 공금횡령, 뇌물수수, 직권남용 등의 혐의로 2014년 3월 군 검찰에 의해 기소돼 정치 권한 종신 박탈, 불법재산 전액 몰수, 중장 계급 박탈 등의 처벌을 받았다. 2015년 8월 군 법원은 구 중장에 대해 사형 선고와 함께 2년 집행유예를 선고했으나 2년의 유예기간이 끝난 뒤 '무기징역' 등으로 감형되었다. 수뢰액도 크고 죄질도 나쁘지만 저우융캉(周永康) 전 정치국 상무위원 겸 정법위원회 서기(무기징역형), 쉬차이허우 전 중앙군사위 부주석(암으로 병사), 궈보슝(郭伯雄) 전 중앙군사위 부주석(무역징역형) 등 고위급 간부의 부패 행위를 입증하는데 공로가 인정되었기 때문이다.[113]

5. 부패 모니터링 및 적발 시스템의 구축·강화

1) 관영 매체 고발 및 순찰조 파견을 통한 조사·적발

깨끗한 당·정 시스템과 청렴한 비즈니스 관행을 정착시키기 위해 중국 당국은 다양한 부패 모니터링 및 적발 시스템을 구축·이용하고 있다. 보다 구체적으로는 ▲관영매체를 통한 공익 광고와 반부패 프로그램의 제작·방영, ▲CCDI 순찰조(巡视组) 파견을 통한 현장조사, ▲기관 및 직장별 자체 모니터링 및 내부 제보 시스템의 구축, 그리고 ▲스마트폰 앱을 통한

113_新華通信, 2015. 8. 10.; 아주경제신문(온라인), 2015. 8. 11.; http://www.ajunews.com/view/20150811125455615

부패·비리 신고 등이 이용되고 있다.

우선, CCDI는 부패의 예방과 퇴치에 관한 사회적 분위기를 고조시키기 위해 TV, 라디오, 신문 등에 부패 사범의 적발, 해외 도주, 강제소환, 불법재산 몰수 사실 등을 보도하고 있다. 예컨대, 2015~2016년 기간에는 CCTV에 부패 관료들의 조사 과정에서의 면담 내용과 범죄 실토 사실을 3부작으로 제작해 방송하는 동시에, 내륙 지역 기관에는 이를 시청각 자료로 배포함으로써 각 기관·단체의 문 앞을 청결히 하는 소위 '먼첸칭'(門前淸) 캠페인을 벌였다. 2017년에는 '예리한 칼날 같은 조사'(鋒利的劍檢)란 5부작 다큐멘터리를 CCDI와 CCTV가 공동 제작해 9월 7일부터 한 달간 방영한 바 있다.

이 다큐멘터리는 CCDI 순찰 급습조가 조사한 20여 명 부패사범들의 고백 및 인터뷰 동영상을 보여주었는데, 전 텐진시 공안부장 우창순(武長顺), 전 랴오닝성 당서기 왕민(王珉) 등이 나와 자신들의 범죄를 고백하고 과오를 반성하는 자아비판 영상은 압권이었다. 반부패 TV 다큐멘터리 제작 방영 이외에도 공직 부패나 상업적 부패 스토리를 담은 '중국적 관계'(中國的 關係) 등의 드라마도 부패에 대한 일반 대중들의 저항감과 신고 정신을 고취시키는데 기여하였다.

부패 적발·퇴치에 관한 직접적 기여도 면에서는 CCDI 순찰조 파견을 통한 현장 조사가 단연 으뜸이었다. CCDI가 수집한 부패 관련 단서 및 증거들의 약 60%가량이 순찰조에 의해 현장에서 수집되었다. 2012년 말 제18기 당 대표 대회 이래, CCDI 순찰조는 277개의 당과 정부 관련 기구, 국유기업, 기관, 대학 등을 12차례 순시했다. 그 결과, 2017년 초부터 6개월 동안 CCDI는 전년 동기(19만 3,000건)에 비해 32.6%나 증가한 25만 6,000건의 부패 사건을 조사하였다.[114] 그리고 2017년 8월 말에는 내몽고

자치구 정부, 베이징대, 사이버 공간 관리총국을 순찰하여 적발된 기율 위반 행위에 대한 시정 조치를 하도록 했다.[115]

2) 기관별 자체 모니터링 및 제보 시스템 구축

기관별, 당 위원회별로 자체적인 부패 모니터링 및 제보 시스템을 구축하려는 노력도 확대하고 있다. 보다 구체적으로, 당·정 주요 국가 기관과 국유·기업은행들은 비즈니스 거래 데이터를 축적하고, 설문조사, 샘플링 등의 방법을 통해 거래 기록의 완전성을 검토한 다음, 비정상적인 거래를 탐지하여 감사·조사를 하거나, 관련 당국에 수사를 의뢰하고 있다. 특히 각 기관·기업별로 부패 및 사기 관련 법규정책 위반 가능성 등을 사전 점검하여 CCDI, 공안부 등 관련 당국에 알려줌으로써 신속히 대응할 수 있도록 하고 있다.

〈표 5-9〉는 중국에서 부패 관련 제보·신고 사이트를 운영하고 있는 헌법기관인 NSC(국가감찰위원회), CCDI, 공안부, SAMR, 그리고 ACBB(최고인민검찰원내 반부패뇌물수사총국) 등을 예시하고 있다. NSC는 감찰부 흡수 통합 이후 감찰부의 공무원 대상 내부제보자 신고 사이트를 인수해 운용하고 있으며, CCDI도 당원인 당·정 간부들의 부패 비리·권한남용 등 중대한 기율 위반에 관한 제보자 신고사이트를 구축하고 모바일 앱도 배포·운

114_2017년 8월 말 당시 감찰부장 겸 CCDI 부주석(현 국가 감찰위 위원장)인 양샤오두의 발표. "China launches new TV series on country's measures to fight corrupt officials," Sep. 8, 2017; http://www.straitstimes.com/asia/east-asia/china-launches-new-tv-series-on-countrys-measures-to-fight-corrupt-officials

115_*The China Daily*, Aug. 31, 2017.

영하고 있다. 구체적으로는 CCDI와 NSC가 공동으로 운영·관리하는 '당풍정풍 감독제보는 'www.12388.gov.cn'이란 웹사이트나 전화([010] 12388) 중 어느 것이든 가능하며, 플랫폼은 'CCDI 뉴스방문실'(信訪室)이 관리·운영하고 있다. 제보는 서명제보와 익명제보의 두 가지로 나뉘는데, 플랫폼에 들어가 보면 ① 온라인 제보 숙지 사항 숙독 → ② 읽음 확인 버튼 클릭 → ③ 서명, 익명 제보 중 택일 → ④ 온라인 신청서 제출 → ⑤ NSC와 CCDI의 사실 확인 및 관계자 조사 → ⑥ 제보자에 대한 회신 및 포상의 절차를 밟게 돼 있다.

〈표 5-9〉 중국의 부패 조사 수사기관별 권한·역할과 제보자 신고·접수 기능

		주요권한·역할	부패사범 제보
(헌법기관)	국가감찰위원회 (NSC)	• 당원 및 비(非)당원 공직자의 당규·법규 위반(부패 포함)	• NSC에 흡수된 구 감찰부 이전 운용(제보자 신고 사이트)
(당)	당 중앙기율검사 위원회(CCDI)	• 당원 공직자의 당규 및 법규위반(부패 포함)	• 제보자 신고 사이트 운영, 모바일 앱 배포 운영
	시장감독관리총국	• 기업 부패신고접수 및 관리 • 공직 및 민간 부패관련기업 정보 수집 보고서 작성	• Hotline (010-68024231;010-68012315)
	公安部	• 부패·비리 사범 체포·수사	• 제보자 신고 사이트 및 Hotline 운영
(사법부)	최고인민검찰원 반부패 수사총국 (ACBB)	• 고위 간부 중대 부패 사건 직접 수사 및 전국 검사 부패 수사 지휘	• 제보자 신고 사이트 및 Hotline 운영
	최고인민법원	• 중대 부패 사건 판결 선고	

** 자료: 반부패 국가기관 관련 인터넷 자료 등에 의거 작성

그리고 2012년 말 반부패 캠페인이 시작된 이후에는 공안부, 공상행정관리국 등 다른 반부패 유관 기관도 CCDI 사이트를 벤치마킹해 공직자 부패 및 비리 제보 사이트를 개설하였다. 가장 먼저 행동에 들어간 기관은

당연히 CCDI였다. CCDI는 2013년 9월 2일 당 간부와 각급 공직자, 국유기업, 국유금융기관 간부 등의 뇌물수수, 부패, 비리, 직무태만 행위 등을 제보하고 정책 건의를 할 수 있는 '온라인 공직자 비리 제보 사이트'를 개설했다. 2013년 말에는 웨이신(We-Chat), 웨이보 등 소셜 미디어를 활용한 부패 비리 제보 시스템도 구축하였고, 2015년 1월부터는 자체 모바일 앱을 배포해 스마트폰 사용자가 다운로드할 수 있게 하였다. 베이징시, 산둥성, 저장성 등 지방 CCDI도 오프라인 제보 일변도에서 벗어나 QQ, 웨이신, 웨이보 등에 모바일 제보플랫폼을 만들어 상당한 적발 성과를 올릴 수 있었다. 허베이성 친황다오(秦皇島)시의 경우, 2015년 8월 한 달에만 2만 명 이상의 주민이 공무원들의 바람직하지 못한 근무 행태를 시(市)급 CCDI에 신고했는데 신고 건수 중 약 300건이 앱을 통한 신고였다.[116] 시 당국은 뇌물수수, 관용차량의 사적 이용 등 중대한 기율 위반을 한 공직자 등은 정밀 조사하여 이중 30명을 징계하였다. 그리고 2015년부터 CCDI는 쉬저우(徐州)시의 정치협상회의 고위 자문위원의 수뢰 사건 등 전형적인 당 기율 위반 사례를 CCDI 웹사이트(http://www.ccdi.gov.cn/)에 모두 공개하고 있다.[117]

공안부도 제보 웹사이트와 핫라인을 운영하고 있다. SAMR(구 SAIC 확대개편)의 경우, 당사자 기업으로부터 부패 신고를 접수하고, 관련 핫라인을 운영하고 있다. 인민검찰원의 경우, 반부패 수사위원회에 고위 당·정 간부의 부패 범죄로 수사가 필요한 사안에 대한 제보자용 온라인 사이트

116_"Social Media Encouraging Corruption Whistleblowing," *Xinhua News,* 2015. 5. 9.; http://www.chinadaily.com.cn/chia/2015-05/09/content_20665420.htm

117_'Stay tuned' as China readies to publish corruption confessions, Feb. 25, 2015; http://www.reuters.com/article/us-china-corruption-idUSKBN0LU04W20150226

와 핫라인을 운영하고 있다.

이 같은 온라인, 모바일 제보 플랫폼의 구축과 운영은 부패 적발에 상당한 성과를 나타내고 있다. 온라인·모바일 제보 시스템 구축을 장려한 이후 20여 일 만에 1만 5천200여 건의 제보가 접수되었는데,[118] 이는 오프라인 제보만 받을 때보다 4배 이상 늘어난 결과이다. '모바일·온라인 제보 사이트'가 유용한 것은 신고자나 제보자의 입장에서 거래비용이 적어 부패 행위를 쉽게 신고할 수 있는데다가 감독 당국 역시 제보로 접수된 각종 정책건의를 정책에 반영할 수 있기 때문이다. 결국 중국 반부패 정책 지속 추진의 정당성과 효과성은 일반 대중에 대한 이 같은 의사소통 채널의 개방성 때문에 확보된다고 할 수 있다.

한편 주요 국가기관 및 국유기업, 국유상업은행의 경우, 단위별로 부패 사건의 발생 경위, 사건의 내용, 처리 결과를 상부에 보고하게끔 되어 있다.

〈그림 5-4〉 공직 및 국유기업 부패 보고 절차: 변경 前·後 비교

	2012. 11월 이전	2012. 12월 이후
변경내용	- 해당 소재지 관할 지방 기율검사 위원회에 부패혐의, 담서, 수집된 증거, 잠정 조사내용을 보고	- 좌 동 - 보고 관청에 상급 기율검사위원회 추가
(예시) 省級 부패사건	- 성 기율검사위원회에 부패혐의, 단서, 증거, 잠정 소사 내용을 보고	- 좌 동 - 당 중앙기율검사위원회(CCDI)에도 동일한 내용을 보고
효과	- 省·市·縣의 지도자가 부패보고를 묵살 - 조사·수사 안함	- 중앙 CCDI에도 보고되므로 부패 보고·신고 묵살 不可

** 자료: 각종 자료를 참조하여 저자가 작성

118_新華網, 2013. 9. 25.; 연합뉴스, 2013. 9. 25.; http://www.yonhapnews.co.kr/international/2013/09/25/0603000000AKR20130925080200103.HTML

〈그림 5-4〉는 2012년 12월 보고 절차가 변경되기 전과 후의 부패 보고 절차를 비교해서 보여주고 있다. 사실 2012년 11월까지만 해도, 각 직장 단위는 소재지 관할 지방 CCDI(예: 市級 CCDI)에 공직자 및 국유기업 관련 부패 관련 단서와 수집한 증거 및 조사내용을 보고하면 되었다. 그러나 동년 12월 이후부터는 바로 위의 상급 CCDI(예: 省級 CCDI)에도 동일 내용을 보고하도록 함으로써 언제든지 관련 사안을 상급 부서가 점검·감독할 수 있게 하였다. 특히 성(省)·시(市)급 CCDI 리더가 '꽌시' 혹은 자신의 이익 침해를 이유로 부패를 묵인하거나 조사요구를 묵살할 수 없게 한 것은 큰 성과라 할 수 있다.[119]

3) 민영 부패·비리 제보 사이트의 확충

NSC·CCDI·공안국·인민검찰원이 운영하는 부패 제보사이트만큼 법적인 보호를 받지는 못하지만, 민간 반부패 사이트들의 기여도 점차 높아지고 있다. 가장 유명한 독립된 민간 부패 제보 웹사이트로는 '인민감독사이트'(人民监督网)가 있다. 이 사이트의 창업자이자 주편집자인 쭈루이펑(朱瑞峰)은 2012년 11월 "충칭시 관료, 레이정푸(雷政富)가 운영하는 "야한 동영상 사이트 사건(重庆官员 雷政富 不雅视频事件)"을 보도함으로써 일약 스타가 되었다.

2012년 11월 쭈루이펑은 충칭 직할시 한 지구(地區) 정부 관료였던 레이쩡푸와 연하 내연녀와의 정사 장면 동영상을 공개하였고, 레이는 축첩, 부패 혐의로 13년 징역형을 선고받았다. 그 후 반부패 관련 기관은 민간

119_다만, 2018년 3월 기구 개편으로 인해 소재지 CCDI가 아닌 소재지 NSC에 보고하면 된다.

웹사이트나 SNS에 부패 혹은 기율 위반 행실이 공개된 관료들을 집중적으로 조사하여 처벌하기 시작했다. 민간 웹사이트에 22개의 부동산을 소유한 것으로 제보된 광저우의 한 관료도 11년 6개월의 징역형을 선고받았다.[120] 다만, 민간인의 제한된 정보 접근권, 제보자의 신변노출 공포 등 중국의 정치 환경을 고려할 때, 쭈 편집인이 얘기했듯이 "민간인의 웹사이트 제보만으로 고위급 부패호랑이를 잡는 것은 어려울 것"으로 판단된다.[121]

4) 직장 내 제보 제도의 도입·확산

직장 단위의 내부 제보(whistle-blowing) 제도 또한 반부패 정책의 효과성을 높이는 경로이다. 원래 이 제도는 미국 증권감독위원회(SEC)가 맨 처음 도입한 제도로, 최일선의 현장 정보를 가진 내부자들로 하여금 다른 공직자 혹은 임직원들의 부패·비리 등 법규 위반 행위를 제보하게 하고 제보 내용이 사실로 판명될 경우 기여도 만큼 보상하는 제도이다.[122] 이

120_"China to Protect Online Whistleblowers, But Only Via Official Site," Reuters, Sep 12, 2013; http://www.reuters.com/article/us-china-corruption-idUSBRE98B09B20130912

121_중국 바이두(百度) 검색결과; http://baike.baidu.com/link?url=M7-eUboyG3OVrazHmrSWHBuD31cx2QnWb4QZ4LXInGLRfpvPNZgmRLblIQtdjGUciD06AKUTgND9WY1vfu0BpK

122_내부 제보 제도는 미국 IRS(Inland Revenue Service; 한국의 국세청에 해당)가 탈세자 적발을 위해 최초로 도입했고, '돋 프랭크법 제 922부'(Dodd-Frank Act Section 922; 2011. 5. 25.)에 의거 미국 증권감독위원회(SEC: Securities & Exchange Commission)도 2011년 8월 12일부터 이를 도입해 실행해왔다. Wysong Wendy, Yu Bing and Boeringer Charles-Henri (2011), "Blowing the Whistle on Corruption in the U.S. and China," p.1.

제도의 기본 취지는 정보 열위에 있는 반부패 당국이 적은 거래비용으로 '중요하고도 믿을만한 정보'를 획득해 부패 사범을 적발·검거할 수 있게 하는 등 법 집행의 효과성을 높여주고 있다. 뿐만 아니라, 조사 후 제보 내용이 사실로 판명될 경우 보상함으로써 중장기적으로는 부패의 확대재생산을 막고, 잠재적 부패 사범에게 "범죄를 저지르면 자신도 모르는 사이 바로 제보될 수 있다"는 신호(signal)를 전달함으로써 부패의 예방에 기여하고 있다.

미 SEC 내부 제보 제도를 보면, 미국 내 거주자뿐만 아니라 역외 비거주자의 제보도 허용하고 있으며 일정한 전제조건을 충족시키면 보상도 받게 하고 있다. 그 전제조건은 세 가지인데, ① SEC에 자발적으로 현장의 1차 정보를 제공해야 하고(voluntary provision of original information), ② 제보로 시작된 조사가 SEC 행정심판, 연방법원 민·형사 판결 등 성공적인 법 집행 결과로 이어져야 하며(successful enforcement actions), ③ 유용한 제보로 인해 SEC가 1백만 달러를 넘는 금전적 제재(monetary sanctions)를 할 수 있어야 한다는 것 등이다.[123] 만일 이 세 가지 조건 중 어느 하나만 충족되지 않아도, 제보자는 보상을 받지 못한다. 그러나 이 조건을 모두 충족시킬 경우 포상금을 받을 뿐만 아니라 제보자의 신변 안전도 법적으로 보호된다.[124]

123_'금전적 제재'에는 벌금·과징금(penalties), 불법 소득 및 이자의 환수(disgorgement) 등이 포함된다. Wysong Wendy, Yu Bing and Boeringer Charles-Henri (2011), "Blowing the Whistle on Corruption in the U.S. and China," p.1.

124_관련 법규에 따르면 내부제보자의 신변안전을 위해, 제보자의 의사에 반해 SEC는 제보자의 이름, 나이, 거주지 등 신상 정보를 공개할 수 없도록 돼 있다. 그리고 조사 개시 후 부패 당사자에 대한 제재 총액이 1백만 달러를 넘을 경우, 제재 금액의 최저 10%~최고 30%를 보상금으로 주게 되어 있는데, 제보자가 둘 이상일 경우, 그 기여도에 따라 분할 지급도 가능

물론 내부 제보자 제도의 운용은 국가마다 다르다. 공통점은 믿을 만한 유용한 1차 정보를 제공한 제보자에 대해 포상금 등의 인센티브를 제공하고 신변 안전을 보호한다는 점이다. 중국 정부도 2008년 하반기부터 SEC의 내부 제보자 제도를 실험적으로 도입하기 시작했고, 수정을 거친 후 2012년에 공식적인 실행에 들어갔다. 2012년 6월 공안부가 공표한 〈경제 범죄 단서 제보 제도에 도입 장려에 관한 공고(關於對擧報經濟犯罪線索進行奬勵的公告)〉에 따르면 중국 내부 제보(擧報) 제도의 기본 메커니즘은 미 SEC의 'Whistle-blower' 제도와 유사하다. 구체적으로는, 제보자에 대한 정신적 보상(예: 표창)이나 물질적 보상(예: 포상금)은 "제보 정보가 사실로 판명되고 유죄로 밝혀져 행정처분이나 법원 판결을 받을 때에만" 가능하다. 일반적으로 보상금은 부패사범들의 소굴을 알려주거나 초대형 부패 범죄 집단에 관한 1차 정보를 제공할 경우 가장 크며, 금전적 포상의 최고 한도는 20만 위안이다. 그리고 포상금은 유죄 판결 획득에 기여가 큰 정보를 제공한 제보자에게 공안부가 관할 지방정부의 동의를 얻어 지급한다.

CCDI 역시 2012년 말 이후 당·정 간부의 부패 등 중대한 기율 위반 및 경제범죄의 퇴치와 관련해 '파안회전'(破案會戰) 전략의 일환으로 제보 시스템의 도입·확산을 적극 추진했다. 제보 대상 분야는 경제, 무역, 재정·금융, 지적재산권 등 경제 전 분야가 해당되며, 특히 부패, 사기, 권력 남

하다. 실제로 SEC는 2011년 이후 4년간에 걸쳐 26명의 내부제보자에게 1인당 평균 약 219만 달러, 총 5,700만 달러의 포상금을 지급하였으며, 역대 최대 포상금은 2014년의 3000만 달러였다. Cassin, Richard L. (2016), "SEC awards whistleblower $1.8 million," March 15, 2016; http://www.fcpablog.com/blog/2016/3/15/sec-awards-whistleblower-18-million.html.

용, 권익 침해 등 국민 경제의 안정과 시장 질서의 파괴, 국민 이익의 손상을 초래하는 일체의 범법 행위를 최우선적으로 처리하고 있다.

제보 수단으로는 ① 핫라인(hot line) 전화나 우편, 이메일을 통한 제보, ② CCDI, 심계서(審計署; 한국의 감사원), 최고인민검찰원, SAMR(구 SAIC) 등 중앙 및 지방정부의 반부패 관련 유관기관이 운영하는 '부패신고 웹사이트'를 통한 제보, ③ 스마트폰 앱(Apps)을 통한 제보, ④ 직장 단위를 방문하는 CCDI 조사원, 공안부 수사요원 등에 대한 대면 제보 등으로 나뉜다. 베이징, 상하이, 광둥성 등 성급 정부 대부분은 핫라인과 웹사이트를 구축·운용하고 있으나, 대부분의 제보는 QQ 온라인 메신저나 웨이신(微信) 등 SNS 앱을 통해 이뤄지고 있다. 대면 신고는 신상 정보 노출의 우려 때문에 조사관이나 수사관이 면담을 요구할 때 아주 예외적으로만 이용되고 있다.

중국 내 제보 제도 이용 시 주의할 점도 있다. 제보는 반드시 구체적 사실과 증거에 입각하여 실명으로 해야 하며(實名擧報), 허위 제보나 음해성 혹은 투서성 제보에 대해서는 법적 책임을 묻게 돼 있다. '공안부 경제범죄수사국'(經偵局)이 제보 내용을 조사·수사하여 사실로 확인될 경우, 의법 처리하도록 되어 있으며, 제보 받은 기관은 공안부 등 유관기관과 협력하여 제보자의 신변 안전과 합법적 권익을 책임지고 보호·보장하도록 되어 있다.

중국의 내부 제보 운용 성과는 기대 이상이다. 중국 정부의 제4차 내부제보자 관련 업무회의(2008년)에 따르면, 부패 당·정 관료의 기소 건수의 70%가량이 정부나 기업 내 내부제보자가 정보를 제공한 이후 수사가 이뤄진 것으로 알려졌다.[125] 2011년 이후 각급 지방의 인민검찰원에 대한 전화 제보 및 온라인 신고도 폭증하고 있는데, 텐진시의 경우 기소된 공무원 부패 건수의 50%가량에 대한 조사가 내부 제보에 의해 시작되었으며, 구이저우 성 부패 공직자 기소 사건의 거의 대부분이 내부 제보에 기초하고 있었다.[126]

내부 제보의 또 다른 좋은 예는 2014년 10월 산시(陝西)성 징볜현의 장옌훙(張燕紅)이란 학교 여교사의 '수뢰 지방 관료 목록' 온라인 제보이다. 현(縣) 공안국과 CCDI는 장 교사가 제보한 목록에 기초해 40명의 부패 혐의자에 대한 조사를 진행하였다. 제보 내용에 따르면, 징볜현 소재 가라오케 주점의 소유주인 왕훙이 지방 관료들에게 총 10만 위안(당시 환율로 미화 16,300달러)이 넘는 뇌물성 선물을 제공한 것으로 알려졌다. 제보자의 남편 리원은 원래 뇌물을 받은 왕 씨 및 다른 한 지방 관료와 함께 가라오케를 공동 운영해 왔었는데, 소유자들 간의 다툼으로 인해 2년 만에 파산하였다. 이 같은 제보에 대해, 왕 씨는 "지방 관료에게 어떤 뇌물성 선물도 건네준 적이 없으며, 온라인 제보는 근거 없는 엉터리 제보"라고 강력히 반발했다.[127] 그러나 뇌물 수령자 40명 이외에도 다른 뇌물공여자들의 이름과 뇌물성 선물의 가치가 기록되어 있는 목록이 사실로 확인되면서 범법행위 관련자들은 모두 사법 처리 되었다.

125_Firestone, Fredric D. (2013), "Whistleblowing in China the United States," p.1; Wysong Wendy, Yu Bing and Boeringer Charles-Henri (2011), "Blowing the Whistle on Corruption in the U.S. and China," p.2.

126_Wysong Wendy, Yu Bing and Boeringer Charles-Henri (2011), "Blowing the Whistle on Corruption in the U.S. and China," p.2.

127_"China Whistleblower Exposes 'Bribery List' Naming 40 Officials," October 16, 2014; http://www.fcpablog.com/blog/2014/10/16/china-whistleblower-exposes-bribery-list-naming-40-officials.html; 최초의 자료는 Hui Zhi (Senior Manager, the China Compliance Digest)가 제공했으며, 2016. 10. 15일자 新京报, 华商报에도 보도되었다.

6장

반부패 정책의 성과

1. 부패 관행의 완만한 개선

1) 중국 부패에 대한 기업인들의 인식 개선

중국 반부패 정책의 성과는 '부패인식지수'(CPI: Corruption Perceptions Index)의 연도별 추이를 보면 알 수 있다. CPI는 국제투명성기구(TI: Transparency International)가 전세계 180개국 기업인들을 대상으로 해외 비즈니스를 수행할 때 해당 국가의 정부 기관이나 공무원들이 얼마나 부패해 있는가를 설문 조사한 결과를 지수화한 것으로 당·정 관료 청렴도 지표라 할 수 있다. CPI는 매년 2월 TI 웹사이트에 공개되는데 가장 최근의 지수를 보면 중국은 2017년 현재 41점으로 180개국 중 77위(상위 42.8% 위치)에 순위 매김돼 있다(제2장의 〈표 2-3〉] 참조). 최악의 시점은 2014년(36점)이었으며, 2017년 성적(77위; 41점)을 반부패 정책 실시 전인 2012년(39점)과 비교해볼 때 청렴성이 약간 나아졌음을 알 수 있다. 아직 획기적인 부패 강도 약화의 증거는 찾을 수 없으나 2012년 말부터 전개되

고 있는 반부패 정책이 2014년도부터 어느 정도 효과를 나타내고 있음을 시사해준다.[128]

중국 부패 비즈니스 관행의 완만한 개선은, 세계 주요국에서의 주요 비즈니스 애로 요인을 설문조사 한 World Economic Forum의 The Global Competitiveness Report (2011~2015; 각 년판) 데이터를 통해 확인할 수 있다. 〈표 6-1〉은 2011~2015년간의 요인별 애로사항 분석결과인데, 중국에 있어 부패 관행은 2013년 3번째 애로요인에서 2014년에 2위로 잠깐 올랐다가 2015년에 6위로 하락했다. 그러나 2011~2012년의 5위 상황과 한 계단 밖에 차이가 나지 않아 획기적으로 부패 관행이 개선되었다고 볼 수는 없다. 중국 내 부패 관행이 약화되는 추세에 있다고 말하려면 2015년 이후의 애로 사항 분석이 나와야 할 것이다.[129]

분명한 것은 중국과 비즈니스 거래를 하고 있거나 중국 시장에 진입해 있는 다국적 기업의 임원들이 아직도 '부패 관행'을 대중국 비즈니스의 주요 걸림돌 중의 하나이자 중국의 국가경쟁력 향상을 가로막고 있는 주요 요인 중의 하나로 인식하고 있다는 점이다(〈그림 6-1〉 참조).

128_반면, 한국은 51위로 중국(77위)보다는 부패 강도가 약하다. 홍콩(13위), 일본(20위), 대만(29위)에 비해서는 여전히 청렴도가 약하며, 2012~2017년 기간 동안 외국 비즈니스맨들이 인식하는 정부기관의 부패 강도에 있어 큰 변화가 없었다.

129_다만 World Economic Forum의 2016년 이후 최신 자료는 아직 구할 수가 없는 상황이다.

〈표 6-1〉 중국 비즈니스 요인 별 애로사항 (2011~2015)

	2011	2012	2013	2014	2015
불충분한 혁신 역량	N/A	7.6	7.6	5.0	12.5
현지금융 접근성	11.5	13.1	11.4	15.8	11.6
비효율적인 정부 관료제	10.9	9.7	10.2	6.6	9.2
부적합한 인프라 공급	7.8	6.4	7.1	8.4	9.0
불합리한 세율	6.9	8.1	7.8	6.0	8.5
부패 관행	8.5 [5위]	9.2 [5위]	10.1 [3위]	12.4 [2위]	8.3 [6위]
정책의 불안정성, 예측어려움	9.9	9.9	6.2	6.3	8.1
조세 관련 규제	6.4	5.7	6.3	9.1	6.7
인플레이션	11.6	10.2	7.0	6.4	5.8
임직원의 낮은 직업윤리	6.1	4.0	4.5	3.6	4.3
임직원의 낮은 교육수준	6.6	5.2	6.3	4.0	4.0
지나친 노동법 관련 규제	4.5	2.2	3.5	4.9	3.7
외환 관련 규제	3.8	4.2	3.9	4.8	3.6
정부의 불안정성	2.9	1.9	3.5	4.0	3.1
낮은 수준의 공중보건	1.8	1.5	1.9	1.0	1.2
범죄와 절도 관행	0.5	1.0	2.8	1.8	0.6

** 자료: World Economic Forum, *The Global Competitiveness Report*, 2011~2015, Each year.

〈그림 6-1〉 WEF Executive Opinion Survey에 나타난 '중국 비즈니스의 요인별 애로사항'

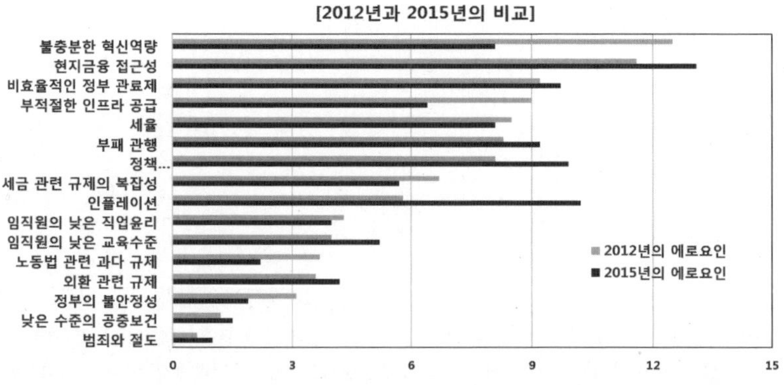

** 자료: World Economic Forum, The Global Competitiveness Report, Sept, 2012~2016, Each year.

2. 반부패 관련 법·제도의 개선

1) 관련 법·제도적 환경의 개선

반부패 정책의 성과는 부패의 통제(궁극적으로는 국가경쟁력 향상) 혹은 부패의 적발·퇴치·예방에 직간접적으로 영향을 미치는 관련 법·제도적 환경이 개선되고 있는지를 살펴봐도 알 수 있다. 〈표 6-2〉는 중국의 반부패 관련 법·제도적 환경 구성요인들의 글로벌 순위가 14가지(Global Competitiveness Report 참조) 평가항목 지표별로 2012~2016년 기간 동안 연도별로 어떻게 변화했는지를 보여 주고 있다. 여기서 알 수 있는 바와 같이, ▲공공자금의 전용, ▲비정상적 지불과 뇌물, ▲사법부 독립성, ▲공무원 의사결정상의 정실주의/편파성, ▲정부 규제 부담, ▲규제 개선에 관한 법체계의 효율성, ▲정책결정상의 투명성, ▲범죄 폭력이 초래하는 거래비용, ▲조직적 범죄, ▲기업의 윤리경영정도, ▲회계감사 및 보고 공시 등 11가지 지표에 있어서는 2012년에서 2016년 사이 중국의 글로벌 순위가 올라 부패 리스크가 감소하고 있음을 알 수 있다.

반면, ▲분쟁해결에 관한 법체계의 효율성, ▲경찰서비스에 대한 신뢰, ▲이사회의 효과적 통제 등 3가지 지표는 악화되고 있다. 이는 제반 반부패 정책적 노력과 관련 법 개정에도 불구하고, 중국의 법체계와 공안부 등 정부 서비스는 개선의 여지가 크고, 기업 내 부패 리스크 통제(궁극적으로는 경쟁력 향상) 환경도 미흡해 앞으로 더 많은 개선 노력이 필요함을 의미한다.

〈표 6-2〉 **중국 법·제도적 환경의 연도별 글로벌 순위 변화** (2012~2016)

단위: 전세계 중 순위

부패 범죄 관련 주요 평가항목	2016	2015	2014	2013	2012
	N=144	N=148	N=144	N=140	N=138
공공자금의 전용 (Diversion of public funds)	44	50	45	44	51
비정상적 지불 및 뇌물 (Irregular payments & bribes)	54	67	66	68	67
사법부 독립성 (Judicial independence)	56	67	60	57	66
공무원 의사결정상의 정실주의/편파성 (Favoritism in decisions of gov't officials)	25	29	22	29	34
정부규제 부담 (Burden of gov't regulation)	21	26	19	14	23
분쟁해결에 관한 법 체계의 효율성 (Efficiency of legal framework in settling disputes)	46	50	49	43	44
규제 개선에 관한 법 체계의 효율성 (Efficiency of legal framework in challenging regulations)	46	66	47	47	53
정책결정상의 투명성 (Transparency of gov't policy making)	40	36	33	46	51
범죄·폭력이 초래하는 거래비용 (Biz. cost of crime & violence)	56	60	52	62	70
조직적 범죄 (Organized crime)	78	76	70	88	98
경찰 서비스에 대한 신뢰 (Reliability of police service)	56	60	61	59	59
기업의 윤리경영 정도 (Ethical behavior of firms)	52	61	55	54	58
회계감사 및 보고, 공시 기준의 힘 (Strength of auditing & reporting standards)	68	80	82	80	72
이사회의 효과적 내부통제 (Efficacy of corporate boards)	116	105	78	84	91

** 자료: World Economic Forum, *Global Competitiveness Report*, 2012~2016, each year.

특히 〈당규 위반 조사 내부 규정〉, 〈조사관 관리 감독 규정〉 등 당원 공직자의 기율에 관한 내부 규정은 급변하는 경제 사회적 현실에 맞지 않아 개정이 시급했다. 이와 관련, CCDI 왕치산 서기는 2017년 1월에 3일간 개최된 간부회의에서 "조사관도 사람인 이상 부패 유혹에 빠질 수 있기 때문에 조사관만 신뢰해서는 안되며 반드시 자체 내부 감찰도 진행해야 한다"고 하면서 법규를 집행하는 조사관의 관리·감독에 관한 규정의 개정을 지시하였다. 그리하여 2017년 상반기에 〈조사관 관리·감독 규정〉이 개정돼 10월 제19차 당 대표 대회 2중전회에서 통과되었는데, 개정된 규정은 음성 및 동영상 증거의 수집 의무, 혐의자 면담과 심문 방법, 불법 자산의 몰수, 부패 등 중대 기율 위반 사범 관리 및 규율에 관한 새로운 기준과 절차를 구체적으로 명시하고 있다.

2) 거래비용의 축소와 권력 기반의 공고화

앞에서도 소개한 바와 같이, 2012년 말 이후 시 정부가 반부패 캠페인을 통해 추구하는 목적은 두 가지였다. 그 중 하나는 '부패 등 불법 행위를 추방해 준법 사회를 건설하려는' 반부패 정책 고유의 목표였고, 다른 하나는 '정적 제거를 통해 권력 기반을 공고화하려는' 정치적 목적이었다. 따라서 그 성과 또한 이 두 가지 측면에서 평가되어야 한다.

우선, '부패의 예방과 퇴치'란 고유의 반부패 정책의 목적은 대체로 성공적으로 달성되었다. 보다 구체적으로는, ▲당·정 관료 재량권의 축소, ▲'법의 지배'(rule of law) 영역의 확대, ▲보고·통계·회계의 선진화, ▲금융전산망의 통합 등이 이루어졌고, 자원 분배상의 투명성, 정부의 대외 신뢰도와 서비스 경쟁력도 향상되었다. 거래비용도 절약되었는데, 호화 연회, 선물 등 세속적 꽌시 구축 · 유지 관행이 과거보다는 줄어들었고, 인허가, 통관, 현지금융 획득 과정에서도 급행료, 접대비 등의 '기름칠 비용'(greasing costs)도 줄어들게 되었다. 한 마디로, 비즈니스 거래, 계약체결에 투입되는 거래비용, 특히 '은밀하게 지급되는 뇌물의 해악'이 줄어들게 된 것이다.

정부 차원에서도 반(反)부패 정책 실행 이후 탈·누세가 줄어들고 재정이 건전화되기 시작했다. 실제로 중국 정부는 2012~2015년 기간 동안 부패 및 해외도피자금의 환수를 통해 약 700억 달러에 상당하는 재원을 추가로 확보하였고, 줄어든 거래 비용과 부패 자금이 생산적 부문에 재투자되면서 중국의 경제성장률도 0.1~0.5%P 정도 높아질 수 있었다. 반부패 정책은 또한 주요 산업의 관련 정책·제도를 혁신하는데도 기폭제로 작용하고 있다.[130] 일반 국민들 특히 기업인들이 반부패 정책을 적극 지지하는 것도 이런 가시적 성과 때문이다.

'정적 제거를 통한 권력 기반의 공고화'란 정치적 목표 달성에 있어서는 더 성공적이었다. 정적인 보시라이, 저우융캉은 물론 부패호랑이인 쉬차이허우, 궈보슝, 링지화까지 숙청하면서 시 주석의 권력 기반은 공고해졌다. 이 같은 안정된 권력 기반 위에서 시 주석은 '신(新)시대에 맞는 중국적 특색을 지니는 사상'이라는 자신의 정치적 이념을 2017년 10월 제19차 당 대표대회에서 '당장'(黨章)에 넣었다. 그리고 2018년 1월 10일에 열린 제19기 2중전회에서는 마오쩌둥, 덩샤오핑, 장쩌민(4개 대표론), 후진타오(과학적 발전관)의 뒤를 이어 헌법에도 자신의 이념을 반영시킬 수 있었다. 이로써 시 주석은 제2기 집권 후반기인 2018~2022년에도, 돌발 변수가 없는 한, 대내 개혁과 대외 개방 정책을 보다 안정적으로 추진할 수 있게 되었다.

130_온라인 출판물 Position and Promotions의 내용에 관한 블룸버그 통신의 보도(2014. 9. 30.); Fox, Thomas (2014), "With GSK, China Flipped the Compliance Switch," October 13, 2014; http://www.fcpablog.com/blog/2014/10/13/with-gsk-china-flipped-the-compliance-switch.html

3) 관련 정책 및 제도의 혁신: 제약 및 의료장비 산업의 예

관련 정책과 제도의 혁신도 있었다. 특히 제약업과 병원·진료소, 헬스케어 서비스업의 경우 2013년 이전에는 뇌물 수수 관행이 만연했었으나 공안국이 2013년 중반에 영국 다국적 제약업체 GSK 중국 법인(GSK차이나)의 상업적 부패를 조사하면서부터 상황이 바뀌기 시작했다. 조사결과, GSK 등 다국적 제약업체들과 병원 의사, 여행사 간에 뇌물수수 유착이 있는 것을 알게 되었다. 그 후 해당 제약업체와 법인장, 임직원, 의사, 여행사 사장 등 관련자를 처벌함은 물론, 다른 제약 업체와 의료 서비스 산업 전반에 대해서도 정책·제도 개혁을 서두르고 있다.

구체적으로는, 약품, 의료 장비·기술 조달 주관 부서인 '국가보건건강위원회'가 중심이 되어 관련 법규를 제·개정하였다.[131] 그리고 2014년 3월 1일을 기해 중국 내 외자 기업을 포함한 모든 의료장비의 제조·판매업체, 대리상 및 개인으로 하여금 당국으로부터 뇌물수수와 관련해 고소·조사·처벌을 받은 모든 전과 기록을 작성·보존하도록 하고, 이를 위반할 경우 처벌하도록 관련 규정을 강화하였다.[132] 법 위반자에 대한 매출 타격 가능성도 높였는데, 단 한 개의 상업적 부패 전과기록만 있더라도 해당 기업이나 개인은 소재지, 성(省)내에서 2년간 약품이나 의료장비를 팔지

131_2018년 3월 국무원 조직개편 때, '국가보건가족계획위원회'(國家保健生育委員會)의 명칭이 '국가위생보건위원회'(國家衛生保健委員會)로 바뀌고 기능도 재조정되었다. 김윤희 (2018), "2019 중국 양회 2: 20년만에 최대 폭 국무원 기구 개편," KOTRA 베이징 무역관, 2018. 3. 23.; https://wenku.baidu.com/view/95d2231758010202074 0be1e650e52ea5518ce17.html

132_"China: Commercial Bribery Risks Remain Very Real In China," www.mondaq.com, Asia, February 17th, 2014; Asia Ethical Alliance, Feb. 18, 2014.

못하며, 5년 동안 2개 이상의 전과기록이 있을 경우에는 해당 기업과 개인은 관련 의료 장비와 약품의 전국적 판매가 금지되도록 조치하였다.[133]

3. 부패 사범 행정 처분 및 사법 처리 실적

1) 당원 '8항 규정 위반' 행정 처분 실적

중국 반부패 정책의 성과를 평가하는 중요한 근거 자료로는 ▲당 중앙정치국 및 CCDI 등 관할 당국이 '8항 규정 위반자'에게 내리는 행정 처분, ▲검찰에 의한 기소 처분, ▲사법부에 의한 부패 혐의자 심리와 판결, ▲공상행정관리국에 의한 벌금 및 과징금 부과 실적 등이 있다.

우선, 부패 등 중대한 당규 위반자에 대한 당의 행정 처분부터 살펴 보자. 당 중앙정치국은 2012년 12월 4일에 〈당원의 업무 태도 개선 및 대중과의 관계 개선에 관한 8항 규정〉(이하 '8항 규정')을 공표하였는데,[134] 이후 '8항 규정'은 당원 공직자의 기율 준수 여부를 판단하는 윤리 기준이 되었다. 주요 내용은 ▲일반 대중 접촉시 권위주의·관료주의·형식주의·배금주의 타파, ▲3公(접대·관용차·해외출장)경비의 절약과 올바른 사용, ▲불필요한 행사 · 회의 금지, 회의 및 연설 시간 단축, ▲수행 인원, 도로 교통 관제, 공항 영접의 최소화, ▲공문 남발 금지 및 서류 간소화, ▲정치국원 활동에 관한 신중한 동향 보도, ▲출장, 수행원, 관사, 차량이용시의 근검

133_"China: Commercial Bribery Risks Remain Very Real In China," op.cit.

134_'8항 규정'(〈中共中央政治局关于改进工作作风密切联系群众的规定〉)의 자세한 내용에 관해서는 〈부록 표2〉 참조.

절약과 공무 수행 시의 청렴 등 부패 비리와 직간접적으로 관련되어 있는 사항들이다(자세한 내용은 〈부록 표 2〉 참조).

당원 기율 관리와 '8항 규정'의 집행을 담당하는 핵심부서는 CCDI 감찰국이다. 이 기관 발표 자료에 따르면,[135] 2012년 12월 이후 2016년 8월 말까지의 4년여 동안 중국 전역에서 모두 13만 9,622건의 위반사건을 적발했다. 이 중 8항(項) 규정 위반 혐의로 조사를 받은 간부는 총 18만 7,409명이었고, 그 49%에 해당하는 9만 1,913명이 당 기율 혹은 행정 기율 처분을 받은 것으로 나타났다. 연도별로는 2012년 말부터 2013년 말까지 총 7,692명, 2014년에는 2만 3,646명, 2015년에는 3만 3,966명, 2016년 1~8월까지는 2만 6,609명이 처분을 받은 것으로 조사되었다.

〈표 6-3〉과 〈표 6-4〉는 '8항 규정' 위반으로 행정처분을 받은 간부의 직급별·위반 행태별 건수와 비중을 보여주고 있다. 여기서 알 수 있는 바와 같이, 직급별로는 장관(部長)급이 15명, 차관 및 청장급이 927명(1%)이며, 처장급 6,903명(8.2%), 과장급이 84,068명(91.5%)이었으며, 반부패 조사로 낙마한 장·차관급 이상 비리 고위공직자만도 51명에 달하였다. 위반 형태별로는, 관용차·국유 장비의 사적 사용이 2만 6,172건(전체의 28.5%)으로 가장 많았고, 선물 사례금 수수도 1만 1,015건으로 11.8%에 달하였다.

135_중앙기율검사위원회 감찰부 발표자료를 中國青年報, 2016. 10. 17.; 아주경제신문(온라인), 2016. 10. 18.

<표 6-3> '8항 규정' 위반으로 처분을 받은 간부의 직급별 인원과 비중

직급별	8항 규정 시행 이후 처벌받은 간부 (명)	비중(%)
전 체	91,913	100.00
장관(部長)급	15	0.016
차관(副部長, 廳長)급	927	1.01
처(處)장 급	6,903	8.21
과(科)장 급	84,068	91.47

** 주: 처분이라 함은 당 기율 처분이나 행정 기율 처분을 말한다.
** 자료: 중앙기율검사위원회 감찰부 발표자료를 中國青年報, 2016. 10. 17.; 아주경제신문(온라인), 2016. 10. 18.; http://www.ajunews.com/view/20161017121407907에서 발췌 정리한 것임.

이처럼 시진핑 정부의 부패 척결 관련 제재는 매우 강도가 높고 일관되게 진행되었으며, 제재 대상도 국가기관 ·국유기업·국유상업은행을 불문하고 당원이 근무하는 곳이면 모든 조직 단위(單位)를 포함하였다. 주무 기관은 CCDI 감찰국이지만, 감찰부 부패예방국, 인민검찰원 반부패뇌물국, 공안부 등 유관 기관이 중대한 기율을 위반한 당원 공직자, 국유상업은행 및 국유기업 간부를 조사하는데 협조하였다. 그리고 뒤에서 자세히 설명하겠지만, 해외로 도피한 부패 사범은 '여우사냥'(打狐狸; Fox Hunting), '텐왕'(天網; Skynet) 작전을 통해 추적·검거하였다.

2015~2016년간의 CCDI의 반부패 조사 활동은 인민해방군 내에서도 전개되었다. 군 인사 중 부패 혐의로 기소돼 재판을 받은 최고위급 인사는 쉬차이허우(徐才厚) 전 중앙군사위 부주석이다. 그는 2015년 4월 방광암으로 베이징의 301병원에 입원 중 체포되어 쐉궤이(雙規) 처분을 받았으나,[136] 한 달 뒤 방광암으로 사망하였다.

136_쉬 부주석 수사 결과는 百度百科 검색결과(https://baike.baidu/item/徐才厚) 참조. http://www.yonhapnews.co.kr/international/2014/05/04/0603000000AKR20140504021200103.HTML

〈표 6-4〉 '8항 규정' 위반으로 처분을 받은 간부의 위반 행태별 건수와 비중

기율 위반 형태별	8항 규정 시행 이후 처벌받은 간부 (명)	비중(%)
전체	91,913	100.00
관용차·국유 장비의 사적 사용·과잉 사용	26,172	28.48
수당지급 및 복지혜택 규정 위반	13,826	15.04
경조사 규정 위반	12,934	14.07
선물 사례금 수수	11,015	11.80
공금 식사	9,978	10.86
기타	17,988	19.57

** 주 및 자료: 〈표 6-3〉과 동일.

2017년에도 CCDI의 반부패 퇴치 활동은 이어졌는데, 한 해 동안 당 기율 위반 혐의로 12만 2,100건이 적발돼 15만 9,100명이 처벌되었다. 이 중 2017년 1~11월 기간 동안만 보면 '8항 규정' 위반으로 총 6만 1천 명의 관료가 처벌되었는데,[137] 차관급 이상의 고위 당·정 관료도 40여 명이나 되었다. 이외에도 18명의 중앙 행정 부서 관료도 CCDI 조사를 받았으며, 29개 중앙정부 관할 대학, 4개 성급 정부의 당 조직도 부패 및 기율 위반 여부에 관한 CCDI의 감찰을 받은 바 있다.

한편, CCDI는 부패 등 당 기율 위반의 추가 발생을 경고하는 차원에서 지방 CCDI 위원들에게 67건의 대표적인 부패 및 당규 위반 사례를 회람시키고 CCDI 웹사이트에도 이를 공개하였다. 이 같은 적극적인 반부패 캠페인은 국민의 적극적인 지지를 받고 있다. 2017년 중에 행한 여론조사 결과에 의하면, 설문조사 대상자의 93.9%가 지도부의 반부패 캠페인에 만족감을 표시했는데, 이는 전년(75%)에 비해 18.9%나 높아진 수치이다.[138]

137_"China punishes 159,100 in anti-graft campaign in 2017," 新華社, 2018. 1. 7.; http://www.xinhuanet.com/english/2018-01/07/c_136878378.htm

138_"China punishes 159,100 in anti-graft campaign in 2017," 新華社, 2018. 1. 7.; http://

2018년 3월에는 '국가감찰위원회'(NSC; National Supervisory Commission)가 신설되었다. 하지만, 2017년에는 NSC가 있기 전이므로 당시 반(反)부패 정책 추진 내용에 관해서는 총괄 주무 부서인 CCDI의 발표를 볼 수밖에 없다. CCDI 자료에 의하면, '8항 규정'을 위반한 당원 공직자를 조사·처벌하였는데, 2016년 7월 한달 동안에만 3,044건의 사안에 걸쳐 당규를 중대하게 위반한 4,417명의 당원 공직자들이 견책, 감봉, 해고 등의 징계나 형사처벌을 받은 것으로 나타났다.[139] 가장 흔한 위반 행태로는 자의적인 보너스 지급, 관용차량의 사적 사용이 많으나, 선물 공여나 뇌물 수수 등 공직 부패와 직간접적으로 관련된 행태도 많았다. 물론 '8항 규정' 위반 모두를 부패 행위로 볼 수는 없다. 그러나 제반 공직자 부패 사례를 볼 때, 8항 규정 위반과 부패 범죄 간에는 상당히 강한 정(正)의 상관관계(correlation)가 있는 것으로 추정된다.

따라서 '광의의 지표'로 사용이 가능한데, 공직자 윤리에 관한 '8항 규정'이 집행되기 시작한 2012년 말 이후 2017년 10월까지 적발된 위반 사건은 총 14만 6천431건에 달했고, 19만 6천947명의 공무원이 처벌을 받았으며,[140] 약 387억 위안(미화 약 62억 달러)에 달하는 불법 이득이 국고로 환수되었다.[141] 특히 류즈쥔(劉志軍) 전 철도부장(장관)의 경우, 고속철도

www.xinhuanet.com/english/2018-01/07/c_136878378.htm

139_Mahmut Atanur (2016), "4,417 Punished for Violating Austerity Rules in China," Beijing Anadolu Agency, AA News Broadcasting System(HAS), 웹사이트 기사, 2016. 8. 25.; http://aa.com.tr/en/asia-pacific/4-417-punished-for-violating-austerity-rules-in-china/633463. 원 자료는 CCDI 웹사이트 발표 자료; 신화사 통신, 2016. 8. 24. 발표 자료.

140_연합뉴스, 2018. 12. 16.

141_"China Anti-Graft Purge Recovers $6.2bn in Ill-Gotten Gains," *The Financial Times* (www.ft.com), July 30, 2015; July 29, 2015.

건설, 철도의 개보수, 철도차량 수주 등과 관련하여 무려 6,461만 위안 (당시 환율로 한화 119억 원 상당)에 달하는 뇌물을 받아 사형 선고를 받기도 했다. 다만, 다른 고위 공무원들의 부패 조사에 협조한 공로로 사형집행은 유예 받았다.[142]

〈그림 6-2〉 '八項' 규정 위반 공직자 처리현황 (직급별 비중 추이)

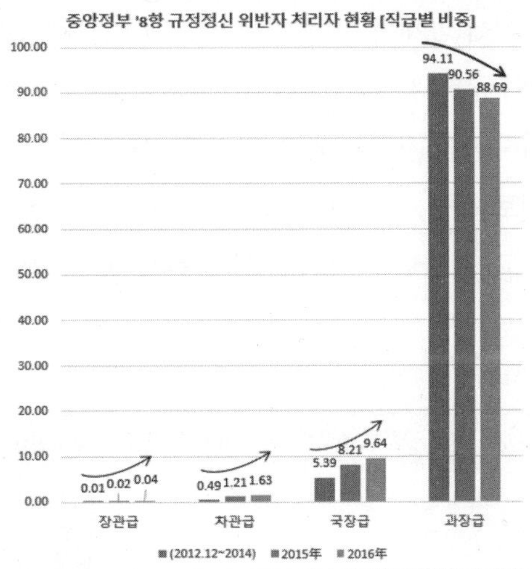

한편, 〈그림 6-2〉는 2012.12.~2014년, 2015년, 2016년 동안 '8항 규정'을 위반한 공직자의 직급별 분포를 보여주고 있다. 여기서 알 수 있는 바와 같이, 가장 많던 과장급 공직자의 비중은 줄어들고 있는 반면, 장관급, 차관급, 국장급 등 고위 공직자의 비중은 늘어나는 추세다. 위반 행태·유

142_2013년 4월 재판 이후 철도부는 '부패의 소굴'로 인식되어 해체된 다음 교통운수부로 통합되었다.

형별 비중은 〈그림 6-3〉에 나와 있는데, 공비(公費)를 이용한 해외여행, 보조금·복지비의 낭비, 선물 관련 규정의 위반 등의 행태는 증가하고 있는 반면, 호화 관혼상제 관행은 현저히 줄어들고 있다. 이는 사회적 청렴 분위기가 점차 고조됨에 따라 공직자의 부패·비리 행태가 억제되고 있음을 시사해준다.

한편, 2013~2017년의 5년 동안의 누계 실적은 2018년 3월 제13기 전인대 업무 보고에서 공개되었다. 이에 따르면 5년 동안 각계 각층에 종사하는 150만 명의 군인과 당·정 관료가 중대한 당 기율 위반으로 크고 작은 징계와 민형사상의 처벌을 받은 것으로 나타났다. 이중 수뢰, 독직 등 부패 관련 범죄로 사법 처리된 사안은 총 19만 5천 건으로 26만 3,000명이 관련돼 있었고, 장관급 이상의 고위 당원과 군 장성도 101명이나 포함돼 있었다.[143]

〈그림 6-3〉 '八項 규정 위반 공직자 처리현황(관련규정 위반 유형별 비율)

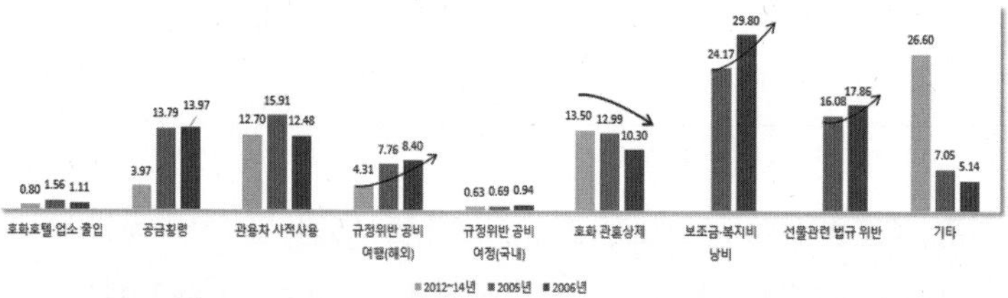

** 주: '업무기율 위반(37.49%)'은 2012년 12월~2014년까지만 조사되었으므로 그래프에서 제외

** 자료: 中央紀委監察部网站 웹 사이트(http://ccdi.gov.cn/yw/201501/t20150104_49662.html; http://ccdi.gov.cn/yw/201601/t20160112_72687.html;http://ccdi.gov.cn/yw/201501/t20150104_49662. html;)

143_The Express Tribune, March 18, 2018; https://tribune.com.pk/ story/1655744/3-china-anti-graft-drive-sees-100-top-officials-tried-five-years/

2) 유관 당국의 관련 법규 집행 실적

앞의 〈그림 6-2〉와 〈그림 6-3〉은 어디까지나 공직자가 준수해야 할 '8항 규정' 및 당규 위반 행태만을 직급별·연도별로 보여주는 것일 뿐, 전체가 공직자의 부패·비리 자체에 대한 처벌이라고 보기는 어렵다. 보다 나은 부패사범 처벌에 관한 지표는 검찰청(최고인민검찰원)과 사법부(최고인민법원), SAIC(국무원의 공상행정관리국)이 전인대(全國人民代表大會)에서 하는 업무 보고 내용을 검토해 봐야 한다.

〈표 6-5〉는 3개 유관 당국의 기관장이 2013~2015년의 3개년간 전인대에서 행한 '공직부패 및 상업적 뇌물수수와 관련된 범죄 사건' 관련 업무 보고를 분석한 결과이다. 우선, 차오젠밍(曹建明) 최고인민검찰원장의 2015년 전인대 업무 보고를 검토하면, 2014년 한 해 동안 조사한 뇌물수수, 공금횡령 등의 공직자 부패 안건은 모두 4만 1,487건이었다. 그리고 부패 혐의로 조사받은 공직자 수는 5만 5,101명에 달하고, 부패 액수가 100만 위안(약 1억 7,000만 원) 이상인 대형 사안만 해도 3,664건에 달한 것으로 밝혀졌다.

비당원을 포함한 전체 공직자로 범위를 넓히면, 부패 사범은 훨씬 늘어나게 되는데, 2015년 한 해 동안 검찰 수사를 받은 개인 뇌물공여 혐의자는 8,217명, 뇌물 수령 혐의자는 1만 3,210명 등 총 4만 834명이나 되었다. 이외에도 토지 사용권 대금, 도시 재개발, 사회보장기금, 농업개발기금 등의 사용과 관련해 공금횡령, 수뢰 등의 경제범죄를 범한 1만 7,410명의 하급 관료들도 검찰의 수사를 받았다. 2014년 10월부터는 해외로 도피한 부패 사범을 추적해 체포하고 본국으로 송환하고 불법 자산을 몰수했다. 구체적으로는, 인터폴(Interpol)에 적색 수배된 27명을 포함한 총

164명의 부패 혐의자가 37개 지역(속령) 포함에서 강제 송환되거나 자진 귀국해 법의 심판을 받았다.

사법부의 부패사범 사법처리 결과도 살펴볼 필요가 있다. 저우치앙(周强) 최고인민법원장이 2016년 3월 전인대에서 행한 보고를 살펴 보면, 2015년 한 해 동안 저우융캉 등 15명의 부패 고위 당·정 관료가 사법처리 된 것으로 되어 있다. 이외에도, 법원이 처리한 부패 관련 재판 심리·판결 건수는 2014년의 3만 1,000건이었으나 2015년에는 3만 4,000건으로 9.7%가량 증가한 것으로 나타났다.[144] 2016년에도 법원은 2,862명에게 뇌물죄 유죄 판결을 선고하였고, 1만 5,000건에 대해서는 뇌물수수, 공금 횡령과 유용 등 경제 범죄 관련 판결을 내린 바 있다. 또한 2017년 3월 12일 제12차 전인대 제5차 회의 보고 자료에 따르면, 2016년 한 해 동안 법원은 4만5천 건(소송 당사자는 6만 3천명)의 부패사건을 심리하였는데, 피고 중에는 전직 성(省)·부(部)(장관)급 이상의 간부 35명, 240 지(地)·국(局)(국장급) 간부 240명이 포함되어 있었다. 이외에도, 부패 범죄, 공금횡령, 빈곤 지역 자금 유용 등으로 심리가 종결된 1만5천 건에 달했으며 이중 뇌물 수령으로 유죄판결을 받은 사범은 2,862명이었다.

144_"2015~2016《中国反商业贿赂调研报告》发布反商业贿赂倒逼企业重新审视政商关系," 法制日报, 2015. 5. 21.; 法制网(http://www.legaldaily.com.cn/index/content/2016-05/21/content_6640599.htm?node=20908); Liu Chang (2016), "China Put 49,000 People on Trial for Graft in 2015," June 7, 2016; http://www.fcpablog.com/blog/2016/6/7/chang-liu-china-put-49000-people-on-trial-for-graft-in-2015.html.

〈표 6-5〉 최고인민검찰원, 최고인민법원, 공상행정관리총국 계통의 뇌물수수 및 상업 부패 처리 관련 통계

	관련항목	2013	2014	2015
SPP의 부패 관련 범죄 입건수사 실적	입건수사가 끝난 직무범죄 건수 (건)	37,551	41,487	40,834
	입건수사 대상 혐의자 수 (명)	51,306	55,101	54,249
	수사대상이 된 뇌물공여자 숫자 (명)	5,515	7,827	8,217
	수사대상이 된 뇌물수령자 숫자 (명)	18,076	14,062	13,210
SPC의 부패 관련 범죄 심리·판결 처리 실적	각급 법원의 뇌물수수 및 부패 관련 심리 및 판결 완료 안건(건)	29,000	31,000	34,000
	각급 법원의 뇌물수수 및 부패 관련 심리 및 판결 처리된 인원(명)	31,000	44,000	49,000
SAIC 계통의 상업부패 사건처리 실적	처리된 상업부패 안건수 (건)	4,521	2,986	669
	처리된 상업부패 가액 (억 위안)	15.24	14.68	4.23
	벌금(과징금) 및 몰수액수 (억 위안)	4.63	4.43	1.13*

** 주: SPP는 최고인민검찰원(Supreme People's Procuratorate; 한국의 대검찰청), SPC는 최고인민법원(Supreme People's Court; 한국의 대법원), SAIC 계통은 중앙 '공상행정관리총국(SAIC; State Administration for Industry & Commerce)과 지방 소재 SAIC 분국 및 유관 당국 전체'를 말함.

* SAIC 계통 실적의 경우, 2015년 전체가 아닌 상반기 실적임.

** 자료: "2015~2016中国反商业贿赂调研报告》发布反商业贿赂倒逼企业重新审视政商关系," 法制日报, 2015. 5. 21.; 法制网(http://www.legaldaily.com.cn/index/content/ 2016-05/21/content_6640599.htm?node=20908)

한편, SAIC도 과징금과 벌금 부과를 통해 〈반불공정경쟁법〉과 관련 조례 등을 집행하고 있는데, 기업에 의한 상업 부패의 취급 건수는 2013년 이후 감소 추이를 보이고 있다. 연도별로는, 2013년에 4,521건이었던 벌금·과징금 부과 건수가 2014년에는 2,986건, 그리고 2015년 상반기에는 669건으로 점차 감소하였다. 벌금·몰수액 총액도 같은 기간 동안 4억 6천 3백만 위안(2013년)에서 4억 4천 3백만 위안(2014년)에서, 2015년 상반기에는 1억 1천 3백만 위안으로 줄어들었다.

상업적 부패 취급 건수나 벌금 부과액 및 몰수 금액이 감소하고 있는 것은 지방 SAIC 감독·관리 제도가 개혁 과정에서 바뀌고 있는데다가, 단속과 처벌이 심해지면서 공직자와 기업인들이 뇌물 수수·리베이트 관행

을 유보·절제하고 있기 때문인 것으로 풀이된다. 실제로 일부 성·시(省·市)의 경우 지방 SAICs가 중앙 SAIC 해당 유관 부서로부터 '수직적 통제'(vertical control)를 받던 종전의 시스템에서 벗어나 상급 '지방정부 유관 부서'로부터 '수평적 관리'(horizontal control)를 받는 것으로 알려졌다. 그리고 일부 지방의 경우 2018년 3월 이후에는 SAICs가 지방정부 산하 식품의약국, 품질검사검역국과 통폐합되어 '시장관리감독총국'(SAMR)으로 바뀌고 있다.[145] 따라서 지도부의 반(反)부패 관련 조직 개편이 완료되면 새로운 조직인 SAMR에 의한 벌금 및 과징금 부과 건수, 불법 이득 몰수 액수가 다시 늘어날 가능성이 크다.

4. 국내 '부패 호랑이'들의 일소

부패 척결에 관한 시진핑 주석의 강한 의지는 '좌잉따후'(抓蝇打虎) 혹은 '따후파이잉'(打虎拍蝇)이란 구호로 압축된다. 여기서 '잉'(蝇)은 '파리' 즉 하위 부패 관료를 말하며, '후'(虎)는 '부패 호랑이'(腐敗虎) 즉 중앙 당·정·군, 중앙기관, 국가 단체 및 국유기업의 '부패한 고위 간부'를 뜻한다. 실제로 2014년 한 해 동안 시진핑(習近平) 지도부의 사정 칼날에 부패 혐의로 조사를 받은 공직자는 5만 5,000명을 넘었다(〈표 6-6〉 참조).[146] 또한

145_이 같은 변화는 2018년 3월 국무원 조직 개편 과정에서 '공상행정관리총국'은 식의약품 관리국, 품질검사검역국과 통폐합되어 '시장감독관리총국'(SAMR; State Administration for Market Regulation)으로 바뀌었다. 〈부록 표 3〉 참조.

146_차오젠밍(曹建明) 최고인민감찰원장이 "2015년도 전국인민대표대회 업무보고자료", 2015. 3. 12.; "중국 부패 척결에 지난해 탐관오리 5만 5,000명 적발," 아주경제신문(온라인), 2015. 3. 13일자; http://www.ajunews.com/view/20150313094332860

2012년 말 반부패 캠페인을 개시한 이후, 수십만 명의 부패 관료를 조사한 이후 이들로부터 387억 위안(62억 달러)의 불법 소득을 몰수하였다.[147] 시진핑 지도부가 인상적인 것은, 과거 지도부가 정권 교체기에 몇몇 정적을 없앤 후 지방의 말단 관료 즉 '파리'나 잡는데 그친 반면, 고위 간부라 할지라도 관용을 베풀지 않았고, 권력 기반이 안정된 뒤에도 반(反)부패 캠페인을 지속적으로 전개한 점이다.

〈표 6-6〉 **중국 내 부패혐의 조사 건수와 조사받은 공직자 숫자 증가율** (2011~2016)

연도별	부패혐의 조사 건수 (건)	증가율(%)	부패혐의로 조사받은 공직자 수(명)	증가율(%)
2011	3만 2,567	7.0	4만 4,506	1.0
2012	3만 4,325	5.0	4만 7,330	6.3
2013	3만 7,551	9.4	5만 1,306	8.4
2014	4만 1,487	10.0	5만 5,101	7.4
2016	4만 5,000	n.a.	6만 3,000	n.a.

**자료: 차오젠밍(曹建明), 最高人民检察院工作报告, 全人大, 2015. 3. 12., 2017. 3. 20. ; 홍콩 明報, 2015. 3. 13.; 아주경제신문(온라인), 2015. 3. 13. 기사를 참조하여 재정리 작성.

처벌 규모도 크고 광범위하다. 2012년 말 이후 반부패 캠페인 과정에서 약 120만 명의 당·정 관료, 국유기업 당 간부에게 무기징역 등의 무거운 형사처벌에서 징계 등 행정 처벌에 이르기까지 크고 작은 처벌을 내렸다. 2016년의 경우, 41만 명의 관료가 처벌을 받았는데, 이중 장관급 이상의 고위 간부는 76명이며, 처벌된 부패혐의자의 13.9%인 5만 7천 명은 자수하였다.[148] 한 가지 긍정적인 신호는, 부패 사건의 숫자가 반부패조사가

147_"China Anti-Graft Purge Recovers $6.2bn in Ill-Gotten Gains," *The Financial Times* (www.ft.com/), July 30th, 2015.

148_*The China Daily*, 2017. 1. 9., CCDI 간부 샤오페이(Xiao Fei)의 기자회견 보도 내용; "China Graft Drive Has Punished 1.2 Million," January 10th, 2017; http://www.

개시된 2012년 말 이후 처음으로 감소하였다는 사실이다. 이는 공직부패에 관한 한 여러 가지 한계와 문제점에도 불구하고, 중국의 반부패 캠페인이 점차 조금씩 성과를 나타내고 있음을 보여주는 것이다.

이 같은 성과의 뒤에는 2014년~2016년의 3년 동안 부패 관련 범죄자의 구속, 기소 등에 있어 '무관용'(zero-tolerance)의 원칙을 견지한 차오(曹) 최고인민검찰원장의 공이 크다. 실제로 2014의 경우, 뇌물수수, 공금횡령 등 부패 혐의로 조사를 받은 공직자 중 장·차관급에 해당하는 성부(省·部)급 이상 관료가 28명에 달해 전년도보다 무려 250%나 늘었고, 중앙기관 국장급에 해당하는 청·국(廳·局)급 이상 관료도 589명이었다. 2015년에도 저우융캉(周永康)을 비롯한 총 22명의 장관급 이상의 고위 당 간부·관료가 기소되었고, 관련 당국으로부터 공식 조사를 받은 혐의자가 2014년(28명)보다 많은 41명에 달하였다.[149]

2016년에도 검찰은 부패 등 경제범죄 사건 4만 5000건에 걸쳐 6만 3000명의 공직자를 조사하여, 상당수를 수뢰 혐의로 기소하였다. 기소자 중에는 전직 성·부(省·部; 장관)급 이상의 간부인 링지화(令計劃) 전 비서실장, 쑤룽(蘇榮) 전 정협 부주석, 바이언페이(白恩培) 전인대 자원 및 환경보호 상임위원회 전 부주임 등 48명이 포함되어 있었다.[150] 48명 중 35명은

---

channelnewsasia.com/news/asiapacific/china-graft-drive-has-punished-1-2-million/3426654.html

149_"Chinese Judiciary Vows to Keep Up 'High Pressure' on Corruption," China Compliance Digest, *Ethical Alliance Daily News*, March 14th, 2016; http://ethix-base.com/china-china-continue-crackdown-hostile-forces-corruption-2016-top-prosecutor-says/

150_"曹建明, 最高人民检察院工作报告," 2017年3月12日在第十二届全国人民代表大会第五次会议上, 最高人民检察院检察长 曹建明, 2017年3月20日 08:58, 人民网, 人民日报, http://cpc.people.com.cn/n1/2017/0320/c64094-29155618.html; "Chinese Courts Conclude 45,000

전직 중앙 및 성급 지역 고위 관료이고, 240명은 현직 고위 관리이다.

더 중요한 것은, 이전 같으면 살인을 저질렀어도 불문에 부쳤을 법한 정치국 상무위원급 인사를 처음으로 처벌했다는 점이다. 실제로 저우융캉 전 정치국 상무위원은 1억 3000만 위안의 뇌물을 수령한 죄, 보시라이(薄熙來) 전 충칭시 당 서기는 2,179만 위안의 뇌물을 수령하고 500만 위안의 공금을 유용한 죄로 각각 무기징역형을 선고받았다. 물론 정적이기 때문에 시 주석이 결단을 내렸을 수도 있었겠지만, 과거 어느 지도자도 정치국 상무위원급 간부를 처벌하지 않았다는 점에서 과거와는 달리 반부패 정책의 집행이 매우 엄격해졌다는 점은 높이 평가해 줄 만하다. 이외에도 쉬차이허우(徐厚才) 전 중앙군사위원회 부주석, 장제민(蔣潔敏) 전 국유자산관리감독위원회 주임, 리둥성(李東生) 전 공안부 부부장, 리충시(李崇喜) 전 쓰촨(四川)성 정협 주석, 진다오밍(金道銘) 전 산시(山西)성 당위원회 부서기, 야오무건(姚木根) 전 장시(江西)성 부성장 등의 부패호랑이가 사법처리되었다. 2012년까지 현역에 있다가 은퇴한 4성 장군 궈보슝(郭伯雄) 역시 2016년 7월 25일 비공개로 열린 군사법원(1심) 재판에서 뇌물수령(受贿罪) 및 권한남용의 죄목으로 무기징역형을 선고받았다. 특히 궈 장군의 경우, 상장 계급, 정치 권한, 당직을 모두 종신 박탈당했으며, 부패·비리와 관련해 얻은 불법 소득과 개인 재산도 전액 몰수되어 국고로 귀속되었다.[151]

Graft Cases in 2016, Implicating 63,000 People," 新華網 http://news.xinhuanet. com/english/2017-03/12/c_136121852.htm

151_"郭伯雄犯受贿罪一审被判处无期徒刑", 新华网 2016. 7. 25; "Chinese Gen Guo Boxiong sentenced to life for corruption," 25 July 2016, BBC; http://www.bbc.com/news world-asia-china-36883608

〈표 6-7〉 반부패 정책을 통해 숙청된 장쩌민 계열 '부패 호랑이'들 (예시)

부패 호랑이	생년월/ 출생지	주요 경력과 직책	당 기율검사위(CCDI) 기율 위반 처분과 인민법원의 판결
보시라이 (薄熙來)	1949. 7. 山西, 定襄	전 충칭시 서기, 중앙 당정치국 위원 (2007. 11.~2012. 03.) 상무부 장관(2007. 10.~2007. 11.)	《党章程》, 党纪律检查机关案件检查工作条例》 규정에 따라 중앙정치국 위원 직무가 정지되고, 입안조사 개시됨.(2012. 4. 10.). 중앙정치국 회의에서 당적, 공직 박탈된 후 사법기관으로 이첩(2012. 9. 28.). 수뢰(受贿) 독직(贪污),직권남용(滥用职权) 혐의로 산둥성 지난시(济南市) 인민검찰원이 지난시 중급인민법원에 기소(2013. 7. 25.). 1심에서 무기징역형(无期徒刑)과 정치권 종신박탈 선고(2013. 9. 22.). 산둥성 고급인민법원은 보의 상소를 기각하고 1심 무기징역형 판결(2013. 10. 25.).
저우용캉 (周永康)	1942.12. 江苏, 无锡	중앙 당정치국 상무위원 및 정법위 서기 (2007~2012. 11.)	정치국 회의, 《关于周永康严重违纪案的审查报告》 심의 통과후 당적 박탈(2014. 12. 5.). 30여 명의 범죄자와 함께 사법기관 이첩 후 의법처리 (2015. 1. 7.). 수뇌(受贿), 직권남용(滥用职权), 국가비밀 누설(故意泄露国家秘密) 등의 3가지 죄목 수사종결 후 텐진시 인민검찰원 제1분원이 텐진시 중급인민법원에 기소제기(2015. 4. 3.). 1심 재판에서 수뢰죄(무기징역, 정치권 종신박탈, 개인재산 몰수); 직권남용죄(7년 징역), 국가기밀 누설(4년 징역형)등 3가지 죄를 종합해 1심에서 무기징역, 개인재산 몰수 및 정치권 종신박탈 선고받음(2015. 6. 11.).
쉬차이허우 (徐才厚)	1943.6. 辽宁, 瓦房店	중앙군사위 부주석 (2007. 10.~ 2013. 3. 15.)	당 기율 관련 조례에 따라 조사개시(2014. 3. 15.). 수뢰 혐의로 당적과 군적 박탈 및 상장계급 취소 및 최고인민검찰원 군사검찰기관 의법처리(2014. 6. 30.). 방광암 치료중 병원에서 사망(2015. 3. 15.). 《中华人民共和国刑事诉讼法》 15조에 따라 군검찰원은 불기소 처분 내림.
궈보슝 (郭伯雄)	1942.7. 陕西, 礼泉	중앙 당정치국 위원 (2003~2012. 11.), 중앙군사위 부주석 (2003~2013. 3.)	정치국 회의, CCDI 심의 후 당적 박탈 및 인민검찰원 군사검찰기관에 이첩 후 의법 처리 결정(2015.7.30). 승진 및 보직 조정 등과 관련한 수뢰혐의로 입안조사 및 기소(2016.5.3). 비공개로 열린 군사법원 1심 재판에서 무기징역, 정치권 종신 박탈, 개인재산 몰수, 불법장물 국고귀속, 상장계급 박탈 선고받음(2016. 7. 25.)

** 자료: 바이두 검색(http://baike.baidu.com/) 및 기타 중국 언론 인터넷 자료

궈보슝에 대한 무기 징역형은 최고위급 군 장성에 대한 역대 최고의 중형이다. 궈는 후진타오 집권기인 2002~2012년의 10년 기간 동안 중국 중앙군사위원회의 부주석, 당 핵심권력기구인 중앙당정치국 위원회(총 25명)의 위원으로 일하면서 부하의 승진, 전보 등과 관련하여 가족 등을 통해 약 1,230만 달러(한화 142억 원 상당)의 뇌물을 받고 인사에 영향력을 행

사한 혐의이다.[152] 궈는 죄를 뉘우치고, 판결에 순응한다는 뜻으로 항소를 포기했다. 이외에도 2016년 3월에는 신장(新疆)위구르자치구 리즈(栗智) 전 인민대표대회 상무위원회 부주임과 차관급 간부인 허베이(河北)성 공산당위원회 상무위원 징춘화(景春華) 비서장이 각각 기율·법률 위반 혐의로 낙마하였다.

5. 지방 공직부패 클러스터의 소탕

지방 공직자들의 부패 클러스터를 소탕한 것도 시 지도부 반부패 정책의 기여라고 할 수 있다. 중국 내 부패 클러스터는 주로 석탄·석유·천연가스 등 에너지 자원의 채굴 및 화학 관련 산업이 발달된 지역에 형성되어 있는데, 권력층의 이권 개입이 자주 있다 보니 통제가 안될 경우 부패의 소굴이 되기 십상이다. 광산이나 유전의 탐사 및 채굴 허가, 채굴 장비 및 기술의 구매, 채굴된 에너지 자원의 판로개척 과정에 관료가 깊이 개입할 수밖에 없기 때문이다. 예컨대, 전 중앙군사위원회 부주석 쉬차이허우는 석탄 매장량이 풍부해 석탄 채굴 및 석탄 화학산업이 발달된 산시(山西)성을 근거지로 삼아 서북부 지역의 지방 당·정 관료들과 부패 네트워크를 형성해 조직적으로 뇌물을 수령했다.

이와 관련, 시진핑 지도부는 2013년부터 지방 공직자 '부패 클러스터'

152_"China's Former Top General Faces Trial Over 'Enormous' Bribery," China Compliance Digest, Ethical Alliance Daily News, April 6th, 2016; http://ethixbase.com/china-chinas-former-top-general-faces-trial-enormous-bribery/;www.bloomberg.com, April 6th 2016.

를 소탕하라고 지시했다. 소탕 작전을 전개한 결과, 2014년 한 해에만 산시성 내 부패 관료 1만 5,450명이 징계를 받았다. 2013~2014년 기간 동안 부패로 낙마한 고위 간부 중에는 링지화(令計劃) 전 통일전선부장 겸 전 정협 부주석 외에도 제12기 전인대 대표 34명과 정협 위원 13명이 포함되어 있었다.[153] 이 같은 숫자는 과거 제11기 전인대 이후 5년간의 퇴출 규모를 웃도는 큰 규모이다. 개인적 사정, 사망 등의 이유로 전인대 대표직을 내놓은 인사까지 합치면 2년간 총 53명의 전인대 대표가 자격을 상실하였고 기율 위반 정도가 심각한 34명(전체의 64.2%)은 당에서 퇴출되었다.

시기상으로는, 전인대와 정치협상회의 등 양회(兩會)가 열리기 한 달전인 2월이 부패 단속활동이 비교적 강력한 편이다. 최대 정치 행사가 열리기 직전에 단속 실적을 최대한 높여 징계 및 당적 박탈의 사례를 공개함으로써 국민들에게 반부패 정책의 성과를 홍보하는 한편, 전인대 대표나 정협 위원들에게 "수뢰자 처벌에 있어 예외는 없다"는 경각심을 불러 일으키기 위해서다. 또한 단속 및 적발 노력을 특정 시기에 집중함으로써 단속과 홍보의 효율성을 극대화하는 한편, 행사 참여 준비로 들떠 있거나 제 발로 걸어 들어온 부패 사범들에게 대응할 수 있는 시간적 여유를 주지 않고 한꺼번에 잡아 가두려는 일종의 '그물망' 전략이라고 해석할 수도 있다.

153_아주경제신문(온라인), 2015. 3. 1.; http://www.ajunews.com/view/20150301143729149

6. 해외 도피 사범의 송환과 불법 자산의 몰수

1) '여우사냥', '텐왕' 작전의 전개

'여우사냥'(獵狐), '텐왕'(天網)작전을 통한 해외 도주 사범의 송환과 불법 자산의 몰수도 중국 당국이 홍보하는 반부패 정책 성과 중의 하나이다. 사실 CCDI는 2013년까지만 해도 국내 부패 사범의 체포·처벌에만 주력했다. 그러나 2014년 7월 이후에는 해외로 도주한 관료와 기업인 등의 부패 사범(狐狸)을 추적·검거해 강제 압송한 뒤 단죄하는 소위 '여우사냥 작전'(獵狐行動; Fox Hunting Operation)을 전개하기 시작하였다.

이와 관련, 왕치산(王岐山) CCDI 서기는 국제협력국을 만들어 외국 정부와 연락케 하고, 당 중앙조직부, 공안부, 최고인민검찰원, 외교부, SMAR(구 SMIC), 세관, 인민은행 등 유관 기관에게는 해외 도피 부패 사범의 체포·압송, 불법자산 몰수에 관해 서로 협조하도록 지시했다. 특히 공안부와 외교부는 비밀 군사 작전을 방불케 하는 대외 공조 노력을 조율하고 '국제경찰 공조 조직'인 인터폴(Interpol)의 협조를 끌어내 도주 부패 사범 검거 작전의 실효성을 높이는데 크게 기여했다. 그 결과, '여우사냥 2014' 개시 선포 4개월여 만에 미국과 캐나다, 스페인, 한국 등 56개 국가 및 지역에서 288명의 부패·사기 등 경제범죄 혐의자를 체포하는 데 성공했다.

우선, 공안부의 경우, 2014년부터 해외로 도주한 부패 사범 중 죄질이 나쁜 '100명의 최우선 긴급 수배자 명단'을 만든 다음, 전 세계 71개국(속령 포함) 경찰 및 공안기관에 배포하고 50여 실무 팀을 해외에 파견했다. 중국 공안부와 공조 협약을 체결한 인터폴에도 '긴급 수배령'(red notice)을 보내 부패 혐의자의 긴급 체포 및 송환을 돕도록 협조를 요청했다.[154]

CCDI에 의하면, '여우 사냥' 작전 개시 후 2년 여가 지난 2016년 8월 말 현재, 긴급 수배 대상자 100명 중 1/3이 넘는 33명이 '여우 사냥 작전' 혹은 인터폴 및 현지국 정부의 협조로 중국에 강제 송환되거나 자진 귀국하였다.[155] 2015년 4월 22일부터는 해외 도피 부패사범 100명의 명단과 몽타주를 만들어 CCDI 홈페이지(www.ccdi.gov/cn)에 올리는 한편, 긴급 수배 대상자는 인민일보, CCTV에 공개해 국내외 도피처를 차단했다.[156] 부처별 업무 분장도 철저했는데, 해외로 도피한 부패혐의자의 실제 체포·압송은 공안부가 집행을 주관하고, 역외 불법 금융자산과 은닉된 불법 부동산 자산의 환수 및 국고 귀속에는 외교부·재정부, 인민은행, 외환관리국 등이 상호 협조하도록 하였다.[157]

2015년 3월부터는 '톈왕'(天網; Skynet) 작전도 병행 실시하였다. '톈왕'은 '공중에서 떨어지며 펼쳐지는 그물'이란 뜻으로 'CCDI 중앙반부패공조팀'이 작전을 총괄 지휘하고 지방 CCDI, 공안부, 최고인민검찰원, 공안부,

---

154_중국은 인터폴에 총 160 차례의 '홍색체포 통지문'을 발송하였지만, 160장 전부가 부패 사범 체포에 관한 것은 아니다. Cassin, Richard L.(2016), "China: A Third of Our Most Wanted Graft Suspects Who Fled Overseas Are Back," http://www.fcpablog.com/blog/2016/9/9/china-a-third-of-our-mostwanted-graft-suspects -who-fled-ove.html

155_"China Says It Has Caught Third of 100 Most Wanted Graft Suspects Who Fled Overseas," The South China Morning Post, Sept. 6, 2016; http://www.scmp.com/news/china/policies-politics/article/2015973/china-says-it-has-caught-third-100-most-wanted-graft

156_"一图读懂：红色通缉令上的100名外逃人员名单," 央纪委监察部网站(http://www.ccdi.gov.cn/jdtp/), 2015. 4. 22. 발표.

157_www.scmp.com, April 26, 2016; "As Panama Papers scandal deepens, China targets offshore accounts in renewed Skynet crackdown on fugitive corrupt officials," April 26th 2016, China Compliance Digest, Ethical Alliance Daily News; http://ethixbase.com/china-panama-papers-scandal-deepens-china-targets-offshore-accounts-renewed-skynet-crackdown-fugitive-corrupt-officials/

인민은행 등이 협조하게 돼 있다. 주요 대상과 목표는 국가기밀누설죄나 경제 범죄를 저지른 뒤 해외로 도주한 사람으로 이들을 추적해 체포하고, 해외 은닉 재산을 몰수하는 것이다. 이 작전은 '여우사냥' 작전을 확대 계승한 작전이지만, 다른 점이 있다면, ICT 첨단기술을 사용하고, 국내 부서 간 협조와 국제 공조를 과거보다 중시하며, 혐의자 송환과 불법 자산 환수 업무의 효율성을 획기적으로 높인 점이다. 실제로 중국 관련 당국은 톈왕 작전에 안면 인식, 디지털 영상 감시 시스템, AI(인공지능), 빅데이터, IoT(사물 인터넷), GPS(위치추적시스템) 등의 첨단기술과 시스템을 최대한 활용함으로써 국내외 부패 사범의 색출, 도주로 차단, 적발 과정상의 효율성을 획기적으로 높일 수 있었다.[158]

또 다른 특징은, 죄질이 나쁜 부패 사범 100명을 골라 특수 체포 작전을 벌이는 소위 '100인의 적색 수배자'(百名紅通) 프로젝트를 가동하는 것이다. 실제로 CCDI가 공개한 자료에 따르면, 해외로 도주한 직무·경제사범 50인 중 32명은 이른바 '100인의 적색 수배자' 명단에 포함된 인사들이다.

시기별로 보면, 1차 톈왕 작전은 보시라이의 사법처리와 저우융캉, 궈보슝 등 부패호랑이들에 대한 조사가 마무리된 2015년 3월에 시작되었다. 특히 역외 기업(offshore companies), 지하 은행을 이용해 해외로 도피한 부패 사범에 대해서는 미국, 캐나다 등 현지국 정부와 스위스 은행의 협조를 요청하는 한편, 해외 정보 네트워크를 최대한 활용해 혐의자의 소재지, 은닉 계좌와 불법 자산을 추적·조사하였다.

158_2017말 현재 중국 내에는 4,200만대의 CCTV가 설치되어 있으며 대수는 2022년까지 2억대로 늘어날 예정이다. 공안부가 관리하는 이 시스템은 움직이는 사물을 추적·판별하는 인공지능(AI)을 장착하고 있어 폐쇄회로 동영상과 빅데이터를 AI로 종합 분석하면 과학적인 범죄 용의자 소재지 파악과 추적이 가능하다.

2016년 4월부터는 '2차 톈왕' 작전이 개시되었는데, 1차 작전 때와는 달리 외교부, 검찰, 재정부, 세관, 중앙은행이 더 적극적으로 개입했다. 그 이유는 부패 사범의 출국 증명 등 해외 도주 사범의 추적, 체포, 인도는 물론, 불법 자산의 처분·환수 등에 관해 이들 기관의 개입과 협조가 중요해졌기 때문이다. 실제로 2017년의 경우 이들 국가기관과 현지 행정부와 검찰·사법부가 50여 차례 걸쳐 공조를 해 1,300명의 해외 도주 부패 사범을 2017년 중 자진 혹은 강제 귀국시켰는데, 이들 중에는 14명의 지명수배자와 347명의 당 및 주요 기관 간부가 포함돼 있었다.

〈표 6-8〉 '톈왕(天網) 작전' 성공을 위한 중국 유관 당국 간의 공조

유관부서	각 유관기관의 '톈왕(天網; SkyNet)작전' 관련 공조 내용
당 중앙조직부, 국가감찰위원회, CCDI	• '여우사냥'(Fox Hunting) 작전 관련 계획, 기획, 총괄 통제 • 해외 도주 부패 고위 공직자, 대규모 불법 자산 몰수 계획 특별 관리
공안부	• '여우사냥'(Fox Hunting) 작전 전개 • 인터폴, 해외 현지국 경찰과의 협조
최고인민검찰원	• 직무 관련 법 위반 행위 기소 및 처벌 • 인터폴, 해외 현지국 검찰과의 협조 • 공안부와 함께, 역외 기업 (paper company 포함) 및 지하 금융을 이용한 자금 도피 사범 전문 단속 및 체포
외교부, 국가안전부,법무부, 인민은행, 재정부, 세관 등	• 출국 증명서 관련 위반 사범 집중 추적(외교부) • 관련된 외국 정부와 부패 혐의자 인도 및 불법 자산 환수에 관한 외교적 노력과 해당국가에 대한 공조 인센티브 집행(외교부, 재정부, 인민은행) • 외국 정부의 기여도 만큼 환수된 불법 자산 환수 처분액의 일부를 공유(재정부, 세관 등)

** 자료: 중국의 국무원 산하 中國外文局의 人民畫報社 제공 화보; http://www.chinadaily.com.cn/china/2016-09/05/content_26697231.htm; '톈왕'(天網) 작전 바이두 검색 자료; 아주경제신문(온라인), 2016. 11. 25.; http://www.ajunews.com/view/20161124141858457

2018년 4월 말 현재로 보면, 전 세계 90여 개국에서 은신 중이던 4,141명의 부패 사범이 체포되었고 이들로부터 총 100억 위안(약 1조 7,000억원) 가량이 몰수되었다. 이들 중 19.9%(825명)는 공무원이었지만 국유기업, 국유상업은행 간부도 있었다. 특히, CCDI가 공개한 50인의 적색 수배

자 중에는 중국 경제부처인 NDRC(국가발전개혁위) 간부 이외에도, 공상은행, 레일교통 그룹(인프라), 동광 그룹(부동산 개발) 등에서 재무, 대출, 해외 영업 등을 담당했던 인사들이 대부분이었다.[159]

아직도 해외로 도주해 은신해 있는 경제사범들의 숫자는 2만여 명이고, 미국에만 수 천명이 있는 것으로 추정된다. 긴급 수배 경제사범 50명을 도피 대상국별로 보면, 미국(23명), 캐나다(11명) 등 북미 지역이 전체의 68%를 점하고 있으며, 나머지는 뉴질랜드(6명), 호주(4명), 홍콩(2명), 싱가포르(1명), 태국(1명), 베트남(1명), 영국(1명) 순이다.[160]

문제는 미국과 중국 간에는 '범죄인 인도 협정'(extradition treaty)이 체결돼 있지 않다는 점이다. 더욱이 미국과 캐나다 정부는 사형집행 등 중국 내 인권 침해 상황을 우려해 부패 범죄자의 대중국 압송과 불법 취득 재산의 몰수를 꺼려왔다.

돌파구는 시진핑 주석, 리커창 총리 등 당·정 지도자들이 현지를 방문하고, G20 정상회담 등 국제 회의나 쌍무 간 경제전략 대화 석상에서 외교적 노력을 전개하면서 마련되었다. 특히 2015년 9월 말의 시 주석의 미국 국빈 방문은 성과가 컸다. 시 주석이 'OECD Working Group on Bribery'에의 조속 가입을 약속하자 해외 반부패(overseas anti-graft) 관련 법 집행에 관해 오바마 대통령이 협조하기로 한 것이다. 그 결과 미-중 양측은 ▲'부패 자산 몰수에 관한 중국 법원의 판결' 존중 및 이행, ▲부패 사범 등 범죄 수사, ▲도피 사범의 송환(repatriation of fugitives), ▲불법 취득 재

159_新華通信, 2018. 6. 6.; 김대기(2018), "中 해외 도주 반정부 인사 색출 혈안: 100인 적색 수배자 검거 '텐왕 프로젝트' 가동," [생생中國] 『매경이코노미』, 제1963호 (2018. 6. 20.~6. 26일자) 기사.

160_新華通信, 2018. 6. 6.; 김대기(2018), 상기 자료.

산의 환수(asset recovery) 등에 관해 상호 협력하기로 합의했다.[161] 이로써 양국 정부는 미국으로 도피한 부패 사범의 강제송환과 불법 취득 재산의 몰수에 관해 사안별 협의를 거쳐 합의할 수 있게 되었다.

반면, 태국, 라오스, 미얀마 등 동남아 국가와는 부패 사범 인도 협정은 물론, 불법 자산 환수에 관한 쌍무적 합의조차 없어서, 중국 정부는 주로 '일대일로'(一帶一路) 사업과 연계시켜 'give & take' 방식으로 일을 처리하고 있다. 즉 중국 정부가 대규모 인프라 건설 투자용으로 장기 저리의 정부 차관을 제공하면, 해당 국가가 중국이 요구하는 범죄인을 인도하거나 불법 자산 환수에 비공식적으로 협조하는 식이다.[162]

물론 중국은 다자 간의 외교 노력도 소홀히 하지 않고 있다. 2015년에는 아시아·태평양 국가들과 함께 '반부패 행동 협력 네트워크'(Act-Net)를 출범시켜 '뤄관'(裸官)들의 해외 은신처를 찾는데 협조를 구하기 시작했다. '뤄관'은 "부패 범죄를 저지른 후 가족을 해외에 먼저 도피 시켜놓고 홀로 생활하는 공직자"를 뜻하는 것으로 동남아 등지로 달아나 호화로운 생활을 하는 경우가 많았는데, 'Act-Net'의 출범으로 동남아 검찰·경찰과의 공동 감시 체제가 구축되면서 더 이상 숨을 곳이 없어지게 되었다.

한편 2016년 9월 초 저장성 항저우에서 열린 G20 회의에 참석한 시 주석은 각국 지도자들에게 '해외 도피 부패 관료의 송환과 재산 몰수에 관

161_신화사 통신 보도, 2015. 10. 1.; "Jerry Fang on the Breakthrough: United States No Longer a Safe Haven for China Graft Fugitives," October 1, 2015; http://www.fcpablog.com/blog/2015/10/1/jerry-fang-on-the-breakthrough-united-states-no-longer-a-saf.html

162_"China: China's Anti-Corruption Dragnet Catches More Than Financial Criminal," February 2nd, 2016; http://ethixbase.com/china-chinas-anti-corruption-dragnet-catches-more-than-financial-criminal/

한 연구센터'의 중국 내 설립을 제안해 참가국 정상들의 합의를 이끌어 내는데 성공했다. 또한 쌍무적으로는, '불법 환수 자산 처분 이득'의 일부분을 해당국에게 기여도만큼 인센티브로 제공하겠다고 약속함으로써 불법 계좌 및 자산 추적과 처분에 관한 현지국 정부의 협조를 이끌어 낼 수 있었다.

2017년 1월 8일에는 '톈왕' 작전에 힘을 실어주기 위해 시 주석은 푸젠성 성장(1999~2002), 국가부주석 겸 중앙당교 교장(2007. 12.~2013. 3.) 시절부터 자신의 오른팔 역할을 하던 리수레이(李書磊) 전 베이징시 CCDI 서기를 중앙 CCDI 부서기로 승진 전보발령을 내렸다. 리 부서기는 시 주석을 실망시키지 않았다.[163] '해외도피범 추적조사 중앙판공실(中央追逃辦)' 주임직을 겸직하면서 최고인민법원, 최고인민검찰원, 공안부, 국가안전부, 외교부, 법무부, 인민은행 등으로부터 필요 인재를 차출함과 동시에 해외 대사관과 파견 무관에게도 도피 부패 사범의 추적, 국내 송환과 불법 자산 환수에 협력케 함으로써 톈왕 작전을 성공으로 이끈 것이다.

2) 해외 부패사범 송환 및 불법 자산 환수 실적

해외 부패 사범의 송환과 불법 자산의 환수에 있어 '여우사냥 작전'(獵狐行動)과 '톈왕(天網) 작전'을 병행 추진한 성과는 놀랍다. 〈표 6-9〉, 〈표

163_2015년 말부터('리슈레이' 바이두 검색결과, http://baike.baidu.com/); 신화사 통신, 2017. 3. 27.; "Xi Ally Will Lead Hunt for Corrupt Officials Abroad," *The South China Morning Post,* March 27, 2017, "Xi Close Aide Heads Office Chasing Corruption Suspects Overseas," *The South China Morning Post*(On-line version), March 27, 2017, 11:15pm; http://www.scmp.com/news/china/policies-politics/article/2082458/xi-close-aide-heads-office-chasing-corruption-suspects

6-10〉에 요약·정리되어 있는 바와 같이, 2014년부터 2016년 8월 초까지의 기간 동안에 중국 공안부는 약 2만여 명으로 추산되는 해외도피 사범의 8.3%인 1,657명을 본국으로 압송했고 이들로부터 62억 9,000만 위안(한화 1조 693억 원)에 상당하는 불법 자산을 몰수했다. 시기별로는 2016년 한 해에만 951명의 해외 도피 부패 사범을 검거하였고, 10억 위안(한화 170억 원)에 상당하는 불법 자산을 몰수하였다. 그리고 2012년 말~2017년 1월의 기간 동안에는 총 86억 위안(한화 1조 4,620억 원 상당)의 자산을 몰수해 국고로 귀속시켰다.[164]

〈표 6-9〉 '여우사냥'(獵狐)과 '텐왕(天網) 작전' 병행 추진의 성과

작전 성과 판단기준	해당 기준에 따른 성과 내용
귀국 조치된 도피 사범	• 미, 캐나다, 호주, 짐바브웨 등 90개국, 지역으로 도피한 2,566명(누적 기준)의 부패사범 중 이 중 1,283명이 설득 당해 자진귀국 (이중 410명은 당원이거나 공무원)
지명 수배된 도피 사범 처리	• 텐왕(天網) 작전' 100명 지명수배자 중 39명(2015년) 자진/강제 귀국
화이트 칼러 부패 혐의자 체포	• 여우사냥 작전을 통해 951명의 화이트 컬러 부패 혐의자, 72개국(지역 포함)에서 체포
해외도피 사범의 숫자 감소	• 해외도피 사범 숫자, 2014년의 101명에서 2016년에는 19명으로 감소
불법 자금 몰수, 돈 세탁 적발	• 2014~2016년간 86억위안(175억 달러)의 불법자금 몰수 • 2015.3.~2016.7.15.일까지 체포된 1,400명에게서 40억 위안(5억 9,800만 달러 상당)의 불법 이득 금액을 40억 위안(5억 9,800만 달러 상당)에 달함
	• 공안부, 인민은행 협조하에서, 380건의 지하 은행을 통한 돈세탁 사례 적발. 500개의 지하 은행을 폐쇄.

** 자료: CCDI 중앙반부패통제부 '텐왕 작전 성과 발표' 내용(新華網 공개); 公安部 '여우사냥작전 성과' 발표; "China Captures More Than 2,500 Fugitives Who Fled Overseas," http://www.straitstimes.com/asia/east-asia/china-captures-more-than-2500-fugitives-who-fled-overseas

미국, 영국 등 현지국 정부의 협조로 '100명의 인터폴 긴급 수배자 명

164_CCDI 웹사이트에 2017년 1월 9일 공표된 자료; "China Graft Drive Has Punished 1.2 Million," 10 January 2017, http://www.channelnewsasia.com/news/asiapacific/china- graft-drive-has-punished-1-2-million/3426654.html

단'에 올라 있던 부패 혐의자들의 송환과 자진 귀국도 이루어졌다. 2015년에는 '긴급 수배자 명단' 대상자 중 39명이 강제송환 혹은 인도되었으며, 2016년 1~7월 중에는 61개국에서 긴급 수배자 15명을 포함한 409명이 압송되었다.[165] 이 409명 압송자 중에는 1천만 위안 이상의 경제범죄를 저지른 자가 127명, 1억 위안을 넘는 범죄자가 28명이나 되었다. 도피 기간별로는, 5년 이상을 도피한 자가 33명이었는데, 이 중 12명은 10년 이상 해외 도피생활을 한 것으로 드러났다.

〈표 6-10〉 **해외도피 부패 공직자 중 '100명의 최우선 수배자' 처리 상황**

(2017. 5. 13. 현재)

		인원(명)	관련 내용
전체 수배자		100	
귀국 여부	추적 탐색중	60	
	귀국	40	• 39명 강제 귀국, 1명은 자진 귀국
귀국후 처리	유치, 조사중	22	• 9명은 유치 대기중, 13명은 조사중
	조사 후 방면	3	• 장다웨이(張大偉): 자백후 불법 소득 자진 반납(2016.11) • 주쩐위(朱振宇): 범죄보조자로서 자수(2015.10) • 장리핑(張麗苹): 부가가치세 관련 전표, 증명서 위조죄
	조사 후 처벌	15	15명 중범죄자 모두 무기징역

** 자료: 国际刑警组织 中国国家中心局(2015), "100名涉嫌犯罪的外逃国家工作人员", 2015. 4. 22. 공포; "百名红通人员"名单都有哪些人?"人民网, 2016. 10. 17., http://mag.fznews.com.cn/gd/20161017/zonghe16540_5.html; "A List of 100 the Most Wanted Corruption

165_이들은 2015년 4월 인민일보, 중국중앙방송(CCTV) 등 언론사 웹사이트에 공개되었는데, 양쇼우주(楊秀珠) 저장(浙江)성 건설청 부청장, 쉬진(徐進) 후베이성 우한시 발전개혁위원회 주임, 후위싱(胡玉興) 산시(山西)성 타이위안(太原)시 주택제도개혁판공실 주임, 류창밍(劉昌明) 건설은행 광둥성 광저우(廣州) 분행장, 쉬충룽(徐聰榮) 푸젠(福建)성 푸저우(福州)시 공안국장, 왕옌웨이(王雁威) 광저우시 화두(花都)구 정협주석 등 지방정부 및 지방 금융기관 인사들이 다수 포함돼 있다. "중국 올해 여우사냥 벌써 409명 압송," 北京青年報, 2016. 8. 18.; 아주경제신문(온라인), 2016. 8. 18.; http://www.ajunews.com/view/20160818131157367 참조.

체포 경위를 보면, 2016년 상반기에 잡힌 해외 도피 부패 사범 381명 중 33명은 인터폴의 협조를 받아 체포되었고, 2명은 해외에 파견된 공안부 수사관의 현지 설득을 통해 자수하였다. 2015년 3월 초 1차 톈왕 작전 개시 이후 2016년 7월 15일 현재까지 현지에서 검거·체포된 부패 혐의자는 총 1,400명에 달하며, 이들로부터 환수한 불법 재산 금액이 40억 위안(한화 약 6,800억 원)에 달한다.[166] 2017년에도 불법 자산의 국고 환수는 이뤄졌는데, 해외도피 부패사범들로부터 총 9천800만 위안 (한화 166억 6천만 원)의 불법 자금을 몰수해 국고로 귀속시켰다.

한편 중국 유관 당국은 주요 도피 대상국과 쌍무적 '범죄인 인도 협정'(extradition treaties)을 체결하기 위해서도 노력하고 있다. 2017년 1월 10일 현재 중국은 스페인, 이태리, 프랑스 등 전세계 48개 국가와 범죄인 인도 협정을 맺고 있다. 정확한 인원은 알 수 없지만, 2012년 말 이후 귀국 조치된 2,600명의 해외 도주 부패사범 중 상당수가 이 같은 범죄인 인도협정에 따라 송환되었고,[167] 나머지는 상대방 국가의 협조로 자진 귀환 혹은 귀국 조치된 것으로 알려지고 있다.

송환된 해외 도피 부패 사범 중 비교적 큰 주목을 받은 혐의자는 양진쥔(楊進軍) 저장성 원저우(溫州)시 밍허 그룹(明和集团) 대표이사이다.[168] 그는 인터폴 긴급 지명수배자로 14년 동안 미국에 숨어 지내다 2015년 9월 18일에 중국으로 송환되었다. 양진쥔은 중국 최대 액수의 부패 범죄를 저

166_2명은 모두 국유기업 전직 임원으로 18년 동안의 해외도피 생활을 했으나 2016년 7월 초에 자수하였다. "China Seizes 381 Suspects in Corruption Probe," CRIENGLISH.com; http://english.cri.cn/12394/2016/07/18/4202s934642.htm; 北京時報, 2016. 7. 17.

167_CCDI 고위 간부인 뤄동촨(Luo Dongchuan)의 기자회견 내용(2016. 1. 10.).

168_원 자료는 中央纪委监察部网站; "第一女巨贪弟弟杨进军被从美国强制遣返回中国," 2015. 9. 18; http://news.hexun.com/2015-09-18/179244781.html

지르고 해외로 도주한 양쇼우주(楊秀珠)의 남동생으로 밍허 그룹 총경리로 있다가 뇌물수수 및 공금횡령을 하고 2001년 미국으로 피신해 14년 동안 숨어 지냈었다.[169] 여자 부패 사범 쾅완팡(邝婉芳)도 미국에서 여권 및 비자 위조죄로 8년형을 복역했음에도 불구하고 중국으로 강제 송환되었다(2015. 9. 24.).[170] 그녀는 중국은행 광둥성 카이핑(開平) 지점장이었던 남편 쉬차오판(許超凡)을 도와 4.82억 달러의 공금을 횡령해 홍콩·마카오 등지에서 주식·부동산 투자를 해 실패하였다. 그후 남편과 위장 이혼하고 홍콩에서 미국 시민권자와 위장 결혼해 미국으로 이민 비자로 도주하였다가 체포돼 강제 송환된 것이다.

허난성 고속도로국의 전 국장이었던 황위룽(黃玉榮) 역시 공금횡령, 수뢰죄 등을 범하고 2002년 미국으로 도망가 13년여 동안 잠적하였다. 2015년 4월에 공표된 100명의 수배자 명단에 4번째 수배 대상자였던 그녀는 중국 정부가 파견한 CCDI 관료의 설득과 미국 경찰의 협조로 자진 귀국했다.[171]

이외에도 부패를 저지르고 해외로 도피한 고위 관료는 수없이 많다. 그러나 저장성 건설청 부청장이었던 양쇼우주 전 원저우시 부시장의 해외 도피 동기, 과정과 경위, 그리고 미국 내 보호구금 이후 자진 귀국 추진

169_"US Repatriates First Chinese Sky Net Suspect Yang Jinjun," BBC 보도(2015. 9. 18.); http://www.bbc.com/news/world-asia-34287398.

170_남편 쉬차오판(許超凡)과 위전둥(余振東), 쉬궈쥔(許國俊) 및 그들의 아내 4명 역시 위장이혼-위장결혼을 이용해 홍콩을 경유해 2001년 미국으로 이민하는데 성공하였다. 중국 소후망 및 톈야망 검색자료(http://mt.sohu.com/20150925/n422108871.shtml; http://www.tianya999.com/yaowen/2015/0924/100353.html)

171_"China: China fugitive Huang Yurong surrenders in Beijing after a decade in the US," December 7th, 2015; http://ethixbase.com/china-china-fugitive-huang-yurong-surrenders-in-beijing-after-a-decade-in-the-us/

과정에 관한 내용은 중국 고위 관료들의 부패 전략과 중국 정부의 텐왕작전을 이해하는 데 특히 많은 도움이 되므로 아래에 그 사례를 소개하고자 한다.

3) 저장성 시 건설청 부청장 양쇼우주(杨秀珠)의 미국 도피 사례[172]

양쇼우주(杨秀珠)는 2004년 미국으로 도피해 보호 구금 상태에 있다가 12년만인 2016년 7월에 중국에 들어와 자수한 고위급 여성 간부이다.[173] 1993~1994년까지는 원저우(温州)시 시장보(市长助理), 1995년~1998년까지는 원저우시 부시장을 지냈고, 1998년~2003년 기간에는 저장성 건설청 부청장 겸 성 도시계획국장으로 일했으며, 이 때 2억 5천만 위안(약 한화 425억 원 상당)의 뇌물을 받고 직권을 남용한 혐의로 체포되었다.

양 전 부시장은 '여우사냥'과 '텐왕작전'이 개시되자마자 '100인의 지명수배자 명단'에 오른 긴급 수배자이다. 그녀의 부패 행위가 밝혀진 것은 흥미롭게도, 2003년 3월 당시 시 공안부와 원저우시 뤼청구(鹿城区) 인민검찰원이 시철도부동산개발공사 부총경리이자 양쇼우주의 남동생인 양광룽(杨光荣)의 뇌물수수 사건을 수사하는 과정에서다. 양 부시장은 남동생과 함께 1,100여만 위안에 달하는 수뢰 및 독직(1994년) 사건에 연루되었었는데, 범죄가 발각된 것을 눈치채고 2003년 4월 중순 모친 병간호를 이유로 며칠 휴가를 낸 다음, 연락을 끊고 잠적했다. 시 CCDI와 공안당국

172_"杨秀珠" 및 "杨秀珠案," 바이두 검색결과(http://baike.baidu.com/); "China's No.1 Economic Fugitive to Return," July 24, 2016; 中國網(http://www.china.com.cn/index.html; http://www.china.org.cn/china/2016-07/24/content_38946379.htm) 참조.

173_"杨秀珠" 및 "杨秀珠案", 바이두 검색결과(http://baike.baidu.com/).

의 출입국 내역 조사 결과, 그녀가 딸, 사위, 손주와 함께 상하이에서 싱가포르로 출국했고, 거기서 며칠 체재한 다음 미국 LA로 도피한 것을 알게 되었다.

2003년 5월 13일 저장성 CCDI 상무위원회와 공안국은 양쇼우주 사건을 정식으로 입안 수사(立案审查)하기로 결정하고 체포 영장을 발부하였다. 6월 23일 성(省) 당 위원회는 양에게 당적 및 공직 박탈의 쌍카이(雙開) 조치를 취함과 동시에 모든 직무권한을 취소했다. 그리고 저장성 감찰청장은 관련 당국자 회의를 거쳐 성 정부의 허가를 얻은 다음 양을 해임하였다.

같은 해 12월 7일 원저우시 CCDI는 시 정치협상회의에 '양쇼우주 사건'의 잠정 조사·수사 결과를 통보했다. 1년여의 조사와 수사에는 청(廳)급 간부 2명, 현(縣)급 간부 9명, 처(處)급 이상 간부 11명, 과(科)급 간부 7명를 포함한 19명이 가담했고, 공안국과 검찰 등 사법기관에서 온 9명의 수사관들도 100여 명의 증인을 대상으로 면담 등을 통해 증거를 수집하고 수사를 진행했다. 초동 수사 결과 양의 부패·비리 액수는 이미 추징한 4,240만을 포함해 총 2억 5,320만 위안에 달하였고, 압류·동결된 부동산과 유동자산만도 7천만 위안을 넘었다.

2004년 2월 12일 저장성 인민검찰원장은 성(省) 제10기 전인대 2차 회의 업무보고 중 거대 독직·뇌물사건을 저지른 건설부청장 양쇼우주에 관해 긴급지명수배령(红色通缉令)을 내리고 인터폴에 양 부청장의 체포에 협조해줄 것을 요청하였다"고 하였다. 또한 "양쇼우주를 현지에서 체포하면 중국에 신속히 인도해주는데 협조해주길 바란다는 요청을 현지국 정부에 하였다"고 보고하였다.

10월 5일 뉴욕 이민 전문 변호사 이진진은 미국의 소리(Voice of America; 美国之音)와의 인터뷰에서 "중국 정부의 긴급 지명수배 요청이 도착하자 미국 정부는 양쇼우주가 낸 정치적 망명 신청을 거부하였다. 그러자 그녀의 변호사는 뉴욕 주법원에 '고문 등 가혹행위 방지' 신청서를 제출했는데, 이 신청이 허가될 경우 강제 출국이 허용되지 않아 미 법원의 보호 처분을 받을 수 있었다. 설령 보호 처분이 거부되더라도 30일 이내에 상소를 할 수 있게 돼있다."고 설명했다.

이민 전문가에 따르면, "이 같은 수속 허가 여부에는 법 기술적 고려가 작용하지만 수사 내용에 형사 범죄 관련 기록이 포함돼 있느냐의 여부가 중요하다"는 것이다. 즉 10월 5일 공판 때까지 수사가 완료되면 판사는 보호 처분 결정을 내릴 수 있으나, 수사가 완결되지 않는다면 보호 처분 선고를 연기할 수도 있었던 것이다. 미국은 1998년 10월에 'UN고문방지협약'에 가입했기 때문에 귀국 후 고문가능성이 큰 중국으로의 강제 압송을 이론상 불허할 수 있었다. 양이 일단 이와 같은 보호 처분을 받게 되면 미국에 더 머무를 수는 있지만, 영주권 신청이 불가능해져 미국 밖으로의 해외 여행은 허용되지 않는다. 실제로 보호 처분 명령이 내려지면 구금 상태에서 보호를 받는 것이 보통이지만 외국인의 경우 일정 기간 후 석방되는 경우가 많다.

10월 5일 8시 반에 속개된 뉴욕 연방이민법원 공개 심리 때, 양쇼우주는 "중국 관련 당국이 제시한 2.5억 위안 상당의 독직과 뇌물수수는 사실이 아니다. 자신은 합법적인 부동산 투자로 이 돈을 벌었다"고 주장했다. 이처럼 상황이 양에게 유리하게 돌아가자, 원저우시 인민검찰원은 2011년 8월 2일 역공을 취했다. "양쇼우주에게 부패 연루자인 양성화(楊勝華)가 자진 귀국했다"는 사실을 공개한 것이다. 양성화는 양쇼우주가 원저우시 도시계획국장으로 있을 때 운전수였다. 그러나 양쇼우주의 배려로 원저우시 도시건설발전유한공사의 등기 대표이사로 일하기도 했는데, 2003년 양쇼우주의 부패 사실이 적발되자 해외로 도주했다. 저장성 인민검찰원은 양쇼우주 사건을 수사하면서 양성화도 독직 및 공금횡령 혐의가 있다는 것을 발견했고, 관할 청인 뤼청구(鹿城区) 인민검찰원으로 하여금 2005년 10월 11일 양성화의 독직죄에 대한 수사를 개시하도록 지시하였다. 그러나 양성화가 자진 귀국하겠다고 연락을 해오자 뤼루청구 검찰원이 보강 수사를 해 그를 독직죄, 공금횡령죄 혐의로 기소한 다음, 수사 결과를 언론에 공개해 양쇼우주를 압박한 것이다.

2014년 9월부터 중국 정부는 양쇼우주의 송환을 시도했지만, 미 정부의 보호 구금 조치 허가가 내려져 강제송환이 어려웠다. 양쇼우주의 상황도 악화되었다. 미 정부로부터 정치적 망명은 거부당했고, 미국에 계속 머무르는 동안 건강이 갑자기 나빠지게 된 것이다. 특히 양성화가 자진 귀국하면서 상황이 자신에게 불리하게 돌아가는 것을 간파한 양은 2016년 7월 20일 미국의 보호조치를 포기하고 귀국하기로 하였다. 죄를 실토하면 감형을 받을 수 있을 뿐만 아니라, 미국보다 저렴한 비용으로 의료서비스를 받을 수 있을 것으로 판단했기 때문이다. 그녀는 귀국 후 원저우시 중급 인민법원에서 심리를 받게 되었다.

7장

반부패 정책의 한계와 문제점

1. 반부패 정책 담당 기구 자체의 결함

1) 반부패 핵심 총괄 기구 CCDI의 독립성 부족

중국의 반(反)부패 정책은 제6장에서 소개한 바와 같이 상당한 성과를 거두었다. 그럼에도 불구하고 정책담당기구, 정책의 내용과 수단 등의 면에서 개선해야 할 점이 많고, 캠페인 추진 자체가 초래하는 부작용과 불합리한 법 집행 과정상의 문제점도 많다.

우선, 반부패 담당 기구를 보면 독립성·전문성 부족이 눈에 띈다. IMF(2016)는 반부패 관련 법규 집행 기구가 소기의 목적을 효과적으로 달성하려면 ① 정직성(probity)과 법규집행상의 투명성(transparency), ② 무결점의 청렴성(integrity), ③ 전문성(expertise), ④ 담당기구 및 담당자의 독립성(independence)과 형평성의 4가지 선행조건이 충족되어야 한다고 하였다(〈그림 7-1〉 참조).

그러나 일당 독재의 원칙을 견지하고 있는 중국 사회주의 시장경제체제에서 이들 네 가지 조건 모두를 충족시키기는 어렵다.

우선, 중국의 경우, 독립성과 자율성이 보장돼 있는 싱가포르의 반부패청, 홍콩의 염정공서(廉政公署)와는 달리 반부패 캠페인의 핵심 총괄 기구인 당 중앙기율검사위원회(CCDI)가 당원인 당·정·군 고위 간부들을 조사하지만 당내 계파 원로들의 영향력 행사에서 완전히 자유롭지 못하다. 당·정·군의 간섭에서 완전히 자유로운 별도의 독립적인 반부패 기구가 없는데다가, '정치 우위'(political primacy) 논리가 지배하고 있는 중국의 체제하에서 검찰원이나 인민법원이 당의 간섭·통제·감독을 벗어나 독자적인 법을 집행하기 어렵기 때문이다.

〈그림 7-1〉 반(反)부패 관련 법규 집행 기관(CCDI, 검찰, 공안 등)의 효과성 확보를 위한 4가지 필요 조건

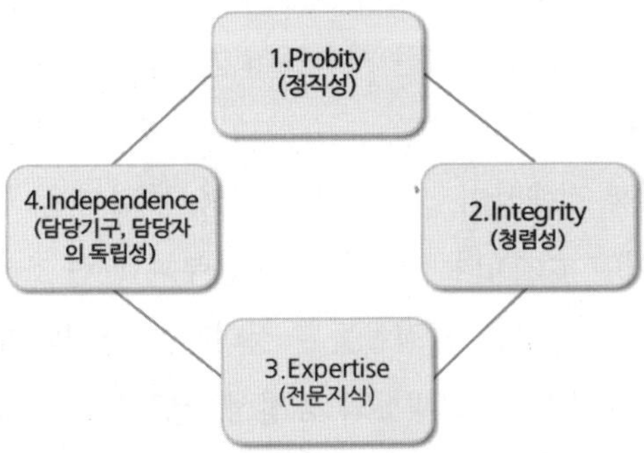

※ 자료: IMF(2016), "Corruption: Costs and Mitigating Strategies", IMF Staff Discussion Note(SDN/16/05) May 2016, p.19에 기초하여 저자가 중국에 적용

실제로 '당내 감시'(intra-party supervision)'와 '자율적 자기관리'(self-policing)만으로 당·정 고위 관료나 국유기업·은행 간부들의 부패 행위를 근절시키기는 쉽지 않다. 아무래도 중앙의 감시통제에서 멀리 떨어진 지방

의 중하위 부패 관료들은 '꽌시 네트워크'가 좋으면 그렇지 않은 경우보다 느슨한 처벌을 받는 경우가 많다.

이와 같은 태생적 한계를 알고 있는 듯, 2016년 10월에 열린 당 제18기 6중 전회에서 '당의 핵심(核心)'으로 부상한 시진핑 당서기는, "당·정·군 내 직위가 높을수록 책임이 막중하므로 모범적으로 법을 지켜야 하고, 자신의 결정과 행동에 대한 당의 감독과 관리를 겸허히 수용해야 한다. 또한 자신은 물론 친척·친지나 배우자, 자식을 포함한 가족들이 부패에 물들지 않도록 교육을 시키고 필요시 철저히 감독해야 한다."고 강조한 바 있다.[174]

전문성(expertise) 부족도 문제다. 반부패 정책을 입안하고, 집행하는 전문 인재가 부족하며, 이 문제는 중서부 내륙지방으로 갈수록 더 심각해진다. 중앙정부도 순환보직 근무가 관행화돼 있어 관련 지식·경험이 부족한 담당자들 때문에 무고한 사람들이 기소되는 등의 시행착오가 자주 발생하고 있다.

반부패 정책 집행상의 정직성과 형평성, 투명성 부족 역시 자주 지적되는 문제점이다. CCDI와 공안부, 기타 반부패 관련 조사 및 법규 집행기관의 경우, 일선 간부들과 경찰들은 정의감이 결여돼 있거나 부족하다. 또한 반부패 관련 법규 집행상의 공정성, 청렴성이 부족해 조사나 수사 과정에서 뇌물을 받고 피의자와 타협을 하거나 권한을 남용하고 폭력을 쓰는 강압적 수사를 하는 경우가 허다하다.[175]

174_"China Tells Top Officials to Lead Corruption Fight by Example," Dec 27, 2016; http://www.channelnewsasia.com/news/asiapacific/china-tells-top-officials-to-lead-corruption-fight-by-example/3397156.html

175_"China Watchdog Says Police Coming Up Short in Graft Fight," channelnewsasia.

2) 비(非)당원의 부패에 대한 감찰 능력의 한계

시진핑 당서기는 "간부의 기율 위반 문제를 발견하면 즉시 보고해야 하며 허위 보고 시에는 엄중히 문책할 것"이라고 여러 차례 강조한 바 있다. 그러나 감찰 권한이 지방정부에 다층적으로 분권화되어 있는 중국의 체제하에서 당 중앙의 방침이 하부 기관, 기업까지 잘 침투된다고 기대하기 힘들고 이를 효과적으로 감독하는 데도 한계가 있다. 더욱이 기존의 CCDI는 당원의 부패·비리와 기율 위반행위를 중점적으로 다루고 있기 때문에, 비(非)당원, 민간기업 CEO, 외자기업 임직원이 인허가, 영업활동 등과 관련해서 저지르는 '상업적 부패' 행위를 감독·규제하는 데는 태생적 한계를 노정하게 돼 있다

이와 관련, 당 정치국은 제 19기 2중전회를 통해 새로운 국가급 통합 사정 기구인 '국가감찰위원회'(NSC)를 신설하기로 하였다. NSC는 당원뿐만 아니라, 공적 업무를 담당하는 판·검사, 의사, 교원, 국유기업 비(非)당원 간부를 감독하고 심문·구금·재산몰수를 할 수 있는 강력한 권한을 갖고 있다. 그리고 이 강력한 NSC의 주임에 국무원 감찰부장과 CCDI 부서기를 역임한 바 있는 양샤오두(楊曉渡) 정치국원을 임명함으로써 당과 정부의 감찰 체제 개혁을 총괄하게 하였다. 이로써 당원은 물론 비당원을 포함한 모든 공적 업무 수행자가 저지르는 부패와 비리에 대한 감찰 활동이 가능해졌다.[176]

---

com, 17 Oct 2016, http://www.channelnewsasia.com/news/asiapacific/china-watchdog-says-police-coming-up-short-in-graft-fight/3212786.html

176_2018년 3월 전인대에서 조직 및 운영방식이 확정된 '국가감찰위원회'에는 왕치산 CCDI 서

NSC 설립 방안은 2017년 1월 6~8일 열리는 CCDI 제7차 전체회의에서 〈국가감찰법안〉의 세부내용이 조정되고 2018년 3월 전인대에서 이 법안이 통과되면서 그 성격, 조직, 인적 구성, 운영방식 등의 윤곽이 결정되었다. '중앙정치국의 2017년도 반부패 계획안'에 따르면, 조사(investigation) 권한만을 가진 CCDI와는 달리, NSC는 심문(interrogation)과 유치, 재산몰수(disgorgement) 등 12개의 조사권을 갖고 있는 데다가 전국의 모든 반(反)부패 유관기관에 관한 총괄 지휘감독권을 갖고 있어 권한이 막강하다.[177] 실제로 NSC는 기존의 중앙당 소속의 CCDI 기능은 물론, 흡수 통합된 부서(국무원의 감찰부, 부패예방국 등의 반부패 부처, 검찰원 내 반부패 수사국)의 기능까지 통합 관리하게 되므로 기존의 CCDI보다 효율성, 일관성, 전문성은 훨씬 강화되었다고 볼 수 있다.

그러나 독립성, 투명성, 공정성 측면에서 보면, NSC는 여전히 한계가 있다. NSC가 전인대 상무위원회의 형식적 견제만 받게 돼 있어 자칫 잘못하면 당 최고지도자의 지휘 하에 무소불위의 권한을 휘두르는 불투명한 괴물 반부패 기구가 될 가능성이 크다고 본다.

첫째, 신설 국가감찰위원회는 헌법기관으로 기존의 CCDI보다 조직·권한이 막강해진 반면(제5장의 〈그림 5-3〉 참조), 여전히 당 내부에 존재해 있는데다가 실질적으로 당서기와 정치국 상무위원회의 지휘를 받게 돼

기를 임명될 것으로 여겼던 당초의 예상과는 달리, CCDI의 핵심적 역할, 당원 조사·감찰과의 시너지를 생각해 양샤오두 CCDI 부서기(정치국원)를 선임하였다.

177_"시진핑, 반부패 행보 가속", 서울경제신문, 2016. 12. 30., A12, "China to Launch Graft-Busting Super Bureau Next Year," Corruption in China, The South China Morning Post, 20 January, 2017; Updated, 20 January, 2017, 9:00am; http://www. scmp.com/news/china/policies-politics/article/2063690/china-launch-graft-busting-super-bureau-next-year

있어 홍콩의 염정공서(廉政公署)와 같은 독립성을 기대하기는 힘들며, 혐의자 심문 과정상의 인권침해 가능성, 재산몰수조치 결정상의 투명성·공정성 우려가 존재한다. 실제로 당원에 대한 조사 권한만을 가졌던 기존의 CCDI조차 당규(黨規) 등을 위반한 당·정 관료와 국유기업 간부들을 조사하고 기소여부를 결정하는 과정에서 불투명한 태도를 취했고, 부패혐의자의 인권도 제대로 보호하지 않았기 때문이다. 부패 혐의자 적발·조사, 행정처분 및 검찰 송치 과정에서 구체적인 증거없이 기율 중대 위반자를 선정해 표적 조사를 하거나, 쐉궤이(雙規) 처분을 남발하는 사례가 나올 가능성이 크다고 본다.

둘째, NSC의 직무, 성과에 관한 대국민 정보공개, 외부 감시 및 견제 통로가 매우 제한적이라는 점도 지적할 수 있다. 유일한 외부 감시 통로는 매년 3월에 개최되는 전인대(全人大)에서의 업무보고(工作報告)뿐인데, 그동안 CCDI가 전인대에서 업무보고조차 하지 않았다는 것을 감안하면, NSC 견제 가능성은 매우 제한적일 것이다. 특히 검찰원과 법원이 형해화된 중국의 상황하에서 당 내부의 견제 메커니즘, 외부의 감시 통로가 존재하지 않을 경우 부패 혐의자는 정치적 판단에서 자유로운, 공정하고도 독립적인 판결이나 행정처분을 받기 힘들 것이다. 화동사범대 법학과의 통즈웨이(童之偉) 교수는 "NSC는 검찰원 내 반부패 수사국까지 흡수하도록 돼있기 때문에 검찰원과 인민법원이 가진 기존의 미약한 사법적 독립성마저 약화시킬 가능성이 크다"고 경고하고 있다.

마지막으로, NSC가 정식 출범하기는 했지만 실제 역할을 한 기간이 짧아 아직은 조직·기능이 불완전해 시행착오 가능성이 높다는 점이다. 특히 NSC는 성급(省級) 지방에 있는 각급 NSC를 지도·감독하도록 되어 있는데 지방 NSC의 입장에서 보면 지도·감독상의 권한·책임한계가 불분명한 점이 많고, 일부 지방의 경우 CCDI가 그대로 지방 NSC 업무를 수행하고 있어 업무 혁신성·전문성 제고도 기대하기 힘들다는 맹점이 있다. 2018년 3월 전인대에 NSC 설립법안을 올리기 전에 산시성(山西省) 등 3개 성을 지정해 실험을 하였는데, 산시성 NSC의 경우, 한 명의 위원장과 세 명의 부위원장 모두가 기존 성급 CCDI의 선임급 당 관료였다는 점이 이를 증명한다. 기존의 중앙 및 지방 NSC 간부들에 대한 보수 교육이 절실하다고 생각된다.

3) 전문 인재의 이탈과 조직몰입도 약화

중국 반부패 정책의 또다른 아킬레스건은 전문인재의 부족과 이탈이다. 산시성(山西省)의 경우, 공직 부패 척결 과정에서 성내 3개 시의 당서기, 16개 현장(縣長) 등 지방 관료들이 당적 박탈, 직위해제, 해고 등의 처벌을 받아 300여 개의 직책이 비어 있는 상태다.[178] 문제는 반부패 조사와 처벌 과정에서, 이를 지켜본 청렴한 공직자들의 사기가 저하되어 민간기업으로 자리를 옮기는 사례가 늘어나고 있다는 점이다. 그 결과 공직자 청렴도를 높이고 근무기강을 확립하는 데 도움을 주겠지만, 행정 인력의 전문성이 떨어지고 있으며, 남아 있는 관료들도 보신주의, 피동적 업무 태도로 일관하고 있다는 점이다. 따라서 부패를 척결하면서도 어떻게 관료의 전문성과 조직 몰입도를 유지하고 공직 서비스 수준의 질적 저하를 방지할 것인가가 중요한 정책과제로 등장했다.

178_"China's Anti-Corruption Drive Runs Deep," Stratfor Geopolitical Diary, March 2015; http://web.b.ebscohost.com/bsi/ 참조.

특히 민간부문에 비해 낮은 급여수준과 권한의 독점 등의 근본적인 문제를 해결하는 것이 중요한데, 그렇지 않는 한 일시적인 효과밖에 없을 것으로 사료된다. 중국과 같은 신흥시장에서 공직자가 되려는 사람은 특권적 지위와 '권한을 이용해 경제적 지대(economic rent)를 추구하려는 욕구'가 강하기 때문이다. 반부패 운동을 장기간 지속할 경우 행정서비스의 공백이나 복지부동 현상을 초래할 수 있을 뿐 아니라, 지대 추구의 기회를 앗아간 반부패 운동에 저항하거나 공직을 기피할 수도 있다. 실제로 광둥, 푸젠, 상하이 등에서는 공직을 그만두고 '샤하이'(下海)하는 인력들이 늘어나고 있고, 높은 청년실업률에도 불구하고 중국 청년들의 공직 지원자 경쟁률이 점차 낮아지고 있다.

2. 반부패 캠페인 추진 자체가 갖는 한계

반부패 정책 추진 자체가 갖고 있는 한계도 크다. 여기에는 ① 정적 제거 목적으로의 변질, ② 반부패 피로증과 조사대상자들의 저항, ③ 지도부의 청렴도에 대한 불신, ④ 가족형 부패 소탕의 어려움, ⑤ 성장률에 대한 부정적 효과 등의 문제점이 포함된다.

1) **정적 제거용으로의 목적 변질**

우선, 정적 제거용으로의 목적 변질부터 살펴보자. 시진핑(習近平) 주석은 "부패의 만연은 공산당의 생존과 체제유지에 위협이 된다"고 하면서

2012년 말부터 반부패 운동을 전개하였고, 2016년 10월에는 제18차 당대회 6중 전회에서는 '엄격한 당 관리'(從嚴治黨) 원칙을 강조하였다. 2017년 이후에는 당내 기율 위반에 대한 감독·문책을 강화하는 한편, 전국 차원의 감찰 체제 개혁을 심화시켜 나가겠다는 입장을 밝혔다. 그러나 시 지도부는 부패 퇴치에 중점을 두긴 했지만, 다른 한편으로는 보시라이, 저우융캉, 쉬차이허우, 궈보슝, 구쥔산, 링지화 등 정적을 제거하는 데 부패 퇴치라는 명분을 이용하는 경우도 많았다.

이를 위해 시 주석은 자신의 오랜 친구이자 류샤오치(劉少奇) 전 국가주석의 아들인 류위안(劉源) 상장(한국의 대장)을 총후근부 정치위원으로 승진시킨 다음, 잔존세력 숙청에 도움이 되는 정보와 증거를 수집하게 했다.[179] 류위안의 공로로 시 주석은 구쥔산 총후근부 부부장을 면직시킨데 이어(2012. 2.), 장쩌민 계열인 쉬차이허우와 궈보슝 2명을 부패 혐의로 제거할 수 있었다. 실제로 시진핑 지도부는 반부패 캠페인을 통해 ① 보시라이와 그 추종세력의 제거 → ② 저우융캉과 그 추종세력의 제거 → ③ 링지화와 그의 동생 링정처(令政策) 순으로 반대파 제거를 효율적으로 시행함으로써 자신의 권력 기반을 공고히 할 수 있었다.

우선, 전 충칭시 당서기 겸 중앙정치국 위원이었던 보시라이(薄熙來)와 그의 충복인 전 비서 우원캉(吳文康)의 사법처리 과정을 보면 시 지도부의 반부패 캠페인이 단순히 부패 퇴치에만 목적이 있는 것이 아님을 알 수 있다. 우(吳) 비서는 보시라이를 따라 충칭시로 와 판공청 주임직을 맡았으나, 보(薄)가 낙마하자 2천20만 위안(38억 원)의 뇌물을 받은 혐의로 1심인 지린성 창춘시 중급인민법원에서 2014년 11월 무기징역을 선고받았

179_조선경제, 2018. 1. 31. A24면.

다. 이에 불복해 지린성 고등인민법원에 상소했으나 결국 원심 형이 확정됐다.[180] 그러나 다롄시와 충칭 직할시 주민들 중에는 아직도 보시라이를 정치적 희생양으로 보는 사람들이 적지 않다. 보 전서기가 시 지도부의 제1 반부패 표적이 된 것은 그가 내심 정치국 상무위원 입성을 노리다가 좌절을 겪고 난 후 충칭시 당 서기로 내려와 당의 지도 노선과 상이한 '충칭(重慶) 모델'을 추구하면서 권력 핵심으로의 재기를 노렸다는 것이다.

실제로 보(薄)가 당서기로 재직한 기간(2003. 12.~2012. 3.) 동안 충칭시는 전국 최고의 10%에 달하는 높은 성장을 달성하였다. 그는 '신(新)마오주의적' 공동부유론(共同富裕論)에 입각해 소득 재분배와 준법 의식을 중시하였는데 재정 수입의 상당부분을 사회복지, 주거, 의료 등 삶의 질 향상에 도움이 되는 데 사용했다. 조직 폭력배 일소, 부패 퇴치에도 노력을 경주해 그는 충칭시에서 현대판 포청천(包青天)이라고 불렸다. 2009년 한 해에만 그는 63개 범죄 조직원과 배후의 고위 관료 3,348명을 체포해 2010년 충칭은 '중국에서 가장 행복한 도시' 10개 중 한 곳으로 선정되었다. 부의 분배와 사회적 형평성을 강조하는 그의 지역발전 모델은 다른 시의 벤치마킹 대상이 되기도 하였는데, '혁명성을 높이고 깡패 사회를 소탕하자'는 소위 '창홍따헤이'(昌紅打黑)라는 군중 노선은 특히 인기가 높았다. 충칭 직할시와 쓰촨성에서 그를 지지하는 정치적 세력이 커지자 시 주석은 그의 진의를 의심하기 시작했고, 위협을 느낀 시 서기는 결국 그를 2012년 3월 부패 혐의로 체포했다. 그 후 9월 28일 보는 공직과 당적을 박탈당했고(雙開), 10월 26일에는 전인대 대표 자격을 박탈당했다. 보시라이는 2013년 9월 22

180_보시라이의 처 구카이라이(谷開來)의 영국인 사업가 독살 사건, 왕리쥔의 미국총영사관 망명 시도 과정, 보시라이의 사건 조작 과정 등에 직간접으로 참여하며 사건의 내막을 가장 깊숙이 아는 인물이기도 하다. 신랑(新浪)망, 2016. 3. 1일자 보도; 연합뉴스, 2016. 3. 1.

일에는 1심인 중급 인민법원으로부터 무기징역을 선고받았고, 이 양형은 2013년 10월 25일에 열린 2심(산둥성 고급 인민법원)에서 확정되었다.

반부패 캠페인이 정적 제거 및 권력 강화 목적으로 사용되었다는 것은, 중국 전역의 18개 집단군이 13개로 재편되는 과정에서 보시라이 전 충칭시 서기의 부친 보이보(薄一波) 전 부총리가 창설했던 제14 집단군이 해체된 반면,[181] 시 주석이 1996년부터 2002년까지 7년간 푸젠성 성장으로 있을 때 제1 정치위원(제31 집단군 예하 고사포예비사단)을 겸했었던 '제31집단군 간부 출신 근위대(inner circle)' 세력의 대부분이 당·정·군의 요직에 발탁된 것을 봐도 알 수 있다.[182]

2013년 11월 당 18기 3중전회에서 시진핑 주석은 중앙의 1급 당과 국가기관 내에 CCDI와 연계된 반부패 부서의 상설을 허용하고 성역없는 반부패 조사를 시행할 것을 주문했다. 2014년 8월의 연설에서는 "반부패 투쟁에 있어 개인의 생사나 명예·치욕 따위는 중요치 않다. 우리는 당, 국가의 미래와 운명을 지키기 위해 책임을 다해야 한다"고 하면서 반부패 투쟁의 당위성과 중요성을 역설하였다.[183] 2014년 7월에는 150만 명의 무장경찰을 통솔했던 저우융캉(周永康) 전 정법위 서기가 부패 혐의로 체포되었고, 2015년 6월 비공개 재판에서 무기징역형에 처해졌다. 저우 서기의 체포에 가장 큰 공을 세운 간부는 치밀한 기획력과 결단력을 보여준 왕닝(王寧) 무장경찰 최고사령관과 푸정화(傅政華) 베이징시 공안국 국장

181_제14군은 윈난(雲南)성 쿤밍(昆明)에 본부를 두고 있다. 중앙일보, 2016. 1. 27., 16면.

182_"시진핑 근위대 푸젠성 31군, 중국군 요직에 잇단 발탁", 중앙일보, 2016. 1. 27., 16면; http://news.joins.com/article/19480964

183_신화사 통신 (2014. 8. 5.); "Xi Jinping Says Anti-Graft Fight in Deadlock," August 6, 2014; http://www.chinaeconomicreview.com/node/66103

겸 공안부 부부장이었다. 특히 왕닝은 푸젠성 소재 제31 집단군 산하 예비사단 정치위원으로 있던 시절의 시 주석을 만나 교분을 쌓았으며, 그후 중신증권 대표이사 등 금융 및 자본시장 내 부패·비리 세력을 척결하는데 혁혁한 공을 세웠다. 왕은 저우융캉 특별수사팀을 효과적으로 지휘·통솔한 공로로 공안부 상무부부장으로 승진과 동시에 영입되었으며, 그 후 저우 서기의 비서였던 지원린(冀文林) 전 하이난(海南)성 부성장, 전 공안부 부부장이자 저우 서기의 오른팔이었던 리둥셩(李東生) 등을 체포하는데 기여하였다. 지원린은 1심에서 징역 12년과 100만 위안(약 1억 7천600만 원)의 벌금형을 선고 받았고, 리둥셩은 15년 징역형에 불법소득 100만 위안 몰수형을 선고 받았다.[184]

시 주석의 최대 정적 중 하나이자, 부패 사슬의 정점에 있던 저우 전 정치국 상무위원이 낙마하자 그와 연계된 군·공안·안보쪽의 수하 세력도 숙청되었다. 군부의 궈보슝(郭伯雄) (무기징역 복역 중), 쉬차이허우(徐才厚) 전 중앙군사위 부주석(사망)과 그 잔존세력이 제거되었고 군부 내 전·현직 실무책임자급 인맥까지 반부패 혐의로 쫓겨났다.

궈바오슝, 쉬차이허우 등 군 수뇌부를 숙청한 시 주석의 반부패 칼날이 고위 실무자급으로 향하자 배신과 처벌을 두려워한 군 장성과 고급 장교들이 잇따라 자살하는 사건이 벌어지기도 했다. 2016년 7~8월에만 공군 정치위원 및 중앙정치국원을 지낸 톈슈쓰(田修思) 전 상장(上將·대장), 랴오시룽(廖錫龍) 전 중앙군사위원 겸 인민해방군 총후근부장, 리지나이(李繼耐) 전 인민해방군 총정치부 인사 담당 주임 등 3명의 군 고위 장성들이 잇따라 자살하였다.[185]

184_신화통신, 2016. 3. 30.; 연합뉴스, 2016. 3. 30.

톈슈쓰 전 상장은 궈보슝에게 공군 정치위원 자리를 얻기 위해 2012년 5000만 위안의 거액을 바쳤고, 랴오시룽과 리지나이는 장쩌민 전 주석이 발탁한 자들로 후진타오(胡錦濤) 전 주석 집권기에도 장쩌민을 '상왕'(上王)으로 떠받들면서 군부 내 각종 이권사업과 승진 및 보직에 개입하였다. 시 주석으로선 이들을 제거하지 않고서는 후진타오 전 당서기처럼 실권을 휘두르지 못하는 지도자가 될 것을 우려했다.

8월 5일에는 1997년 홍콩 주권 반환을 주도했던 엘리트 군인 중 한 명이었던 인민해방군 제42 집단군 정치위원 천제(陳杰) 소장이 숙소에서 수면제 과다 복용으로 숨진 채 발견됐다.[186] 8월 10일에는 남부 전구(戰區)의 선전 담당인 고위관계자가 아내를 태우고 양쯔강(長江)으로 차를 몰아 사망했고, 12일에는 산하 기업의 운영을 실무적으로 총괄하다가 공금횡령·수뢰 등 부패 혐의에 연루된 해군 후근부 기업관리중심 주임인 리푸원(李輔文) 대교(大校·대령)가 해군본부 건물에서 투신자살하였다.[187]

이처럼 당과 군부 요직 곳곳에 포진해 있으면서 부패, 비리, 매관매직을 주도했던 장쩌민 계열 잔존 세력의 정리가 어느 정도 마무리되자, 2016년 하반기부터는 시진핑 지도부는 반부패 드라이브의 전선을 금융분야로까지 확장시켰다. 2017년 10월 제19차 당 대표대회에서 집권 후기 5년을 위한 사전 정지 작업 과정에서 전 지도부 계열 금융업계 인사의 축출과 인적쇄신이 필요했기 때문이다. 우선, 장쩌민 계열의 부패 호랑이 샹쥔보(項俊波) 보험감독관리위원회 주석이 낙마했고, 장쩌민의 손자 장즈

185_"시진핑 軍숙청 2단계: 장성·領官 자살 행진," 조선경제(온라인), 2016. 8. 23., A6면.

186_*The South China Morning Post*, Aug. 5 2016.

187_조선경제(온라인), 2016. 8. 23., A6면; 원 자료는 미국에 서버를 둔 중화권 매체 둬웨이(多維)의 보도.

청(江志成)과 장쩌민 계열인 류윈산 전 정치국 상무위원의 아들 류러페이(劉樂飛) 등이 금융 비리 혐의로 출국 금지된 후 당국의 조사를 받았다.[188] 여기에는 2017년 2월 자본시장의 '큰 악어'로 지목돼 홍콩에서 본토로 압송된 샤오젠화(肖建華) 중국 밍텐(明天)그룹 회장의 보험·금융업계 비리실토가 단서가 된 것으로 알려지고 있다.[189]

2) 반부패 피로증과 조사 대상자들의 저항

시 주석의 반부패 캠페인은 대부분의 일반 중국 국민들로부터 강력한 지지와 공감을 받고 있다. 그러나 2012년 말 이후 반부패 운동이 오랫 동안 강도 높게 추진되면서 경제성장률이 둔화되고, 호텔·요식·관광업계의 매출이 감소하자 당 내부에서는 부패 척결운동의 속도를 조절해야 한다는 의견이 일어났다. 권한 축소에 반발하는 당·정관료와 공직자 등 기득권 세력의 저항도 일어나기 시작했다. NDRC 내 에너지국장으로 근무하다가 불명예 퇴직해 법정 피고가 된 전직 고위 관료 류톄난(劉鐵男)도 "부

188_장즈청은 장쩌민의 맏아들 장미엔헝(江綿恒) 상하이 과학기술대 총장의 아들로 하버드대 졸업후 골드만삭스 애널리스트로 입사했다. 2010년부터는 홍콩의 보위(博裕) 캐피털 이사직을 맡아 동사의 급성장을 주도하고 있다. 류러페이는 인허(銀河)증권, 중국생명보험, 신화(新華)보험 등 여러 금융업체를 거쳐 현재 중신(中信) 산업투자기금관리공사의 회장을 맡고 있다. 그는 2015년 증시 대폭락 당시 장쩌민, 쩡칭훙(曾慶紅) 전 국가부주석, 류윈산 등 장쩌민 계열 인사의 친족들의 주식 공매도 참여를 막후에서 도와준 혐의를 받고 있다. 로이터통신 2014. 4월 보도; 홍콩 명경망(明鏡網) 보도, 2014. 4. 보도

189_대만 중앙통신, 2017. 6. 15.; 홍콩 매체 명경망(明鏡網) 보도; 연합통신 "中 반부패 칼날 금융으로, 장쩌민 손자·류윈산 아들 조준," 연합뉴스 기사입력 2017-04-25; http://www.yonhapnews.co.kr/bulletin/2017/04/25/0200000000AKR20170425076300089.HTML?input=1195m

패 예방을 위해서는 당·정·군의 권한 축소가 핵심요소인데, 자신의 경험에 비추어 볼 때, 이는 쉽지 않다."고 말하였다.[190]

2014년 9월 7일 장쩌민(江澤民) 전 국가주석이 지병인 방광암으로 사망했다는 소문이 웨이보(微博·중국판 트위터)를 중심으로 떠돌았다. 상하이방(上海幇)의 중간 보스였던 전 정치국 상무위원 겸 정법위 서기였던 저우융캉이 체포된 직후에 떠도는 이 사망설을 중국 외교부는 즉각 부인하였고 웨이보 등에서 '장쩌민'이란 단어의 검색을 차단하였다.[191] 과거 덩샤오핑 생존 시에도 반(反)개혁 세력은 수십 차례 덩 사망설을 흘리며 개혁·개방 정책에 제동을 건 적이 있었다. 그러나 장(江)사망설에도 불구하고 상하이방의 중간보스격인 저우 서기의 구제는 이뤄지지 않았다. 더욱이 쉬차이허우(徐才厚) 전 중앙군사위 부주석 마저 사법처리 과정에서 사망하면서 석유방(石油幇) 세력은 공중 분해되었다. 다만, 기득권 세력의 향후 재결집 가능성을 배제할 수는 없다. 비록 부패 세력이 완전히 제거되거나 압도당한 것처럼 보이지만, 중국의 과거 역사를 볼 때 축출된 세력과 정치·경제적 이해를 같이하는 세력은 언제든지 재결집해 세력을 형성할 수 있으며, 이들은 명분과 타이밍을 노리고 있을지도 모른다. 특히 시 주석 제3기 임기(2023. 3.~2027. 2.) 진입 시점을 전후해 재결집 움직임이 강해질 수 있는데, 미국과의 무역전쟁 등 주요 대내외정책에서의 중대한 실수나 국가의 대내외적 위신과 당의 통제력이 위협받는 상황이 발생하면, 이들은 이를

190_Areddy, James, T.(2014), "Chinese Ex-Official Admits to Corruption," The Wall Street Journal, October 13, 2014.

191_"장쩌민(중국 前 국가주석) 사망說 확산," 조선일보(온라인; 프리미엄), 2014. 9. 10.; http://premium.chosun.com/site/data/html_dir/2014/09/10/2014091000102.html?csmain&site=premium

빌미삼아 언제든지 시 지도부의 미래 권력구조의 안정성을 흔드는 요인이 될 수도 있을 것이다.

3) 지도부의 청렴도에 대한 불신

반부패 정책 주무기관 부처인 CCDI나 공안부 담당 간부 조차 '청렴성 부족의 함정'에서 완전히 벗어났다는 증거는 아직 없다. 반부패 운동을 주도하는 핵심 세력과 시 주석을 둘러싼 친인척의 비리에 관한 확인되지 않은 잡음이 끊임없이 일고 있기 때문이다. 국제탐사보도언론인협회(ICIJ: The International Consortium of Investigative Journalists)가 독일 일간지 쥐트도이체차이퉁(Süd Deutsche Zaitung)와 함께 파나마 최대 로펌의 내부자료를 분석한 소위 '2016년 파나마 페이퍼'(The Pana Papers)에 의하면,[192] 시 국가주석의 매형 덩자구이(鄧家貴: 시 주석 큰 누나의 남편)는 부동산 개발 등으로 축재한 수천억 원의 재산을 조세피난처(tax havens) 중 하나인 영국령 버진아일랜드에 설립한 2개의 유령회사(paper company)에 은닉하고 탈세를 한 것으로 알려졌다.

이외에도, 역외탈세 대열에는 당 서열 5위인 류윈산(劉雲山) 정치국 상무위원과 서열 7위인 장가오리(張高麗) 국무부 상무부총리의 친·인척이

192_ICJC (2016), "The Panama Papers: Politicians, Criminals, and the Rogue Industy That Hides Their Cash," https://panamapapers.icij.org/; ICJC는 독일 일간지 쥐트도이체차이퉁(Süd Deutsche Zaitung)이 ICIJ(The International Consortium of Investiga- tive Journalists)와 함께 '역외 비밀 도매상'으로 악명이 높은 파나마 로펌인 모색 폰세카(Mossack Fonseca)의 1977~2015년 자료를 입수해 ICIJ와 함께 분석한 것이다. 매일경제신문, 2016. 4. 5., A10.

포함돼 있다. 류 상무위원의 며느리 자리칭(賈麗青)은 버진아일랜드에 2009년부터 유령회사를 갖고 있으며, 장 부총리의 사위 리성포(李聖潑)도 3개 유령회사를 조세피난처에 세운 것으로 드러났다.[193]

'서민 총리' 이미지로 유명한 원자바오 전 총리의 아들과 사위도 유령회사를 설립하였다. 아시아 최대 위성회사 차이나 세콤 회장이었던 아들 원윈쑹(溫雲松)은 아버지의 총리 재직 시절인 2006년에, 그리고 중국은행관리감독위원회 간부이자 사위인 류춘항(劉春航)은 2004년에 각각 해외에 유령회사를 설립한 것으로 드러났다. 뉴욕타임즈는 2012년까지 원자바오 전 총리 일가가 축적한 재산이 3조 원에 이른다는 보도를 냈다. 후진타오 전 주석의 사촌 후이스, 리펑 전 총리의 딸 리샤오린, 덩샤오핑 전 주석의 사위인 우젠창 등의 이름이 거론됐다. 이외에도, 후진타오(胡錦濤) 전 주석의 손녀 사위인 천둥성, 고(故) 후야오방(胡耀邦) 당서기의 아들 후덴화도 유령회사를 세웠고, 쩡칭훙 전 부주석과 2012년까지 중국 상무위원회 서열 4위였던 자칭린의 친족도 해외로 자산을 유출한 것으로 드러났다.

ICJC는 2014년에도 보고서를 냈는데, 이에 따르면 중국, 홍콩의 고위층 및 부호 2만여 명이 조세피난처인 버진아일랜드에 페이퍼컴퍼니를 설립해 소유지분을 보유하고 있으며, 2000년부터 해외로 유출된 중국의 자산규모가 최대 4조 달러(한화 4천여조 원)에 이른 것으로 추산되고 있다.[194]

193_영국 사업가 닐 헤이우드가 보시라이(薄熙來) 전 충칭시장의 아내 구카이라이에 의해 독살된 것도 헤이우드가 버진아일랜드의 유령회사에 숨겨둔 이들 부부의 역외재산을 폭로하겠다고 협박했기 때문이다. 서울경제신문, 2016. 4. 8., A12면

194_ICJC는 2014년 1월에도 세계 각국의 50여 개 언론과 공동 취재를 해 유사한 보도를 한 바 있다. SBC 2014. 1. 22.~23일 방송보도(http://news.sbs.co.kr/news/endPage.do?news_id=N1002197121&plink=OLDURL)

물론 외국에 페이퍼컴퍼니를 설립하는 것 자체가 불법은 아니다. 그러나 해외의 페이퍼컴퍼니에 불법자금을 빼돌려 돈세탁을 하거나 탈세하는 것은 세법, 외국환관리법 위반이며, 관련 자금이 불법적인 방법으로 축적한 것이면 형법, 반불공정경쟁법 등 부패 관련 법에도 저촉된다. 부패 척결을 외쳐온 시진핑 주석과 전·현직 당·정·군 지도층의 가족, 특히 전·현직 정치국 상무위원 8명의 친인척의 역외탈세 혐의가 노출되었다는 것은 매우 당혹스러운 사건임에 틀림없다.

중국 당국은 "관련 문건이 터무니 없는 거짓이고 허구"라며 전면 부인하는 입장이다. 그러나 ▲파나마 페이퍼를 공개한 '모색 폰세카' 로펌의 최대 고객이 중국이라는 점, ▲영국 이코노미스트가 2015년 말을 기준으로 모색 폰세카 거래 고객의 29%가 중국인 고객이라고 밝힌 점, ▲중국 9개 도시와 홍콩지점에서 거래한 기업만 1만 6,300개로 전 세계 지점 가운데 가장 활발한 영업을 벌이고 있다고 보도한 점 등을 종합해볼 때 과장되었을지는 몰라도 전혀 사실무근은 아닐 것으로 생각된다. 사실 여부와는 관계없이 해외유력지의 이 같은 보도가 나중에 중국 온라인 상에 공개될 경우 반부패 정책의 정당성과 추동력은 약화될 수밖에 없고 지하 체제 전복 세력에게 빌미를 줄 수도 있다고 본다.

이 같은 상황에서 공안부와 CCDI는 ICJC 사이트의 중국 내 접속을 철저히 차단하는 동시에 보도통제를 엄격히 하고 있다. 각 유관 부서는 기자들 질문에 대해 '논평 보류'로 일관하고 있으며, 당은 중앙선전부와 국가인터넷사무 판공실에 인터넷 검열과 여론 통제를 강화하라는 지침을 시달한 것으로 알려졌다.[195] 중화권 매체인 차이나디지털타임스도 당국

195_연합뉴스, 2016. 4. 8. 입력; http://www.yonhapnews.co.kr/bulletin/2016/04/08/0200

의 검열에 따라 '파나마 페이퍼스'나 '파나마'란 단어가 포함된 보도와 웨이보(微博·중국판 트위터), 모바일 메신저 웨이신(微信·위챗), 게시판, 클라우드 등 내용을 즉시 삭제하였다.[196]

다만, 중국인들의 대부분이 '파나마 페이퍼스'의 내용을 모르고 있고, 중국 당국도 부패 호랑이들에 대한 수사결과를 앞당기고 재판을 속개하는 등 지도부 친인척 부패에 대한 국내외 관심을 내부로 돌리려고 노력하고 있다. 실제로 궈보슝(郭伯雄) 전 중앙군사위원회 부주석은 파나마 페이퍼 폭로 직후에 무기징역을 구형 받았으며(2016. 4. 14.), 링지화(令計劃) 전 통일전선공작부장도 미국으로 국가기밀을 들고 망명한 동생 링완청(令完成) 송환문제가 해결되자 무기징역을 구형받았다. 어쨌든, 파나마 문건의 공개를 계기로 그동안 베일에 가려 있었던 중국 당·정·군 지도자들의 '관얼다이'(官二代) 자녀 및 친인척들이 특권적 지위를 이용해 부패·비리를 저지르는 것에 대해 과거보다 조심하게 되는 계기가 되었다고 본다.

4) 가족형 부패 '탄얼다이' 소탕의 어려움

중국 반(反)부패정책의 또다른 한계는 온정주의(paternalism), 연고주의(nepotism)와 연계된 가족 및 친인척 간의 부패를 없애지 못하는 데 있다. 연고주의형 부패와 관련이 있는 단어들로는, ▲혁명원로 고위 당·정 관료의 자제와 친인척을 뜻하는 '태자당'(太子黨), ▲부모의 권력을 이어받은 자식 세대를 뜻하는 '관얼다이'(官二代), ▲2대에 걸쳐 부정부패를 일삼는다

000000AKR20160408046100009.HTML?input=1195m

196_연합뉴스, 2016. 4. 8.

는 뜻의 '탄얼다이'(貪二代), ▲고도성장기에 부를 축적한 졸부인 부모 밑에서 자란 '푸얼다이'(富二代) 등이 있다.

〈표 7-1〉 당·정·군 고위 간부의 직위, 권력을 이용해 부정 축재를 한 '탄얼다이'들 (예시)

탄얼다이 (貪二代)	부친 이름과 당·정 직책, 나이	탄얼다이의 부패 행태
장평 (蔣峰)	장제민(蔣潔敏) 전 국유자산감독관리위원회(國資委) 주임. 1955년생	• 2000년 장평은 부친으로 하여금 SINOPEC(中國石化)에 영향력을 행사하여 신장자치구 주장(州長)으로 하여금 4천만 위안 가치의 특정 중소기업 기술을 취득하는 것을 돕도록 하고, 그 대가로, 자동차 4대, 카메라 1대, 현금 5만 위안, 항공권 등 총 200만 위안 수준의 불로소득을 획득.
류더청 (劉德成))	류테난(劉鐵男) 전 국가발전·개혁위원회 부주임(차관급). 전 국가에너지국장. 1954년생	• 류 부주임은 아들이 21세 되던 시절부터 뇌물의 97% 가량을 아들을 통해 받았으며, 에너지 기업들로부터 캐나다에 유학 중인 아들의 생활비 일체를 지원받음. • 부친이 지인인 저장성 민간기업 사장과 아들 간의 공동사업 허가를 신속히 내주도록 도와준 대가로, 아들이 포르쉐 카이옌 1대와 베이징 근교의 한 별장을 선물로 받음.
자오진 (趙晉)	자오샤오린(趙少麟) 장쑤성 당위원회 전 비서장, 상무위원. 1947년생	•부친의 정보력과 영향력을 이용 난징, 지난, 톈진의 부동산에 투자해 큰 돈을 벌고, 베이징 위옌탄(玉淵潭) 공원 부근의 주택단지에 개인의 호화 유흥업소를 차려 축재.
저우징 (周靖)	저우번순(周本順) 전 허베이성 당서기. 2015년 7월 현직 당서기로는 처음으로 낙마	• 부친 동료의 아들 후슝제(胡雄杰)와 함께 건설사를 차린 뒤 부친의 힘을 빌어 창사(長沙)시 정부가 추진하는 노후주택 개량사업과 둔치 조성공사 등을 따내어 부정축재
궈정강 (郭正鋼·)	궈보슝(郭伯雄) 전 중앙군사위원회 부주석	• '탄얼다이' 가운데 최고위 직급자로 궈정강 전 저장군구 부(副)정치위원 겸 소장으로 승진 후 2개월만에 낙마. 재혼한 부인 우팡팡(吳芳芳)은 남편 권력의 비호 하에 투자자들을 모아 사기행각을 벌임. 손해를 본 투자자들이 저장성 군 부대 앞에서 집단시위를 벌이기도 했음.

** 자료: 中國時政新聞, 2015. 10. 14.; 연합뉴스, 2015. 10. 14., 아시아투데이, 2016. 4. 11.; 뉴스1, 2015. 10. 14. (http://news1.kr/articles/?2457829) 등 인터넷 자료를 토대로 저자가 재정리.

저우융캉의 아들 저우빈, 장제민 전 국자위 주임의 아들 장펑(蔣峰), 궈융상(郭永祥) 전 쓰촨성 부성장의 아들 궈롄싱(郭連星)은 '구(舊) 탄얼다이 삼공자'로 불리었으며, 자오진(趙晉), 저우징(周靖), 궈롄싱(郭連星) 등 3인은 중국내에서 '신(新) 탄얼다이 3공자'로 불리운다(〈표 6-1〉 참조). 이 탄얼다이들의 공통점은 당·정·군 고위 간부인 부친의 직위, 권한, 영향력을 이용, 부모 비호를 등에 업고 이권사업에 개입해 사익을 추구한다는 점이다. 그러나 이들 탄얼다이들의 부패·비리 행위를 적발·단속하는 것은 결코 쉽지 않다. 부패·비리 행위가 가족주의 문화, '꽌시' 문화와 맞물려 매우 은밀하게 저질러지는데다가 권력·지위를 가진 부모들이 이들을 비호하고 구제하는데 앞장서기 때문이다.

8명의 전·현직 당·정·군 고위 간부가 거명된 소위 '파나마 문서'에 관한 외신 보도와 '가족형 부패'의 폐해에 관한 보도를 접한 시진핑 주석은 '중앙개혁 전면심화 영도소조' 제23차 소조(小組) 회의(2016. 4. 19.)에서 반부패 조사활동에 새 방침을 하달했다. 새 방침에 의하면, "베이징시와 광둥성, 충칭시, 신장 자치구 등 4개 지방정부의 경우 고위 간부 본인은 물론이고, 배우자, 자녀 및 친인척이 관할구역 내에서 업무와 관련된 분야에서 영리 활동을 하지 못하도록 하고, 반부패 조사의 범위에 가족까지 포함시키기로 하였다".[197] 이 같은 방침은 2015년 4월부터 상하이에서 이미 실험을 마친 것으로 베이징, 광둥, 충칭과 신장 자치구에서 실험한 뒤 미비점을 더 보완해 전국적으로 실행되고 있다. 이 조치가 1년간 시범적으로 실시된 상하이시의 경우, 1,802명 고위 간부 가족들의 영리활동이 금지되었고, 규정을 어긴 182명의 고위 간부는 정밀 추가 감찰 및 조사 대상에 포함되었다. 그 결과, 고위 간부 10명이 면직, 10명은 전근 조치되었고, 1명은 사직 처리되었으며, 3명은 기율 위반 혐의로 조사 중이다.[198] 특

197_中國國際放送局, 2016. 3. 22. 18시 뉴스; The South China Morning Post, April 18, 2016; "China's Anti-Corruption Program Extends to Spouses, Children of Corrupt Officials," April 20th, 2016, China Compliance Digest, Ethical Alliance Daily News; http://ethixbase.com/china-chinas-anti-corruption-program-extends-spouses-children-corrupt-officials/

198_"中 시진핑 주석 나서 고위 간부 가족들 영리활동 금지," 머니투데이(온라인),: 2016. 4. 19.

히 부패에 자주 노출되는 광물자원 개발과 토지 분양, 부동산 개발, 대규모 토목 공사, 과학 연구 경비 집행, 복지기금 집행 등에 관한 업무를 수행하는 고위 간부와 가족들은 상시 모니터링 대상으로 선정되어 집중 관리되고 있다. 다만, 이들의 부패 행태가 갈수록 지능화·국제화되고 있어 완전히 적발하지는 못하고 있다.

5) '뤄관'(裸官) 제거에 불충분한 대책

제3장에서 언급했던 '뤄관'(裸官)의 폐해도 사회적 냉소와 언론 질타의 대상이 되고 있다.

이 같은 상황을 잘 알고 있는 시진핑 당·정 지도부는 2013년부터 뤄관들을 보다 엄격히 관리하고 있으며, 이미 가족이 나가 있는 뤄관들에 대해서도 개인별로 사후 대응 조치를 보고하도록 하고 있다. 2014년부터는 뤄관 처리 규정의 법제화에 나섰는데, 당원 인사문제를 담당하는 당 중앙조직부가 중심이 되어 당원의 등용 기준, 절차 등을 규정한 〈지도간부 선발·임용 공작조례〉를 12년 만에 개정하였다. 개정 조례에 의하면, '뤄관'의 범위가 종전보다 확장되었다. 과거에는 자식, 배우자를 모두 해외에 둔 공무원만을 '뤄관'으로 규정하였으나, 개정 조례에서는 자식은 중국에 두고 배우자만 나가 있거나, 배우자는 국내에 있고 자식만 해외에 있는 경우도 뤄관의 범주에 포함시켰다.[199] 다만, 선의의 피해자가 양산되는 것을 우려하여 유학을 목적으로 자식만 해외에 보낸 공무원은 뤄관의 범주에서 제외하였다.

199_東京新聞, 2014. 4. 20.

둘째, "뤄관은 주요 국가기관 간부직에 등용하지 말고, 해외에 가족을 둔 뤄관 공무원은 특별 관리하고 승진에 불이익을 주라"는 지침이 하달되었다. 그 결과, '뤄관'은 당 위원회, 전인대, 국무원, 정협(政協), CCDI, 인민해방군, 공안, 법원, 감찰원, 금융감독기관 등 주요 기관의 진입 자체가 원천 봉쇄되었다. 이미 공직에 있는 사람도 가족의 입국 사실을 서류로 증빙하지 못하면 승진에서 배제되거나 한직으로 좌천되도록 했다.

셋째, 지방정부 차원의 '뤄관 일소' 캠페인도 실시되었다. 특히 광둥성의 경우, 시진핑 계열인 후춘화(胡春華) 정치국원이 당서기로 있어 시 주석의 반부패 정책을 엄격히 진행했다. 실제로 광둥성 CCDI는 정년 퇴직을 5개월 앞둔 팡쉬안(方旋) 광둥성 부서기(장관급)를 '뤄관'이라는 이유 하나만으로 해임하였으며, 2014년 3월부터 6월까지의 4개월 동안 뤄관 목록에 올라있는 1천여 명 중 866명에게 좌천 등의 불리한 인사 조치를 단행했다.[200] 나머지 인원에 대해서도 가족을 즉시 귀국시키지 않으면 한직으로 몰아내거나 징계하겠다는 경고장을 보냈다.

그러나 이 같은 적발, 단속, 처벌에도 '뤄관' 문제가 근본적으로 해결된 것은 아니다. 우선, 자녀를 해외에 유학 보낸 중국 당·정 고위 간부들이 너무 많다. 홍콩 잡지 『동향(動向)』은 2012년 5월 당 중앙위원의 91%가 직계가족을 해외에 유학·이민 보낸 것으로 드러났다. 2012년 10월 말만 하더라도 당시 시진핑(習近平) 국가부주석의 외동딸 시밍쩌(習明澤)는 미 하버드대학에, 그리고 리커창(李克强) 상무(常務) 부총리의 외동딸 역시 미국에 유학하고 있었다.[201] 각각 국가주석, 국무원 총리가 되면서 자녀들을 귀국시

200_"Guangdong Catches over 1,000 Naked Officials," June 9, 2014; http://www.chinaeconomicreview.com/guangdong-catches-over-1000-naked-officials

201_정혁훈 (2013), 정혁훈 (2014) 참조.

키긴 했지만, 고위 간부들에게 자녀의 해외 유학은 물리치기 어려운 선택인 경우가 많다. 나이 많은 간부의 경우, 약간의 불이익을 받더라도 은퇴 후 해외에서 자유롭고 풍족한 삶을 누리기를 내심 희망하기 때문이다.

고위 공직자가 아닌 중간 간부 공직자들 가정도 문제는 유사하다. 단 하나 밖에 없는 자녀를 미국, 캐나다, 호주, 영국 등 보다 선진적인 환경에서 교육받게 하려는 욕구가 강하기 때문이다. 일반 서민 가정의 경우, 1980년대 이후 35년간 유지되어 온 '1가구 1자녀' 정책이 2017년에 완전히 폐지되면서 해외 유학의 유인이 일시적으로 약해진 것처럼 보인다. 그러나 최근 들어서는 일본, 한국, 싱가포르, 말레이시아, 태국 등 북미권이 아닌 지역에 더 저렴한 학비로 유학을 보낼 수 있는 우수한 고등교육기관이 많아져 동기가 약화되기보다는 유학 대상국이 다변화되고 있다고 보는 것이 옳을 것이다.

결국 보다 효과적이고 근본적인 해결책은 ▲공직자에 대한 열악한 급여와 처우, ▲중국의 주입식 위주 교육시스템, ▲치열한 중-고-대학 입시 경쟁과 낙후된 교육방식 등의 문제를 개선하는 것이라고 본다.

6) 사치재, 고급 서비스 소비수요의 감소

반부패 캠페인에 따른 사치재 시장의 위축과 관광·호텔·오락 등 고급 서비스 업계의 매출감소도 정치·사회적 제약 요인으로 작용하고 있다. 실제로 시 주석은 부패를 직간접적으로 부추기는 호화·사치 풍조를 억제하기 위해 2013년 3월부터 당·정 관료들과 국유기업 간부들을 대상으로 하는 '4가지 불건전한 병폐' 추방운동을 전국적으로 전개하였다. 이 같은 건전 소비 캠페인의 결과, 골프장, 고급 음식점, 호화 호텔의 매출이 줄어들었고, 고급 연회 식사나 명품 자동차, 귀금속, 고가의 시계나 가방, 패션 의류 판매업체가 타격을 받게 되었다.

특히 골프장의 경우, 반부패 캠페인의 최대 희생양이 되었다. 2014년부터 중국 정부가 지방별로 난립한 무허가 지방 골프장을 폐쇄한 데 이어, 사회적으로 비판을 받는 중앙과 지방 고위 관료들의 공비(公費) 골프를 금지시켰고 2015년부터는 아예 당원의 모든 골프를 금지시켰기 때문이다.

마오타이, 우량예 등 바이주(百酒) 시장 또한 공직자의 '바이주 금지령' 때문에 매출에 타격을 받았다. 5,500억 위안 규모의 판매액(2015년 기준 약 94조 4,100억 원)으로 중국 주류 시장의 65% 이상(2015년 기준)을 점하던 고량주 판매액은 2013년 이후 2년 연속 감소하였다. 2013년의 12.4%에 달했던 매출액 증가율은 2014년엔 4.6%로 하락했으며, 2천 위안까지 치솟던 마오타이 1병 가격은 900위안 대까지 낮아졌다. 가장 먼저 반(反)부패 뉴스를 전하는 중국 제1의 시사정치 인터넷 매체 팽파이(澎湃)에 따르면, 11개 바이주 브랜드의 평균가격이 2012년 이후 2015년 9월까지 매년 평균 11% 하락한 것으로 보도되었다.[202] 그후 2016년 들어 중산층 수요증가로 매출액 증가율이 6.4%로 높아지긴 했지만, 아직도 두 자릿수 증가율을 회복하지는 못하고 있다. 2016년의 매출 증가율 반등은 바이주 업체들이 고가 명품 고량주의 매출 감소에 대응하여 80년대 이후 태어난 젊은 층(80後 세대)에 맞는 20위안 내외의 산뜻한 '저가 건강고량주'를 출시하였기 때문이다. 하지만 고위 관료 선물용으로 각광받던 마오타이주(茅台酒), 우량예(五糧液), 쉐이징팡(水井坊), 검남춘(劍南春) 등 고가 고량주에 대한 수요는 2012년 이전의 고성장세를 완전히 회복하지 못하고 있다.

202_澎湃, 2015. 10. 1.; 아주경제신문, 2015. 10. 2.

마카오 국내총생산(GDP)의 94%를 차지하는 카지노 산업 역시 본토 부패 척결 정책의 영향을 받아 휘청거리고 있다. 마카오 외래 관광객의 60%는 본토 중국인인데, 반부패 정책의 영향으로 도박꾼들의 줄어들자, 2015년도 마카오 매출액이 49%나 줄어들었기 때문이다.

7) 성장률에 대한 부정적 효과

반부패 캠페인이 초래하는 또다른 족쇄는 경제성장률 둔화에 대한 우려와 철강, 석유화학, 내구소비재 등 경기 민감 산업에 대한 악영향이다.

실제로 중국의 실질 GDP 성장률은 2013년부터 타격을 받기 시작했다. 〈표 7-2〉에서 알 수 있는 바와 같이, 반부패 운동이 본격화되기 2년 전인 2011년의 성장률은 9.2% 그리고 직전 연도인 2012년에는 7.8%였으나, 2013년에는 7.7%, 2014년에는 7.4%, 2015년에는 6.9%, 2016년에는 6.8%, 2017년에는 6.9%로 둔화되었다. 특히 2014년부터는 반부패 조사활동이 국가기관에서 민간기업·은행·대학·언론계 등으로 확산되면서 경제성장에 대한 부정적 충격이 강해져, GDP성장률이 7%를 하회했다. 중국인민은행의 전 금융통화위원이자 칭화대 글로벌 중국경제 연구센터 소장인 데이비드 리 박사도 성장률 둔화의 원인은 "기업 구조조정이나 부문 간의 '균형복구'(rebalancing) 정책보다는 지방 당·정 관료에 대한 고강도 반부패 정책이 초래한 경제활동 위축과 무관하지 않다는 주장을 폈다.[203]

203_"Corruption Clean-up is Top reason for China's Slowdown," Channel NewsAsia의 'Conversation With'라는 TV 프로그램 인터뷰(July 27 2016); 내용은 http://www.channelnewsasia.com/news/asiapacific/corruption-clean-up-is/2990472.html 참조.

물론, 7% 성장률 목표 미달의 원인이 모두 반부패 조사활동 탓만은 아닐 것이다. 성장률 둔화원인으로는 EU 등 선진국 경기 침체에 따른 수출 부진과 설비투자의 감소, 중국 내 과잉설비 및 기업 구조조정이 작용했을 것이나, 반부패 조사활동이 부정적 영향을 증폭시켰을 것임에는 틀림없다.

〈표 7-2〉 **중국의 주요 경제 지표**: GDP **성장률, 도시 고용, 소비자 물가 상승률 지표**

(2008~2017)

	2008	2009	2010	2011	2012	2013	2014	2015	2016	2017
GDP 성장률(%)	9.7	0.4	10.6	9.5	7.0	7.8	7.3	6.9	6.7	6.9
도시 신규 취업자 (만명)	1113	102	1168	1221	1266	1310	1322	1312	1314	1351
소비자물가상승률(%)	5.9	-0.7	3.3	5.4	2.6	2.6	2.0	1.4	2.0	1.6

** 자료: 2008~2016년은 『中國國家統計年鑑』; 2017년은 2018년 3월 全人大 리커창 총리 업무보고.

뱅크오브아메리카(Bank of America) 중국 담당 연구원 루팅은 "반부패 운동으로 인해 2014년 중국 경제성장률이 0.6~1.5%포인트 정도 더 하락했을 것"이라고 추정했다.[204] 특히 산업별로는 천연가스, 석유화학, 석탄 산업에 종사하는 대형 국유기업이 반(反)부패조사의 표적이 되었기 때문에 쓰촨, 랴오닝, 산시성의 성장률이 비교적 낮을 수밖에 없었다. 페트로차이나(PetroChina; 中國石油) 같은 대형 국유기업의 경우, 설비투자와 기관소비 지출을 줄일 수밖에 없었는데, 2014년 1~3분기 투자 지출이 전년 동기의 1,890억 위안(약 33조 4400억 원)에서 130억 위안(약 2조 3000억 원)이나 감소했다.[205] CNNPC도 국제 유가 하락의 영향으로 수익이 줄어드는 상황에서 반부패 조사까지 받으면서 투자 및 영업활동이 위축될 수밖에

204_The Wall Street Journal, Dec. 29, 2014

205_조선경제(온라인), 2014. 12. 29. 입력; http://biz.chosun.com/site/data/html_dir/2014/12/29/2014122901066.html

없었다.

이외에도, 반부패에 민감한 고가 사치재 판매는 물론, 골프장, 호텔, 카지노, 고급음식점 등 관광·요식 업계의 매출이 크게 감소하기 시작했다. 상품별로는, 바이주(白酒), 명품 핸드백, 패션의류, 고급 화장품 등 브랜드들의 매출액이 2014년도 이후 급감했다. 심지어 마카오의 GDP도 전반적인 건전 소비 풍조와 도박 단속 강화로 4년만에 최악의 매출감소를 기록하기도 했다.

3. 정책 수단이 갖는 한계

1) 현금거래 관행과 불완전한 '금융전산망 및 부동산 관리 시스템'

중국 반부패 정책의 한계는 정책수단 측면에서도 존재한다. 현금거래 관행, 불완전한 금융전산망과 미흡한 부동산 관리 시스템 등이 대표적이다.

실제로 중국의 은행·보험 전산망 통합은 90년대 이후 급진전되었으나 기타 금융기관의 전산망 통합은 아직도 진행중이다. 특히 '그림자 금융'(shadow banking) 증가의 원천이라 할 수 있는 국제신탁투자공사, 우정국(한국의 우체국) 등 비은행 금융권의 전산망은 2000년대 들어서도 완전히 통합되어 있지 않다. 또한 인민은행 감시망 밖에 있는 그림자 금융 특히 온라인, 모바일 P2P 대출의 비중이 2005년 이후 빠른 속도로 높아지고 있다는 점에 주목할 필요가 있다. 그림자 금융은 중국 금융 통화정책의 효율성과 투명성을 떨어뜨릴 뿐만 아니라 회계조작, 부패자금의 세탁에도 이용되고 있다. 실제로 많은 부패 사범들은 홍콩, 마카오를 통해 버진 아일랜드, 케이먼 군도 등 해외의 조세피난처(tax haven)로 불법자금을 송금할 때 폐쇄되기 전의 민간 암호화폐 거래소, P2P 거래, 가짜 수출입 혹은 투자 계약서 등을 활용하고 있다. 이런 점에서 중국 지도부가 가상 화폐 거래를 금지시키고 거래소를 폐쇄시킨 것은 의미가 있다. 더욱이 부패 사범들은 흔적이 남지 않는 현금이나 가상 화폐를 이용하기 때문에 뇌물의 증거를 잡거나 자금의 용처를 알기가 어렵고, 해당 거래가 적합한 항목에 정확히 기록되었는지, 해당 거래가 잘 관리되고 있는지를 파악하기도 힘들다.

둘째, 불완전한 부동산 통합관리시스템 또한 중국 부패사범들이 자주 이용하는 제도상의 허점이다. 중국의 경우, 지방정부의 부동산 등기 시스템은 전국 등기전산망에 아직 통합되어 있지 않다. 특히 서부 내륙 성·시·자치구의 경우, 연해 동부 지역에 비해 전산망 통합 진전 속도가 느려 다른 지역 지방정부는 특정 개인이나 기업이 이들 내륙지역에 몇 채의 주택을 보유하고 있는지 파악할 수 없고, 중앙정부도 다주택 소유자에 대한 중과세 정책을 제대로 집행할 수 없는 상황이다. 문제는 부패 사범들이 이 시스템상의 허점을 악용해 연해 지역에서 번 불법 부패 자금으로 내륙 지역의 주택이나 부동산을 구입해 자금을 세탁하고 있다는 점이다.

더욱이 중국의 경우, 부동산 등기부는 주택, 임야, 초지, 일반 건설용지별로 다르고, 같은 부동산이라 할지라도 등기 규칙·절차 등이 지방정부별로 다르다. 물론 국무원이 부동산 거래의 투명성 제고와 세수 확보 차원에서 2014년 12월 22일자로 〈부동산 등기 임시 조례〉를 공표하고, 2015년 3월 1일부터 전국의 부동산 시스템을 하나로 통합 관리하는 '부동산 등기제'와 전산화 작업을 가속화하고 있다.[206] 따라서 2019년 말쯤에는 공직자들이 소유하고 있는 전국의 부동산 정보를 손쉽게 조회할 수 있고, 부동산 투기나 부정 축재의 감시도 용이해질 전망이다.

2) 디지털, 사이버 거래에 대한 대응 부족

디지털·사이버 거래에 대한 CCDI, 공안부, SAMR(구 SAIC)등 감독당국의 미흡한 대응도 문제점이다. 중국 내 스마트폰 사용과 앱(App) 다운로드, 모바일 커뮤니케이션이 보편화되면서 중국 내 뇌물 수수 방법이 급속도로 지능화, 디지털화하고 있는 반면, 국무원과 사법부가 완전히 적응하지 못하고 있는 것이다.

실제로 중국 도시인들의 경우 알리바바(티몰, 타오바오)의 알리페이, 텐센트(징동상청)의 위챗페이를 이용한 QR코드 간편 결제 의존도가 매우 높은 편이다. 반면 신용카드 이용도는 매우 낮아 한국에서처럼 신용카드 결제 내역이나 자금이체 내역 조사를 통해 부패 행위를 적발하거나 추적하는 것이 어렵다. 실제로 '궈페이 닷컴'과 '유니온 모바일페이'란 온라인 결제서비스 업체들은 일부 고객 계좌에 대해 실명확인 절차를 제대로 거치지 않았고, 해외 외환송금, 자금세탁 방지와 관련된 규정도 위반한 바 있다. 비록 인민은행이 이들 온라인 간편결제 업체에 대해 불법 외환거래 적발을 위한 합법적이고 실효성 있는 제도와 기술적 수단을 제대로 구축하지 않는 것에 대해 각각 4천646만 위안(한화 79억 원 상당)과 2천639만 위안(한화 45억 원 상당)의 벌금을 부과하고 불법 이득 및 몰수 조치를 취하

206_부동산 등기 대상은 집체 토지 소유권, 주택 등 건축물 소유권, 산림이나 임야 소유권, 경지나 초지 등의 임대 경영권, 건설용지 사용권, 택지 사용권, 해역 사용권, 저당권 등이다. 아주경제신문(온라인), 2014. 12. 22.; http://www.ajunews.com/view/2014122214142 4406.

긴 했지만, 앞으로 재발하지 않는다는 보장은 없다.[207]

앱을 다운로드할 때 사용자의 스마트폰에 악성 코드(malware)를 심어 놓고 뇌물 거래의 뒷문 통로로 이용하는 사례도 늘어나고 있다. 중국의 보안 소프트웨어 및 앱 설계·운용업체인 '치후(奇虎) 360'은 사용자가 한 게임사의 정품 앱을 다운로드 할 때 혹은 치후 360을 통해 보안 검사를 할 때 뇌물 거래 통로로 이용 가능한 악성 코드가 자동으로 심어진다는 것을 우연히 발견했다.[208] 게임사 임직원들은 정품 게임 앱의 스마트폰 다운로드시 악성코드의 자동 이식을 묵인해주는 대가로 악성코드 제조업체로부터 사이버머니 형태의 뇌물을 받았다. 그후 '치후 360사'는 악성코드 퇴치용 자사 소프트웨어인 'Check Point Software'의 악성코드 목록을 업데이트함과 동시에 관련 안티바이러스 백신을 배포했다. 치후 360 사례는 뇌물 수수 행위가 오프라인으로만 이뤄지는 것이 아니라, 게임 사이버 머니 형태로 제공되고 있다는 것을 보여준 최초의 사례라 할 수 있다.

한 마디로, 4차 산업혁명 시대에 들어서면서 중국의 부패 전략 방식, 수단, 양태 등은 갈수록 빠른 속도로 지능화되고 있는 반면, 정부의 반부패 관련 법규, 정책, 전략은 기술의 진보 속도를 따라가지 못하고 있다. 특히, 모바일 사이버 뇌물 수수 거래를 추적하고 단속할 수 있는 법과 기술이 범죄자들의 지능화 속도에 비해 느린 편이고, 스마트폰, 인터넷, SNS, P2P, 해외투자제도 등을 입체적·지능적으로 이용하고 있는 부패 사범들

207_한국경제신문(온라인), 2018. 8. 8.; https://news.hankyung.com/article/201808083112Y

208_"Bribery Helped Criminals Whitelist Malware in Chinese Antivirus Product," April 13th, 2016, China Compliance Digest, Ethical Alliance Daily News; http://ethixbase.com/china-bribery-helped-criminals-whitelist-malware-chinese-antivirus-product/

의 행태에 대한 이해와 대응이 매우 느린 편이다.

이 같은 상황하에서 반부패 정책의 실효성 확보를 위해서 필요한 것은 사회적·기술적 환경 변화를 감안한 스마트 규제(smart regulation)의 틀과 행동계획'을 새로 짜는 것이다. 기업과 단체들이 중심이 되는 민간 자율 규제(self-regulation)를 도입하고, 정부 규제 간의 정책 믹스를 구성하는 것도 하나의 방법이다. 기업으로 하여금 반부패를 사회적 책임(CSR)의 일환으로 생각하게 하고 "사회적 책임을 다하는 깨끗한 민간 기업이 성과(이윤과 기업가치)도 좋다"는 것을 교육·홍보함으로써 민간 자율규제가 활성화되도록 유도할 필요가 있다.[209]

중국에 진출한 외자기업의 입장에서도 현지 기업과 수출입 유통, 투자 등에 관한 비즈니스 계약을 체결할 때, 중국 법 제도적 여건 및 전자상거래 기술의 발전수준, 상거래 문화를 고려한 '반부패 윤리강령'(anti-corruption code of ehtics)을 도입·실행하는 것이 필요하다. 이와 관련해 중요한 것은 윤리 강령의 틀과 내용의 개선, 잘 지키는 임직원에 대한 포상, 위반한 임직원들을 처벌하는 종합적인 인센티브 체계를 재설계하여 일관되게 집행하는 것이 라고 본다.

3) 재산 공개에 대한 미온적 태도

한국과 선진국에서 사용하고 있는 공직자와 가족의 재산등록·공개제

209_물론 윤리경영 등 사회적 책임을 잘 이행하는 기업이 성과가 좋다는 주장과는 다르게, 성과가 좋은 기업만이 윤리경영 등의 사회적 책임을 잘 이행할 수 있다는 주장도 있다. Hal Liang, Luc Renneboog (2017), "On the Foundations of Corporate Social Responsi-bility", Journal of Finance, Vol.72, No.2, pp.853-910.

도가 도입되지 않은 것도 중국의 공직자 반부패 제도의 한계라고 할 수 있다. 물론 장쩌민(江澤民) 주석 시절 전인대 상무위원회에서 〈재산공개 관련 법안〉이 입안되기는 했다. 그 후 후진타오(胡錦濤) 정부의 원자바오(溫家寶) 총리도 수시로 재산공개 필요성을 주창하였으나, 우위량(吳玉良) CCDI 부서기는 "부패 척결 시스템의 구체적인 일정표가 아직 정해지지 않았다"며 재산공개제도 입법 시기를 차일피일 미루었다.

재산 공개시 자신의 떳떳하지 못한 불법행위가 드러날 것이 두려운 당·정·군 고위 간부들이 압력을 넣기 시작했고, 후진타오 주석은 장쩌민 주석 주위의 부패한 파워 엘리트 세력을 누를 힘도 의지도 없었다. 중국 재계, 금융계의 수장들도 기득권을 놓치지 않기 위해 재산공개를 비공식적으로 미루거나 철회하자는 입장에 편승했다. 베이징의 저명 헌정(憲政) 학자인 천융먀오(陳永苗)는 재산공개의 최대 걸림돌은 "고위층의 기득권 유지 의도이다"라고 논평을 했다.

그러나 지식인들과 대학생, 일반 대중들의 생각은 달랐다. 2012년 4월 5일에는 신랑(新浪) 웨이보(微博) 인권운동가 샤오융(肖勇)을 비롯한 20~30대 9명이 광둥성 광저우시 룽둥(龍洞)에서 "후진타오는 솔선해서 재산을 공개하라(胡錦濤, 帶頭公開財産)"는 플래카드를 들고 시위를 하였으며, 180여 명의 네티즌들도 최고 지도자들의 재산공개를 요구하는 인터넷 서명을 벌였다. 그러나 샤오융은 광저우 제1유치장에, 대학생인 황젠쉰(黃建勛)은 주하이(珠海) 파출소에 각각 불법 집회와 공공질서 문란 혐의로 구금됐고, 쓰촨(四川) 출신의 또 다른 시위 참가자 류산쥐안(劉珊娟)과 인터넷 서명을 주도했던 자들도 공안의 조사를 받았다.[210]

210_*The South China Morning Post*, April 5, 2012; 조선일보, 2012. 4. 6.; "中서 '후진타오, 솔

이는, 여러 차례의 정치 개혁 구호에도 불구하고, 중국의 당·정 지도부 최고 지도층은 아직도 자신과 가족의 재산을 공개할 정도로 청렴성에 있어 떳떳하지 못하거나, 재산공개가 자신의 정치적 입지에 미칠 후유증을 두려워하고 있다는 것으로 판단된다.

4) SNS, 인터넷 등을 통한 부패 제보의 불완전성

SNS, 인터넷을 통한 부패 제보시스템의 불완전성도 정책수단 문제점 중 하나로 지적할 수 있다. 중국의 인터넷 보급률은 2017년 6월 말 현재로 54.3%로 세계 평균(49.7%)보다 4.6%p나 앞서 있고 네티즌 숫자도 7억 5,100만 명으로 전 세계의 1/5을 점하고 있다. 스마트폰으로 인터넷에 접속하는 비율은 2017년 6월 말 96.3%로 2016년 말(95.1%)에 비해 1.2%p나 높아졌고, 모바일 누리꾼 숫자가 7억 2,450만 명에 달한다.[211]

중국 당국은 부패 예방과 퇴치에 이처럼 높은 인터넷 및 모바일 침투도를 활용하려고 노력하고 있다. 실제로 CCDI, 공안부 등은 부패·비리 제보목적으로 중국판 SNS 및 마이크로 블로그 서비스인 '웨이보'(微博), 모바일 기반 메신저인 '웨이신'(微信), PC기반 메신저 서비스인 QQ, 블로그(博客) 등의 소셜 미디어 수단 사용을 적극 장려하고 있다.

보다 구체적으로, 공안부는 부패의 예방·퇴치을 위해 제보 전화(010-66266833), '中國警察網'(http://www.cpd.com.cn) 경제범죄 온라인 수사제보

선해 재산 공개하라' 시위," 조선일보, 2012. 4. 6., A18; http://news.chosun.com/site/data/html_dir/2012/04/06/2012040600100.html

211_中國網, 2017. 8. 9.

시스템(經偵在線擧報系統)을 갖추고 있고, 31개 성급 지방정부 공안기관 경제범죄 수사대(公安機關經偵部門)도 제보 혹은 신고된 정보를 바탕으로 한 빅데이터 분석 결과를 활용하고 있다.

이 같은 온라인 또는 모바일 제보로 인해 부패 사범의 적발에 관한 거래비용이 감소하고 있다. 다만, 중국의 경우, 휴대폰, 인터넷 사용자는 실명으로 등록을 해야 하기 때문에 제보자의 익명성이 보장되지 않는다. 더욱이, 제보자나 그 가족에 대한 부패 혐의자나 비호 세력에 의한 역공 가능성이 상존하기 때문에 제보자의 신분이 법규 대로 보호된다고 믿기도 힘들다. 더 중요한 것은 전화·인터넷·모바일 제보는 지방의 중하위급 부패 관료 같은 'small fry'를 잡는 데는 도움이 될지 모르지만, 저우융캉, 궈보슝, 쉬차이허우 등과 같은 '부패 호랑이'를 잡는 데는 큰 도움이 되지 않는다는 점도 한계다.

5) 제보자 인센티브 신변안전 보호 미흡

2012년에 공식적으로 도입한 내부 제보(whistle-blowers) 제도(제5장 참조)도 운영상의 문제점이 많다.

우선, 사회주의 중국에서는 법 규정과는 달리 제보자의 신변 안전과 법적 권익이 철저히 보호되지 않는다. 최고인민검찰원 발표자료에 의하면, 2009~2013년 기간 동안의 제보자 70%가 보복을 당했는데, 이 같은 보복에 대해 소재지 관할 정부나 사법당국이 적절한 대응조치를 취하지 않은 것으로 밝혀졌다.[212] 보복의 대부분은 강등, 좌천성 한직 발령 등의

212_Firestone, Fredric D. (2013), "Whistleblowing in China the United States", Aug. 29

형태가 대부분이지만, 심한 경우 청부업자에 의한 납치나 살인으로 이어지는 경우도 적지 않다.[213]

둘째, 이처럼 내부 제보자가 맞닥뜨릴 위험이나 리스크(risk)는 큰 반면, 보상(reward)은 너무 적고 지방별로 제보자 보호도에 있어서도 편차가 크다는 점이다. 미국의 경우, SEC(the U.S. Securities & Exchange Commission)나 다른 법집행 기관은 '제재로 받은 화폐 소득'의 10~30%를 원천 정보를 제공한 제보자에 주게 되어 있다.[214] 중국 공안은 정해진 조건과 절차에 따라 사실(fact)을 제보한 '제보자(擧報人)에 대해 제보 내용의 중대성에 따라 최저 500위안~최고 5만 위안의 범위 내에서 불법 환수금의 10%를 줄 수 있게 되어 있다. 포상금 상한은 2013년에 20만 위안(한화 3,400만원)으로 상향 조정되었으나, 신변안전 리스크에 비교해 볼 때는 결코 큰 포상 액수가 아니다.

더 심각한 것은 제보자에 대한 보상 조건이 충족되더라도, 예산권을 갖고 있는 관할 지방정부가 해당 비용의 지출결의에 동의하지 않으면 집행이 안되거나 늦어진다는 점이다. 또한 지방정부 리더의 관심, 지방 해당 유관기관의 성격과 상대적 위상, 예산 제약(budget constraint) 등에 따라 보상금 액수는 유사한 성격, 내용의 제보라 할지라도 천차만별이다. '불균등한 보상'의 대표적인 예로, 산둥성 공상행정관리국의 사례를 들 수 있다. 이 기관은 민간 상업 부패를 제보한 기업 내 제보자에게 예산부족

2013, MWE China Law Offices, p.2; https://www.mwe.com/en/thought-leadership/publications/2013/08/whistleblowing-in-china-and-the-united-states

213_Wysong Wendy, Yu Bing and Boeringer Charles-Henri (2011), "Blowing the Whistle on Corruption in the U.S. and China", p.2.

214_Firestone, Fredric D. (2013), *op.cit.*

을 이유로 주요 제보 한 건당 300~1,000위안(약 50~166달러)만을 보상해주었다. 그러나 최고인민검찰원 규정에 의하면, 유죄판결을 가능케 한 내부 제보자에 대해서는 20만 위안(약 33,330달러)의 한도 내에서 부패로 인한 불법 소득의 최고 10%를 포함한 물질적·정신적 보상을 할 수 있도록 되어있다. 공안부 경제범죄수사대도 2009년 이후 6년간 수리한 총 6,500여 건에 달하는 부패 등 경제관련 범죄 제보에 대해 포상금을 지급하였는데, 1인당 제보 포상금은 수사가 종결된 4,800여 건에 대해 제보자 830여 명에게 총 490여만 위안(평균 5,904위안; 한화 1백만 원 가량)에 불과했다.[215]

이와 같은 미 비점에도 불구하고 중국의 내부 제보자 제도는 부패 예방과 퇴치에 상당한 기여를 하고 있고 인센티브 및 제보자 보호 제도도 점차 개선될 것을 전망된다.

6) 처벌 대상자 선정 상의 모호성

처벌 대상자 선정상의 모호성도 반부패 정책의 한계 중의 하나로 지적된다. 예컨대, 기업 임직원이 당·정 관료에게 뇌물을 주면 공직자는 수뢰죄를 범한 것인데 그 법적 책임은 두 가지 부류의 임직원에게 물을 수 있다. 그 중 첫 번째 추궁 대상은 직접적 책임이 있는 주관 부서의 임직원(直接负责的主管人员)이고, 또다른 대상은 직접적 책임은 있지만 주관부서가 아닌 기타 부서의 임직원(其他直接责任人员)이다.

이와 관련, Chen, Henry(2013)는 상하이 소재 '농카이(農凱)집단공사'

215_중국 공안부 통계. "公安部发布公告奖励举报经济犯罪线索,提供经济犯罪线索最高奖励5万元", 公安部, 2012. 6. 13. 공표; http://www.mps.gov.cn/n16/n1252/n1642/n1987/3291302.html

의 이사장 저우정의(周正毅)의 예를 들고 있다. 저우(周)는 한때 Forbes 잡지에서 상하이 최대 부호로 칭송되기도 했으나, 2003년 9월 자본 허위등록, 주가시세조작을 한 혐의로 체포되었다. 그후 2007년 6만 6천달러 상당의 뇌물을 물자조달 부서 정부 관료와 은행 직원에게 제공한 혐의로 다시 체포되어 2007년 11월 상하이 제2 중급인민법원에서 유기징역 16년형을 선고받고 복역중이다. 뇌물 증여에 관한 결정을 직접 내렸고, 뇌물을 손수 건넸기 때문이다.[216]

다른 하나의 사례로는 2003년에 유죄판결을 받은 헤이룽장(黑龍江)성 소재의 한 기업이다. 동사는 국유기업 임직원에게 뇌물을 제공했는데, 이 회사의 이사장이 뇌물 지급에 대한 직접적 책임이 있는 사람으로 지목되어 법적 처벌을 받았다. 뇌물로 쓸 용도인줄 알면서도 현금 인출 기안서를 결제했기 때문이다. 영업부서의 매니저(經理)와 영업직원 두 사람도 뇌물을 직접 제공한 죄로 역시 유죄 판결을 받았는데, '뇌물 제공에 직접적 책임이 있는 다른 사람'으로 판단되었기 때문이다.

분명한 것은 정부 관리에게 뇌물을 제공하기로 결정을 내린 사람이나, 이를 실제로 실행에 옮기고 뇌물을 전달한 사람 모두 법적 책임을 지게 된다는 것이다. 다만, 문제는 기업 내에서 누가 실제로 의사결정을 내렸는지, 누가 행동에 옮겼는지가 항상 명확하지 않다는 데 있다. Chen, H.(2013)에 의하면, 의사결정자에 관한 법적 책임 소재 결정에 있어서 중요한 것은 "뇌물제공 사실을 실제로 알았는가"의 여부가 아니라, "뇌물 제공사실을 알아야만 했던 또는 알만한 지위에 있었느냐"이다.

216_百度百科 검색결과; Chen, Henry (2013), "Who is liable for business crimes committed in China?" August 20, 2013; http://www.fcpablog.com/blog/2013/8/20/who-is-liable-for-business-crimes-committed-in-china.html

7) 조사·재판 과정상의 인권 침해와 정치적 개입

부패혐의 조사과정에서 고문, 자백 강요 등의 인권침해 소지가 많고 재판과정에 정치권력이 자주 개입하는 것도 문제다. 쉬융성(許永盛) NDRC(發改委) 전 에너지 부국장은 2016년 2월 중에 열린 공판에서 "자신의 자백 영상은 고문을 못 견뎌 강제로 자백한 것을 촬영한 것"이라고 주장했다.[217] 쉬융성은 2014년 발전소 허가를 내주는 과정에서 561만 위안(약 10억 6,000만 원)의 뇌물을 받고 기소됐었는데, 쉬는 "1년 넘도록 거의 매일 밤잠을 잘 시간에 조사를 받았고, 조사를 받지 않을 때는 구금 규칙을 외워야만 했다"고 말했다.

또한 공식 재판을 받기 전에 영장 없이 구금된 상태로 가족 면회도 금지되고 지정된 시간에 지정장소에서 조사를 받는 소위 '쐉궤이'(雙規) 처분을 받은 피의자가 조사 도중 종종 의문사를 당하는 경우도 많다. Human Rights Watch(HRW) 보고서, 런던에 본부를 둔 엠네스티(www.amnesty.or.uk/) 등 NGO 인권단체와 UN인권기구 자료에 의하면, 사법처리 과정 전에 평균 2~6개월 동안 '쐉궤이' 시스템하에서 혐의자를 조사하는 것은, 일반인을 일시적으로 영장 없이 가두는 '흑감옥'(黑監獄)과 함께, 중국 인권침해의 적폐로 지목되고 있다.[218] 공안당국과 검찰은 부패 혐의자를 구금·조사하는 과정에서 자백을 받아내기 위해 식사와 물을 주지 않거나, 잠을 재우지 않고 12시간 이상 묶어 놓거나 세워놓는 고문을 자행하는 등 가혹행위를 하고 있는 것으로 드러났다. HRW가 2013년 1월부터 2015년

217_財新網(www.caixin.com), 2016. 2. 23일자 보도; 아주경제신문(온라인), 2016. 2. 26.; http://www.ajunews.com/view/20160226085814689?l=P

218_Human Rights Watch (2016), "Special Measures," December 6, 2016.

12월까지 3년간의 국내외 관련 기사를 분석한 결과 총 35건의 '쌍궤이' 처분이 있었고, 2010년~2016년 11월까지 '쌍궤이' 처분을 받은 피의자 조사 과정에서 11명 이상이 사망한 것으로 분석되었다.[219]

재판에 출석한 증인에 대한 공안당국의 불법 구금과 체포도 자주 발생한다. *The Global Times*에 따르면,[220] 쓰촨성 루저우현(泸州) 현위원회 서기 뇌물 사건 공판에 증인으로 나섰던 주민 5명의 경우 당국으로부터 관련 증언 철회 압력을 받고 다른 사람으로부터 음해를 받은 것이라는 자백을 강요받은 다음 체포된 것으로 알려졌다. 또한 4,383만 위안(약 660만 달러)의 뇌물을 받은 혐의로 피고인이 된 허장현(合江縣)의 전 당서기 리보(李波)는 2016년 4월 20, 6월 14일, 7월 29일 등 세 차례 재판과정에서 자신이 억울하게 뇌물죄 혐의 누명을 썼다고 주장했다. 그런데 7월에 열린 공판에서 증인 5명은 리보 서기에 대한 증언을 철회하였는데, 이중 3명은 공안당국에 의해 고문을 받은 것으로 밝혀졌다.[221] 부패사건에 대한 증인들의 위증 여부는 형사 법정이 판단해야 할 사안이지만, 증인에 대한 공안당국의 영향력 행사가 사법적 심판의 공정성을 저해할 정도로 빈번함을 알 수 있다.

219_엠네스티에 관해 자세한 것은, https://en.wikipedia.org/wiki/Amnesty_International을 참조할 것.

220_http://www.globaltimes.cn/; Aug.15 2016

221_"四川合江县委原书记李波受贿案证人涉伪证罪被抓, 曾当庭翻供," 2016. 8. 13. 21:56:06, 澎湃新闻网(上海); http://money.163.com/16/0813/21/BUCNCPR700253B0H.html

8) 외국기업에게 불리한 규제 환경

시 정부의 반부패 관련 법 집행은 과거보다 내용이 충실하고 강도도 강해졌다. 실제로 설문 응답자의 35%가량은 "자사를 포함한 시장 내 경제주체들이 중앙정부의 부패 퇴치 노력을 절실히 체감하고 있다. 기업의 CFO(Chief Financial Officers)와 컴플라이언스 인력들은 밤잠을 자지 못할 정도로 바쁘게 움직이고 있다"고 답했다. 특히 GSK 부패 스캔들 발생 이후 다른 외국 제약업체와 이(異) 업종의 외자 기업에 대한 CCDI와 공안부의 고강도의 반부패 조사 활동이 전개되고 있어 외자기업들이 바짝 긴장해 있는 상태다.

그러나 문제는 이 같은 법 집행이 외국기업에게 유난히 불투명하고 고강도로 집행되고 있다는 점이다. 유사 업종에서 비슷한 유형·규모의 부패를 저지르더라도 토종 기업에 대해서는 눈감아주거나 관대한 제재조치를 취하는 반면, 외자 기업에 대해서는 강력한 제재나 처벌을 가하는 경우가 많다. 이 같은 이중적 태도는 지난 7~8년 동안 중국시장에 진입한 미국 및 유럽 다국적 기업을 대상으로 한 설문결과에서도 확인된다.[222] 담당 관료들은, "첨단 ICT 업종이나 의료 산업에 종사하는 외국기업들의 경우, 중국 시장에서 많은 이윤을 내기 때문에 철저히 규제해도 된다. 하지만, 토종 기업은 브랜드 파워, 기술력, 시장지배력이 약하므로 엄격한 법 집행에 관한 상부의 지시가 없는 한 최대한 관대한 태도를 취할 필요가 있다"고 생각하는 경우가 많다. 또 때로는 부패를 단속해야 할 지방

222_Shobert, Benjamin (2013), "Three Ways To Understand GSK's China Scandal," http://www.forbes.com/sites/benjaminshobert/2013/09/04/three-ways-to-understand-gsks-china-scandal/

CCDI, 공안부 혹은 SAMR(구 SAIC) 관료들이 소재지의 관할 지방 기업과 유착해 뇌물을 받고 불법적 이득을 공유하는 경우도 적지 않다는 점이다.

그러나 산업기술구조의 고도화를 추구하는 〈중국제조 2025〉같은 야심찬 계획을 추구하는 중앙정부 입장에서 보면, 이 같은 이중적 태도는 외국기업의 불신을 초래해 외자 및 기술 유치에 차질을 빚게 된다. 또한 중국 내 차별을 이유로 외국 다국적 업체들이 ICT 혹은 전문의약품 시장에서 철수할 경우, 그 피해는 고스란히 중국 소비자나 환자가 보게 될 것이고, 선진국과의 기술격차 축소 시기도 그만큼 늦어질 가능성이 크다.

9) 기업 내부 부패 리스크 관리 부족

〈그림 7-3〉은 기업 입장에서 본 상업적 부패의 유발 환경을 ① 이사회의 효과적 내부통제, ② 회계감사 및 공시 기준의 강도, ③ 범죄가 초래하는 거래비용, ④ 기업의 윤리경영의식 등 4가지 지표로 살펴보았다. 2012~2016년의 5년 기간 동안 ① 번의 이사회 등 기업 내부통제지표가 2014년 이후 획기적으로 개선된 반면, ② 번 회계감사 및 공시기준의 강도, ③ 범죄가 초래하는 거래비용, ④ 번 기업의 윤리경영 의식 등은 모두 나빠진 것을 알 수 있다.

이는 반부패 관련 법규 및 정책의 강화와 사외이사·사외감사 도입 등의 제도적 개선에도 불구하고 부패의 예방·퇴치와 관련된 윤리경영 관련 제도(④ 번 지표), 회계감사 및 공시 환경(② 번 지표), 범죄가 초래하는 거래비용(③ 번 지표) 등에 있어서는 별다른 개선이 없었음을 알 수 있다.

〈그림7-2〉와 〈그림 7-3〉을 종합해 볼 때, 기업 외부의 반부패 관련 법제도적 환경은 시진핑 정부 들어 다소 개선되었으나, 당정 관료에 대한

뇌물공여 등 부패 범죄를 저지르는 주요 주체 중의 하나인 기업의 준법 리스크 관리 등 내부 통제 환경은 선진국에 크게 못미치는 형식적 수준에 머무르고 있는 것으로 판단된다.

〈그림 7-2〉 4개 제도적 환경 지표 순위로 본 중국 반부패 정책의 성과

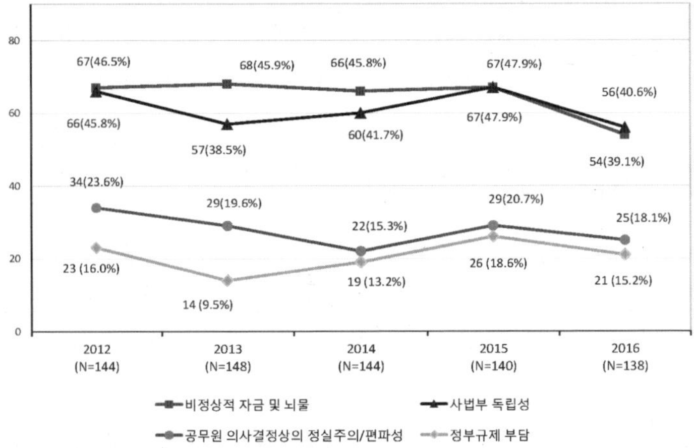

** 주: 괄호 안의 퍼센티지(%)는 World Economic Forum이 매년 9월에 발표하는Global Competitiveness Report에 의한 각 년도 조사대상국 sample 숫자를 분모로, 중국의 글로벌 순위를 분자로 하여 계산한 것임.

〈그림 7-3〉 4개 기업경영 환경 지표 순위로 본 중국 반부패 정책의 성과

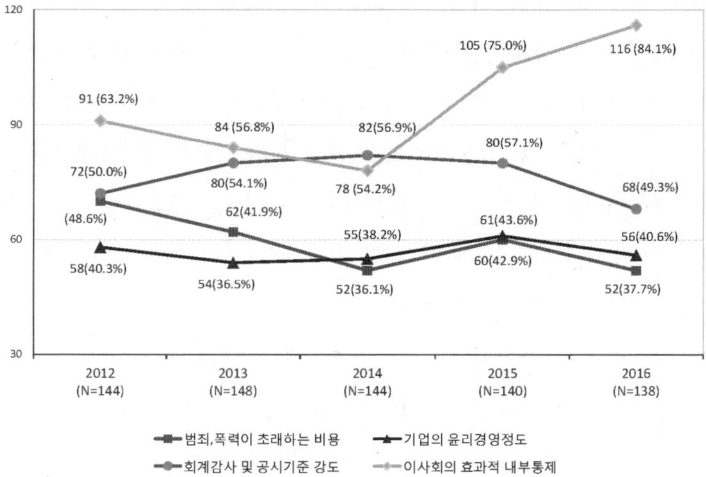

※ 주: 〈그림 7-2〉와 동일

10) 평판 메커니즘의 미활용

서방 선진국과는 달리 평판 메커니즘(reputation mechanism)이 작동하지 않는 것도 아쉽다. 선진국의 경우 관련 법과 제도의 집행도 엄격하지만 공직자와 기업인 등 경제주체들의 자발적 부패 억제 동기도 비교적 강한 편이다. 이에 비해, 중국 정부의 반부패 정책은 과도하게 적발과 처벌에 치우친 감이 없지 않다. 앞으로는 교육과 홍보를 통해 '청렴'(integrity)의 가치를 강조하고, 이를 지킨 당·정·군 고위 간부와 기업인을 '롤 모델'로 추앙하는 사회적 분위기를 만들 필요가 있다고 본다.

다만, 이와 같은 평판 메커니즘이 작동하도록 하기 위해서는 해결해야 할 선결 과제가 있다. 그것은 다름 아닌 소위 '태자당'(太子黨)이라 불리우

는 혁명원로 자제들이 누리는 '특권적 지위'를 청산하는 것이다. 실제로 '태자당'은 개혁·개방 이후 급변하는 정치 경제적 환경을 자신들의 권한과 부의 축적에 적극 활용하면서 영향력을 늘려 왔다. 보다 구체적으로, 태자당은 개혁·개방이 본격화된 80년대 중반부터 국유기업 경영에 참여하기 시작하였고, 90년대에는 부동산과 석탄, 철강, 석유화학 산업에 진출해 자산을 불렸으며, 2000년대부터는 3세들을 중심으로 금융계, 창업 플랫폼에서 두각을 나타내게 된다. 부패 및 권한 남용 죄목으로 총칭시 당서기 직에서 쫓겨나 당적을 박탈당한 뒤 종신형을 살고 있는 보시라이(薄熙來)도 부친이 공산혁명 원로 중 하나인 보이보(薄一波)다. 미국 블룸버그는 2012년 6월 시진핑 중국공산당 총서기 일가의 부동산을 포함한 재산총액이 총 4억 3160만 달러에 달하고, 덩샤오핑과 왕전(王眞), 천윈(陳雲) 등 중국 3대 혁명원로 자제들이 장악한 국유기업 자산은 무려 1조 6000억 달러(약 1,700조 원)에 달하는 것으로 잠정집계하고 있다. 이 같은 액수는 중국 국내총생산(GDP)의 5분의 1을 넘는 엄청난 액수다.[223] 이외에도, 뉴욕타임스는 2012년 10월 후진타오 주석 시절의 총리였던 원자바오(溫家寶) 일가의 재산이 27억 달러에 달한다고 폭로한 바 있다.

태자당 이외에도, 당 정 파워 엘리트를 부모로 둔 2세를 뜻하는 '관얼다이'(官二代)는 정계·관계·공직에서 활동하고 있으며, 벼락부자를 부모로 둔 '탄얼다이'(貪二代) 인사 역시 창업지원, 재계·금융계에서 두각을 나타내는 경우가 있다. 물론 태자당, 관얼다이, 탄얼다이라고 해서 모두 부모의 후광 효과만 누리는 무능한 주체는 아니다. 일부 인사들은 부모의 후광 효과가 없었더라도 충분히 고위직과 성공한 기업인이 될 수 있는 능력

223_미국 블룸버그, 2012. 12. 26.

과 지질을 갖추고 있다. 그러나 중요한 것은 이들의 숫자가 소수이며, 대다수는 부모, 조부모, 외조부모, 친인척의 권력, 재력을 배경 삼아 재계의 진입장벽이나 승진 장벽을 쉽게 뛰어넘는다는 점이다. 일반인들의 입장에서 이 같은 특권적 지위는 불공정 경쟁이자 공직부패의 원천이 된다.

따라서 청렴 가치를 존중하지 않고 자신의 능력보다는 집안 배경이나 부모의 특권적 지위에 의존하려는 인재는 당·정·군 핵심보직에의 진입을 봉쇄하고 인재 선발 대상 후보군에서 아예 배제하는 제도의 도입을 검토할 필요가 있다고 본다.[224]

이와 관련해 이용 가능한 것은 소위 '낙인 효과'(stigma effect)의 극대화와 '후광 효과'(halo effect)의 최소화를 혼합해 사용하는 정책믹스이다. 즉 어떤 사람이 뇌물 수수 등으로 인해 부패 범죄자로 낙인(烙印)찍힐 경우 사회진출에 지장을 받거나 배제를 받도록 하는 것이다. 그 사람에 대한 부정적 인식이 쉽게 사라지지 않도록 하는 소위 '낙인효과 극대화' 전략이다. 집안 배경의 '후광효과 최소화' 정책도 필요한데, 부모, 조부모, 외조부모 등 집안 배경을 불법적 사익추구에 이용하지 않도록 가정 배경과 업무능력 간에는 아무런 논리적 인과관계가 없다는 것을 어린 시절부터 교육시키는 것이다.[225]

이 같은 두 가지 효과의 정책 믹스를 정치 제도나 행정인력 관리에 잘

224_태자당'은 대장정(大長征) 혁명 원로 혹은 개혁·개방 1세대 고위 간부들의 자제나 친인척을 말한다.

225_후광효과는 행동경제학(behavioral economics)에서 쓰는 '휴리스틱'(heuristic) 개념의 일종이다. 휴리스틱은 불확실한 문제의 신속한 해결에 직관적 판단이나 주먹구구식 경험적 추론을 사용하는 것을 말한다. 예컨대, 원조 명동 칼국수 집에는 사람이 몰리지만, 옆의 유사한 상호를 가진 후발 모방 업체의 명동칼국수 집은 장사가 안 된다. '원조(元祖)로서의 대표성'이 '제일 맛있다'는 휴리스틱을 제공해 벌어진 결과라고 해석된다.

만 이용하면 부패 방지 효과가 창출될 수 있다.[226] 왜냐하면, 공직자와 경제주체들이 이 같은 정책믹스가 없을 때보다 평판(reputation)을 관리하기 위해 부패·비리 등 경제 범죄에 대한 유혹을 절제하거나 뿌리치는 등의 노력을 과거보다 더 많이 할 것이기 때문이다. 그리고 이 때 중요한 것은 '후광 효과-낙인 효과' 정책 믹스의 단기적 성과가 나오지 않더라도 믿음을 가지고 꾸준히 실행하는 것이라 하겠다.

4. 반부패 법규 집행상의 문제

1) 3권 분립 부재 속 취약한 사법부 권한

중국의 반부패 정책은 지금까지 '반부패 조사와 처벌'에 중점이 있었고 CCDI(2018. 3. 이후에는 NSC)와 공안부, 최고인민검찰원이 그 역할을 수행했다.

그러나 사후적인 처리만으로는 중국 공직사회와 기업에 만연해 있는 부패를 일소하는 데는 한계가 있다. 특히, 3권의 분립 부재 속 당·정에 예속된 사법부의 취약한 위상을 생각할 때 반부패 조사·처벌의 실효성마저 약화되는 경우가 적지 않다. 이와 같은 문제점을 극복하기 위해서는 첫째 부패 사범의 사후적 처벌과 함께 부패 예방 활동을 확대해야 한다. 다행

226_낙인 효과는 "사회제도나 법규를 근거로 특정인이 일단 일탈자로 지목되면 그 사람의 해명에도 불구하고 결국 다른 모든 사람들이 그를 범죄자로 인식하고 만다"는 범죄학(criminology)의 '낙인 이론'에서 유래한 용어다.

인 것은 부패의 예방 업무를 담당하던 국무원 감찰부 내 부패예방국이 2018년 3월 이후 출범한 NSC(국가감찰위원회) 밑으로 흡수 통합되었다는 점이다.

두 번째 정책 과제는 사법부의 독립성을 강화하는 것인데, 이는 장기적인 과제이다. 2014년 10월에 열린 제18기 4중전회에서 ▲지방법원에 대한 최고인민법원의 총괄 지휘권 확립, ▲지방정부로부터의 지방법원 독립, ▲지방정부로부터의 감찰국·반부패국 독립 등이 필요하다는 의견이 제기되긴 했으나, 이는 역설적으로 지방법원이 이들 외부 기구의 간섭과 영향력 행사로부터 자유롭지 못함을 의미한다. 따라서 공표된 제도개혁 방향이 실제로 결실을 거둘지는 좀 더 지켜봐야 한다.

2) 느슨한 양형 집행

사법부가 내린 양형을 느슨하게 집행하거나 융통성 있게 감형하는 관행도 반부패 정책의 효과성을 저해하는 요인이다. 시진핑 지도부와 CCDI의 공식 입장은 "힘 있는 '부패 호랑이'이든 힘 없는 '하급 관료'이든 간에 부패한 당·정 관료는 엄벌에 처하겠다"는 것이었다. 하지만 이와 같은 엄포에도 불구하고 2012년 말 이후 지금까지 부패 사범에 대한 사형 집행은 없었다. 고위 당정 간부 중 사형선고라는 가장 강력한 처벌을 받은 사람은 6천만 위안의 뇌물을 받은 전 철도부장(장관) 류즈쥔(劉志軍)이었으나, 사형과 함께 '2년간 집행유예' 선고(2015. 12. 14.)가 내려졌고 이마저 1년 뒤에는 종신형으로 감형되었다. 시진핑의 정적이라 할 수 있는 '저우융캉'도 사형 구형을 받긴 했으나 역시 종신형으로 감형 선고되었다.

느슨한 양형 집행은 사형에 대한 양형 기준 강화와 최고인민법원과 최고인민검찰원에게 부여된 사형선고 집행에 대한 자율권 확대에 그 원인이 있다. 1997~2014년까지만 해도 한화 약 1천700만원(1위안=170원 환율 기준) 이상의 뇌물을 받거나 그에 상당한 공금횡령을 한 경우에는 사형선고를 내리는 경우가 많았다.[227] 그러나 2015년에 도입된 사형 선고에 관한 새 양형 기준은 총 3백만 위안(한화 약 5억 1,080만 원) 이상의 뇌물수수 혹은 공금횡령으로 바뀌었다. 문제는 300만 위안이란 새 기준도 중국인의 높아진 소득수준을 감안할 때 사형이란 중형 선고에 맞는 양형 기준은 아니라는 점이다. 또한 "뇌물수수와 공금 횡령 액수가 200만 위안 이상이고 그 같은 행동이 사회에 해악을 끼치고, 국가와 공공 이익을 심각하게 손상시킬 때는 사형선고가 가능하다."고 규정하고 있지만, 어느 정도의 범죄행위가 국가, 사회의 공공이익을 손상시키고 해악을 끼치는가에 관한 해석권은 법원이 아닌 당 지도부가 갖고 있어 자의성, 불투명성, 형평성 부족 문제가 생길 가능성이 크다.

더욱이 대내외 정치적 여건이 바뀌면 당·정 지도부는 언제든지 초사법적 재량권을 발휘해 부패 사범에 대한 사형을 종신형으로 감형할 수 있기 때문에 최고인민법원과 최고인민검찰원이 공동으로 정한 〈사형양형 기준에 관한 사법적 해석〉도 큰 의미가 없다. 결국, 사형선고는 시진핑 지도부가 강조한 '의법치국'(依法治國) 원칙의 엄격함을 보여주는 '형식적인 최고 양형기준'으로서만 존재하고, 실제 사형집행은 국내외 정치·외교적 상황을 감안해 융통성 있게 시행하는 것으로 해석된다.

〈그림 7-2〉는 ① 비정상적 자금 및 뇌물 규제, ② 사법부의 독립성,

227_"China Sets Death Penalty Threshold in Corruption Cases," Times Live 홈페이지, April 18, 2016; http://www.timeslive.co.za/world/2016/04/18/China-sets-death-penalty-threshold-in-corruption-cases

③ 공무원 의사결정상의 정실주의나 편파성 등 법 집행에 영향을 미치는 제도적 환경지표의 글로벌 순위가 2012~2016년의 5년간에 걸쳐 연도별로 어떻게 변화하고 있는 지를 보여주고 있다. 여기서 알 수 있는 바와 같이 ①~③ 지표 모두 연도별로 유사한 변화 패턴을 보이고 있는데, 2012년 이후 하락하던 ①번 뇌물 규제 지표와 ③번 정실주의 지표는 2015년에 반등하다가 2016년에 다시 하락하였고, ②번 사법부의 독립성 지표는 2015년 한 해를 제외하고는 2013~2015년 3년간 점차 강화되고 있다. 특히 사법부의 독립성 지표는 미약하다가 2016년 들어 점차 강화되고 있고(②번 지표), 뇌물 규제(①번 지표), 공무원 정실주의(③번 지표)도 2015년에 약간 악화되었으나 2016년에는 부패 예방·퇴치에 유리하게 제도적 환경이 획기적으로 변한 것을 알 수 있다.

3) 신설 국가 감찰위원회의 문제점

앞의 제 5장 반부패 정책의 규제와 틀에서 얘기 했듯이, 2018년 3월 11일 '국가급 수퍼 반부패 통합 기구'인 NSC가 출범했다. 그러나 당초 바람대로 NSC가 반부패 정책의 총괄 기획 및 통제 기구로서 CCDI보다 더 효율적으로 산하 반부패 기관을 통솔하고 권위 있는(unified, authoritative and efficient) 결정을 내리는 감찰 기구가 될 것인지는 좀 두고 봐야 한다.

우선, 〈중국 헌법〉에 따르면, NSC는 국가 조직도상의 국가 서열로 보면, 서열 3위의 헌법기관이다. 비록 국무원(국가 서열 1위), 국가중앙군사위(서열 2위) 보다는 낮지만, 최고인민법원(서울 4위), 최고인민검찰원(서열 5위) 보다는 높다. 물론 공식적으로는 NSC 임면권을 가진 전인대와 해당 상무위원회의 감독을 받게 되어 있지만, 실질적인 지도·통제는 시진핑 주석 겸 당서기 하의 정치국 상무위원회가 할 것으로 보인다. 왜냐하면, 당 중앙 정치국 내에 시진핑 당 서기가 주임으로 있는 '전면법치위원회'(全面依法治國委員會)가 2018년 3월 21일부로 설치되어(〈그림 7-5〉) 반부패 등 법치와 관련된 상부 조직 설계, 전체적 조율과 협조, 실효성 있는 추진과 관련된 모든 유관 기구 간 협의를 진행하게 돼 있기 때문이다.[228] 더욱이 전인대 상무위원장과 NSC 주임도 사실은 당 중앙에서 내정하므로 실질적으로는 시 당서기와 당 정치국 상무위원회의 관할 하에 있다고 봐야 한다.

NSC의 두 번째 문제는, 헌법, 국가감찰법, 형법, 형사소송법, 공무원법 등 감찰 직능 수행과 관련된 법규와 지식, 법률적 소양을 고루 갖춘 감찰관이 부족하다는 점이다. 더욱이 〈국가감찰법 시행 세칙〉도 아직 마련되지 않아 공직자 기율 강화 및 감독 방법이 아직 공식적으로 최적화되어 있지 않다. 기율 심사 및 법 집행 과정과 절차, 제도, 조치내용 등을 규정하는 조례도 하루 빨리 제정되어야 할 것이다. 감찰대상의 선정과 관련해서도 빅데이터(big data), 인공지능 (AI) 등 4차 산업 기술의 활용도도 더 높아져야 하는데, 이는 NSC 신설로 감찰 감독 대상이 비(非)당원 공직자로까지 확대되어 2018년 3월 이전보다 2배 이상 폭증할 것으로 예상되기 때문이다. 또한 반부패 관련 법규 집행상의 공권력 실효성을 담보하기 위해서는 이익충돌 방지제도, 공직자 재산등록 제도 등이 도입되고, 제보자 신변 및 권익 보호제도도 재정비되어야 할 것으로 생각된다.[229]

228_"全面依法治国的顶层设计、总体布局、统筹协调、整体推进、督促落实作为党中央决策议事协调机构。2018年3月中共中央印发的《深化党和国家机构改革方案》称"组建中央全面依法治国委员会" 참조).

229_칭화대 '청렴정치(廉政)관리연구센터'의 저우레이도 유사한 제안을 했다. 周磊(2018) "국가

무소불위의 막강한 조사 권한을 가진 NSC에 대한 견제 장치 도입도 필요하다. NSC는 서열이 높은 헌법 기관인데다가, 부패혐의자의 신원 및 계좌 조회, 압수, 수색, 압류, 차압, 현장검증 등의 12가지의 광범한 조사 수단을 갖고 있다. 특히 영장없이 부패 혐의자를 최장 6개월간(3개월 1회 연장 시) 유치(留置) 및 구금 상태에서 조사할 수 있는데, 조사과정에서 고문이나 성추행 등 인권침해 발생 빈도가 매우 높은 편이다. 더욱이 집권 2기 후반기에 권력투쟁이 발생할 경우 NSC가 시 주석을 위시한 당 지도부의 공포 정치를 위한 특별 조사 조직 혹은 감찰 전위대로 악용될 소지가 있다. 따라서 전인대 상무위원회 이외에 NSC를 견제할 수 있는 제3의 국가기관(예: 최고인민법원의 NSC 준법감독위원회)이 필요하다고 본다.

마지막으로, 최고인민검찰원(한국의 대검찰청), 반부패뇌물총국, 국가부패예방국 등 반부패 관련 기관이 NSC 산하로 편입되긴 했으나, 아직 기능 통합이 완벽하지 않다는 점이다. 실제로 NSC의 조직과 기능, 인원, 예산이 효율화되기까지에는 상당한 시간이 걸릴 것으로 예상되며, CCDI 감찰부(한국의 법무부에 해당), 공안부, 외교부, 재정부와의 협조 과정에서 각 부처 수장 간의 권력 역학 관계에 따라 관리감독이나 협의가 제대로 되지 않을 소지는 충분하다. 예컨대 NSC 양셔오두 주임은 헌법기관의 수장 임에도 불구하고 직전에 CCDI 부서기를 지낸 바 있어 여전히 CCDI 아래에 있는 듯한 모양새다. 따라서 힘 있는 사람이 공안부장으로 올 경우, 반부패 업무에 관한 공안부의 지휘·통제조차 쉽지 않을 수도 있다.

감찰위원회는 부패 척결의 '중국 방안'", 『월간 중국』, 인민화보사 발간 한국어 월간지, 2018년 4월 참조.

〈그림 7-4〉 신설 최고감찰기관 '국가감찰위원회'의 조직·기능 및 조사수산

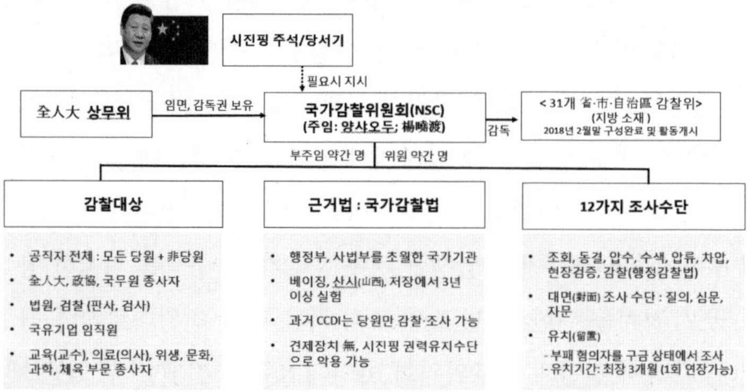

자료:_"规范监察权力 依法保障人权: 聚焦监察法草案二审稿看点," 新华网, 2017年12月23日 08:52:20; http://www.npc.gov.cn/npc/cwhhy/12jcwh/2017-12/23/content_2034470.htm; 기타 중국 13기 전인대(全人大) 관련 인터넷 자료를 참조하여 저자가 작성.

〈그림 7-5〉 당 중앙의 '법치'관련 협의 기구 〈중앙전면법치위원회〉

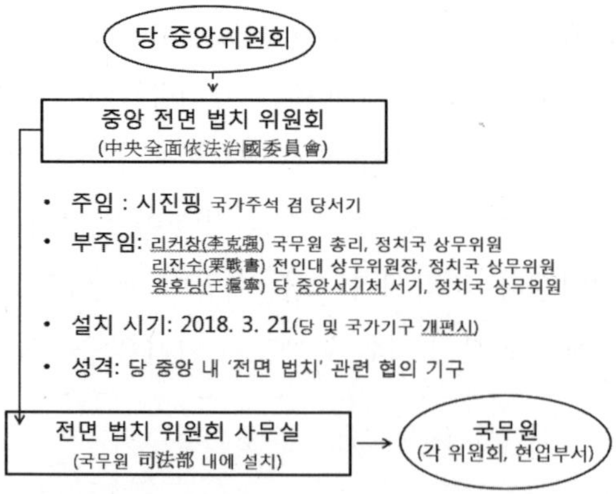

※ 자료 : "中央全面依法治國委員會," 중문 위키피디아 (https://zh.wikipedia.org/) 검색 결과. "深化當和國家機構改革方案" 당중앙 발표 (2018.3)

4) 반부패 조사 공무원 자신들의 부패

반부패 조사를 추진하는 공무원들 자신의 부패도 문제다. 마치 뱀이 자신의 꼬리를 무는 것처럼, 부패 세력을 소탕해야 할 공무원과 조사관 자신들이 부패 사건에 연루되는 경우가 종종 발생하고 있다.

무엇보다, 반부패 정책의 총지휘탑인 CCDI 수장 왕치산(王岐山) 전 서기부터 의혹에 시달리고 있다. 왕 서기의 처제인 야오밍돤(姚明端)이 샌프란시스코에 고급 호화주택을 보유한 것이 사실로 확인되면서 반부패 캠페인의 신뢰도와 정당성이 상당부분 훼손된 것이다.[230] 다행히 2017년 10월의 제 19기 당 대표대회에서 자오러지(趙樂際)가 CCDI의 새 서기로 선임되면서 왕 전 서기는 부정적 외신보도의 사정권에서 벗어날 수 있었다. 물론 처제 부동산 사건이 발생하기 전에도 왕(王) 전 서기가 과연 친분관계가 깊은 금융권 CEO들의 상업적 부패를 제대로 철저히 조사할 수 있겠는가에 관한 의혹은 꾸준히 존재했었다. 실제로 왕 전 서기는 건설은행

230_이 사건은 해외에 도피중인 중국 부호 궈원구이(郭文貴)가 폭로한 의혹을 취재하던 미 현지 매체 *World Journal*이 밝힌 내용이다. 이 매체는 샌프란시스코 사라토가 Ten Acres Road에 있는 문제의 주택이 야오밍산(姚明珊)의 여동생이자 왕치산 전 서기의 처제인 야오밍돤(姚明端) 명의로 등기된 것으로 확인하였고, 2017년 5월 22일 프랑스 국제라디오(RFI)는 이를 전세계에 최초로 보도하였다. *World Journal*측이 현지 부동산 등기자료를 열람한 결과, 야오밍돤의 구입연도는 1996년이며, 이 저택은 방 5개에 욕실 4개를 가진 시가 534만 달러(한화 64억 8백만 원) 상당의 대저택인 것(현지 부동산 업계의 평가)으로 알려졌다. *World Journal* 보도 이후 이 저택은 관광명소가 되었고, 투옥 인권활동가 석방을 요구하는 해외 중국 반체제 인사의 단골 시위 장소가 되었다. 왕치산의 부인 야오밍산은 1979년 국무원 부총리, 국가계획위원회 주임을 거쳤던 원로 야오이린(姚依林)의 3명의 딸(姚明瑞、姚明珊、姚明端)과 1명의 아들(姚明伟) 중 둘째딸이다. 姚依林 바이두 인물 검색결과(http://baike.baidu.com/); "중국 반(反)부패 사령관의 처제, 美에 호화 저택," 조선경제, 2017. 5. 23., A25면.

행장, 인민은행 부행장을 역임하면서 오랫동안 은행계의 CEO 및 간부들은 물론 중국 1위 증권사인 중신증권(中信證券; CITIC) CEO와의 관계가 돈독했다.[231]

지방의 반부패 조사 담당관의 부패도 문제다. CCDI 홈페이지에 공개된 내용에 따르면, 산시(山西)성 부패조사팀의 책임자인 류샹둥(劉向東)은 수 차례에 걸쳐 총 3천100만 달러에 달하는 뇌물을 받은 후, 당적 및 공직을 박탈당하는 '쐉카이'(雙開) 처분을 받은 바 있다.[232]

이와 같은 상황하에서 CCDI는 2017년 초부터 당, 중앙과 지방정부 각 기관에서 반부패 업무를 담당하는 50만 명 가량의 공직자를 대상으로 자체 감사와 감찰을 단행하였다. 조사결과, 2012년 이래 CCDI 관료 17명을 포함해, 7,900명을 넘는 중앙 및 지방정부 공안국, 검찰 등 유관 당국의 고위 관료와 직원들이 감찰 및 과정에서 뇌물 수령, 공금 횡령, 직권 남용 등의 중대한 기율 위반 행위를 한 것으로 드러났다.[233]

2017년의 경우, CCDI 내부 감찰과정에서 죄상이 드러난 CCDI 중앙순찰조 차관급 간부인 장화웨이(張化爲) 전문조사관(中央巡视组副部级巡视专员)이 낙마하였다. 차이신(財新)이란 중국 경제전문 잡지 보도에 의하면, 장은 2016~2017년에 샹쥔보(项俊波)라는 보험감독관리위원회 주석 겸 서

231_China: Where Is Wang Qishan as Brokers Become Corruption Targets? January 19th, 2016; http://ethixbase.com/china-where-is-wang-qishan-as-brokers-become-corruption-targets/

232_"$31 Million Stash: Chinese Authorities Accuse Corruption Investigator of Being Corrupt," LA Times.com, December 8th, 2015.

233_CCDI 웹 사이트, Jan., 2017; "China Graft Drive Has Punished 1.2 Million," Channel News Asia, Jan.10, 2017; http://www.channelnewsasia.com/news/ asiapacific/china-graft-drive- has-punished-1-2-million/3426654.html

기를 조사하는 과정에서 뇌물을 받은 것으로 밝혀졌다.[234] 이외에도 그는 청커지에(成克杰) 전 광시장족자치구 부서기(1995. 12.), 제9기 전인대 상무부위원장(1998. 3.) 반부패 조사시에 뇌물을 받고 편의를 봐주는 등 당 기율을 심각하게 위반한 것으로 밝혀졌다. 2014년 2월에도 그는 제11 중앙순찰조의 조장으로 '중국발전그룹'(中國華電集團)을 감사하면서 뇌물을 받은 것으로 조사되었다.[235] 2017년 4월 장의 범죄 사실에 관한 증거가 확연히 드러나자 장은 당적을 박탈당하고 바로 체포·구금되었으며, 2018년 7월 검찰에 기소되어 베이징시 제2 중급인민법원에서 심리를 받고 있다.[236]

한편 CCDI 간부인 왕중텐(王仲田)과 리젠보(李建波) 위원도 2017년 1월 8일에 열린 제19기 CCDI 제7차 전체회의에서 부패 등, 중대한 당 기율 위반 혐의로 징계 처분을 받았다. 왕 위원은 CCDI 위원직에서 쫓겨나 국무원 산하 '남수북조'(南水北調) 프로젝트 총괄 부주임으로 좌천되었고, 리(李)는 엄중 경고와 함께 CCDI 위원직을 박탈당하고 교통부 주재 CDI 조장으

234_샹쥔보 주석은 2017년 10월 14일 CCDI가 조사한 당 기율 위반 보고서가 당 제18기 7중전회의 심의에 통과된 후 당 중앙정치국에서 당적을 제적당하고 공직에서 파면되었다. 샹쥔보(项俊波) 주석에 관한 '百度' 人物百科 검색결과; https://baike.baidu.com/item/%E9%A1%B9%E4%BF%8A%E6%B3%A2; "Former anti-graft official expelled from party," The South China Morning Post, Aug. 2, 2017; "Chinese Anti-Corruption Inspector Expelled from Party for Taking Bribes," On-line version of the SCMP, 2 August, 2017, 11:57am, http://www.scmp.com/news/china/policies-politics/article/210505 5/chinese-anti-corruption-inspector-expelled-party-taking.

235_'중국발전그룹'(中國華電集團; China Huadian Corp)은 2002년 말 전국 전력 시스템 개편 과정에서 탄생한 5개의 전력생산 전문 국유기업 중의 하나이다. 국무원 국유자산관리감독위원회 관할을 받는 특대형 중앙기업으로, 전국에 석탄화력 발전 및 열을 생산해 공급하고 있다. 자세한 내용은 '중국발전그룹'의 홈페이지(http://www.chd.com.cn/)를 참조할 것.

236_張化爲 百度百科 검색결과 (https://baike.baidu.com/item/張化爲)

로 강등되었다.[237]

1987년부터 20여 년간 CCDI에서 일했던 전 판공실 부실장 진다오밍(金道铭; 만주족) 역시 산시(山西)성 출신으로 석탄광산 프로젝트 부패를 조사할 때 총 1억 2천만 위안의 뇌물을 받은 것으로 판명되었다.[238] CCDI 감찰 당시 산시성 전인대 부주석으로 있었던 진(金) 부실장은 자신의 뇌물수령죄(收贿罪)를 인정하고 수사에 적극 협조해 사형이 아닌 종신형을 선고 받았다.[239] 진다오밍은 중국의 석탄 주 생산지였던 산시성에서 영향력을 행사했던 고위 관료를 뜻하는 '관다오'(官倒)였던 것이다. 그는 전 정치국 상무위원 겸 정법위원회 서기 저우융캉이 이끄는 쓰촨성 석유화학 산업(예: 中國石油) 부패 네트워크의 일원으로 시진핑 지도부 반부패 정책의 2대 표적 중의 하나였다.

237_"中央纪委两委员受处分去职 曾任职中办", 财新网, 2017年01月08日 19:36;http://china.caixin.com/2017-01-08/101041697.html;"中纪委全会确认：王仲田李建波获处分 2017-01-08 20:44 编辑：梁双 来源：长安街知事", http://www.takefoto.cn/viewnews-1031127.html

238_"山西官场评金道铭: 胆子太大 多大案子都敢管", 经济观察报, 2014. 4. 16.; 搜狐網, 2014年 4月 26日10:14; http://news.sohu.com/20140426/n398848515.shtml. "曝前山西首富曾与北京高官之子亮相: 金道铭迎接", 环球网, 2015. 1. 12.; 新浪網, 2015年1月12日 08:00; http://news.sina.com.cn/c/2015-01-12/080031387984.

239_"China to Protect Online Whistleblowers, But Only Via Official Site", Reuters, Sep 12, 2013; http://www.reuters.com/article/us-china-corruption-idUSBRE98B09B20130912

5) 지방 부패 관료들의 저항, 보신주의, 무사안일한 태도

CCDI는 순찰조를 파견하여 지방의 부패한 당·정 지방 관료들을 조사한다. 조사방법은 관련된 현지인과 관료, 기업인들을 직접 소환하거나, 온라인, 전화, 이메일 청원 등으로 제보를 받는다. 그러나 많은 경우, 부패 관료들은 친분이 있는 공안과 짜고 청원자·제보자들이 파견 조사관 임시 사무실이 있는 초대소나 호텔로 들어가는 것을 방해하는 경우가 많다. 이 같은 일은 허난성 정저우(鄭州)에서 실제로 발생했다. 조사 대상자인 시 당서기 본인이 조사관 숙소인 '황허(黃河)초대소' 주변에 공안을 미리 배치하여 제보자나 진정자가 들어가려는 것을 차단했는데, 명분은 '비정상적인 청원자/진정자'라는 것이었다.[240] 심지어 들어가기를 계속 고집하는 제보자나 청원자를 '기율 센터'나 '흑감옥'(黑監獄)에 무단 감금하는 경우도 있었다. 일부 양심적인 중국의 지방 언론은 이 같은 행위를 시민의 청원권 방해 및 불법적인 권한 남용이라고 보도했다. CCDI와 공안부도 이와 같은 지방정부의 불법행위를 중단할 것을 명령했으나, 자리를 지키기 위한 이 같은 자의적 행동은 아직도 은밀히 지속되고 있다.

물론 당 중앙의 순찰조 파견에 의한 반부패 조사와 처벌은 지방 당 조직과 지방정부에도 상당한 부작용을 일으키고 있다. 조사 및 처벌과정에서 상당수의 당·정 간부의 결원이 발생하고, 살아남은 관료마저 보신주의에 빠져 경제개혁, 구조조정을 미루거나 민감한 민원을 늑장 처리하는 등

240_"China whistleblowers hit local obstacles," April 23, 2014; Beijing News (新京报), 2014. 4. 22.; http://www.fcpablog.com/blog/2014/4/23/china-whistleblowers hit-local-obstacles.html

의 복지부동 자세를 보이고 있다. 그 결과, 반부패 조사야말로 리커창 총리가 강조하는 '공급 중심 경제개혁과 기업 구조조정'을 가로막는 최대의 걸림돌이란 말까지 돌고 있다. 과도투자와 과잉설비의 조정에는 성급(省級) 당 정치국 상무위원들의 결정과 결단이 중요한데, 이들이 조사를 받고 있거나 낙마해 차질이 빚어지고 있는 것이다. 실제로 31개 성·시·자치구에 있어서 '상무위원회'는 중앙정부의 '당 정치국 상무위원회'와 같은 역할을 하는데, 서기, 당서기, 성장, 부성장, 사무국장, 정법위 서기, 통일전략부장, 당 선전부장, 당 조직부장 등 적게는 10명(예: 하이난)에서 많게는 13명(예: 산둥성)이 조사를 받거나 구금 유치되어 업무 공백이 늘어나고 있는 것이다.

문제는 헤이룽장, 랴오닝, 후난, 저장성(이상 각 3명의 상무위원 결원), 텐진, 허난, 장쑤, 윈난, 후베이, 광시장족자치구(이상 각 2명), 베이징, 상하이, 푸젠, 광둥, 안후이, 쓰촨, 허베이, 산시, 내몽고자치구, 닝샤회족자치구(이상 각 1명) 등 20여 개 지방정부에서 발생한 결원이 아직까지 채워지지 않고 있다는 점이다. 시진핑 주석은 성급 정부의 당·정 고위 관료의 임명에 있어 업무능력과 경력뿐만 아니라 권력층 내부 계파 간의 역학관계, 청렴도까지 고려하기 때문에 성(省) 정부 상무위원과 적합한 간부가 임명될 때까지는 상당 기간이 소요될 것으로 전망된다.

물론 법 집행 과정에서 기업 부패를 단속하는 지방 공상행정관리국(SAICs) 관료들의 무사안일한 태도와 전문성 부족으로 인한 폐해도 속출하고 있다. 일부 지방 SAICs의 경우 복사본도 아닌 전자 문서, 하드 카피 문서 원본을 가져가 길게는 수주 동안 돌려주지 않아 업무가 중단되는 경우가 많다. 또한 지역에 따라 '상업적 부패'(특히 뇌물공여)에 관한 지방 SAICs의 법 해석에 관한 전문성, 일관성이 떨어진데다가 업무수행 능력

(효율성)도 지방별로 차이가 커 시행착오가 많이 발생하고 있다. 베이징, 상하이의 경우, 비교적 법 집행상의 전문성, 일관성, 효율성이 뛰어나지만, 중서부 내륙 지역 SAICs의 경우 전문성, 효율성이 떨어지고 일관성도 부족한 편이다.[241] 따라서 중국에 진입한 다국적 기업은 상업적 부패에 관한 법률을 숙지해야 할 뿐만 아니라, 소재지 관할 SAIC의 사정을 살펴, 그 법 집행상의 한계를 인식하고, 현지 반부패 절차 등에 맞는 기업 내 컴플라이언스 시스템을 현지화 시킬 필요가 있다고 본다.

6) 부패 자금 세탁 및 해외유출에 대한 미숙한 통제

부패 자금의 세탁 및 해외 유출에 대한 불완전하고 미숙한 통제도 한계 중의 하나이다. 부패한 당·정 관료나 국유기업 간부들은 부패·비리 자금을 중국 내 금융기관에 예치하지 않고, 지하은행, P2P 혹은 환투기꾼의 홍콩 네트워크를 통해 해외 법인이나 이미 설립된 페이퍼 컴퍼니에 송금해 자금을 세탁한 다음 필요시 본국으로 환류시키는 것이 보통이다. 중국 상무부 등 관련당국이 추계한 바에 의하면, 이처럼 홍콩에서 세탁되거나 홍콩을 통해 해외로 보내지는 부패 자금의 정확한 규모는 알 수 없으나, 대외투자(ODI: outward direct investment) 중 10~20%는 이 같은 부패 자금인 것으로 추정되고 있다. 이 같은 불법자금의 해외유출을 막기 위해 CCDI, 공안당국은 홍콩의 염정공서(廉政公署; ICAC, Independent Commission against Corruption)와 긴밀히 협력하고 있지만, 자금이체가 점점 더

241_Carlson, Eric (2012), "China's Domestic Bribery Laws Impact Foreign Investors," July 10, 2012; http://www.fcpablog.com/blog/2012/7/10/chinas-domestic-bribery-laws-impact-foreign-investors.html

디지털화·지능화되고 있어 추적 및 적발이 어려워지고 있다.[242]

중국에서 위장 이혼을 하고 홍콩에 온 뒤, 미국 시민권자와 위장결혼을 해 이민을 간 부패사범도 늘어나고 있다. 인터폴 우선수배자로 14년 동안 미국에 숨어 있다가 자진 귀국해 사법부에 자수한 양진쥔(楊進軍) 저장성 원저우시 밍허그룹(明和集团) 대표이사, 그리고 남편과 함께 중국은행 허난성 카이펑(開封) 지점의 공금을 횡령해 홍콩 등지에 투자했다가 막대한 손실을 보고 미국으로 이민 갔다가 송환된(2015. 9. 24.) 여자 부패 사범 쾅완팡(邝婉芳)이 그 좋은 예이다.

242_염정공서(廉政公署; ICAC)는 홍콩의 반부패 수사 기구로서, 특별 행정구 장관이 직접 지휘하지만 독자적인 수사권을 가지고 있다. 2017년 말 염정공서 직원은 약 1,500여 명 가량이며 부패 혐의자를 영장 없이 체포하고 48시간 동안 구금할 수 있는 수사 권한을 보유하고 있다. 위키백과, 우리 모두의 백과사전. 홍콩염정공서(https://www.icac.nsw.gov.au/)

8장

결론 및 시사점

중국은 세계 제1위의 수출 규모와 외환보유고, 세계 제2위의 GDP 규모를 자랑하는 경제대국이다. 그러나 공직자의 청렴도와 기업의 윤리경영에 관한 한 아직도 신흥개도국 수준을 벗어나지 못하고 있다. 국제 투명성 기구(Transparency International)가 매년 발표하는 CPI(Corruption Perceptions Index)에 의하면, 중국은 2017년 현재 점수 41점으로 세계 77위이다. 한국(54점, 51위)은 물론 비슷한 소득 수준의 동유럽 국가들에 비해서도 부패가 심한 편이다.

이러한 배경 하에서 본 저자는 ▲중국에서 부패가 왜 자꾸 재발하는지, ▲2012년 말 이후에 추진된 시 지도부의 반부패 정책이 과거와 어떻게 다르고 그 작동 메커니즘은 어떠한 지, ▲시 지도부의 반부패 정책이 부패 촉발 유인을 제거·약화시키는데 있어 얼마나 효과적이었고, 그 한계와 문제점은 무엇인지, 그리고 ▲한국 정부와 중국 시장에 진입하려는 외자기업에게 주는 정책적·전략적 시사점은 무엇인지 등에 대한 궁금증을 갖고 연구를 진행하였다. 2장부터 7장까지의 내용 즉 부패의 사회 경제적 및 정치적 비용(2장), 대내외 부패 환경과 공직자, 기업의 부패 전략(3장),

부패 관성과 반부패 정책 대응의 동학(4장)을 살펴본 다음, 중국 반부패 정책의 실제 목표와 규제의 틀(5장), 반부패 정책의 성과(6장), 반부패 정책의 한계와 문제점(7장)은 이 같은 질문에 대한 저자의 답변 시도라 할 수 있다.

연구 결과, 시진핑 지도부의 반부패 정책은 장쩌민(江澤民), 후진타오(胡錦濤) 등 제3세대, 제4세대 지도부의 반부패 정책과는 ▲정책목표, ▲정책수단의 다양성과 지속성, ▲반부패 정책·법규의 집행 대상 선정 방식과 집행강도, ▲성과 등의 면에서 상당히 달랐고 성과도 좋았다. 다만, 개선·보완되어야 할 과제도 적지 않음을 알 수 있었다.

우선, 반부패 정책 목표와 집행 의지 면에서, 시 지도부의 반부패 정책은 장쩌민, 후진타오 등 과거 지도부와는 달리 형식적인 모양새 갖추기에 급급하지 않았다. 전 지도부만 해도 한 두 명의 정적을 부패 혐의로 제거한 뒤 뇌물 수수 관행을 다시 방임·묵인했었으나, 시 주석과 그의 테크노크라트들(習家軍)들은 부패를 '사회주의 체제의 근간을 뒤흔드는 최대 위협 중의 하나'로 간주하고 부패 유인의 제거, 부패사범의 적발·처벌에 힘썼다. 물론 정적인 보시라이(薄熙來), 저우융캉(周永康), 쉬차이허우(徐才厚), 궈보슝(郭伯雄) 등 당·정·군 고위 간부들을 '반부패'의 프레임(frame)을 씌워 숙청하기는 하였으나, 반부패 정책 실행의 절박함과 근본 방향을 잊지는 않았다. 오히려 정적 제거를 통해 권력 기반을 공고히 다짐으로써 시 주석은 집권 제 2기(2018. 3.~2023. 2.)에도 반부패 정책을 보다 일관되게 추진할 수 있는 기반을 조성했다고 보는 것이 옳다.

물론 일부 서방학자들은 이 같은 시 지도부의 반부패 정책을 '영구 혁명론'을 강조한 '마오쩌둥(毛澤東) 방식'의 변형에 불과하다고 비판한다. 그러나 제1차적 목적을 부패의 퇴치와 예방에 두고 부패 사범을 철저히 중거에 입각해 의법처리했다는 점에서 시 주석의 반부패 캠페인은 홍위병(紅衛兵)의 난동에 의존해 류샤오치(劉少奇) 등의 정적을 숙청한 마오의 파괴적 방식과는 그 궤를 달리한다고 할 수 있다.

정책 수단의 다양성과 지속성, 집행 강도 면에서도 제5세대 지도부의 반부패 정책은 전 지도부와는 확연히 달랐다. 시 주석의 복심인 왕치산(王岐山) CCDI 서기는 부패 척결에 관한 시 주석의 강한 의지를 간파하고 반부패 정책을 흐트러짐 없이 일관되게 추진하였다. 왕 서기는 부패 당·정 관료는 직위 고하를 막론하고 모두 처벌하는 따후파이잉(打虎拍蝇) 방침과 '무차별-무관용' 원칙을 지키면서 2012년 말 이후 2018년 2월까지의 기간 동안 강도 높은 조사 활동을 펼쳤다. 그 결과, 정치국 상무위원이었던 저우융캉 전 정법위원회 서기를 사법 처리한데 이어 '여우사냥'(獵狐; Fox Hunting) 작전과 '톈왕'(天網; Sky Net) 작전을 통해 해외로 도주한 부패 사범들을 추적·송환하고 이들의 불법 자산을 국고로 환수하였다. 또한 과거와는 달리 TV 등 영상매체를 많이 활용하였는데, 부패 사범이 죄를 뉘우치는 장면을 CCTV 뉴스나 대담 프로에 방영함으로써 부패 예방에 둔감한 일반 대중들을 일깨우고 사회적 청렴 분위기를 조성했다.

부패 적발 수단도 다양했다. CCDI에 의한 정기 조사 이외에도 ▲CCDI 순찰조 지방 파견을 통한 감찰과 조사, ▲국내 유관 당국 간의 공조 수사, ▲당 조직 및 국유기업(금융기관 포함) 등 단위 내부자의 제보(whistle-blowing), ▲CCDI, 공안, 검찰, 법원 등 유관 부서에 대한 일반 대중의 온라인/모바일 제보 등을 복합적으로 사용하였다. 또한 해외 도주 사범의 체포, 공조 수사, 송환, 범죄인 인도 협상 등에 관한 외국 정부의 협조를 구하기 위해 인터폴, 해당국 외교 및 경찰 당국과 긴밀히 협조함은 물론, 현지국 정부에 불법 재산 가치의 일정 부분을 기여한 만큼 제공하는 유인책도 펼쳤다.

부패 사범의 조사와 처벌에 있어서도, CCDI 및 공안부에 의한 하향식(top-down)의 단선적인 조사·처벌에만 의존했던 과거와는 달리, 행정처분, 사법처리 등 다양한 수단을 포함하는 정책 믹스(policy mix)를 구성함으로써 법 집행의 실효성을 높였다. 주로 사용한 행정처분 및 처벌 수단으로는 ▲장소와 일시를 지정해 가족 면회를 허용하지 않고 고강도 조사를 진행하는 '쐉궤이'(雙規) 처분, ▲당적과 공직을 모두 박탈하는 '쐉카이'(雙開) 처분, ▲각종 경-중징계 등의 행정처분, ▲검찰 기소 및 법원에 의한 사법처리 등이 있다. 실제로 저우융캉, 보시라이, 링지화(令計劃) 등 부패 호랑이는 정치권 종신 박탈, 무기 징역형을 선고받고 불법 재산은 몰수당했다. 해외 도피 사범의 경우, 귀국시켜 〈형법〉, 〈반불공정경쟁법〉에 의해 민형사상의 처벌을 받게 하고 해외 불법 자산을 몰수하는 등의 고강도 조치를 취하였는데, 2013~2017년 기간 동안 100여 명의 도피 사범을 자진 혹은 강제 귀국시킨 후 사법 처리하였다.

반부패 정책·법규의 집행 대상 선정에 있어서도 시진핑 지도부는 과거와는 달리 매우 신중하면서도 주도면밀한 모습을 보였다. 제3세대, 제4세대 지도부의 경우, 부패 사범을 일거에 소탕하는 '1회성 충격요법'(one-time shock therapy)을 즐겨 사용했다. 그러나 시 주석 지도하의 제5세대 지도부는 증거가 확실하고 정치적으로 제거 필요성이 큰 주요 정적을 먼저 제거하고 강적의 주변 인물을 숙청한 다음, 맨 나중에 가장 까다롭고 세력이 강한 주적을 처결하는 치밀하면서도 신중한 방식을 취하였다. 실제로 2012 ~2013년의 기간 동안 최대 라이벌이자 위협적 존재인 전 충칭시 서기 보시라이를 맨 먼저 숙청하고(2013. 9., 무기징역형), 2014년부터는 저우융캉 전 정치국 상무위원 겸 정법위원회 서기의 측근인 쉬차이허우,

궈보슝을 제거하였다. 그리고 맨 나중에 가장 강력한 적이면서 부패의 영수라 할 수 있는 저우융캉 서기를 사법처리하였다(2015. 6., 무기징역형).

또한 부패 호랑이에 대한 숙청 작업이 어느 정도 끝나자 2014년 하반기부터는 공격의 중점과 방향을 뇌물수수, 조달 사기 등을 통해 사익을 추구한 당·정·군 내 중간급 간부나 국유기업, 금융기관 간부들로 돌렸다. 그리고 맨 나중에는 외국 다국적 기업(예: GSK차이나) 법인장과 임원, 대학교수, 언론인의 뇌물 수수 행위까지 조사해 처벌하였다. 이 같은 '신중하면서도 점진적인 반부패 전선 확대' 전략은 ▲광둥, 푸젠 지역의 4개 경제특구를 먼저 성공시킨 다음 '점-선-면'으로 개방의 중점을 연해 북부 그리고 중서부 내륙으로 점차 확산시키는 '단계적 개방', ▲① 농업생산책임제 도입 → ② 국유기업 개혁 → ③ 소매 유통 부문 개혁 → ④ 금융·외환·자본 시장의 개방으로 이어지는 '순차적 개혁·개방' 방식, 그리고 ▲실험을 한 뒤에 전면 실시하는 "돌 다리를 더듬으면서 건너는(摸着石頭過河)" 덩샤오핑(鄧小平)의 실용적 접근 전략과 유사한 점이 많다.

성과 면에서도 시 지도부의 반부패 정책은 종전 지도부와 큰 차이를 보인다. CCDI 감찰부에 따르면, 2012년 말부터 2016년 8월 말까지의 4년여 동안 중국 전역에서 총 13만 9,622건의 8항 규정 위반 행위를 적발하였고, 총 18만 7,409명의 피조사 간부 중 49%인 9만 1,913명을 부패·비리 등 당규의 중대 위반으로 행정 처분을 내리거나 사법처리하였다. 연도별로는 2012년 말부터 2013년 말까지 총 7,692명, 2014년에는 2만 3,646명, 2015년에는 3만 3,966명, 2016년 1~8월까지는 2만 6,609명에 대해 각종 징계 처분을 내렸다 2013년부터는 지방 공직부패 클러스터(clusters) 소탕 작전을 개시하였는데, 2014년 한 해에만 산시(山西)성 내 부패 관료 1만 5,450명을 징계하였다. 또한 2014년 이후 2016년 8월 초까지의 기간 동안에는 약 2만여 명으로 추산되는 해외 도피 사범의 8.3%인 1,657명을 본국으로 압송하고 62억 9,000만 위안(한화로 약 1조 1,000억 원) 어치의 불법 자산을 몰수하였다.

그러나 이 같은 놀랄만한 성과에도 불구하고 시 지도부의 반부패 정책이 완벽한 것은 아니다. 아직도 개선해야 할 점이 많은데, 분석 결과, ▲CCDI, 공안부 등 반부패 정책 담당 기구의 결함, ▲반부패 캠페인 자체의 문제점, ▲정책 수단의 불완전성, ▲반부패 법규 집행 과정상의 미비점 등이 지적되었다. 다행히 2018년 3월 제19기 전인대에서 〈국가감찰위원회 법안〉이 통과되고 국가감찰위원회(NSC)가 중앙, 지방에 설치 가동됨으로써 CCDI 감찰부의 조직, 감독체계상의 비효율성, 기능상의 중복 등 첫번째 문제점은 상당부분 보완되었다. 그러나 신설된 NSC의 경우 전인대 상무위원회 만의 형식적인 견제만 받는데다가, 최장 6개월간의 영장 없는 유치(留置) 등 12가지 조사 수단을 갖고 있어서 인권 및 사유재산권 침해의 소지가 많은 것으로 평가된다. 또한 아직까지 〈관련 잠정조례〉가 제정되지 않고 조직의 재정비, 인적 자원의 재배치도 진행 중이어서 집권 2기가 되어야 명실상부한 〈국가급 수퍼 반부패 통합 기구〉로 확실히 자리매김할 수 있을 것으로 전망된다.

정책 수단 면에서도 미진한 점이 많다. 주요 결함은 ▲현금성 뇌물 거래 관행에 대한 대책 미비, ▲금융 및 부동산 관리 전산망의 불완전한 통합, ▲디지털 및 사이버 부패 거래에 대한 대응 부족, ▲당원 및 공직자 재산등록 및 공개 제도 도입에 대한 미온적 태도, ▲내부 제보자에 대한 인센티브 및 신변 안전 보호의 미흡, ▲공직자에 대한 대내외 평판 메커니즘의 활용 부족, ▲조사·재판 과정상의 인권 침해와 정치적 개입 등이다. 특히 한국에 이미 도입돼 있는 당·정·군 고위 간부들에 대한 재산 등록 및 공개 제도가 중국에서 아직도 제대로 시행되고 있지 않다는 것은 가장 큰 흠결로 생각된다.

반부패 법규 집행 면에서도, ▲당의 비공식적 통제를 받는 사법부의 독립성 부족, ▲느슨하면서도 예측이 어려운 형 집행, ▲4차 산업혁명 시대에 맞지 않는 비현실적인 법규, ▲반부패 조사관, 담당 공무원 자신들의 부패, ▲부패 관료들의 저항과 관련 정보의 차단, ▲부패 자금의 세탁 및 해외 유출에 대한 미숙한 통제 등은 향후 개선되어야 할 것으로 보인다. 또한 2대에 걸쳐 부패를 일삼는 '탄얼다이'(貪二代) 세력과 가족을 해외에 도피시켜 놓고 언제든지 떠날 채비가 돼 있는 공직자인 '뤄관'(裸官)에 대한 불완전한 대책도 향후 보완되어야 할 것으로 생각된다.

이 같은 불완전성과 한계에도 불구하고, 중국 반부패 정책은 잠정적으로는 비교적 성공적인 것으로 판단된다. 중국 정부의 시행상의 시행착오는 소위 〈김영란법(부정청탁 및 금품 수수의 금지에 관한 법률)〉 시행을 통해 부패 청정국을 지향하고 있는 한국 정부에게도 적지 않은 교훈과 정책적 시사점을 제공하고 있다.

첫째, 중국의 반부패 관련 법규, 정책 과정이 완벽하지는 않지만 ▲관련 정책의 점진적·순차적인 도입과 집행, ▲일관되고 철저한 조사와 처벌, ▲CCDI, 검찰, 공안당국 내 다양한 모바일 및 온라인 제보 제도의 활용과 공조수사, ▲위챗(微信), 웨이보(微博) 등 SNS를 이용한 반부패 교육·홍보, ▲해외 도주 부패 사범에 대한 적극적인 인터폴 활용과 용의자 및 피의자 체포, 본국 송환(강제 및 자진귀국 포함)에 관한 집요한 외교적 노력, ▲몰수된 불법 자산가액의 일부분을 협조한 현지국 정부에 제공하는 인센티브 제공 외교 등은 우리가 반드시 배워야 할 점이라고 생각한다. 또한 당·정·군, 국유기업, 대학, 금융기관, 병원과 제약업계 등 직장 단위와 직급·계급을 불문하고 뇌물제공과 알선 수뢰에 관련된 범죄자는 철저히 조사해 처벌하는 시진핑 지도부의 '무관용 원칙'은 엄격한 법 집행 다짐에도 불구하고 방위산업 비리, 해외 에너지 자원개발, 의료 부문의 리베이트 등의 문제를 완전히 극복하지 못한 우리에게는 벤치마킹 대상이다.

둘째, 중국 시장에 무역의 25% 이상, 해외직접투자(FDI)의 30% 이상을 의존하고 있고, 중국발 부패의 국제적 확산을 우려하고 있는 한국 정부로서는 반부패 유관부처인 '국민권익위원회'와 경찰, 검찰 등을 중심으로 중국의 NSC, 인민검찰원, 공안부 간의 교류 협력을 강화할 필요가 있다고 본다. 실제로 중국기업의 한국의 부동산, 관광, 호텔, 금융, 의료서비스 분야에 대한 투자가 늘어나면서 우리나라에 대한 중국발 부패의 영향력은 더욱 커지고 있다. 특히 한국에서 경제 범죄를 짓고 중국으로 도주하거나, 중국의 범죄자가 무비자 입국이 허용되는 제주도를 경유해 육지로 들어와 한국에 '부패 생태계'를 조성하는 사례도 늘어나고 있다. 더욱이 한-중 양국은 〈UN반부패협약(UN Convention against Corruption)〉의 서명국이기도 하다.

이 같은 상황 하에서, 양국 정부는 부패 사범의 공조수사, 인도 및 뇌물수수 관행의 척결을 위해 중앙정부 국가기관 간, 지방 자치단체 간 정보를 교환하고 반부패 정책 시행 경험을 공유할 필요가 있다고 본다. 특히 국가권익위원회, 검찰, 경찰 당국의 경우, 중국 NSC, 인민검찰원 및 공안당국과 전문 인재를 교류하고 부패 근절에 관한 법 제도 연구 성과와 경험을 공유하는 한편, 부패 혐의자 체포, 수사, 인도에 관해 협조함으로써 동북아 청정지역 조성에 기여할 필요가 있다. 이와 관련, 이미 진행하고 있는 'UN 지속가능개발 2030 아젠다 실현을 위한 청렴 전략', '아태지역 민관 합동 청렴 정책 추진 방안' 등을 주제로 한 아태지역국가 간의 심

포지엄과 패널 토론 기회를 늘리고 관련 성공·실패 사례도 공동 연구할 필요가 있을 것이다.

또한 한-중 쌍무 간에는, 중국 반부패 정책의 한계로 지적되는 ▲공직자 재산등록 및 공개 제도 도입, ▲사법부의 독립성 강화, ▲비정부(NGO) 및 민간 부문 조직 간의 교류 연대 등에 관해 서로 정책 운영 노하우와 경험, 관련 정보 및 기술을 교환하고, 일정 범위 내에서 관련 데이터를 공유할 필요도 있다고 본다. 또한 주무 부처인 권익위원회 부패방지국(局) 주도로 관료, 대학교수, 전문가가 참여하는 '반부패정책협의회'를 보다 내실 있게 운영하는 것이 절실하다. 이와 관련, 협의회에 공공기관은 물론 NGO, 시민사회, 일반 시민 등이 참여하여 교육, 홍보, 대학 교과목 개편 등에 관해 의견을 교환할 수 있도록 함으로써 민간 반부패 역량을 강화하고 아태지역 반부패 문화의 확산에 기여해야 할 것이다.

한편, 부패의 재발을 방지하기 위해 중국의 CCDI, 공안부 등 반부패 당국은, Becker(1968;1974)가 "Crime and Punishment: An Economic Approach"에서 제기한 대로 "부패도 합리적인 선택(rational choice)"이라는 점을 중시하고, 그의 이론적 틀을 상당 부분 현실 정책과 법 제도 설계, 그리고 집행 활동에 반영하였다. 한국 관련 당국도 반부패 정책 믹스 설계 시, 중국처럼 반부패 대책의 이론적 틀을 ▲부패 유인의 제거·약화를 통한 부패 기대 이익의 최소화, ▲철저한 모니터링과 법 집행을 통한 경제범죄 적발 확률의 제고, 그리고 ▲처벌 강화를 통한 부패 기대 비용의 극대화 전략을 보다 조화롭게 반영해야 할 필요가 있다고 생각한다.

성과 측면에서는, 중국의 관련 법 제도, 부패 관련 통계에 관한 분석, 공직 부패자의 소환 및 처벌 사례, 그리고 다국적 기업(예: GSK) 부패 사례 등을 종합해 본 결과, 중국의 반부패 정책은 정치·경제·사회 체제에 내재된 부패 유인과 관성을 낮추고 부패 범죄 적발 확률을 높이는데 상당 부분 기여한 것으로 평가된다. 특히 여우사냥(打狐狸), 톈왕(天網) 작전, 그리고 해외 도주 사범 송환과 불법 이득·자산의 일부를 제공하는 중국의 전략은 국고 환수에 어려움을 겪고 있는 한국 정부에게 시사해주는 바가 크다.

다만 중국의 반부패 정책도 여러 가지 한계가 존재한다. 우선, 공직 부패(public corruption)와 기업 부패(corporate corporation)는 성격, 원인, 발현 양태 등이 다른 만큼 정책 대응도 부패 유형에 따라 차별화돼야 한다고 생각한다. 우선 공직 부패의 경우, 고위 당·정 관료나 지방의 파워 엘리트에 대한 열악한 처우를 개선하고, 인재 등용과 재배치 등에 있어 능력 못지않게 청렴성을 높은 비중으로 고려해야 한다. 그 동안 중국 정부는 ▲CCDI의 '4항 규정,' ▲당적·공직 박탈, ▲징계 처분 등으로 공직자를 규제하고 처벌하였다. 그러나 부패의 예방을 위해서는 중장기적으로 공직자의 처우·채용·배치·징계 등과 관련된 법규 및 행정관리 제도의 대대적 혁신이 필요하다고 본다. 특히 '깨끗하고 유능한 공직자'가 존경받을 수 있도록 평판(reputation) 메커니즘을 구축하고, 보류된 〈공직자 재산 등록제〉의 공식적 시행이 시급하다고 본다.

보다 구체적으로는, ▲현직에 있을 때 당·정 간부들이 기업의 편의를 봐주고 퇴임 이후를 봐주는 '옵션 거래형' 부패 전략, ▲가족을 해외에 도피시키고 홀로 남아 부패를 저지르는 '뤄관'(裸官) 전략, ▲정년 퇴임 1년 전에 부패를 집중적으로 저지르는 소위 '59세 부패 전략'등을 고려해 이를 관리하고 제어할 수 있도록 법 · 제도를 혁신해나갈 필요가 있다고 본다.

관리대상 지역별로는 지방 당·정 관료의 부패 통제에 집중할 필요가 있다. 이들의 청렴도가 당 중앙이 원하는 수준을 훨씬 하회하고 있는데,

지방 차원의 관련 법·제도 집행이 훨씬 느슨하기 때문이다. 지방 당 · 정 관료들의 권한 남용과 부패가 근절되지 않았음은, 2018년에 저장성(浙江省) 자싱(嘉興)시 난후(南湖) 지역에서 발생한 공안과 수 백 명 항의 시위 시민 간의 충돌 사태에 의해 증명된다. 지방 간부들이 농민들과의 협의 없이 토지 사용권을 무단 매각하고 보상 도 해주지 않았기 때문이다. 2018년 8월 말에는 뇌물을 받고 안전검사를 제대로 하지 않은 불량 DPT(디프테리아, 백일해, 파상풍) 백신이 후베이성 등지의 90만 명 영유아에게 접종되었고, 유아사망에 격분한 학부모들이 대규모 시위를 벌이기도 했다.

이는 중앙의 반부패 정책이 아직까지는 지방 차원의 부패를 다스리기에 역부족하다는 것을 말해주는 것이다. 지금처럼 지방 당 · 정 관료에게 유리하게 부패 통제 시스템이 설계 · 운영되고, 중앙-지방 간, 지방 상 · 하급 정부 간에 존재하는 심각한 정보의 비대칭성, 전 · 현직 지방 간부들의 '관경유착'(官經癒着) 관행을 방치할 경우, 리더십이 바뀌어 중앙 통제가 완화되면 지방 간부들의 부패는 언제든지 재발 · 확산될 수 있다.

따라서 중국 반부패 정책의 궁극적 성패 여부는 결국 ▲지방 차원에서 사회적 부패 관성을 약화시킬 수 있을 정도로 법이 강도 높게 집행되는가의 여부, ▲다층적 지방정부에 의한 경제 범죄의 모니터링, 부패 사범의 적발 및 처벌에 관한 중앙-지방 간의 정보 공유와 공조 여부, 그리고 ▲지방 당·정 관료의 권한 독점과 지방보호주의, 온정주의를 약화시킬 정도로 지방 당·정 관료의 교육·훈련 및 행정관리 시스템이 제대로 개혁되는 지의 여부에 달려있다고 해도 과언이 아니다.

기업 부패의 경우, 국유-비(非)국유기업, 내자-외자 기업을 막론하고 기회주의적·전략적 부패(strategic corruption) 성향이 급증하는 추세가 확인되었다. 우선, 국유기업의 경우, 비즈니스 거래 파트너, 당·정 관료들에게 낚시밥(鱼饵)을 던져 '낚시질'(釣魚)을 하거나, 이들을 우리 안에 가둔 다음 그물망을 치는 전략을 구사하는 경우가 많았다. 또한 자사의 독자적 시장지배력, 관료들의 권한, 뇌물로 오염된 인맥관계를 이용해 시장점유율을 늘리거나 영업을 확장하는 경우도 있었다. 중국 시장에 진입한 다국적 기업도 상업적 부패로부터 자유롭지는 못한데, 주로 원부자재 및 장비의 조달, 생산 제품과 서비스의 판매 촉진과 영업 활동 과정에서 거래 상대방 혹은 제3자와 범죄를 자주 저지르는 것으로 드러났다.

영국 다국적 제약업체인 GSK차이나의 부패 스캔들 사례는 이를 극명하게 잘 보여주고 있다. 사례 분석은, 중국내 다국적 기업들의 부패가, ▲본-지사 간 제품별 실적 관리 라인과 컴플라이언스 부서 간의 불일치·부조화, ▲중국 법인 및 현지 임직원의 윤리경영 의식 부족, ▲효과적인 글로벌 부패 통제 시스템의 미비, ▲본사의 과다한 실적 목표 설정과 현지법인 통제 상의 정보의 비대칭성(information asymmetry), ▲공정경쟁을 도외시한 단기 실적 위주의 인센티브 체계와 실적 압박, ▲의사, 관리들에 대한 낮은 급여와 열악한 처우, ▲현지의 오래된 뇌물과 리베이트 관행, ▲법규 집행상의 허점 등의 복합적 요인이 초래한 결과임을 보여주고 있다. 즉 본사가 아무리 글로벌 윤리경영 철학과 원칙에 충실하다 할지라도 중국과 같은 신흥시장에서는 현지 법인이 현지조달, 영업 및 서비스 과정에서 얼마든지 본사가 예측하지 못한 전략적 부패 행위를 할 수 있음을 시사해주는 것이다. 현지 법인의 이 같은 '도덕적 해이'와 전략적 행동은 단기적으로는 해당 법인의 현지 매출액을 증대시킬 수 있을지 모르나, 중장기적으로는 현지 법인의 판매실적과 채산성은 물론, 본사의 평판과 재무성과에까지 악영향을 미친다는 것이 확인되었다. 실제로 GSK는 2014년 9월 19일 후난성 창사(長沙)시 중급 인민법원으로부터 약 34억 위안(한화

5,780억 원)의 벌금형을 선고받았다. 중국 지역본부 총괄 법인장인 마크 레일리(Mark Reilly)는 뇌물 공여 사실을 묵인·방조하고 조직적으로 관리한 죄로 3년 징역형을 선고 받았다. 다만, 조사에 협조한 점을 참작해 형 집행 정지와 함께 강제 출국 당했으며, 량홍(梁宏) 등 4명의 현지 임원들은 2~4년의 징역형을 선고받고 현재 복역 중이다.

GSK차이나 부패 사례는 중국과 같은 신흥시장에 진출하였거나 진출을 희망하고 있는 한국 기업들에게도 다음과 같은 교훈을 준다.

첫째, 본사가 아무리 준법경영과 윤리경영을 잘 하고 있다 하더라도, 일단 중국 시장에 진입하면 사회 내에 천착된 뇌물수수 관행과 느슨한 법집행으로 인해 지방 도시에서는 반부패 리스크가 제대로 관리되지 않는다는 점이다. Healy & Serafeim(2016)은 "중국처럼 부패 리스크가 큰 국가에 FDI 형태로 진입할 경우, 투자액과 자본수익률(ROE) 간 혹은 투자액과 판매증가율 간에는 '부(負)의 상관관계'가 출현한다"고 주장했는데, GSK 사례가 이를 입증해 주었다. 즉 부패 위험이 크고 견실한 준법 프로그램이 없는 상황 하에서 현지 법인장이 단기성과에 집착할 경우, 매출액이 일시적으로 증가할 수는 있으나, 중장기적으로는 평판 악화, 거래선 이탈 등으로 인해 매출액 증가율이 둔화되고, 본사의 기업가치, 주가마저 하락할 수밖에 없다는 사실이다.

이같은 결과는, 본사 위주의 중앙 집중적 현지법인 관리 시스템이 보편화돼 있고, 본사가 해외현지 법인에게 달성 불가능한 물량을 떠넘기는 관행이 고착화된 한국의 대기업들에게 경종을 울려준다. 중국 내 현지법인 법인장과 영업직들이 단기 실적 향상에 과도하게 집착하면 집착할수록 관련법을 위반해 뇌물전략을 사용할 확률은 높아지며, 역설적으로 이는 중장기적으로 재무성과의 악화와 기업가치의 하락을 초래한다. 이 같은 리스크를 줄이기 위해서는 상업적 부패를 촉발시킬 수 있는 물량 떠넘기기식의 '푸시 마케팅'(push marketing) 전략을 본사가 자제하고, 중국 현지에 알맞는 '반부패 준법 리스크'(anti-corruption compliance risk) 관리 시스템이 현지에 구축되도록 지원하고 도와주는 것이 중요하다. 뿐만 아니라, 단기성과 평가시 인센티브에 청렴성, 고객관리 공헌도 등을 반영하도록 현지 HRM제도를 개편하고, B2B 영업에 있어서도 '꽌시'와 '편법'에 대한 과도한 의존을 삼가도록 현지 영업관리 및 평가시스템을 개혁해야 할 것이다.

또한 단기적으로는, 중국의 형법, 불공정경쟁방지법 등의 법규와 현지의 관련 정책을 사전에 숙지하고 반부패 정책의 성공·실패 사례, 사후 대응 절차 등에 관한 교육·훈련과 사후 감사를 강화하는 한편, 중장기적으로는 현지 비즈니스 모델, 회계 보고, 조달 시스템을 컴플라이언스 관리 목표와 시스템에 부합되도록 개선해 나가야 한다. 특히 부패 리스크가 큰 전문 의약 산업의 경우, 현지 법인은 물론 본사까지도 인허가, 인증획득, 가격결정, 영업, 수출입 통관 과정, 회계 보고, 계약 및 영수증 관리 등에 이르기까지 불법 리베이트 등의 관행이 침투하지 않도록 관리해 나가는 것이 필요하다. 또한 직접적 당사자인 의사, 의료 장비 조달 담당 원무과 직원은 물론, 허가, 인증, 가격 결정에 참여하는 공무원, 의약 협회 관계자들과 여행사 등 제3자는 언제든지 부패에 연루될 수 있음을 감안하여 이들을 아우르는 광범한 '부패 모니터링 시스템'을 구축할 필요가 있다. 이와 관련해서는 특정 국제적 인증 기준에 따라 감시를 강화하는 것이 중요한데, 미국, 유럽 제약사처럼 국제표준화기구(ISO)가 제정한 반부패 인증 기준인 'ISO 37001'을 반영한 경영 관리 시스템을 구축 · 운영해 부패 행위의 발생을 사전에 차단할 필요가 있다고 본다.[243]

마지막으로 직시해야 할 중국의 현실은, 제6장 및 제7장의 중국 반부패 정책의 성과와 한계에서 보았듯이, 아무리 중국 내 현지 법인이 사회공헌 경영 및 준법 경영 노력을 잘 할지라도 중국적 환경의 특수성 때문에 기업 부패가 완전히 근절되기는 어렵다는 점이다. 중국 상장 주식회사를 예로 들면, 이사회(董事會), 사외이사, 주주총회(股東大會) 등의 서방식 지배구조를 정관에 도입해 놓았지만, 서방 지배구조(governance structure) 이론상의 견제 기능을 발휘하기 힘들다는 사실이다. '당 자본주의'(party capitalism) 체제 관리용 개입이 워낙 잦은데다가 사법부의 독립성마저 취약해 언제든지 당·정 간부들에 의한 관료적 통제와 비공식적 간섭이 있을 수 있기 때문이다. 이처럼 법의 지배(rule of law) 확립이 요원한 중국의 현실을 감안할 때, 결국 대안은 급변하는 현지 사정에 맞는 반부패 시스템과 내부 매뉴얼을 계속 업데이트해나가는 수밖에 없다. 보다 구체적으로는, 본사의 준법 경영 지침을 따르되, 중국 현지의 부패 리스크 관리에 영향을 미치는 ▲현지 지방 당·정 간부의 속성과 리더십 스타일, ▲반부패 유관 당국의 방침, ▲꽌시(關係) 문화와 상거래 관행, ▲중국 측 합자·합작 파트너 모기업의 입장 등의 변수들을 종합적으로 감안해 '현지화된 제2의 내부 통제 시스템과 매뉴얼'을 마련하는 것이 우선은 중요하며, 그 다음에는, 그 실효성을 재점검해 계속 개선시켜나가는 것이 중요하다. 그리고

243_ISO 37001은 국제표준화기구(ISO)가 제정한 반부패 인증으로 ▲인증 신청, ▲반부패 경영관리 시스템 구축 및 운영(내부심사원 양성 교육, ISO 37001 설계 및 운영, 인증 심사 대응), ▲인증심사 등 절차를 밟게 돼 있다. 한국기업으로는 한미약품이 2017년 11월 가장 먼저 인증을 받았고, 2018년 3월 유한양행, 5월에는 GC녹십자가 각각 ISO 37001 인증을 획득했다. 대웅제약 역시 ISO 37001 인증획득을 준비하고 있으며, 종근당도 2018년 내에 ISO 37001 인증을 획득할 것으로 전망된다. 전자신문(온라인), 2018. 8. 27., http://www.etnews.com/news/article.html?id=20180827000148

예산과 여건이 허락한다면, 사물 인터넷(IoT), 클라우드 서비스, 빅데이터, 인공지능(AI), 블록 체인 등 4차 혁명 산업 기술과 시스템을 기업 관리에 도입해 부패 유인을 시스템적으로 줄여나가는 노력이 절실하다고 판단된다.

| 참고문헌 |

〈 中文 자료 〉

왕후닝(王滬寧; 1990), 『反腐敗: 中國的實驗』, 하이난: 三環출판사.

장윈펑(張雲鵬; 2009), 『反腐敗 經濟學』. 베이징: 사회과학문헌출판사.

中國國家通計局, 『中國統計年鑑』, 중국통계출판사, 2010~2017년도 각 년판.

中國法學會, 『中國法律年鑑』, 中國法律年鉴社出版, 2015~2017년도 각 년판.

中國最高人民检察院 編輯部, 『中國檢察年鑑』, 中國检察出版社(Procuratorial Yearbook of China), 2011~2014년도 각 년판.

차오젠밍(曹建明), 最高人民检察院工作报告, 全人大, 2015.3.12, 2017.3.20.

후안강(胡鞍鋼;2001), 『中國:挑戰腐敗』, 항저우:저장인민출판사. http://www.spp.gov.cn /flfg /201604/t20160409_115786.shtml

"《2015-2016中國反商业贿赂调研报告》 发布反商业贿赂倒逼企业重新审视政商关系," 法制日报,2015.5.21.; 法制网(http://www.legaldaily.com.cn/index/content/2016-05 /21/content_ 6640599.htm?node=20908)

"监察部2012年度信息公开工作报告," 中央纪委监察部网站 发布时间 : 2013-08-28 09:02; http://www.ccdi.gov.cn/xxgk/xxgknb/201307/t20130720_114183.html

"监察部2013年度信息公开工作报告,"中央纪委监察部网站发布时间 : 2014-05-0611:05; http: //www.ccdi.gov.cn/xxgk/xxgknb/201405/t20140506_114185.html

"监察部2014年政府信息公开工作进展情况," 中央纪委监察部网站 发布时间 : 2015-01-04 11:32; http://www.ccdi.gov.cn/xxgk/xxgknb/201501/t20150104_114187.html

"监察部2015年度信息公开工作报告," 中央纪委监察部网站 发布时间:2016-03-29 15:45; http://www.ccdi.gov.cn/xxgk/xxgknb/201603/t20160325_114190.html

"监察部2016年度信息公开工作报告," 中央纪委监察部网站 发布时间:2017-04-11 10:52; http://www.ccdi.gov.cn/xxgk/xxgknb/201704/t20170411_114194.html

"关于保护, 奖励职务犯罪举报人的若干规定"(직무범죄제보자의 보호 및 장려에 관한 약간 규정)"最高人民检察院, 公安部, 财政部", 检察日报, 2016.4.9.

"公安部发布公告奖励举报经济犯罪线索,提供经济犯罪线索最高奖励5万元," 公安部, 2012.6.13 공표; http://www.mps.gov.cn/n16/n1252/n1642/n1987/3291302.html

"四川合江县委原书记李波受贿案证人涉伪证罪被抓, 曾当庭翻供," 2016.8.13 21:56:06, 澎湃新闻网(上海); http://money.163.com/16/0813/21/BUCNCPR700253B0H.html

中共中央纪律检查委员会, 中华人民共和国监察部 "全国公安机关经侦部门打击经济犯罪举报方式," http://www.ccdi.gov.cn/jdtp/index_54.html

"〈深化党和国家机构改革方案〉," 中共中央印发. 新华网; 2018-03-21 16:05:25: http://www.xinhuanet.com/2018-03/21/c_1122570517_8.htm. 新华社北京 3月21日电

中华人民共和国监察法(草案)面向社会征求意见(2017年6月第十二届全国人大常委会第二十八次会议审议稿). 中央纪委监察部网站. 2017-11-07[引用日期2018-02-25]

〈中华人民共和国监察法〉(2018年3月20日第十三届全国人民代表大会第一次会议通过). 新华社北京3月26日. http://www.xinhuanet.com/politics/2018-03/26/c_1122591453.htm

"學者稱中國機構改革回歸「黨政合一」國務院權力被削," BBC 중국어 방송, 2018年 3月 21日; https://www.bbc.com/zhongwen/trad/chinese-news-43484361

〈국문 자료 〉

김대기 (2018), "中 해외 도주 반정부 인사 색출 혈안: 100인 적색 수배자 검거 '톈왕 프로젝트' 가동," [생생中國] 『매경이코노미』, 제1963호 (2018.6.20~6.26일자) 기사.

김영문 (2004), "중국 현대화 과정에서 나타난 부패 원인에 관한 연구." 『대한정치학회보』, 11(3), 1-31.

김윤희 (2018), "2019 중국 양회 2: 20년만에 최대 폭 국무원 기구 개편," KOTRA 베이징 무역관 정책자료.

김익수 (2017), "동북아와 국제경영," 제IX장, 『동아시아학의 미래』(김수미 외 9인 공저), 고려대 출판문화원, 251-302쪽.

김익수·김병구 (2017), "중국 시장에 진입한 다국적 제약업체의 상업적 부패 원인과 과정: GSK 사례를 중심으로," 『인적자원개발연구』, 제20권 제3호, 2017년 9월, 179-224쪽.

박동균 (2006), "중국 반부패 정책의 특징과 함의: 경찰조직을 중심으로," 『한국동북아논총』, 38(0): 89-108.

람스도르프, 요한 G. (Johann Graff Lambsdorff), 심양섭 역 (2017), 『부패와 개혁의 제도주의 경제학: 이론, 증빙, 그리고 정책』, 고려대 출판문화원.

송일호·이계영 (2013), "중국 경제성장의 제약요인이 한국 통상 환경에 미치는 영향," 『통상정보연구』, 제15권 4호, 2013년 12월 27일. 457-479쪽.

저우레이(周磊; 2018) "국가감찰위원회는 부패 척결의 '중국 방안'," 『월간 중국』, 인민화보사 발간 한국어 월간지, 2018년 4월호.

전병곤 (2004), "중국 공산당 반부패의 법제화와 체제안정," 『세계지역연구논총』, 22(2), 169-190.

정혁훈 (2013), "해외 도피 준비하는 지도층, 겉으로는 '애국' 속으로는 '뤄관'(裸官)," [정혁훈 특파원의 '생생중국'], 『매경이코노미』, 제1699호, 2013.3.20~3.26.

____. (2014), "부패에 연루되기 쉬운 '뤄관' 다 나가라," [생생중국], 『매경이코노미』, 2014. 7.

23.~29., 72쪽.
청지룽(程繼隆) 저, 유상철 역 (2016), 『시진핑, 부패와의 전쟁』, 종이와 나무. 2016. 6. 16.

〈 영문 학술 문헌 자료 〉

Adam, J., & Kazunori, T.(2014), "GSK executive caught off-guard by China graft charges," May 15 2014. The Reuters. Retrieved from https://www.reuters.com/article/us-gsk-china-corruption/gsk-executive-caught-off-guard-by-china-graft-charges-sources-idUSBRE A4E08L20140 515

Bauhr, Monika(2016), "Need or Greed? Conditions for Collective Action against Corruption," *Governance: An International Journal of Policy, Administration, and Institutions*, Vol. 30, No. 4, October 2017, pp. 561–581.

Baum, A., Sanjeev Gupta, Elijah Kimani, and Sampawende Jules Tapsoba (2017), "Corruption, Taxes and Compliance," Working Paper(WP/17/244), IMF, Oct. 2017, pp.1~21.

Becker, Gary(1968). "Crime and Punishment: An Economic Approach". *The Journal of Political Economy*, 76 (2), March-April, 169-217.

_____.(1974), "Crime and punishment: an economic approach", in Becker, Gary S., *Essays in the Economics of Crime and Punishment*, New York: National Bureau of Economic Research distributed by Columbia University Press, pp.1–54.

Bussell, Jennifer(2015), "Typologies of Corruption: A Pragmatic Approach," Chapter 1, *Greed, Corruption, and the Modern State Essays in Political Economy*. Edited by Susan Rose-Ackerman and Paul Lagunes, September 2015.

Carlson, Eric(2012), "China's Domestic Bribery Laws Impact Foreign Investors," July 10, 2012; http://www.fcpablog.com/blog/2012/7/10/chinas-domestic-bribery - laws-impact-foreign-investors.html

_____.(2013), "Meet the Regulators, China Edition," September 18, 2013; http://www.fcpablog.com/blog/2013/9/18/meet-the-regulators-china-edition. html

Cassin, R. L.(2013a), "With flashy pharma sweep, China steps into global enforcement role," The FCPA Blog, July 30. Retrieved from http://www.fcpablog.com

_____.(2013b), "With Flashy Pharma Sweep, China Steps into Global Enforcement Role," July30,2013; http://www.fcpablog.com/blog/2013/7/30/with-flashy-pharma-sweep-china-steps-into-global-enforcement.html?printer-Friendly=true

_____.(2016), "SEC awards whistleblower $1.8 million," March 15, 2016; http://www.

fcpablog.com/blog/2016/3/15/sec-awards-whistleblower-18- million. html

_____.(2017), "Survey: Corruption Still Plagues Asia, Especially the Poor," March 9, 2017, Transparency International; http://www.fcpablog.com/blog/2017/3/9/survey-corruption-still-plagues-asia-especially-the-poor.html.

Chen, Henry(2013), "Who is liable for business crimes committed in China?" August 20, 2013; http://www.fcpablog.com/blog/2013/8/20/who-is-liable-for-business-crimes-committed-in-china.html

CIA(2017, The World Databook 데이터베이스, 2017년도 PPP기준 국별 1인당 GDP(미 달러) 검색결과; https://www.cia.gov/library/publications/the-world-factbook/geos/rs.html

Elliott, Kimberly Ann(1997). "Corruption as an international policy problem: overview and recommendations" (PDF). Washington, DC: Institute for International Economics.

Firestone, Fredric D.(2013), "Whistleblowing in China and the United States," Aug. 29 2013, MWE China Law Offices; https://www.mwe.com/en/thought-leadership/ publications/2013/08/whistleblowing-in-china-and-the-united-states

Gardiner, John(2005), "Defining Corruption." In *Political Corruption: Concepts and Contexts,* edited by Arnold J. Heidenheimer and Michael Johnston, 25-40.

Heywood, Paul M. and Elizabeth Johnson(2017) "Cultural Specificity versus Institutional Universalism: A Critique of the National Integrity System (NIS) Methodology," *Crime Law and Social Change*, vol.68, pp.309-324.

Human Rights Watch(2016), "Special Measures," December 6, 2016; https://www.hrw.org/report/2016/12/06/special-measures/detention-and-torture-chinese-communist-partys-shuanggui-systemmmary

IMF Fiscal Affairs and Legal Departments (2016), "Corruption: Costs and Mitigating Strategies," IMF Staff Discussion Note(SDN/16/05), May 2016, pp.1-43.

Jalili, Maryam(2017), "A Review Paper on Melamine on Milk & Dairy Products," *Journal of Dairy and Vertinary Sciences*, vol.1, no.4, pp.1-3.

Johnston, Michael(2010), "Corruption in China: Old Ways, New Realities and a Troubled Future," United Nations Public Administration Network. Retrieved January 29, 2010.

Karklins, Rasma(2005), *The System Made Me Do It: Corruption in Post-Communist Societies*, Routledge; 1st edition, April 30, 2005.

Kaufmann, Daniel; Vicente, Pedro (2005). "Legal Corruption" (PDF). World Bank.

Kenney, Martin(2017), "Grand Corruption is a Crime against Humanity," FCPA Blog, May 19, 2017 at 7:28AM; http://www.fcpablog.com/blog/2017/5/19/martin-kenney-grand-corruption-is-a-crime-against-humanity.html

Klitgaard, R.(1988), *Controlling Corruption*, University of California Press, 1988.

Liu, Chang(2016), "China Put 49,000 People on Trial for Graft in 2015," June 7, 2016; http://www.fcpablog.com/blog/2016/6/7/chang-liu-china-put-49000-people- on-trial-for-graft-in-2015.html

Liu, J.(2013a), "The real cost of healthcare: Part 1," *The China Daily*, August 2, 2013. Retrieved from http://english.people.com.cn

_____.(2013b), "The real cost of healthcare: Part 3," *The China Daily*, August 2, 2013. Retrieved from http://english.people.com.cn

Morris, Stephen.D.(1991), *Corruption and Politics in Contemporary Mexico*. University of Alabama Press, Tuscaloosa.

Noonan, Jr. John T.(1987), *Bribes: The Intellectual History of a Moral Idea*, Paperback, December 1, 1987.

Pei, Minxin(2007), "Corruption Threatens China's Future," *Carnegie Endowment for International Peace*, Policy Brief No. 55, October 2007.

Paul M. Heywood and Elizabeth Johnson (2017) "Cultural Specificity versus Institutional Universalism: A Critique of the National Integrity System (NIS) Methodology," *Crime Law and Social Change*, vol.68, pp.309-324.

Peters, John G. and Susan Welch(1978), "Political Corruption in America: A Search for Definitions and a Theory, or If Political Corruption Is in the Mainstream of American Politics. Why Is it Not in the Mainstream of American Politics Research?" *The American Political Science Review*, Vol. 72, No. 3 (Sep., 1978), pp. 974-984.

Posner, Richard A.(2004), "The law and economics movement: from Bentham to Becker", in Posner, Richard A., *Frontiers of Legal Theory*, Cambridge, Massachusetts: Harvard University Press, p. 52, Preview.

Pozsgai, Joseph(2017), "A Systems Model on Corruption and Anti-Corruption Reform: International and Domestic Pressure, and Government Strategies to Preserve the Status Quo," *ASPJ Africa & Francophonie*, 3rd Quarter 2017, pp.40 -55.

Pozsgai-Alvarez, Joseph(2018), "The Quest for a Unified Theory of Corruption," January 11, 2018; Pozsgai-Alvarez in Corruption Perceptions Index, OECD.

http://www.fcpablog.com/blog/2018/1/11/joseph-pozsgai-alvarez-the-quest-for-a-unified-theory-of-cor. html?utm_source=feedburner&utm_medium=feed&utm_campaign=Feed%3A+fcpablog%2 Fs Lbh+%28The+FCPA+ Blog%29

PwC(2016a), *PwC Global Economic Crime Survey: 2016 Mainland China*, Hong Kong and Macau Supplement, p.3, p.11

Ramirez, C. D.(2014), "Is Corruption in China Out of Control? A Comparison with the US in Historical Perspective," *Journal of Comparative Economics*, 42(1), 76-91.

Robert Klitgaard (1988), *Controlling Corruption*, University of California Press, 1988.

Rose, J.(2014). *The Public Understanding of Political Integrity: The Case for Probity Perceptions*. Basingstoke, UK: Palgrave Macmillan, p.150

_____.(2017), "The Meaning of Corruption: Testing the Coherence and Adequacy of Corruption Definitions," *Public Integrity*, pp.1–14, 2017.

Rothstein, Bo(2005), *Social Traps and the Problem of Trust*, Paperback, Cambridge: Cambridge Univ. Press.

Schofield, Philip(2013). "The Legal and Political Legacy of Jeremy Bentham". *Annual Review of Law and Social Science*, 9: 57–70. doi:10.1146/annurev-lawsocsci-102612-134101.

Scott, G.(2013), "Spread of GSK contagion to other countries, industries now highly likely," The FCPA Blog, August 1. Retrieved from http://www.fcpablog.com

Semple, Janet(1993). *Bentham's Prison: A Study of the Panopticon Penitentiary*. Oxford: Clarendon Press.

Senior, I.(2006), *Corruption: The World's Big C.*, Institute of Economic Affairs, London.

Shobert, Benjamin(2013), "Three Ways To Understand GSK's China Scandal," http://www.forbes.com/sites/benjaminshobert/2013/09/04/three-ways-to-understand-gsks-china-scandal/

Spahn, Elizabeth K.(2010), "Nobody Gets Hurt? Is Bribery a Victimless Crime?" *Georgetown Journal of International Law*, Vol. 41, 2010, 861-905.

_____.(2012), "So What?' ibes Destroy Market Capitalism. That's What," April 23, 2012;FCPA Blog. http://www.fcpablog.com/blog/2012/4/23/so-what-bribes-destroy-market-capitalism-thats-what.html

Staff Team from the Fiscal Affairs Dept. and the Legal Dept., "Corruption Costs and Mitigating Strategies,' *IMF Staff Discussion Note*, May 2016, SDN/16/05.

Tanja Rabl(2008), *Private Corruption and Its Actors: Insights into the Subjective Decision Making Processes*, Paperback, Pabst, Wolfgang Science

Taylor, Alison(2016), "We Can Use Stakeholder Trust to Measure Integrity Risk," May 11, 2016, FCPA Blog; http://www.fcpablog.com/blog/2016/5/11/alison-taylor-we- can-use-stakeholder-trust-to-measure-integr.html

The U.S.-China Business Council(2013), "Best Practices for Managing Compliance in China," October, 2013.

Transparency International(2017a), "Corruption Perception Index 2017" 데이터 베이스, Feb. 21 2018; https://www.transparency.org/news/feature/corruption_perceptions_index_2017.

_____.(2017b), People and Corruption: Asia Pacific–Global Corruption Barometer, Transparency International Publication. http://www.transparency.org/whatwedopublication/people_and_corruption_asia_pacific_global_corruption_barometer

United Nations(2003a), "UN Convention against Corruption"(UN General Assembly Resolution 58/4; Entered into Force Dec. 14 2005)

_____.(2003b), "UN Convention against Transnational Organized Crime"(UN General Assembly Resolution 55/25; Entered into Force Sept. 29 2003)

_____.(2010), *Globalization of Crime: A Transnational Organized Crime Threat Assessment*, UN Publications.

UNODC(2006), *Legislative Guideline for the Implementation of the United Nations Convention against Corruption*, Vienna.

Wang, Ruixin(2016), "Who Should I Share Risk with? Gifts Can Tell: Theory and Evidence from Rural China," Discussion Paper, 2016.

Wysong Wendy, Yu Bing and Boeringer Charles-Henri (2011), "Blowing the Whistle on Corruption in the U.S. and China," 09/29/2011, Corporate Compliance Insights materials; http://corporatecomplianceinsights.com/blowing-the-whistle-on-corruption -in-the-us-and-china/

Yan, Sun(2004). *Corruption and Market in Contemporary China*, Cornell University Press.

Yang, D.D.H.(2005). "Corruption by Monopoly: Bribery in Chinese Enterprise Licensing as a Repeated Bargaining Game," *The China Economic Review*, 16(2), 171-188.

Yin, Kate(2015), "The Changing Landscape of Anti-Corruption in China: How Do We

Respond," June 11, 2015, paper presentation, Fangda Partners.
Zhao L, Zhang X-Y, Bai G-Y, Wang Y-G. Jiang Y, Ying X, Kane S, Mukhopadhyay M, Qian X, Xu W Yueju L (2014), "Violence against doctors in China (letter)," *Lancet,* 2014. p.384, pp.744-745.
Zhou, X., Han, Y., & Wang, R.(2013), "An Empirical Investigation on Firms' Proactive and Passive Motivation for Bribery in China," *Journal of Business Ethics,* 118(3), 461-472.

〈 주요 영문 인터넷 자료 〉

"2008 Chinese milk scandal," Wikipedia,
https://en.wikipedia.org/wiki/2008_Chinese_ milk_scandal.
"Britain returns $60 million corruption assets to Macau," November 4th, 2015; http://ethixbase.com/china-britain-returns-60-million-corruption-assets-to-macau/
"China Anti-Graft Purge Recovers $6.2bn in Ill-Gotten Gains," July 30th, 2015; July 29 ,2015, *The Financial Times* (www.ft.com)
"China Jails Former Graft Buster for Life over Corruption," *The Channel News Asia,* Oct. 14 2016; http://www.channelnewsasia.com/news/asiapacific/china-jails-former-graftbuster-for-life-over-corruption/3205666.html
"China: party fears most a crisis over corruption, official says," www.reuters.com. September 9th, 2015; http://ethixbase.com/china-china-party-fears-most-a-crisis-over-corruption-official-says/
"China Seizes 381 Suspects in Corruption Probe," CRIENGLISH.com; http://english.cri.cn/12394/2016/07/18/4202s934642.htm
"China Sets Death Penalty Threshold in Corruption Cases," Times Live 홈페이지, April 18,2016; http://www.timeslive.co.za/world/2016/04/18/China-sets-death-penalty-thres- hold-in-corruption-cases
"China Tells Top Officials to Lead Corruption Fight by Example," Dec 27, 2016; http:// www.channelnewsasia.com/news/asiapacific/china-tells-top-officials-to-lead-corruption-fight-by-example/3397156.html
"China Watchdog Says Police Coming Up Short in Graft Fight," channelnewsasia.com, 17 Oct 2016; http://www.channelnewsasia.com/news/asiapacific/china-watchdog-says-police-coming-up-short-in-graft-fight/3212786. html
"China Whistleblower Exposes 'Bribery List' Naming 40 Officials," October 16, 2014;

http://www.fcpablog.com/blog/2014/10/16/china-whistleblower-exposes-bribery-list-naming-40-officials.html; 최초의 자료는 Hui Zhi(Senior Man- ager, China Compliance Digest)가 제공.

"China Whistleblowers Hit Local Obstacles," April 23, 2014; Beijing News (新京报), 2014.4.22; http://www.fcpablog.com/blog/2014/4/23/china-whistleblowers-hit-local-obstacles.html

"Chinese Gen Guo Boxiong sentenced to life for corruption," 25 July 2016, BBC; http://www.bbc.com/news/world-asia-china-36883608

"Chinese Judiciary Vows to Keep Up 'High Pressure' on Corruption," China Com pli ance Digest," Ethical Alliance Daily News, March 14th, 2016; http://ethixbase.com/china-china-continue-crackdown-hostile-forces-corruption-2016-top-prosecutor-says/

"Corrupt officials move money through Hong Kong, Says Chinese Anti-Corruption Official,"

China Compliance Digest, Ethical Alliance Daily News, March 14th, 2016; http://ethixbase.com/hong-kong-corrupt-officials-move-money-hongkong-says-chinese-anti-corruption-official/

"Global Corruption Risks Tipping More Countries into Crisis, IMF Warns," May 12th, 2016, *Global News*; http://ethixbase.com/world-global-corruption-risks-tip-ping- countries-crisis-imf-warns/

"Guangdong Catches over 1,000 Naked Officials," June 9, 2014; http://www.china-economicreview.com/guangdong-catches-over-1000-naked-officials

"So What?' Bribes Destroy Market Capitalism. That's what," April 23, 2012 at 11:00AM, FCPA Blog; http://www.fcpablog.com/blog/2012/4/23/so-what-bribes-destr-oy-market-capitalism-thats-what.html

"Social Media Encouraging Corruption Whistleblowing," Xinhua News 2015.5.9; http://www.chinadaily.com.cn/china/2015-05/09/content_20665420.htm

〈 주요 웹사이트 〉

글로벌 위키피디아 (https://www.wikipedia.org/)
영문 위키피디아 (https://en.wikipedia.org/wiki/)
중문 위키피디아 (https://zh.wikipedia.org/wiki/)
한글 위키피디아 (https://ko.wikipedia.org/wiki/)
監察部 (http://www.ccdi.gov.cn/)

公安部 (http://www.mps.gov.cn/)
國家監察委員會 (http://www.ccdi.gov.cn/)
國家工商行政管理總局 (http://www.ndrc.gov.cn/)
國家市場監督管理總局 (http://samr.saic.gov.cn/)
國家統計局 (www.stats.gov.cn/)
國務院司法府 (http://www.moj.gov.cn/)
百度 (http://www.baidu.com/)
百度百科 (https://baike.baidu.com/item/)
中國警察网 (http://www.cpd.com.cn/)
中國國務院 (http://www.gov.cn/guowuyuan/)
中國黨中央紀律檢查委 혹은 CCDI (http://www.ccdi.gov.cn/)
中國網 (http://www.china.org.cn/china/; http://www.china.com.cn/)
中國法院網 (https://www.chinacourt.org/index.shtml)
中國政府网.政务 (http://www.gov.cn/)
最高人民檢察院 (http://www.spp.gov.cn/)
最高人民法院(http://www.court.gov.cn/)
홍콩廉正公署 (ICAC) 홈페이지(http://www.icac.org.hk/tc/home/index.html)
https://www.icac.nsw.gov.au/
Amnesty International (http://www.amnesty.or.uk/)
GSK 중국법인 (http://www.gsk-china.com/)
Human Rights Watch (https://www.hrw.org/asia/china-and-tibet)
FCPA Blog (http://www.fcpablog.com/)
Transparency International (https://www.transparency.org/)

〈부록 표 1〉 중국 공무원 직급별 급여 표준표 (2017년 기준)

公务员级别工资标准表

单位:元/月

级别	档								次					
	1	2	3	4	5	6	7	8	9	10	11	12	13	14
一	3020	3180	3340	3500	3660	3820								
二	2770	2915	3060	3205	3350	3495	3640							
三	2530	2670	2810	2950	3090	3230	3370	3510						
四	2290	2426	2562	2698	2834	2970	3106	3242	3378					
五	2070	2202	2334	2466	2598	2730	2862	2994	3126	3258				
六	1870	1996	2122	2248	2374	2500	2626	2752	2878	3004	3130			
七	1700	1818	1936	2054	2172	2290	2408	2526	2644	2762	2880			
八	1560	1669	1778	1887	1996	2105	2214	2323	2432	2541	2650			
九	1438	1538	1638	1738	1838	1938	2038	2138	2238	2338	2438			
十	1324	1416	1508	1600	1692	1784	1876	1968	2060	2152	2244			
十一	1217	1302	1387	1472	1557	1642	1727	1812	1897	1982	2067	2152		
十二	1117	1196	1275	1354	1433	1512	1591	1670	1749	1828	1907	1986	2065	
十三	1024	1098	1172	1246	1320	1394	1468	1542	1616	1690	1764	1838	1912	1986
十四	938	1007	1076	1145	1214	1283	1352	1421	1490	1559	1628	1697	1766	1835
十五	859	924	989	1054	1119	1184	1249	1314	1379	1444	1509	1574	1639	1704
十六	786	847	908	969	1030	1091	1152	1213	1274	1335	1396	1457	1518	1579
十七	719	776	833	890	947	1004	1061	1118	1175	1232	1289	1346	1403	
十八	658	711	764	817	870	923	976	1029	1082	1135	1188	1241	1294	
十九	602	651	700	749	798	847	896	945	994	1043	1092	1141		
二十	551	596	641	686	731	776	821	866	911	956	1001			
二十一	504	545	586	627	668	709	750	791	832	873				
二十二	461	498	535	572	609	646	683	720	757					
二十三	422	455	488	521	554	587	620	653						
二十四	386	416	446	476	506	536	566	596						
二十五	352	380	408	436	464	492	520							
二十六	320	347	374	401	428	455								
二十七	290	316	342	368	394	420								

** 자료: "2017年公务员工资改革方案最新消息," http://www.sohu.com/a/124011120_133127

〈부록 표 2〉 중국 당 중앙 정치국의 업무 태도 개선 및 대중(大衆) 관계 개선에 관한 8항 규정

(中共中央政治局关于改进工作作风密切联系群众的规定; 2012. 12. 4 당 중앙 공표)

항목별 '8개 규정'	항목별 구체적 규정의 주요 내용
① 형식주의 타파	- 문제 해결을 위해 인민을 자주 접촉하여 진지하게 경청, 협의하고 토론하되 수행원, 수행 차량을 최소화하고, 대중을 동원하거나 현수막, 화환, 카펫을 까는 등의 호화 연회를 하지 말 것
② 회의, 행사 개최/참여 절제	- 당 중앙 명의로 불필요한 기념회, 축하연, 전람회, 박람회, 세미나, 표창회 등의 행사를 삼가하고 중앙 허가를 받지 않는 행사에는 참석하지 말 것이며, 회의, 연설은 짧고 내실 있게 할 것.,
③ 회의, 공문 남발 금지	- 실질적인 내용이 없는 불필요한 회의, 문건 남발을 금지할 것.
④ 공항 영접 금지	- 국내외 공무 출장시 수행원, 수송수단 이용을 최대한 검소하게 하고, 현지 공항에 중국계 기관원, 해외 화교 중국인, 유학생 대표 등으로 하여금 영접 나오게 하지 말 것
⑤ 교통 관제 최소화	- 대중 이용에 편리하도록 도로 교통 관제를 최소화하고 회의 장소나 건물을 함부로 봉쇄하지 말 것
⑥ 정치국원 동향 보도 최소화	- 정치국원이 참석한 회의, 활동사항 뉴스보도는 업무 수요, 뉴스 가치, 사회적 파장을 고려해 적절해야 하며, 양, 자수, 시간이 길지 않도록 할 것.
⑦ 개인적 통지문 발표 금지	- 당 중앙이 허용한 통일된 발표문 이외에 개인적인 저작물이나 개인 담화록, 축전, 축하전화, 각종 휘호액자, 통지문 발표는 엄격히 규제할 것.
⑧ 청렴 근검 절약 자세 견지	- 청렴 관련 정부 규정을 엄격히 준수하며, 관사, 초대소 등 숙박, 업무용 관용 차량 규정을 준수할 것.

** 자료: "中共中央政治局关于改进工作作风密切联系群众的八项规定" 당 중앙정치국회의(2012.12.4)에서 결정 후 즉시 시행됨; https://baike.baidu.com/item

〈부록 표 3〉 중국 CCDI로부터 부패 혐의로 조사를 받았거나 처벌을 받은 大魚級 부패호랑이들

	부패 공직자	최 종 직 책	혐 의	조사/처벌상황 (처벌/형 확정일)
1	장제민(蒋洁敏; Jiang Jiemin)	국무원 국유자산감독관리위원회(SASAC) 주임; SASAC내 당 부서기	수뢰, 권한 남용 등 중대한 당 기율 위반	징역 16년 (2015. 10. 12.)
2	리동성(李东生; Li Dongsheng)	공안부 당위 부서기 겸 부부장	수뢰, 권한 남용 등 중대한 당 기율 위반	징역 15년(2016. 1. 12.)
3	양진산(杨金山; Yang Jinshan)	청두(成都) 군구 부사령관	중대한 당 기율 위반	당중앙 정치국,당적 박탈 (2014. 10.)
4	링지화(令计划; Ling Jihua)	제12기 전국 정협 부주석, 중앙 통일전선부 부장	수뢰, 국가기밀불법 획득, 직권남용 혐의	무기징역형. 정치권 종신 박탈, 개인재산 전액 몰수(2016. 7. 4.)
5	저우번순(周本顺; Zhou Benshun)	허베이성 당서기, 省인민대표대회(省人大) 상무위원회 주임	법 및 중대한 당기율 위반	징역 15년형. 개인재산 200만 위안 몰수 (2017. 2. 15.)
6	양동량(杨栋梁	국가안전생산감독관리총국 당	수뢰, 독직죄	베이징시 제2중급인민법원 (1

	Yang Dongliang)	서기 겸 국장		심) 15년 (2017. 2. 21.)
7	쑤수린(苏树林; Su Shulin)	푸젠성 당위 부서기, 푸젠성 성, 당조서기(党组书记)	수뢰, 직권남용혐의로 국유기업에 의해 피소	2018년 2월 사건 법원 심사 중
8	리춘청(李春城; Li Chuncheng)	쓰촨성 당위 부서기 겸 省委民工委 서기	중대한 당 기율 위반	징역 13년 (2015. 10. 12.)
9	왕용춘(王永春; Wang Yongchun)	CNPC(中國石油天然气集团公司) 부총경리, 당원, 다칭유전(大庆油田) 유한책임회사 총경리	중대한 법 및 당 기율 위반	징역 20년 (2015. 10. 13.)
10	완칭량(万庆良; Wan Qingliang)	광둥성 상무위 위원, 광저우 시위 서기; 광둥성 전인대 상무위원	중대한 법 및 당 기율 위반	당정, 공직 박탈의 쐉카이처분(18기 4중전회에서 정치국 처분 확정 및 사법부 이첩; 2015. 10. 23.); 광시 난닝(南宁)시 중급인민법원 무기징역 선고(2016. 9. 30.)
11	천촨핑(陈川平; Chen Chuanping)	산시(山西) 성인민대표대회 상무위 省委常委 타이위안)太原)시 서기	중대한 법 및 당 기율 위반	1심에서 6년반 징역형 선고 (2016. 12. 20.)
12	판이양(潘逸阳; Pan Yiyang)	내몽고(内蒙古自治区) 당위, 자치구 전인대 상무부 주석, 내몽고 행정대학 학장	뇌물수수 등 중대한 법규 위반	톈진시 제1중급 인민법원에 피소. 수뢰는 징역15년 및 4백만 위안 벌금; 뇌물제공죄는 징역 20년, 벌금 4백만 위안; 수뢰재산 및 이자 몰수 및 부족분 추징
13	주밍궈(朱明国; Zhu Mingguo)	광둥성 정협 주석 겸 당조 서기(党组书记)	수뢰 등 중대한 법 및 당 기율 위반	쐉카이처분 후 사형 선고, 2년 집행 연기.(2016. 11. 11.)
14	판창미(范长秘; Fan Changmi)	란저우(兰州) 군구 정치군관 겸 부정치위원(副政委)	수뢰 등 중대한 군형법 및 당 기율 위반	군 검찰 수사착수. 18기 6중전회 군사위에서 중대기율 위반 심사보고서 통과. 당적 박탈 처분 (2016. 10. 27.)
15	왕민(王珉; Wang Min)	랴오닝성 서기. 12기 전인대 교육•문화•위생 상무위 부주임위원. 산둥성 지난시 당서기 역임	수뢰, 독직, 직무해태 등 심각한 당 기율 위반	1심인 허난성 뤄아이 중급인민법원에서 수뢰죄는 무기징역형 및 종신 정치권박탈, 개인재산 몰수 선고받음(2017.8.4) 독직죄에 대서는 4년징역, 30만 위안 벌금; 직무해태죄에 대해서는 징역7년, 개인재산몰수
16	양웨이저(杨卫泽; Yang Weize)	난징시 위 서기. 장쑤성 인민대표대회 상무위원	수뢰 등 중대한 법 및 당 기율 위반	저장성 닝뽀시(宁波市) 중급인민법원, 수뢰에 대 징역12년6개월, 개인재산 2백만 위안 몰수, 불법재산과 이자 몰수 및 향후 추징(2016. 12. 14.)
17	츄허(Qiu He)	윈난성 당위 부서기	법 및 중대한 당기율 위반	쐉카이처분후. 검찰 이첩 수사중

자료: 바이두(百度) 인명 검색 결과(https//baike.baidu.com/item/중국어이름); "Jerry Fang's scoreboard: Tigers falling fast in anti-graft campaign", October 19, 2015, http://www.fcpablog.com/blog/2015/10/19/jerry-fangs-scoreboard-tigers-fallng-fast-in-anti-graft-cam.html에서 발췌 정리.

〈부록 표 4〉 중국 내 부패 및 반부패 관련 유관 부서, 기구, 기업, 지표의 영어 약어 목록

약어	영어 명칭	중국어 명칭	비고
CBIRC	China Banking & Insurance Regulation Commission	中國銀行保險管理監督委員會	중국은행보험관리감독위원회
CCDI	Chinese Commission for Disciplinary Inspection	黨中央紀律檢查委員會 (http://www.ccdi.gov.cn/)	국가감찰위 설치 전, 당원 부패 등 기율 감찰을 총괄하는 당 조직
CCRL	Central Commission for the Rule by Law	中央全面依法治國管理國家委員會	2018. 3 기구개편으로 신설된 당 중앙내 '의법치국' 의사조율기구. 사무실은 MOJ에 설치
CFDSA	Chinese Food & Drug Safety Administration	國家食•醫藥品安全管理局	한국의 식의약품관리국에 해당
CNPC (그룹)	China National Petroleum Corporation	中國石油天然气集团公司 (www.cnpc.com.cn/)	석유, 천연가스의 탐사·채굴, 정유, 석유화학 자회사를 거느린 국유기업 집단.
	Petro China	中国石油天然气股份有限公司 (petrochina.com.cn/ptr/)	CNPC의 석유, 천연가스, 유화부문 주력 자회사.
CNOOC	China National Offshore Oil Corporation	中国海洋石油总公司 (http://www.cnooc.com.cn/)	주로 외국과 협력하여 오프쇼어 석유, 천연가스를 개발 판매.
CPI	Corruption Perceptions Index	貪汚感知指数	부패 인식 지수
CSRC	China Securities Regulation Commission	中國證券管理監督委員會	중국증권관리감독위원회
DISO	Disciplinary Inspection & Supervision Office	駐商務部紀檢監察組 (http://jcj.mofcom.gov.cn/)	상무부에 상주하는 NSC 파견팀
FCPA	Foreign Corrupt Practices Act	미국의 해외부패관행방지법. 법무성 (Dept. of Justice), SEC (Securities Exchange Commission)이 집행	미국 거주자 기업은 물론, 미 증시에 상장되어 있는 외국 다국적 기업, 미거주자와의 금융거래 규모가 큰 기업이 외국 공무원, 국유기업에게 뇌물을 공여하다 적발되면 기소 가능.단, 해당 법인이 부과된 벌금을 내면 협의를 통해 사안 종결 가능.
GAC	General Administration of Customs	中國海關總署 (http://www.customs.gov.cn/)	한국의 세관에 해당.
GSK	GlaxoSmithKline	葛蘭素史克 (葛兰素史克)	영국 다국적 제약업체(백신 및 소비자 의약품)
MOC	Ministry. of Commerce	商務部 (http://www.mofcom.gov.cn/)	한국 산업통상자원부에 해당.
MOJ	Ministry of Justice	國務院司法府 (http://www.moj.gov.cn/)	한국 법무부에 해당
MPS	Ministry of Public Security	公安部 (http://www.mps.gov.cn/)	한국의 경찰에 해당.
NAO	National Audit Office	審計署	한국의 감사원에 해당

		(http://www.audit.gov.cn/)	
NDRC	China National Development & Reform Commission	國家發展和改革委員會 (http://www.ndrc.gov.cn/)	한국 기획재정부에 해당.
NHC	National Health Commission	國家衛生健康委員會 (http://www.nhfpc.gov.cn/)	2018 기구 개편 이전의 〈국가위생보건가족계획(計劃生育)위원회〉. 한국 보건복지부에 해당
NSC	National Supervision Commission	國家監察委員會 (http://www.ccdi.gov.cn/)	반부패 업무를 총괄 기획•지도하고 관련 법규를 집행하는 헌법기관
	Ministry of Supervision (MOS)	監察部 (http://www.ccdi.gov.cn/)	2018. 3. 기구개편으로 NSC에 피흡수(과거 URL: http://www.mos.gov.cn/)
	National Bureau of Corruption Prevention(NBCP)	國家腐敗豫防局	2018.3 기구개편으로 NSC에 피흡수
	Online Reporting Platform	黨風整風監督擧報平台 (http://jfts.mos.gov.cn/)	CCDI, NSC가 공동으로 관리•운영하는 온라인 제보 플랫폼.
SAMR	State Administration for Market Regulation	國家市場監督管理總局 (http://samr.saic.gov.cn/)	2018.3 기구 편으로 탄생. SAIC, 품질감독검험검역총국, 식의약품감독관리총국, NDRC의 가격감독검사 반독점조사국, 상무부의 기업결합신고 관련 반독점조사권, 국무원 반독점위 사무처 기능을 흡수.
	State Administration of Industry & Commerce (SAIC)	國家工商行政管理總局 (http://www.ndrc.gov.cn/)	2018. 3. 21. SAMR에 피흡수 통합됨
	General Admin. Of Quality Supervision, Inspection & Quarantine	國家質量監督檢驗檢疫總局 (http://samr.aqsiq.gov.cn/)	2018. 3. 21. SAMR에 피흡수 통합된 후 산하기구로 존재. 출입국 검사 검역 기능은 'GAC'로 이관됨.
SASAC	The State-owned Assets Supervision and Admin. Commission	國有資產監督管理委員會 (http://www.sasac.gov.cn/)	준말은 '국자위'(國資委). 국가를 대신해 기업 지분을 보유하고 국유자산을 관리.
SINOPEC (그룹)	China Petrochemical Corporation	中国石油化工集团公司	중국 및 세계 최대의 석유화학 그룹
	China Petroleum & Chemical Corporation	中国石油化工股份有限公司	SINOPEC의 정유, 유화 부문 지주회사
SPC	Supreme People's Court	最高人民法院 (http://www.court.gov.cn/)	한국의 대법원에 해당.
SPP	Supreme People's Procuratorate	最高人民檢察院 http://www.spp.gov.cn/)	한국의 대검찰청에 해당
		人民檢察院 反腐敗局	2018. 3. 조직개편으로 NSC에 흡수
TI	Transparency International	透明国际	국제투명성기구

** 자료: 中國 政府網 (http://www.gov.cn/); "《深化党和国家机构改革方案》", 中共中央印发. 新华网; 2018-03-21 16:05:25 : http://www.xinhuanet.com/2018-03/21/c_1122570517_8.htm. 新华社北京3月21日电; 中华人民共和国监察法〉 (2018年3月20日第十三届全国人民代表大会第一次会议通过). 新华社北京3月26日. http://www.xinhuanet.com/politics/2018-03/26/c_1122591453.htm; 김윤희 (2018), "2019 중국 양회 2: 20년만에 최대 폭 국무원 기구 개편," KOTRA 베이징 무역관, 2018.3.23; https://wenku.baidu.com/view/95d22317580102020740be1e650e52ea5518ce17.html

| 영문 초록 Abstract |

China's Corruption Inertia and the Government's Countermeasures against Corruption
: Dynamics, Performance and Limitations

By Icksoo Kim, Korea University

This study, "China's Corruption Inertia and Countermeasures against Corruption: Dynamics, Performance and Limitations," aims to discuss the policy orientations, performance and limitations of the Xi Jinping government's anti-corruption drive which was introduced in late 2012. It first attempts to analyze the contents, procedural effectiveness, performance and limitations of the Chinese government's anti-corruption drive and then draws up policy implications to the South Korean government as well as to Korean firms that wish to go into the China market.

The research finds that the Xi Jinping administration's anti-corruption drive differs significantly from its predecessors in terms of policy objectives, diversity and coherence of policy mix, intensity of legal enforcement, target execution, and performance. The policy drive is found to have eased corruption inertia and/or pressure considerably, but it still has plenty of room for improvement.

First of all, in order to prevent the recurrence of corruption in China, this paper stresses that the expected benefits of (or incentives for) corruption (esp. bribery) should be overpowered by the expected costs of (or penalties for) corruption. The study asserts that the Chinese government should have attached more importance to the perspective of "Crime and Punishment: An Economic Approach" by Becker (1968; 1974). More specifically, if the anti-corruption policy is to be successful, it is essential that the relevant authorities, including the CCDI, the Prosecutor's Office and the Ministry of Public Security, should have reflected more forcefully the usefulness of such a theoretical framework into the policy mix.

As a matter of fact, the Xi Jinping leadership went a long way to reduce the corruption inertia inherent in the Chinese political, economic and social system and also to increase the probability of detecting corruption crimes. Its anti-corruption drive was sincerer, stricter and more consistent than ever in terms of policy objectives and enforcement intensity. Although Chairman Xi used the frame of anti-corruption to get rid of his political enemies, including Bo Xilai, Zhou Yongkang, Xu Caihou, and Guo Boxiong, to name a few, he never forgot the fundamental purpose of the anti-corruption drive itself. Wang Qishan, soul of Chairman Xi and president of the then-relevant authorities, CCDI, endeavored to strictly enforce the '8-Point Disciplinary Regulations for Party Members', which helped minimize the expected benefits of corruption as compared to incentives for corruption. Steady pursuit and thorough punishment were two primary policy measures Wang adopted to ensure the effectiveness of the anti-corruption drive.

With respect to the choice of policy directions and stance, Chairman Xi and his subordinate Wang, took a very cautious and gradual approach. Xi, taking the 'zero-tolerance stance', has declared that corrupt officials of the party and the government, regardless of their rank and position, would be subject to severe punishment. Also, unlike in the past, he has encouraged the use of visual media and tried to create an atmosphere of social integrity by airing news or talk shows on CCTV where corrupt criminals regret their crimes. Unlike the 3rd and 4th generation leaders like Jiang Zemin or Hu Jintao, who used the 'shock therapy',

Chairman Xi first removed the key criminal suspects with undeniable evidence, then purged their neighbors, and finally eliminated arch-rivals like Zhou Yongkang, former member of the Politburo Standing Committee.

To this aim, various means of detecting corruption were adopted in the Xi administration. In addition to regular investigations by CCDI alone, collaborative investigation among relevant authorities, including police, prosecutors' office, Foreign Ministry, People's Bank of China, and the court, has been actively pursued. Also used were online/mobile public reporting and whistle-blowing by insiders to related departments. This study, however, finds that the most effective means was the investigation through dispatch of CCDI investigators to localities and related departments because the public informers fear of revenge against them and their families. As far as arresting and repatriation of fugitive suspects are concerned, the 'Fox Hunting Operation' in July 2014 and the 'Sky Net Operation' in March 2015 have been very successful. To facilitate the cooperation of foreign governments on the the arrest and extradition of suspects, the Chinese government provided a portion of the value of the seized illegal property to cooperative countries according to their contribution.

In investigating and punishing domestic offenders, the government implemented the policy mix of combining the party disciplinary measure of '*shuanggui*' that does not permit family visits, '*shuangkai*' that deprives both party membership and public official positions, administrative sanctions and the judicial punishment by the court.

All in all, the Chinese government's anti-corruption policy is evaluated to have performed well. According to the report of the CCDI's inspection division, over the past four years from the end of 2012 to the end of August 2016, a total of 139,622 cases of violation of the '8-Point Disciplinary Rule' were detected in China, and 91,913(or 49 percent) out of a total of 187,409 investigation executives were punished for serious violations of party regulations including bribery and other corruptive irregularities. By year, a total of 7,692 people were punished from the end of 2012 to the end of 2013, 23,646 people in 2014, 33,966 people in 2015, and 26,609 people from January to August of 2016. In addition, during the period from 2014 to early August 2016, an estimated 8.3 percent of the estimated number of corrupt criminals fleeing overseas, 1,657 were repatriated and 6.29 billion yuan (1.1 trillion won) worth of illegal assets were confiscated.

Despite these seemingly remarkable achievements, however, the root cause of corruption in China has not been removed. The Xi leadership's anti-corruption drive was flawed by inefficiencies in anti-corruption organizations such as the CCDI and the Ministry of Public Security, and imperfections in the process of legal implementation. With regard to policy mix, it should be noted that shortcomings abound, which include ineffective measures to identify bribe money and other illegal cash transactions, incomplete integration of financial or real estate registration data networks, lack of effective measures to digital and crypto-currency transactions, lukewarm attitudes toward the registration and disclosure of assets owned by party cadres and public officials, insufficient incentives and poor safety net for whistleblowers, and, last but not least, the under-utilization of external reputation pressure.

Special attention should also be paid to the deficiency of the property-reporting (or registration) system for public officials, which was introduced in 1995. The first shortcoming is related to the fact that reporting obligation is limited to high-ranking officials in the party, the government, the military, state-owned enterprises and large commercial banks. Outside the reporting obligations are those non-banking financial institutions such as 'bad debt (or insolvent asset) management companies' and 'investment & trust corporations', both of which have recently emerged as the main culprits of corporate corruption. Also missed are those local entities, including local financial institutions, collectively-owned enterprises and governmental organizations.

Differing nature of flaws abound in the enforcement of anti-corruption laws. They include followings: firstly, the lack of independence of the judiciary that is virtually under the control of the party; secondly, slow and unpredictable execution of the court sentences; thirdly, unrealistic regulations that do not fit in the 4th industrial revolution; fourthly, the corruption of investigating officers themselves; fifthly, the blocking and distortion of related information by resistant corrupt officials; and finally, incomplete control over money laundering in or outflow of money to foreign country and/or tax havens.

The problem is that despite the establishment of the NSC(the National Supervision Commission) in March 2018, implementation of relevant laws and regulations at the local level is still lax due to local protectionism and paternalism. This implies that whether Chinese corruption inertia is mitigated or not depends heavily on the effectiveness of legal enforcement at local level, strict monitoring of economic crimes, close cooperative teamwork between central and local governments on the detection and punishment of corrupt offenders.

Differentiation of measures by type of corruption is also recommended. First of all, in order to mitigate public officials' corruption, it is needed that low pay and poor treatment of power elites should be improved; and recruitment and relocation of talent without regard to integrity should be corrected. Secondly, on top of the administrative disciplinary action in accordance with Article 4 of the party rule, it is more important to introduce the preventive measures to improve information, legal and administrative systems related to pay, welfare, recruitment, placement, and punishment of public officials. Finally, government's human resource management system should be reformed in such a way as to ensure the integrity of officialdom, and to appreciate the reputation of 'clean and competent public officials'. If the Chinese government continues to leave unchecked the lax enforcement of anti-corruption laws & regulations at local level that benefits local party cadres, or to neglect serious information asymmetry between the central and local governments, public corruption may recur and spread wildly whenever central control power weakens.

Corporate corruption is different in nature from public office corruption. In the case of corporate corruption in state-owned companies, 'fishing(*diaoyu*) with bait' and other similar tactics have often been employed to lure and trap their partners (including government officials) in the bribery trap. In the process, executive members, managers or sales representatives utilized their information superiority, procurement authority and exclusive market power to their bebefut. Even in many MNEs(multinational enterprises) operating in China, they have frequently resorted to commercial bribery and rebate strategies in dealing with their business partners, pubic officials, experts or the third parties in the process of obtaining license, promoting sale of products & services, and procuring raw materials & equipment after entering China market.

In this regard, our case study of GSK China confirms that corruption scandals in MNEs have been caused by a combination of factors, including excessive performance goals set by the headquarters, departmental conflicts between global product lines and compliance management departments, deep-rooted bribery practices in China, and the lack of awareness of business ethic among local Chinese corporate executives. Added to the list of corruption sources are lack of internal control systems within the firm, the subsidiary head's adherence to sales goals, and the sales representatives' race for financial incentives that are linked to short-term performance in the China's increasingly competitive market.

Our case study also finds that if the head of an overseas subsidiary clings to short-term performance in the absence of sound compliance program in corruption-ridden yet ever-competitive emerging markets like China, the FIEs' (foreign-invested enterprises') performance may improve as their sales volume expands in the short term. However, in the mid-to long-term, such easy means of corruption strategy backfires since it may eventually result in a fall in the corporate value and stock price of the headquarters primarily due to the aggravation of corporate images and the consequent deviation of trading partners from the FIEs.

In order for FIEs including Korean firms to avoid or mitigate the risk of corruption in the China market, it is essential that they refrain from 'push-marketing' strategy that pursues short-term gain in performance that can trigger the sales teams' race for commercial corruption. In addition, the anti-corruption compliance risk management team/system must be established within a firm, and, more critically, incentives should be re-designed to reflect performance of integrity along with customer satisfaction in addition to the assessment of short-term sales performance. In particular, as far as B2B operation in China is concerned, it is paramount that FIEs should avoid excessive reliance on the Chinese '*guanxi*' network and easy business solutions. More important are systemic efforts to get familiar with local laws and policies, including the Chinese Criminal Law and the Anti-Unfair Completion Law, strengthening of preventive education, training, & auditing, and study of various successful or unsuccessful countermeasures that respond to corporate corruption scandals.

Even with these efforts, however, it should be noted that Korea firms are unlikely to see a clean environment in China as seen in western advanced countries. The reason is that Chinese 'party capitalism', which necessarily accompanies fragile rule of law, weak independence of the judiciary, and the intermittent interference of powerful local power elites. Therefore, it is important that FIEs, upon entering the China market, should try to establish the internal compliance systems and localize manuals considering the leadership style and policy directions of local power elites on the one hand, while trying to minimizing the risk of engaging in Chinese '*guanxi*' culture and local commercial practices, on the other.

As to the government exchanges, the author would like to suggest that the Korean government should learn from China's partially successful experience and their concomitant trials & errors in implementing anti-corruption policies. Particularly worth study are policy implications associated with the Chinese authorities' consistency in implementing anti-corruption policies, their gradual and sequential introduction of relevant mix, their thorough 'no-tolerance approach' in investigation and punishment of corrupt suspects, their comprehensive use of policy means, including the mobile and online reporting and whistle-blowing, and finally their sincere efforts to conduct anti-corruption education & training. It is also recommended that the Korean government should benchmark the Chinese incentive policy that has lured foreign governments to cooperate in the arrest of corrupt suspects as well as in the confiscation of illegal assets & proceeds.

Finally, given that Korea relies heavily on China in trade and FDI, it needs to expand cooperation with China. More specifically, it is necessary that the National Rights Commission of Korea and anti-corruption authorities work together with Chinese counterparts, including the NSC, the Prosecutors' Office and the Ministry of Public Security on the exchange of experts, sharing of research data, and policy experiences on eradicating corruption, collaborative investigation and repatriation of fugitive suspects. Two countries should also cooperate on the effective implementation of the property registration/disclosure system for public officials.

ARI Monograph Series 34

China's Corruption Inertia and the Government's Countermeasures against Corruption
: Dynamics, Performance and Limitations

First Published 2019
by The Asiatic Research Institute at Korea University
145 Anam-ro, Seongbuk-gu, Seoul 136-701, Korea
www.asiaticresearch.org

아연동북아총서 34

중국의 부패 관성과 반부패 정책 대응: 동학(動學), 성과와 한계

1판1쇄 | 2019년 1월 7일

저자 | 김익수
펴낸이 | 이종화
펴낸 곳 | 아연출판부
등록 | 2000년 5월 24일 제6-376호
주소 | 서울시 성북구 안암로 145 고려대학교 아세아문제연구소(136-701)
전화 | 02-3290-1600 팩스 | 02-923-4661
홈페이지 | www.asiaticresearch.org

값 17,000원

ISBN 978-11-89273-08-8 94300
ISBN 978-89-90769-29-9 (세트)

이 도서의 국립중앙도서관 출판시도서목록(CIP)은 e-CIP 홈페이지(http://www.nl.go.kr/ecip)에서
이용하실 수 있습니다(CIP제어번호: CIP2018042575)